Пути небесные

Иван Сергеевич Шмелев

Пути небесные

Copyright © 2022 Indo-European Publishing

ISBN: 978-1-64439-777-0

СОДЕРЖАНИЕ

ПУТИ НЕБЕСНЫЕ

ПУТИ НЕБЕСНЫЕ

ТОМ I

Эту книгу – последнюю написанную мной при жизни
незабвенной жены моей
Ольги Александровны
и при духовном участии ее –
с благоговением отдаю ее
светлой Памяти.

Ив. Шмелев.

I

ОТКРОВЕНИЕ

Эту чудесную историю — в ней земное сливается с небесным — я слышал от самого Виктора Алексеевича, а заключительные ее главы проходили почти на моих глазах.

Виктор Алексеевич Вейденгаммер происходил из просвещенной семьи, в которой перемешались вероисповедания и крови: мать его была русская, дворянка; отец-из немцев, давно обрусевших и оправославившихся. Фамилия Вейденгаммер упоминается в истории русской словесности; в 30-40-х годах прошлого века в Москве был «благородный пансион» Вейденгаммера, где подготовлялись к университету дети именитых семей, между прочим — И. С. Тургенев. Старик Вейденгаммер был педагог требовательный, но добрый; он напоминал, по рассказам Виктора Алексеевича, Карла Ивановича из «Детства и отрочества». Он любил вести со своими питомцами беседы по разным вопросам жизни и науки, для чего имелась у него толстая тетрадь в кожаном переплете, прозванная остряками «кожаная философия»: беседы были расписаны в ней по дням и месяцам, — своего рода «нравственный календарь». Зимой, например, беседовали о благотворном влиянии сурового климата на волю и характер; великим постом-о душе, о страстях, о пользе самоограничения; в мае — о влиянии кислорода на организм. В семье хранилось воспоминание, как старик Вейденгаммер заставил раз юного Тургенева ходить в талом снегу по саду, чтобы расходить навалившееся «весеннее онеменение». Такому-то систематическому воспитанию подвергся и Виктор Алексеевич. И, по его словам, не без пользы.

Виктор Алексеевич родился в начале сороковых годов. Он был

высокого роста, сухощавый, крепкий, брюнет, с открытым, красивым лбом, с мягкими синими глазами, в которых светилась дума и вспыхивало порой тревогой, Всегда в нем кипели мысли, он легко возбуждался и не мог говорить спокойно.

В детстве он исправно ходил в церковь, говел и соблюдал посты; но лет шестнадцати, прочитав что-то запретное, — Вольтера или Руссо, — решил «все подвергнуть критическому анализу» и увлекся немецкой философией. Резкий переход от «нравственного календаря» к Шеллингу, Гегелю и Канту вряд ли мог дать что-нибудь путное юному уму, но и особо вредного не случилось: просто образовался некий обвал душевный.

— В церкви, в религии я уже не нуждался, — вспоминал о том времени Виктор Алексеевич. — многое представлялось мне наивным, детски-языческим. «Богу — если только Он есть надо поклоняться в духе, а в поклонении Бог и не нуждается», — думал я. И он стал никаким по вере.

Сороковые годы ознаменовались у нас увлечением немецкой философией, шестидесятые — естественными науками. В итоге последнего увлечения — крушение идеализма, освобождение пленной мысли, бунтарство, нигилизм. Виктор Алексеевич и этому отдал дань.

— Я стал, в некотором смысле, нигилистом, — рассказывал он, — даже до такой степени, что испытывал как бы сладострастие, когда при мне доходили в спорах до кощунства, до скотского отношения к религии. В нем нарастала, по его словам, «похотливая какая-то жажда-стрась все решительно опрокинуть, дерзнуть на все, самое-то священное... духовно опустошить себя». Он перечитал всех борцов за свободу мысли, всех безбожников-отрицателей и испытал как бы хихикающий восторг.

— С той поры «вся эта ерунда», как называл я тогда религию, — рассказывал Виктор Алексеевич, — перестала меня тревожить. Нет ни Бога, ни дьявола, ни добра, ни зла, а только «свободная игра явлений». И все. Ничего «абсолютного» не существует. И вся вселенная — свободная игра материальных сил.

Окончив Московское техническое училище, Виктор Алексеевич женился по любви на дочери помещиков-соседей. Пришлось соблюсти порядок и округлиться у аналоя. Скоро и жена стала никакой, поддавшись его влиянию, и тем легче, что и в её семье склонялись к «свободной игре материальных сил».

— С ней мы решали вопросы: что такое — нравственное? что есть разврат? Свободная любовь унижает ли нравственную личность иль наоборот, возвышает, освобождая ее от опеки отживших заповедей? И приходили к выводу, что в известных отношениях между женщиной и мужчиной нет ни нравственности, ни разврата, а лишь физиологический закон отбора, зов, которому, как естественному явлению, полезней подчиняться, нежели сопротивляться, что брезгливость и чистоплотность являются верным регулятором, что отношение к явлениям зависит от наших ощущений, а не от каких-то там «ве-ле-ний». И вот когда т о случилось, — рассказывал Виктор Алексеевич, — она... — он никогда не говорил «жена», — она мне с усмешкой бросила: «Никакого разврата, а... физиологический закон отбора... и зависит от наших настроений!»

Курс он кончил с отличием. Еще студентом он сделал какие-то

открытия в механике, натолкнулся на идею двигателей нового типа, «как бы предвосхитил идею двигателей внутреннего сгорания дизеля».

Первые годы женитьбы он все свободное время сидел за своими чертежами, пытаясь осуществить идею. Жена любила наряды, хотела блистать в свете и блистала, а он, при всей своей страстности к жизни и ее дарам, «чуть ли не похотливости к жизни», как он откровенно признавался, вычислял и вычерчивал, уносился в таинственный мир механики, тщась раскрыть еще неразгаданные ее тайны. Его стали томить сомнения: хорошо ли сделал, что стал инженер-механиком? не лучше ли было бы отдаться «механике небесной» — астрономии? Он схватился за астрономию, за астрономическую механику, и ему открылась величественная картина «движений в небе». Он читал дни и ночи, выписывал книги из Германии, и на стенах его кабинета появились огромные синие полотна, на которых крутились белые линии, орбиты, эллипсы... — таинственные пути сил и движений в небе.

А пока он отдавался астрономии, семейная его жизнь ломалась.

Он тогда служил на железной дороге, проходил стаж; ездил и кочегаром, и машинистом, готовясь к службе движения. Как раз в ту пору началась железнодорожная горячка, инженерами дорожили, и ему открывалась блестящая дорога. И вот, когда он трясся на паровозе и подкидывал дрова в топку или вглядывался в звездами засыпанное небо и в мыслях его пылали «пути небесные», строго закономерные для него, как пара блестевших рельсов, — семейная его жизнь сгорела.

Вернувшись как-то домой раньше обещанного часа, он увидел это с такой оголенной ясностью, что, не сказав ни слова, — чего ему это стоило! — решительно повернулся и как был в промасленной блузе машиниста, так и ушел из дома: здесь ему делать нечего. Снял комнату и послал за вещами и книгами. У него уже было двое детей, погодки. Он написал родителям жены, прося позаботиться о детях, — старики Вейденгаммеры уже померли. Родители пробовали мирить, приводили детей, чтобы тронуть «каменное сердце», но он остался неумолим. Жена требовала на содержание и отказалась принять на себя вину. Он даже не ответил, и она написала ему в насмешку: «Никакой вины, а просто... закон отбора». Он написал на ее записке «Потаскушка» и отослал. Тем семейная жизнь и завершилась. Он давал детям на воспитание, но потребовал, чтобы жили они у бабушки, и иногда приезжал их поцеловать.

Вскоре он занял видное место на дороге, но скромной жизни не изменил: жил замкнуто, редко даже бывал в театре, — «жил монахом» — и все свободное время отдавал своим чертежам и книгам.

— И вот, — рассказывал он, — что-то мне стало проясняться. Я видел силы, направляющие движение тел небесных, разлагал их и складывал, находил точки, откуда они исходят, прокладывал на чертежах силы главнейшего порядка... и видел ясно, что эти новые силы предполагают наличие новых сил. Но и этот новый порядок сил... одним словом, открывались новые силы еще еще... и эти новые, назовем их «еще-силы», необходимо было сложить и свести к единой. Хорошо-с. Но тогда к чему ее-то свести, эту единую?.. И откуда она, этот абсолют, этот исток-сила? Этот исток-сила не объясним никакими гипотезами натурального порядка. А раз так, тогда все законы механики летят как пыль!

3

Становилось мне все ясней, что тут наше мышление, наши законы-силы оказываются — перед небом! — ку-уцыми. Или же тут особая сверхмеханика, которая в моей голове не умещается. Тут для меня тупик, бездонность Непознаваемого, с прописной «Н», — не знаю, н е понимаю, н е... принимаю, наконец! Все гипотезы разлетелись как мыльные пузыри. Но как-то мелькнуло мне, озарило и ослепило, как молнией, что я узнаю, увижу... не глазами, не мыслью, а за-глазами, за-мыслью... понимаете, что я хочу сказать?.. — что я найду доказательство особой, как бы вне-пространственно-материальной силы, и тогда станет ясно до осязаемости, что все наши формулы, гипотезы и системы тут — ничто, ошибка приготовишки, сплошное и смехотворное вранье, все эти «законы» — для Беспредельного — чистейшая чепуха. И удивительно что еще? Да то, что называется «по Сеньке и шапка»: как еще из всей этой чепухи что-то еще мы получаем, какие-то все-таки законцы, и законцы относительно даже верны, в пределах приготовительного класса.

Как-то ранней весной, когда уже таял снег и громыхали извозчики, он засиделся за чертежами, докурился до одури. Взглянул на часы — час ночи. Он открыл форточку, чтобы освежиться, и у него закружилась голова. Это прошло сейчас же, и взгляд его обратился к небу. Черная мартовская ночь, небо пылало звездами. Таких ярких, хрустально-ярких, он еще никогда не видел. Он долго смотрел на них, за них, в черную пустоту провалов.

— И такую страшную почувствовал я тоску, — рассказывал он, — такую беспомощность ребячью перед этим бездонным непонятным, перед этим Источником всего: сил, путей, движений!..

Черно-синие бархатные провалы перемежались седыми пятнами, звездным дымом, дыханьем звездным, — мириадами солнечных систем. Он беспомощно обводил глазами ночное небо, в глазах наплывали слезы, и ему вдруг открылось...

— Трудно передать словами, что тут случилось со мной, — рассказывал Виктор Алексеевич. — Прошло лет тридцать, но я как сейчас вижу: все дрогнуло, все небо, со всеми звездами, вспыхнуло взрывами огней, как космический фейерверк, и я увидал бездонность... нет, не бездонность, а... будто все небо разломилось, разодралось, как сверкающая бескрайняя завеса, осыпанная пылающими мирами, и там, в открывшейся пустоте, в не постижимой мыслью бездонной глыби... — крохотный, тихий, постный какой-то огоннек, булавочная головка света, чутошный-чутошный проколик! И в неопределимый миг, в микромиг... не умом, я постиг, в чем-то... каким-то... ну, душевным, что ли, вот отсюда идущим чувством?.. — показал он на сердце, — что исследовать надо там, та-ам, в этом проколике....но — и это самое оглушающее! — и там-то... опять на-ча-ло, начало только, — все такое же, как и это, только что разломившееся небо! Меня ослепило, оглушило, опалило, как в откровении: дальше уже нельзя, дальше — конец человеческого, предел.

Это был обморок, от переутомления, от перенапряжения мысли и зрения, может быть — от чрезмерного куренья, от дохнувшей в него весенней ночи. Он увидал себя на полу, лицом в полуосвещенный потолок. В открытую форточку вливался холодный воздух. Он поднялся, совсем разбитый, и поглядел в небо с неопределимо тревожным чувством. Звезд уже не было: так, кое-где, мерцали, в сквозистой ватке наплывающих облаков. Все было обыкновенное, ночное.

Это был обморок, продолжавшийся очень долго: часы показывали половину второго.

После он вспоминал, что в блеске раздавшегося неба огненно перед ним мелькали какие-то незнакомые «кривые», живые, друг друга секущие параболы... новые «пути солнца», — новые чертежи небесной его механики. Тут не было ничего чудесного, конечно, рассуждал он тогда, а просто-отражение света в мыслях: мыслители видят свои мысли, астрономы — «пути планет», и он, инженер-механик и астроном-механик, мог увидеть небесные чертежи — «пути». Но и еще, иное, увидел он: «бездонную бездну бездн» — иначе и не назвать. И в этом — еще, другое, до осязания внятное всем существом его: тот огонек-проколик, «точку точек», — так в нем определилось, — «предел человеческих пределов, конец, бессилие».

— Со всяким подобное случалось, только без вывода, без «последней точки», — рассказывал Виктор Алексеевич. — Вы лежите на стогу в поле, ночью, и загляделись в небо. И вдруг звезды зареяли, заполошились, и вы летите в бездонное сверканье. Но что же вышло, какой итог? Я почувствовал пустоту, тщету. И раньше сомнения бывали, но тут я понял, что я ограблен, что я перед этим как слепой крот, как эта пепельница! что мои силы, что силы всех Ньютонов, Лапласов, всех гениев, всех веков, до скончания всех веков, — ну, как окурок этот!.. — перед этим «проколиком», перед этой булавочной головкой-точкой! Мы дойдем до седьмого неба, выверим и начертим все пути и движения всех допредельных звезд, вычислим исчислимое, и все же- пепельница, и только. В отношении Тайны, или, как я теперь говорю благоговейно, — Господа-Вседержителя. Вседержителя! Это вот прежнего моего, что я найти-то тщился, занести на свои «скрижали», — Источника сил, из Которого истекает Всё. Я почувствовал, что ограблен, Вот подите же, кем-то ограблен! протест! Я, окурок, — тогда-то! — не благоговею, а проклинаю, готов разодрать сверкающее небо, будто оно ограбило. Не благодарю за то, что было мне откровение, — было мне откровение, я знаю! — а плюю в это небо, до обморока плюю. Теперь я понимаю, что и обморок мой случился не от чего-то, а от этого «оскорбления», когда я в один микромиг постиг, что дальше — нельзя, конец. И почувствовал пустоту и тоску такую, будто сердце мое сгорело и там, в опаленной пустоте, только пепел пересыпается. Нет, не сердце сгорело: сердце этой тоской горело, а сгорело вот это... — показал он на лоб, — чудеснейший инструмент, которым я постигал, силился постигать сверх — все.

После открывшегося ему комната показалась такой давящей, будто закрыли его в гробу и ему не хватает воздуху. Он забегал по ней, как в клетке, увидел синеющие кальки с путанными на них «путями неба», хотел сорвать со стены и растоптать, и почувствовал приступ сердца — «будто бы раскаленными тисками». Подумал: «Конец? не страшно».

Он не мог оставаться в комнате и выбежал на воздух. Была глубокая ночь, час третий. Он пошел пустынными переулками. Под ногой лопались с хрустом пленки подмерзших луж, булькало и журчало по канавкам.

Пахло весной, навозцем, отходившей в садах землей. Москва тогда освещалась плохо. Он споткнулся на тумбочку, упал и ссадил об ледышки руку. «По земле-то не умеешь ходить, а...» — с усмешкой подумал он и услыхал оклик извозчика: «Нагулялись, барин... прикажите, доставлю... двугривенничек бы, чайку попить». Голос извозчика его обрадовал. Он нашарил какую-то монету и дал извозчику: «На, попей». И услыхал за собой; «А что ж не садитесь-то? Ну, покорно благодарим». Это «покорно благодарим» будто теплом обвеяло.

На Тверском бульваре горели редкие фонари-масленки. Ни единой души не попадалось. Он наткнулся на бульварную скамейку, присел и закурил. Овладевшая им тоска не проходила. Все казалось ему никчемным, без выхода: то были цели, а теперь вдруг открылось, что — ничего. Кончить?.. — сказало в нем, и ему показалось, что это выход, Так же, как в юности, в пору душевной ломки, когда он решил «все пересмотреть критически», когда полюбил первой любовью, и эта любовь его — девочка совсем — в три дня умерла от дифтерита. И, как и тогда, он почувствовал облегчение: выход есть.

II

НА ПЕРЕПУТЬЕ

Мартовская ночь, потрясшая Виктора Алексеевича видением раскрывшегося неба, стала для него откровением. Но постиг он это лишь по прошествии долгих лет. А тогда, на Тверском бульваре, он был во мраке и тоске невообразимой.

— Стыдно вспомнить, — рассказывал он, — что это «неба содроганье» лишь скользнуло по мне... хлыстом. Какое там откровение! Просто хлестнули по наболевшему месту — по пустоте, когда лопнуло мое «счастье». Вместо того, чтобы принять «серафима», явившегося мне на перепутье, внять «горний ангелов полет», я только и внял, что «гад морских». Закопошились во мне, поддушные, и отравляющей верткой мыслью я истачивал остававшееся во мне живое: «Все мираж и самообман, и завтра все то же, то же», Если бы не покончил с собой, наверное, заболел бы, нервы мои кончались. Но тут случилось, что случается только в самых что ни на есть романтических романах и — в жизни также.

Он стал представлять себе, не без острого наслаждения, как это будет: не больше минуты, и... спазм дыхания, судороги, и — ничего, мрак. Он знал один кристаллик, как рафинад... если в стакане чаю размешать ложечкой, и — глоток!.. Когда-то, при нем, техник Беляев, в лаборатории ошибся — не вскрикнул даже. И потом ничего не будет. Эти грязные фонари будут себе гореть, а там... — поглядел он в небо, где проступали звезды, — эти, светлые, будут сиять все так же, пока не потухнут все от каких-то неведомых «законов», и тогда все «пути» закончатся... чтобы

6

начать все снова? И ему стало грустно, что они еще будут, и долго будут, когда его не будет, А вдруг после того, после «кристаллика», и откроется? Мысль о «кристаллике» становилась все заманчивей. «Ничего не откроется, а... „лопух вырастет", верно сказал тургеневский Базаров!..» — проговорил он громко, язвительно и услыхал вздох рядом. Вздрогнул и поглядел: на самом краю скамейки кто-то сидел, невидный. Кто-то подсел к нему, а он и не заметил. Или — кто-то уже сидел, когда он пришел сюда?

Он стал приглядываться: кажется, женщина?.. сжавшаяся, в платке... какая-нибудь несчастная, неудачница, — для «удачи» все сроки кончились. Как с извозчиком в переулке, стало ему свободней, будто теплом повеяло, и ему захотелось говорить: но что-то удержало, — пожалуй, еще за «кавалера» примет и обратится в пошлость, в обычное- «угостите папироской». Он испугался этого, поднялся — и сел опять.

— Я вдруг ясно в себе услышал: «Не уходи!» — рассказывал Виктор Алексеевич. — Никакого там «голоса», а... жалость. Передалось, мне душевное томление жавшейся робко на скамейке, на уголке. Если бы не послушал жалости, «кристаллик» сделал бы свое дело наверняка.

— Я испугалась, что станут приставать, — много спустя рассказывала Дарья Ивановна, — сидела вся помертвелая. Как они только сели, хотела уйти сейчас, но что-то меня пристукнуло. У меня мысли путаются, а тут кавалер бульварный, свое начнет. Встали они — сразу мне стало легче, а они опять сели.

Он закурил — и при свете спички уловил обежавшим взглядом, что сидевшая — в синем платье, в ковровой шали, в голубеньком платочке и совсем юная. Не мог усмотреть лица: показалось ему, — заплакано. По всему — девушка-мастерица, выбежала как будто наспех.

— Я сразу поняла, что это серьезный барин, — рассказывала Дарья Ивановна, — и им не до пустяков, и очень они расстроены. И сразу они мне понравились. Даже мне беспокойно стало, что они покурят и отойдут.

При первых его словах, чтобы только заговорить, — «А который теперь час, не знаете?» — сидевшая сильно вздрогнула, будто ее толкнули, — это он почувствовал в темноте, не видел, — и не ответила, словно хотела остаться незаметной. Он повторил вопрос насколько возможно мягче, чтобы ее ободрить. Она чуть слышно ответила: «Не знаю-с...» — и вздохнула. По вздоху и по этому робкому «не знаю-с» он почувствовал, что она действительно несчастна, запугана и, кажется, очень юная: голос у нее был пак будто детский, светлый. Он почувствовал, как она отодвинулась на край скамейки и даже как будто отвернулась, и понял, что она его боится. Это его растрогало, и он стал ласково уверять, что бояться ей нечего, если она позволит, он проводит ее домой, а то уж очень поздно и могут ее обидеть. Она неожиданно заплакала. Он растерялся и замолчал. Она плакала всхлипами, по-детски и старалась укрыться шалью. Он стал ее успокаивать, называл нежно — милая, остро ее жалея, спрашивал, какое у нее горе, или, может быть, кто ее обидел?.. Она продолжала плакать.

— Я сразу поняла, что это особенный господин, — рассказывала Дарья Ивановна об этой «чудесной встрече», о самом светлом, что было в ее жизни до той поры, — и, должно быть, очень несчастный, как и я. Я

7

плакала и от того, что со мной случилось, что некуда мне идти... а мне хоть руки на себя наложить, пойти на Москва-реку, в самое водополье кинуться... выхода мне не виделось. Ждала только, церковь когда откроют, помолиться перед Владычицей. Сидела на лавочке и ждала, и все думала — нет мне доли. И от ихней ласки я плакала, жалко себя мне стало.

— Я забыл о своем... — рассказывал Виктор Алексеевич, — сердце мое расплавилось, и загорелось во мне желание утешить, спасти это юное существо, которому что-то угрожало. Я тогда подумал, что ее обесчестили... растоптали, и я присутствую при живой человеческой трагедии, и в моей власти эту трагедию разрешить. Подумайте: глухая ночь, на Тверском бульваре, и одинокая девушка, рыдает! Мог ли я пройти мимо?

Он продолжал успокаивать ее, предлагал проводить ее до дому. Захлебываясь, от слез, выдавливая толчками слова, — «совсем, как обиженный ребенок!» — она несвязно выговорила: «У меня... не... куда... идти...» От сказал, что оставаться ночью на улице ей нельзя, ее заберут в квартал, каждый человек должен иметь хоть какой-нибудь кров, что, наконец, он может нанять ее в прислуги, и ему очень нужна прислуга, он совершенно одинокий, а ему надо по хозяйству, у него служба, книги, и...

— пусть только ему поверит, у него никакой задней мысли, и не надо обращать внимания на предрассудки. Он не раздумывал, понятно ли ей все то, что он насказал так страстно.

А он именно «страстно» уговаривал, — вспоминал; Дарья Ивановна, — «так уговаривал, что мне думаться стало и страх на меня напал». Он говорил ей с жаром, с восторгом даже.

— Да, с восторгом! — рассказывал Виктор Алексеевич. — Все идеальнейшее, что жило во мне когда-то... — оно никогда и не умирало! — во мн проснулось. Я почувствовал, как во мне оживает отмиравшее, задавленное «анализом», как пустота заполняется... как бы краны какие-то открылись, и хлынуло!.. Заполнилась этой вот незнакомой девушкой, «несчастной», о которой я еще ничего не знал. Плач ее, прерывавшийся детски голос сказали мне все о ней, а я и не видел ее лица. И тогда же, при этой страстности, я каким-то краешком думал и о своем: «Пусть там бездонность и пустота, обман и мираж, а вот живое, и это страдающее живое протестует, вместе со мной протестует против хлада пространств небесных, против немой этой пустоты... создавшей страдающее живое». Мн даже тогда мелькнуло, что эти слезы, этот беспомощный детский всхлип опрокидывают «бездонность», и «хлад», и «пустоту»... что... это как-то выходит из чего-то и — для чего-то. Ну, словом, я почувствовал, что пустота заполняется. Тогда еще я не видел ни ее светлых глаз, ни ее нежного юного лица... голос только ее и слышал, детский, горько жалующийся на жизнь. Ни тени дурной мысли, какого-нибудь пошлого, затаенного намека, что вот, юная девушка... а я мужчина, давно безженый, уговариваю ее пойти ко мне. Только жалость во мне горела и грела душу.

Она перестала плакать, доверилась. Сказала — «как батюшке на духу сказала, так я уверилась», — что она золотошвейка, от Канителева, с Малой Бронной, с семи лет все золотошвейка, стала уж мастерица, что определила ее тетка, а теперь сирота она... что Канителиха тоже померла недавно, и теперь от хозяина нет житья, проходу не дает.... всех мастериц на «Вербу» отпустил, на гулянье, а ее оставил, приставать стал... заперлась от него в чулане... до ужина еще вырвалась в чем была, все сидела, дрожала на бульваре.

Он узнал, что не к кому ей идти, только матушка Агния ее жалеет, монахиня в Страстном, знакомая теткина... лоскутки ей носит, матушке Агнии, а она одеяла шьет... что теперь бы с радостью в монастырь укрылась, а матушка Агния может похлопотать, только все ее деньги у хозяина, семьдесят рублей, и паспорт, а монастырь богатый, так не берут, вот она и сколачивала на вклад, двести рублей желает матушка Ираида, казначея... что, может, возьмут за личико, все-таки не урод она... матушка игуменья с чистым личиком очень охотно принимает, для послушания... и голос у нее напевный, в крылошанки сгодиться может... головщица с правого крылоса матушка Руфина не откажет, матушка Агния попросит... что святые врата закрыты, и она ждет заутрени: как ударят — тогда отворят.

Он слушал этот путаный полудетский лепет, в котором еще дрожали слезы, но сквозила и детская надежда, когда она говорила; «Матушка Агния попросит». Говорила с особенной лаской, нежно: «А-гния», со вздохом. Он так же ласково, невольно перенимая тон, как говорят с детьми взрослые, радуясь, что не случилось «непоправимого», сказал ей, что все устроится, что, конечно, матушка «А-гния попросит, и двести рублей найдутся...» — и тут, в стороне Страстного, вправо от них, ударили. «Пускают»... — сказала она робко и встала, чтобы идти на звон. Но он удержал ее.

— Я хочу вам помочь. Вам надо разделаться с хозяином, получить жалованье и паспорт, — сказал он ей. — Вот моя карточка, я живу тут недалеко. Если что будет нужно, зайдите ко мне, я заявлю в полицию, и...

Она поблагодарила и сказала, что матушка Агния заступится, сходит сама к хозяину.

— Я испугалась, что такой господин так для меня стараются, — рассказывала Дарья Ивановна, — из-за девчонки-золотошвейки, да еще наш хозяин начнет позорить, а он ругатель... и что подумают про меня, что такой господин вступился...

Но он заставил ее взять карточку — мало ли что случится. А Страстной благовестил и звал. Она быстро пошла в рассвете. Он догнал ее и сказал, что дойдет с ней до монастыря, проводит. Она стала просить, чтобы не провожал: «Матушка Виринея нехорошо подумает, вратарщица...» И тут он ее увидел: смутные, при рассвете, очертания девичьего лица, детские совсем губы, девственно нежный подбородок, молящие светлые глаза. На него повеяло с ее бледного, полудетского лица кротостью, чистотой и лаской. Он подумал: «Юная, милая какая!» Она поблагодарила его за доброту, — «так обошлись со мной...» — в голосе задрожали слезы — и пошла через площадь к монастырю. Он стоял у конца бульвара, следил за ней. Рассвет вливался, розовели стены, монастыря. Было видно, как в святые ворота, под синий огонек фонарика-лампады, одиноко вошла она. Он почувствовал возвращавшуюся тоску свою.

Домой... Чтобы вернуть то светлое, что почувствовал он в себе на

9

ночном бульваре, что вдруг пропало, как только она ушла, он перешел площадь и, раздумчиво постояв, вошел в монастырские ворота.

Он узнал широкий настил из плит, — в детстве бывал тут с матерью, — занесенные снегом цветники, и с чувством неловкости и ненужности того, что делает, вошел в теплый и полутемный храм, пропитанный душно ладаном. Глубоко впереди, перед смутным иконостасом, теплилась одиноко свечка. Тонкий девичий голос скорбно вычитывал молитвы. Он прислонился к стене и озирался, не понимая, зачем он зашел сюда. И увидал е е: она горячо молилась, на коленях. Тут хорошо запели, — словно пел один нежный, хрустальный голос: пел такое знакомое, забытое... — когда-то и он пел это, в церковном хоре, у Сретенья: «Чертог Твой вижду, Спасе мой, украшенный... и одежды не имам, да вниду в онь...» Он слушал, не без волнения, как повторили слова, мысленно пропел сам: «Просвети одеяние души моея, Светодавче...» Рассеянно перекрестился, думая: «А хорошо, очень хорошо», — и под зоркими взглядами монахинь вышел на свежий воздух.

Так, в темную мартовскую ночь, на Тверском бульваре, где поздней порой сталкиваются обычно ищущие невысоких приключений, скрестились пути двух жизней: инженера-механика Виктора Алексеевича Вейденгаммера, 32 лет, и золотошвейки Дарьи Ивановны Королевой, 17 лет. Случилось это в ночь на Великий Понедельник.

III

ИСКУШЕНИЕ

Эта ночная встреча на Тверском бульваре стала для Виктора Алексеевича переломом жизни. Много спустя, перед еще более важным переломом, он прознал в этом «некую благостно направляющую Руку». Но в то раннее мартовское утро, на Страстной площади, случившееся представилось ему только забавным приключением. Смешным даже показалось, как это он разыграл романтика: утешал на бульваре незнакомую девицу, растрогался, проводил до святой обители, для чего-то и сам вошел, постоял у заутрени и даже не без волнения взглядом искал е е в полумраке храма, — совсем как герой Марлинского или Карамзина. Но за усмешкой над «несчастным героем нашим» была и мимолетная грусть, что милое это личико больше ему не встретится.

И вот что еще случилось.

Выйдя на площадь, освещенную ранним солнцем, розовую, «весеннюю», — так и назвал тогда, — он почувствовал небывалую легкость, радостное и благостное, позабытое в юных днях, — «розовый свет какой-то, освобождение от каких-то пут. как бы душевное выпрямление». Мысль о «кристаллике», казавшаяся ему ночью выходом, теперь представилась совершенно дикой. Мало того: началось сразу, и очень бурно, совсем иное.

10

— Специалисты, — невропатологи или физиологи... — разберутся в этом по-своему... — рассказывал Виктор Алексеевич. — Стыдно вспомнить, но мной овладело бурное чувство вожделения. Теперь я знаю — и не только по «житиям», — что нечто подобное бывает с иноками, с подвижниками даже, и заметьте: во время сильнейшего душевного напряжения, когда все в них «вознесено горе», когда они предстоят перед наисвященнейшим, так сказать... и вдруг — «бесовское наваждение», бурное вожделение картины великого соблазна. Люди духовного опыта это знают. Бывало со мной и раньше нечто похожее: после большой умственной работы, экзаменов, например, когда тело изнемогало, — в недрах, как бы в протест, начинается будораженье, раздражение «темных клеток», должно быть, смеж ных со «светлыми». Я тогда так и объяснил, увлеченный работой Сеченова «Рефлексы головного мозга». То же бывает после радений у сектантов И вот в то утро, после величественного «Чертога»... — и тогда мне, неверу ни какому, этот тропарь показался проникновеннейшим: «Просвети одеяние души моея, Светодавче!»... — после целомудреннейших, хрустальных голосов юниц чистых, курений ладанных я почувствовал бурный прилив хотений. Не сразу, правда. Сперва — восторг, так сказать, пейзажный: из-за монастыря, влево от меня, за голыми деревьями бульвара, над где-то там Трубной площадью, местом довольно «злачным», заметьте это... — розовым шаром солнце, первовесеннее. Воздух!., розовый воздух, розовый монастырь, розовые облачка, огнисто-розовые дома, розоватый ледок на лужах, золотистый навоз, подмерзший, но раздражающе остро пахнущий. Ледок... в кружевцах ледок, в кружевных пленочках-иголках, и под ними журчит водичка, первовесення. Увидал эти лужи-пленки и, как мальчишка, давай похрустывать и смотреть, как из дырок свистят фонтанчики. Страстную радость жизни почувствовал, всеми недрами... и меня вдруг осыпал-защекотал какой-то особенно задорный, трескучий щебет откуда-то налетевших воробьев.

В таком розовом настроении он проходил по площади, и его чуть не сшибла мчавшаяся коляска с офицерами и девицей: мелькнули эполеты золотые, играющий женский голос задорно крикнул: «Гут-моэн-майн-киндхен!» ~~ блеснула крахмальная оборка юбки. Его кинуло в жар от этого лёта и голоса. Захотелось курить, но спичек не было, — оставил, пожалуй, на скамейке. Он пошел бульваром, размашисто, распахнув пальто, — стало вдруг очень жарко. Издали увидал скамейку, подумал — не она ли? — и угадал; валялась под ней коробка сернич ков. Он сел, с жадностью закурил, и тут началось «искушение», — бурный наплыв хотений.

— Таких бурных, — рассказывал Виктор Алексеевич. — никогда еще не бывало... и в самых кощунственных подробностях, которыми я разжигал себя. И в центре всего этого омерзительного сора был этот чудесный монастырь с его благостной лепотой, с голосами юниц и с той, которую я только что «спасал», а теперь... мысленно растлевал.

Он вызывал в мечтах милое личико, полудетское, нежное, бледное в наливавшемся рассвете, и трогательный голос, в котором теперь звучало глубокое-грудное, задорное, как крик промелькнувшей немки. Тут же припуталась и белая оборка юбки, и синее платье, обтягивавшее ноги, и темные кудряшки, выбившиеся прядкой из-под платочка, и серые глаза в испуге, и по-детски раскрытый, беспомощный и растерянный, бледный рот, с чуть отвисшей губкой. Эта беспомощность и растерянность привлекали его особенно. Ему представлялась такая возможная, но — досадно — неосуществившаяся картина: он уговаривает ее пойти с ним, и она растерянно готова, и вот они идут, в рассвете... и она остается у него. Он досадовал на себя, что поступил необдуманно, не отговорил ее от этой прикрытой благочестием кабалы, от даровой работы на тунеядок, на этих чернохвостниц, важно пожевывающих губами матушек, игумений, казначей. Припоминал рассказы-анекдоты о столичном монастыре у веселого бульвара, о миловидных послушницах и клирошанках, которых настоятельницы-ловкачки отпускают на ночь к жертвователям-купцам и всяким там власть имущим. И он, в сущности, сам толкнул юную, чистую девушку в эту яму, сказав, что двести рублей для вступления в монастырь найдутся. Возьмут ее с радостью, конечно... за одно золотошвейное мастерство, помимо всего другого... — хорошенькая, глаза какие! — там это нужно для всех этих пустяков-прикрытий, — для «воздухов», покровов, хоругвей, чего там еще!.. — а в свободный часок будут отпускать напрокат, «во славу святой обители».

— Такие и еше более растлевающие мысли меня сжигали, — рассказывал Виктор Алексеевич. — Я, человек культурный, нес всю эту — убедительную для меня тогда — чушь. Мне хотелось просто иметь эту беззащитную, но это хотение я старался прикрыть от таившегося во мне надсмотрщика. А хотение напирало, и я напредставлял себе, как веду ее, как она нерешительна, но потом, шаг за шагом... Даже утренний час представил, с горячими калачами и «рюмочкой портвейнца»... — тут же у гастрономщика Андреева, против генерал-губернатора, прихватить икорки, сыру швейцарского, тянучек... — непременно тянучек, они очень тянучки любят, такие полудети, — фисташек и миндальных тоже, — все до точности расписал. И как она будет ошеломлена всей этой роскошью, как будет благодарна за спасение, и... Словом, я уже не мог сидеть спокойно. Наворачивать раздражающего мне уже было мало. Я даже позабыл, что к десяти мне надо в депо на службу, проверять паровозы из ремонта.

В таком состоянии одержимости он направился дальше по бульвару. Было еще безлюдно, а ему хотелось какой-нибудь подходящей встречи. Поднявшееся в нем темное закрыло чудесное розовое утро, и его раздражало, что бульвар пуст, что нет на нем ни вертлявых весенних модниц, ни жеманных немочек-гувернанток, ни даже молодых горничных или модисток, шустро перебирающих ногами, подхватив развевающийся подол. Дойдя до конца бульвара, он опять повернул к Страстному и увидал монастырь с пятью сине-золотыми главками за колокольней. Эти главки жгли его колким блеском сквозных крестов, скрытым под ними ханжеством. Дразнила мысль-зайти как-нибудь еще, послушать миловидных клирошанок, бледноликих и восковых, в бархатных, франтоватых, куколях-колпачках. Это казалось таким пикантным: «как траурные институтки». Казалось, что все может легко осуществиться: у ней есть его карточка, она может прийти к нему, попросить насчет паспорта или просто поблагодарить за участие... — «как обошлись со мной!» — можно уговорить, и она останется у него. Все казалось теперь возможным. Он спустился Страстным бульваром, постоял нерешительно у Петровских ворот и пошел вниз, к Трубе. На бульваре попалась ему бежавшая с калачами горничная, и он посмотрел ей вслед, на ее бойкие, в белых чулочках ноги. На Трубной площади, у «греховного» «Эрмитажа», стоял только один лихач. Он поманил его, даже не думая, куда и зачем поехать, но лихач почему-то отмахнулся.

С того утра началась угарная полоса блужданий, удачных и безразличных встреч. И во всех этих встречах и блужданиях дразнило и обжигало неотступно — «как зов какой-то» — казалось бы, уже потускневшее, как бы виденное во сне под сине-золотыми главками, за розовыми стенами, милое личико под куколем. В блужданиях, ставших теперь обычными, средоточием оставался монастырь. Виктор Алексеевич, «как одержимый, в дрожи», приходил слушать пение, разглядывал миловидных клирошанок, но е е не видел ни разу. Были из них красивые, и все были затаенно-скромны. «Из приличия», он давал на свечи и даже снискал благоволение старушки-свещницы, которая уважительно ему кланялась и всегда спрашивала: «Кому поставить накажете-с?» Но за три месяца так и не решался спросить у нее, здесь ли послушница Даша Королева.

— Я кружился у монастыря, — рассказывал Виктор Алексеевич, — как лермонтовский Демон, и посмеивался- язвил себя. И чем больше кружил, тем больше разжигался. Тут столкнулись и наваждение и... как привождение. Меня вело. Иначе нельзя и объяснить, что со мной случилось. И вот когда я почувствовал, что так дальше не может продолжаться, — я отказался от перевода в Орел с значительным продвижением по службе, стал запускать работу, и нервы мои расстроились невероятно, — я, наконец, решился.

В душный июльский вечер, когда даже на бульварах нечем было дышать, он вдруг почувствовал мучительную тоску, такую же безысходную, как в памятную мартовскую ночь, когда с облегчением думал о «кристаллике». Это случилось на бульваре. Он пошел обычной дорогой — к монастырю. Было часов шесть, ворот еще не запирали. Совсем не думая, что из этого может выйти, он спросил сидевшую, как всегда, у столика с оловянной тарелочкой пожилую монахиню, можно ли ему повидать «матушку А-гнию». Старушка приветливой да же с поклоном сказала, что сейчас вызовет привратную белицу, она и проводит к матушке. И позвонила в сторожевой. Этот «зовущий» колокол отозвался в сердце Виктора Алексеевича звоном пугающим и важным: «Началось», — так и подумал он. А старушка допрашивала, не родственничек ли будет матушке Агнии: «Она у нас из хорошего звания, дочка 2-й гильдии московского купца была, из Таганки... пряниками торговали». Привратная белица повела его в дальний корпус, мимо густо-пахучих цветников, полных петуний и резеды; белицы, во всем белом, их поливали молча.

В глубокой, благостной тишине, в запахе цветов, показавшемся ему целомудренным и благодатным, в робких и затаенных взглядах из-под напущенных на глаза белых платков трудившихся над цветами белиц, в шорохе поливавших струек, в верезге ласточек, в дремлющих на скамьях старушках — во всем почувствовался ему «мир иной». Тут впервые он

13

ощутил неуловимо бегло, что «эта жизнь имеет право на бытие», что она «чувствует и поет молчанием».

— Я ощутил вдруг, боясь и стыдясь додумывать, — рассказывал Виктор Алексеевич, — что все эти девушки и старухи выше меня и чище, глубже... что я забрался сюда, как враг. Я тогда в самом деле почувствовал себя темным... нечистым себя почувствовал. Я старался прятать глаза, словно боялся, что эти, чистые, все узнают и крестом преградят дорогу. Но при этом было во мне и поджигающее, «бесовское», что вот, мол, я, демон-искуситель, переступлю! Некое романтичное ухарство. И-присутствие силы, которая ведет меня, и я бессилен сопротивляться ей.

«Переступал», а ноги дрожали и слабели. Он кланялся вежливо особенно почтенным старицам, недвижно сидевшим с клюшками. Властный голос спросил белицу: «Не к матери ли Ираиде?»- и белица ответила, склонившись: «К матушке Агнии, сродственник». Вот уж и ложь: но — «началось», и теперь будет продолжаться, В прохладном каменном коридоре белица тихо постучала, пропела тонехонько «входное», и Виктор Алексеевич получил разрешение войти.

Он увидал высокое окно в сад, наполовину завешенное полотняной шторой, а у окна на стуле сухенькую старушку, торопливо повязывающуюся платочком. Старушка, видимо, только что читала: лежала толстая книга и на ней серебряные очки. Были большие образа, и ширмы, и обвитая комнатным виноградом арка в другой покой. Старушка извинилась, что встать не может, ноги не слушают, предложила сесть и спросила: «От какого же родственника изволите вы пожаловать?» Спросила об имени и отчестве. Он смотрел на нее смущенно: такая она была простая, ясная, ласковая, доверчивая.

— Я растерялся, — рассказывал Виктор Алексеевич, — смотрел на нее, будто просил прощения, и чувствовал, что матушка Агния все простит. И тут же сообразил, что вполне естественно мне спросить: старушка такая и не подумает ничего худого, совсем она простосердая... такую всегда обманешь. «Началось» — надо продолжать.

И он спокойно, даже деловито сказал, в чем дело... что его интересует участь несчастной девушки, и надо бы ему раньше, но по делам был в отлучке и запоздал. Старушка выслушала, ласково поглядела, улыбнулась, и засияло ее лицо. Она обернулась к арке, в другой покойчик, и сказала, как бы показывая туда:

— А как же, батюшка... со мной живет, вон она, сероглазая моя!

Эти простые слова показались ему «громом и молнией»: ослепило его и оглушило. Он даже встал и поклонился матушке Агнии. Но она приняла это совсем спокойно, сказала: «Зачем же благодарите, батюшка... сирота она, и я ее тетку знала, а золотые руки-то какие... такую-то каждый монастырь примет, да еще порадуется. И не благодарите, батюшка... и матушка-игуменья рада. Мы бы давно к вам пришли, да ноги не пускают... велела ей, сколько раз говорила — пошли хоть письмецо доброму барину, поблагодари, а она... совестливая такая, стесняющая, боялась все: "Ну-ка они обидятся". Ну вот, Дашенька, а теперь сам барин пришли справляться... хорошо разве, человека такого беспокоим!» — сказала старушка в другой покой, а Виктор Алексеевич сидел и мучился — теперь уже другим мучился: и таких-то- обманывать!

— Будто случилось чудо, — рассказывал Виктор Алексеевич. — Простые слова, самые ходячие слова сказала матушка Агния, но эти слова осветили всего меня, всю мерзость мою показали мне. Передо мной была чистота, подлинный человек, по образу Божию, а я — извращенный облик этого «человека», и я с ужасом... с ужасом ощутил бездну падения своего. То, темное, вырвалось из меня, — будто оно сидело во мне, как что — то отделимое от меня, вошедшее в меня через наваждение. Оно томило меня, и вот, как «бес от креста», испарилось от этих душевных слов. Ну да, физиологи, психологи... они объясняют, и по-своему они правы... но и я, в своих ощущениях, тоже прав: темная сила меня оставила. А ведь я шел на грех, — ну, «греха» тогда я не признавал, — на низость, если угодно, шел на обман. Обмануть эту Агнию... человеческую овечку эту, выведать про девицу и эту девицу совратить, сманить, обманно вытащить ее из-за этих стен, увлечь, голову ей вскружить и оставить для себя, пока она мне нужна... а там!.. Не задумывался, что будет «там». И — сразу перевернулось на иное...

А вышло так. Старушка не раз выкликала Дашеньку, но та только робко, чуть слышно, «как ветерок», отвечала; «Я сейчас, матушка». Он ожидал смущенно, раздавленный всей этой чистотой и ясностью, а матушка Агния, благодушно мигая, как делают, когда говорят о детях, поведала шепотком, что это она стыдится такого господина, глаз показать боится... «А уж как она про вас... редкий день не помянет... "Господь мне послал такого святого господина", — так все и поминает. Она и в обитель-то к нам боялась тогда, как тоже поглядят... ну-ка побрезгуем, не поверим, матушка-то игуменья строгая у нас, ни-ни... ну-ка какое недоумение с квартальным или там девичье обстояние, — вот и боялась. А вы как ангел-хранитель были, наставили ее про обитель, она и укрепилась. Разобрали дело, послали письмо квартальному, а нас он уважает, — с Канителева и истребовали пачпорт. А она — золотые руки, и голосок напевный, скоро и в крылошанки благословится, на послушание певное... стихирки со мной поет, живая канареечка».

Он слушал воркующий шепоток, и тут появилась Дашенька. Она не вошла в покой, а остановилась под виноградом, молвив послушливо: «Что, матушка, угодно?»

— В этот миг все для меня решилось, — рассказывал Виктор Алексеевич. — Это была не та, какую я, темный, вожделением рисовал себе. Передо мной была осветленная, возносящая красота. Не красота... это грубое слово тут, а прелестная девичья чистота... юница, воистину непорочная. Большие, светлые, именно — осветляющие, звездистые, глаза... такие встречаются необычайно редко. В них не было тревожного вопрошания, как тогда; они кротко и ласково светили. Раз всего на меня взглянула, осияла и отвела. И я понял, что отныне жизнь моя — в ней, или все кончится.

Матушка Агния сказала: «Ну, сероглазая моя, подойди поближе, не укусят». Она подошла ближе и сказала, кланяясь чинно, как белица: «Благодарю вас покорно, барин». Он поднялся и поклонился ей молча, как перед тем поклонился матушке Агнии: исходившему от нее свету поклонился.

— Теперь это мне ясно, — вспоминал Виктор Алексеевич, — я поклонился пути, по которому она повела меня...

15

Он сказал, обращаясь к матушке Агнии, что он очень рад, что благой случай устроил все. Старушка поправила: «Не случай, батюшка, а Божие произволение... а случай-то — и слово-то неподходящее нам...» — и улыбнулась ласково.

Он «в последний раз» — казалось ему тогда — оглянул белицу, от повязанного вкруг белого платочка с ясной полоской лба, от сияющих глаз, от детски-пухлого рта, по стройному стану, в белом, все закрывающем одеянии до земли. Поклонился и вышел, провожаемый добрым взглядом и словами матушки Агнии, спохватившейся: «Да проводи ты, чего замялась... как бы они не заплутали»,

Не было слышно шагов за ним.

IV

ГРЕХОПАДЕНИЕ

По рассказам Виктора Алексеевича и по «смертной записке к ближним» Дарьи Ивановны, эта июльская встреча в келье матушки Агнии осталась для них благословеннейшим часом жизни. С этого часа-мига для него началось «высвобождение из потемок», для нее — «греховное счастье, страданием искупаемое».

Выйдя из монастырских ворот на Тверской бульвар, Виктор Алексеевич даже и не заметил ни многолюдства, ни «черной ночи», вдруг свалившейся на Москву: от Триумфальных ворот, с заката, катилась туча, заваливая все отсветы потухающей зари, все небесные щели, откуда еще, казалось, текла прохлада; сдавила и высосала воздух и затопляющим ливнем погнала пеструю толпу, устрашая огнем и грохотом. Виктор Алексеевич стоял на пустом бульваре, насквозь промокший, смяв свою майскую фуражку и с чего-то размахивая ею, — «приветствовал Божий гром».

— Я тогда все приветствовал, словно впервые видел, — рассказывал он:- монастырь, розовато вспыхивавший из тьмы, бившие в кресты молнии. Я был блаженно счастлив. Все изменилось вдруг, получило чудесный смысл, — какой, я не понимал еще, но... великий и важный смысл. Будто сразу прозрел душевно... не отшибком себя почувствовал, как это было раньше, а связанным совсем... с Божьим громом, с горящими крестами, с лужами даже, с плавающими в них листьями. Озарило всего меня, и сокровенная тайна бытия вдруг открылась на миг какой-то, и все определилось, представилось непреложно-нужным, осмысленным и живым, в свято-премудром Плане, — в «Живой Механике», а не в «игре явлений»... иначе не могу и выразить: и этот страшащий гром, и освежающий ливень, и монастырь у веселого бульвара, и кроткая матушка Агния, и — она, девичья чистота и прелесть. Смыло, смело грозой всю мою духоту-истому, от которой хотел избавиться, и я почувствовал ликование-все обнять!

16

Это желание «обнять мир» вышло не от избытка духовности, как у Дамаскина или Франциска Ассизского, а из родственного сему, — из светлого озарения любовью.

— С той встречи, с того видения в келье, с той освежительной грозы я полюбил впервые, — рассказывал Виктор Алексеевич, — хотя и любил раньше. Но те любви не озаряли душу. Да что же это?! Она, простая девушка, монастырка, не сказала мне и двух слов, ничего я о ней не знал, и вот... только звук ее голоса, грудного, несказанная чистота ее, внятая мною, вдруг, и эти глаза ее, кроткий и лучезарный свет в них... очаровали меня, пленили и повели. И, не рассуждая, я вдруг почувствовал, что именно в этом моем очаровании и есть смысл, какая-то бесконечно-малая того Смысла, который я ощутил в грозу, — в связанности моей со всем.

С того июльского вечера начались для Виктора Алексеевича мучения любовью и в мучениях — «духовное прорастание». А для Дарьи Ивановны было совсем иное. В оставленной ею «смертной» значилось так:

«Сердце во мне сомлело, только его голос услыхала. И тут почудилось мне, что что моя судьба, великая радость-счастье, и большое горе, и страшный грех. Я побоялась показаться, а сами руки стали повязывать платочек. А зеркальца не было, и я к ведерку нагнулась, только что воды принесла цветочки полить, жара была. Взглянула на Страстную Матерь Божию и подумала в сердце, будто Пречистая мне велит: "Все прими, испей". И вот испила, пью до сего дня. Сколько мне счастья было, и сколько же мне страдания. А как вышла и увидала лицо его, и глаза, ласковые ко мне, тут я и отнялась вся и предалась ему. И такая стала бессильная, что вот возьми меня за руку, н я ушла бы с ним и все оставила».

И через страницы дальше:

«Тогда томление во мне стало греховное, и он приходил ко мне в мечтаниях. А молитвы только шептались и не грели сердце».

А для него началось «горение вдохновенное». Его оставили темные помышления, и он одного хотел: видеть ее всегда, только хотя бы видеть. Ему предложили уже не Орел, а Петербург: его начальник, очень его ценивший, был назначен по Главному управлению и тянул с собой. Но он отказался, «сломал карьеру».

С того грозового вечера кончились его встречи на бульварах, прогулки на лихачах, с заездами на Ямскую и в укромные норки «Эрмитажа». Все это отступило перед прелестной девичьей чистотой, перед осветляющими, лучистыми глазами. Это была самая чистая, благоуханная пора любви, даже и не любви, а — «какого-то восхищения всем меня окружавшим, над которым была о н а, за монастырской стеной, уже почти отрешенная от мира, как бы уже назначенная». Он не думал, что она может стать для него доступной. Он перечитал — что-то его толкнуло — «Дворянское гнездо», и вот Лиза Калитина чем-то напомнила ему Дариньку, — в мыслях так называл ее. Он припоминал все, что случилось в келье, даже как прыгали семечки и брызги из клетки с чижиком, и как одно зернышко упало на белый платочек Дариньки, и она повела глазами. И чайную чашку вспомнил, с синью и золотцем, «В день Ангела», и веточку синего изюма. И огромные пяльцы у изразцовой печи, с голубым атласным одеялом, «для новобрачущихся», сказала матушка Агния.

Он признал благовест Страстного и таил от себя, что ждет его каждую субботу. Заслышав тягучий зов, он шел на Тверской бульвар, бродил до сумерек и незаметно оказывался в толпе молящихся. Ему уже кланялись монахини и особенно низко — свещница с блюдом, когда он совал смущенно рублевую бумажку. Раз даже увидал сидевшую в уголку, с четками, кроткую матушку Агнию и почтительно поклонился ей, и она тоже поклонилась. Не без волнения слушал напевные голоса милоликих клирошанок, стараясь признать знакомый.

И вот глубокой зимой, когда помело метелью, за всенощной под Николин день, потянулись для величания с клиросов, и в перервавшем дыхание восторге он увидал наконец ее. Шла она от правого клироса за головщицей, высокой, строгой, с каменно-восковым лицом, мантейной монахиней Руфиной. Другая была она, не та, какую увидел на рассвете, детски-испуганную... и не та, осветленная, с осиявшими его лучезарными глазами. Траурная была она, в бархатном куколе-колпачке, отороченном бархатной, на мелкой волне, каемкой, выделявшем бледное, восковое, прозрачное лицо, на котором светились звездно, от сотни свечей-налепок, восторженно-праздничные глаза. Лицо ее показалось ему одухотворенным и бесконечно милым, чудесно-детским. Наивно-детски полуоткрытый рот, устремленные ввысь глаза величали Угодника, славили восхищенно — «правило веры и образ кротости». Он слышал эти слова, и «образ кротости» для него был ее образ кротости, чистоты, нежной и светлой ласки.

— Я слушал пение, и эта святая песнь, которую я теперь так люблю, пелась как будто ей, этой юнице чистой. Во мне сливались обожествление, восхищение, молитва... — рассказывал Виктор Алексеевич. — Для меня «смирением высокая, нищетою богатая»... — это были слова о ней. Кощунство. Но тогда я мог упасть перед ней, ставить ей свечи, петь ей молитвы, тропари, как... Пречистой! Да, одержимость и помутнение, кощунство. Но в этом кощунстве не было ничего греховного. Я пел ей взглядом, себя не помня, продвинулся ближе, расталкивая молящихся, и смотрел на нее из-за шлычков-головок левого клироса. На балах даже простенькие девичьи лица кажутся от огней и возбуждения прелестными. Так и тут: в голубых клубах ладана, в свете паникадил, в пыланье сотен свечей-налепок, в сверкающем золоте окладов светлые юные глаза сияли светами неземными, и утончившееся лицо казалось иконным ликом, ожившим, очеловечившимся в восторженном моленье. Не девушка, не юница, а... иная, преображенная, новая.

Он неотрывно смотрел, но она не чувствовала его, вся — в ином. И вот — это бывает между любящими и близкими по духу — он взглядом проник в нее. Молитвословие пресеклось на миг, и в этот миг она встретилась с ним глазами... и сомлела. Показалось ему, будто она хотела вскрикнуть. И она чуть не вскрикнула, — рассказывала потом ему:

«Я всегда следил а за молящимися, ждала. И много раз видела и пряталась за сестер. И тогда я сразу увидала, и, как сходились на величанье, молила Владычицу дать мне силы, уберечь от соблазна, — и не

18

смотреть. И когда уже не могла, — взглянула, и у меня помутилось в голове. Я едва полнялась на солею и благословилась у матушки Руфины уйти из храма по немощи».

Он видел, как ее повела клирошанка, тут же пошел и сам, но на паперти не было никого, крутило никольской метелью.

А наутро накупил гостинцев: халвы, заливных орехов, яблочной пастилы, икры и балычка для матушки Агнии, не забыл и фиников, и винных ягод, и синего кувшинного изюму, и приказал отнести в Страстной, передать матушке Агнии — «от господина, который заходил летом».

— Они были потрясены богатством, — рассказывал Виктор Алексеевич, — и матушка Агния возвела меня в святые, сказала: «Это Господь послал».

Началось разгорание любви. Они виделись теперь каждую всенощную и искали друг друга взглядами. Находили и не отпускали. Ему нравилось ее робкое смущение, вспыхивающий румянец, загоравшиеся глаза, не осветляющие, не кроткие, а вдруг опалявшие и прятавшиеся в ресницах Взгляд ее делался тревожней и горячей. После этих всенощных встреч она молилась до исступления и томилась «мечтанием».

— Я ее развращал невольно, — рассказывал Виктор Алексеевич. — Она каялась в помыслах, и старенький иеромонах-духовник наложил на нее послушание — по триста земных поклонов, сорокадневие.

Так, в обуревавшем томлении, подошла весна. Хотелось, но не было предлога, как в июле, зайти к матушке Агнии, справиться о девице Королевой. На Страстной неделе, за глубочайшими службами, распаленный весенним зовом, Виктор Алексеевич соблазнялся в храме и соблазнял. Это были томительно-сладостные дни, воистину страстные. За Светлой заутреней был восторг непередаваемый: «В эту Святую ночь я только ее и видел!» Они целовались взглядами, сухо пылавшими губами. Он едва сдержался, чтобы не пойти в келью матушки Агнии. И опять, как в Николин день, послал с молодцом из магазина заранее заготовленное «подношение», до... цветов. Послал и сластей, и закусок, и даже от Абрикосова шоколадный торт, и высокую «бабу», изукрашенную цукатами и сахарным барашком, и — верх кощунства! — «христосование»: матушке Агнии большое розовое яйцо, фарфоровое, с панорамой «Воскресения», ей — серебряное яичко, от Хлебникова, с крестиком, сердечком и якорьком, на золотой цепочке.

— Представьте тридцатитрехлетнего господина, т а к подбирающегося к юнице чистой, к хранимому святостью ребенку... — рассказывал Виктор Алексеевич. — Без думы о последствиях, да. Да еще пасхальное яичко, с «эмблемами»!

В субботу на Святой, в теплый и ясный день, когда он пришел со службы по-праздничному рано, когда в открытые окна живописного старого особнячка, выходившего в зеленевший сад, доносился веселый трезвон уходившей Пасхи и нежное пение зябликов... — в то время в Москве были еще обширные и заглохшие сады, — подгромыхал извозчик, и у парадного тихо позвонились. Он пошел отпереть — и радостно и смущенно растерялся. Приехали гости совсем нежданные: матушка Агния, в ватном салопе, укутанная по-зимнему, в семь платков, и тоненькая, простенькая черничка Даша. Тут же они ему и поклонились, низко-низко, подобострастно даже. Он не мог ничего сказать, не понимал и не понимал, зачем же они приехали, и отступал перед ними, приглашая рукой — войти. Матушка Агния, которую молча раскутала черничка, стала искать иконы, посмотрела во все углы, перекрестилась на сад, в окошко, и умиленно пропела:

«А мы к вашей милости, сударь, премного вами благодарны за заботы о нас, сиротах... втайне творите, по слову Божию... спаси вас Господи, Христос Воскресе. Узнали сердцем, Дашенька так учуяла... на Светлый День взысканы от вас гостинчиком вашим и приветом... уж так задарены... глазам не верим, а поглядишь...»

Он растерянно повторял: «что вы, что вы» — и увидал благоговеющий взгляд, осиявший его когда-то, милые руки девичьи, вылезавшие сиротливо из коротких рукавчиков черного простого платья совсем монастырского покроя, и ему стало не по себе, — чего-то стыдно. А матушка Агния все тараторила напевно, «человеческая овечка»:

«Примите, милостивец, благословение обители, освященный артос, всю святую неделю во храме пет-омолен, святой водицей окроплен, в болезнях целения подает... — И она подала с полуземным поклоном что-то завернутое в писчую бумагу и подпечатанное сургучиком. — А это от нее вот... ее трудами, уж так-то для вас старалась, весь пост все трудилась-вышивала...»

И развернула белоснежную салфетку.

«Под образа подзорчик. по голубому полю серебрецом, цветочки, а золотцем — пчелки... как живые! Работа-то какая, загляденье... и колоски золотцем играют... глазок-то какой... прямо золотой, ручки серебряные. А образов-то у вас, как же... не-ту?» — спросила она смущенно, оглядывая углы.

Он смутился и стал говорить невнятное.

— Мне стало стыдно, — рассказывал Виктор Алексеевич, — что я смутил эту добрую старушку и оробевшую вдруг черничку, светлую. Но я нашелся и объяснил, надумал, что образа там... а тут... отдан мастеру «починить»!.. Так и сказал — «починить», как про сапоги, вместо хотя бы «промыть», что ли, — и вот, к Празднику такому... и не вернул!

Матушка Агния посокрушалась, справилась, какой образ и чье будет «благословение», и сказала, как бы в утешение, что и у них тоже, в приделе Анастасии-Узорешительницы, отдали так вот тоже ковчежец, из-под главки, посеребрить-почистить, а мастерок-то пья-аненький, он и подзадержал... а время-то самое родильное, зимнее... зачинают-то по весне больше, радости да укрепления приезжают к ним получить, а ковчежца нет... печали-то сколько было. И велела «сероглазой моей» достать подарочек — туфельку-подчасник, вишневого бархата, шитую тонко золотцем: два голубка, целуются. Это его растрогало, такая их простота-невинность: невесты такое дарят или супруга любимому супругу. Он развязно раскланялся, даже расшаркался и сказал: «Вот отлично, это мы вот сюда пристроим» — и приколол уже всунутой в петельку булавкой на стенку к письменному столу. А они стеснительно стояли и робко оглядывали длинные полки с книгами и синие «небесные пути», давно забытые. Он предложил им чаю, но матушка Агния скромно отказалась:

«Мы к вам, сударь, уж попимши чайку поехали... а хозяюшки-то у вас нету, одни живете? Что ж нам беспокоиться. Простите, уж мы пойдем. Так вы нас обласкали, уж так приветили... и сиротка моя первого такого человека увидала, молимся за вас, батюшка. А она теперь уже первый голосок на крылосе, не нахвалится матушка Руфина, всякие ей поблажки. Узнала, благодарить мы едем, двадцать копеечек из своих на извозчика нам дала, как же-с. А уж такая-то бережливая... да и то сказать, какие у нас доходишки, чего сработаешь одеялами, вот стегаем, а то все добрые люди жалуют. Обитель у нас необщежительная, а все сам себе припасай. А меня ноги поотпустили, фершалиха наша из обеих натек повыпустила-облегчила, а то бы и службы великие не выстояла. Вот мы и добрались до вашей милости...»

Она еще долго тараторила. Он все-таки упросил ее присесть и выкушать хоть полрюмочки мадерцы. Она все отказывалась и благодарила, но все-таки присела и выпила мадерцы, хоть и не надо бы. Пригубила и черничка, опустив долгие темные ресницы, и облизнулась совсем по-детски. Он стал настаивать, чтобы она выпила все, до донышка. Она, в смущении, покорилась, щеки ее порозовели, на глазах проступили слезы. Сидела молча и робко оглядывала стены и на них синие, непонятные ей листы. Потом стала смотреть в окошко, на еще жиденькую сирень.

«Сине-льки-то у вас что бу-удет! — радовалась матушка Агния. — Да что же это мы, Дашенька... так и не похристосовались с господином, а он нам... Яичко ваше под образа повесила, под лампадку, молюсь — и вспомню... А сероглазая-то моя сердечко ваше, и крестик, и цепочку — все на себе носит, на шейку себе повесила, покажь-ка милому барину...»

И сама вытянула из-за ворота Дашеньки цепочку и навески, Дашенька сидела как изваяние, опустив глаза, словно и не о ней речь. Не подымая ресниц, заправила цепочку. А старушка все тараторила:

«Как же, как же., писанки с нами, в плечико поцелуем хоть...» И она вынула из глубокого карма на розоватые писанки с выцарапанными добела крестами и буковками «Х. В.».

Он принял писанки, приложился к виску матушки Агнии, а она поцеловала его в плечико. Потом, обняв Дашеньку глазами, он взял сомлевшую ее руку и, заглянув в убегающие глаза, трижды крепко поцеловал ее в податливый детский рот. Она шатнулась, и невидящие глаза ее наполнились вдруг слезами.

«Обычай святой, Господний...» — умилилась матушка Агния, не замечавшая ничего.

Он проводил их, заперев парадное, и высунулся в окно. Дашенька вела матушку Агнию, и он ждал, не оглянется ли она. Она не оглянулась. И когда они доплелись до поворота переулка, он вспомнил, что не дал им денег на извозчика, а у них, пожалуй, и на извозчика нет.

— Вел я себя, как щелкопер, — рассказывал Виктор Алексеевич. — Эти поцелуи я и до сего дня помню. И все вранье, и любованье ее смущением и целомудрием. Пришли, чистые обе, принесли святое, а я... смаковал в мечтах... И осталось это во мне, греховное, до конца, до самого страшного...

Это «самое страшное» пришло скоро и неожиданно, — «как вихрем

21

налетело». Виктор Алексеевич крепко помнил тот майский день — «неделю о слепом», — «ибо я именно был слепой!» — неделю шестую но Пасхе, воскресение.

С «христосования» он так и не заходил в Страстной. Пришлось поехать в командировку, случилось где-то крушение, и надо было принимать разные комиссии. С взбитыми нервами, уставший, вернулся он к себе ранним утром и не узнал квартиры: за недели его отсутствия все распустилось и разрослось в саду, в комнатах потемнело, и сильная, пышная сирень так и ломилась в окна. Он распахнул их с усилием итак и ткнулся в душистые облака цветов. Застоявшийся воздух в комнате сменился горько-душистой свежестью, кружившей голову после вагонной ночи. Он выпил крепкого чаю с ромом, с наслаждением закурил и сел на подоконник. Сирень щекотала ему щеки, и ее горьковатый запах вызвал в его душе нежную грусть он ей, о «милой девочке», которую не видел с самого «поцелуя», его обжегшего. И вот кто-то чуть позвонил в парадное. Он пошел отпереть — и вдруг увидел е е! Он даже отшатнулся, увидав заплаканные, молящие глаза... подумал: «Случилось что-то... убежала из монастыря?..» — и в нем пробежало искрой, «поганенькой надеждой».

— Именно подленькой надеждой на ее беззащитность, беспомощность. Мелькнуло мне: вот, пришла... к «доброму барину»... И добрый барин достойно ее принял.

Что же случилось? Обыкновенное, но великое горе для нее: ночью внезапно скончалась матушка Агния, Обливаясь слезами, как ребенок, она лепетала спутанно, словно прося защиты: «Никого теперь... бабушка тихо отошла... склонилась и отошла...» — она называла теперь не по-уставному-матушка, а по-родному: «Читала Писание... никого теперь... побежала сказать, утра все дожидалась... бабушка раньше наказывала, чуть что... предупредить... похороны послезавтра... парадные похороны...» Она плакала надрывно, всхлипывая, как на ночном бульваре, в мартовскую ночь, потрясшую его «откровением раздавшегося неба». В нем защемило сердце, и он стал утешать ее. А она лепетала, всхлипывая и надрываясь: «Отошла ти-хо... склонилась на бочок...» Он слушал, стоя над ней, обнимая ее за плечи, прижимая к себе, жалея. Он говорил ей совсем невнятное, держал за холодную, трепетную руку и смотрел в залитые слезами блистающие глаза ее, ослепленные ярким солнцем, поднявшимся из-за сиреней.

Он усадил ее на диван, говорил нежно, страстно: «Бедная моя, девочка моя... успокойся...» — не помня себя, стал целовать ей руки, жалкие, мокрые глаза, прижимая ее к груди. Не помня себя, не понимая, может быть, смешивая его с кем-то, ласково утешающим, она трепетала в рыданиях на его груди. Он целовал ей детский, сомлевший рот, выбившиеся из-под платочка темные кудерьки... Она открыла глаза, по которым застлало тенью, и исступленная его жалость перелилась безвольно в страстное исступление... — в преступление.

Произошло ужасное, чего он хотел и ждал, что связало на счастье и на муки.

Он был на погребении матушки Агнии. В те часы он ничего не помнил, не помнил даже светлого «как бы ангельского лика» рабы Божией новопреставленной инокини Агнии. Но помнил до мелочей, как

22

через день после похорон, когда Дашенька была уже у него, как вошел в пахнувшие кипарисом и елеем покои настоятельницы, строгой и властной, — кажется, бывшей баронессы, и объявил, что девица Дарья Королева оставляет обитель и будет жить у него. Настоятельница пожевала презрительно губами, отыскивая слова, и ответствовала холодным тоном:

«Вы, сударь, совратили с пути девчонку... сделали гадость, как делают все у вас. Наша обитель... — и холодные, черные глаза ее вдруг зажглись, — такой в нашей обители места нет! Но паспорта ее я вам не дам, будет переслано в квартал».

Он подчеркнуто-дерзко поклонился и вышел, провожаемый взглядом испуганных келейниц, которые слушали за дверью. Словом, разыграл оскорбленного за сиротку, как он рассказывал.

Все случилось «как бы в стихийном вихре», как в исступлении. Он тут же поехал к полицмейстеру, который был в приятельских отношениях с покойным его отцом, и объяснился, «как на духу». Бывший кавалерист покрутил молодецкий ус, хлопнул нежданно по коленке и сказал ободряюще:

«Молодцом! И никаких недоразумений. Для девицы опека кончилась, и началось попечительство... девица может, если желает того, избрать себе попечителем кого угодно. А раз избирает вас, могу только приветствовать. А паспорт перешлем вам через квартал».

Так завершилась первая половина жизни Виктора Алексеевича.

V

ТЕМНОЕ СЧАСТЬЕ

Сияющее утро мая, когда случилось «непоправимое и роковое», — Виктору Алексеевичу только впоследствии открылось, что это было роковое, — явилось в его жизни переломом: с этой грани пошла другая половина его жизни, — прозрение, исход из мрака. Уже прозревший, много лет спустя, прознал он в этом утре «утро жизни», «недели о слепом», шестой по Пасхе. Так и говорил, прознавши: «Был полуслепым, а в то ослепительное утро ослеп, совсем, чтобы познать Свет Истины». Если бы ему тогда сказали, что через грех прозреет, он бы посмеялся над такой «мистикой»: «Что-то уж очень тонко и... приятно: грешками исцеляться!» Невер, он счел бы это за кощунство: осквернить невинность, юницу, уже назначенную Богу, беспомощную, в тяжком горе, — и через надругательство прозреть!.. Много лет спустя старец Амвросий Оптинский открыл ему глаза на тайну.

Ослепленный, он повторял в то утро: «Как разрешилось... как неожиданно счастливо!» Высунувшись в окно, долго смотрел вослед, как шла она, пригнувшись, будто под тяжкой ношей, и повторял, безумный: «О светлая моя... какое счастье!..» Ни сожаленья, ни угрызений, ничего.

23

Видел сиявшие глаза, в слезах, руки у груди, ладошками, в мольбе, в испуге, слышал лепет побелевших губ: «Господи... как же я пойду... туда?..»

Вспоминал бессвязные успокоения: «Ты иди пока... на похороны надо, а потом устроим... будешь всегда со мной, моя... бесценная, девочка моя святая...»

Все ослепительно сияло в это утро. Солнце заливало сад, густозеленый, майский, весь в сверканьях; слепящая синь неба, сирень в росе, в блистанье, заглядывала в окна пышными кистями, буйной силой; радужно сиял хрусталь на люстре, блеск самовара и паркета, не выпитая ею мадера в рюмке, с пунцовым отражением на скатерти... и, светлая, она, с блиставшими от слез глазами... — так и осталось это ослепление светом.

Виктор Алексеевич помнил, «как свет всей жизни», это ослепление счастьем: как обнимал сирень, в восторге, «в росе купался», прижимал к груди — свою любовь. Пунцовый шелк дивана пылал на солнце, сверкало золотой искрой. Он узнал цепочку, свой подарок — крестик с якорьком и сердцем, прильнул губами и целовал — и шелк, и золото — свою любовь. Помнил, как пели птицы в солнечном саду, и благовест Страстного, — свет и звон.

Подводя итоги жизни, много спустя, Виктор Алексеевич рассказывал:

— Странно: угрызений я никогда не чувствовал. Когда душу свою открыл старцу-духовнику, много спустя... даже и тогда не чувствовал. Я всегда любил пушкинское «Когда для смертного умолкнет шумный день», а теперь читаю как молитву. Так вот всегда «воспоминание безмолвно предо мной свой длинный развивает свиток». Но и теперь, перед последними шагами из «плена жизни», не чувствую «змеи сердечной угрызения» за безумный акт, когда любовь и жалость излились в исступление, в преступление. Она простила, искупила все. Мой ангел шепчет мне «о тайне вечности», но-ни «меча», ни «мщения».

Виктор Алексеевич не говорил, как приняла то утро Дарья Ивановна. В «записке к ближним» записано об этом так:

«Господи, прости мне грех мой. Я тогда хотела бежать на колокольню и скинуться. МатушкаВириня меня остановила, повела, сказала: "Читай псалтырь". Подошла я к матушке, и сделалось мне страшно, что не допустит ко гробику. Страшась взглянуть на лик усопшей, стала и читать по ней псалтырик и увидела, что она лежит с улыбкой. Я припала к ней, и стало мне легко, будто она простила».

«Было мне указание... — рассказывала она Виктору Алексеевичу. — Матушка Вириня, вратарница, слыла за прозорливую. Еще в первый день, когда вступила я в обитель, поглядела мне на лицо и говорит: "А ты, ласточка-девонька, не улети от нас, глазки у тебя за стену смотрят". А я тогда все думала о ком-то, глупая. И вот в то утро, после похорон матушки, когда связала я в узелок благословение ее, и яичко розовое с "Воскресением Христовым", ваше, и троицкнй сундучок мой, и псалтырик отказанный, и платьишко кубовое, в чем ночью тогда была, как вы меня повстречали... и пошла, в страхе, к святым воротам, как с вами уговорено было, и боюсь, ну-ка обманете вы меня, не будете ждать на лихаче. Ударило 6, к воротам подхожу, а матушка Вириня уже столик выставила. Спрашивает- "Куда, ласточка-девонька, крылышки вострить так рано?" Сказала, как вы

24

велели: "Заказец отнести, матушка, шитьецо мое". А она, будто ей открылось, и говорит: "А дорогу-то не забудешь к нам?" А вы и подхватили меня в пролетку, на ее глазах. Как сейчас вижу: крестится она, перепугалась. А ваш лихач сказал: "Эх, старушки, проморгали птичку!"»

Новая жизнь открылась бурным счастьем, «безумством дней»: катаниями, цветами, конфетами, примерками у портних и белошвеек, у шляпниц, у башмачников, завтраками в «Большом Московском», ужинами в «Салон-де-Варьете», поездками на «Воробьевку» — к Крынкину, в ресторан, в пассажи... Голова у Дашеньки кружилась, но осветляющие глаза ее даже в ярчайшие минуты омрачались тоской и страхом. Виктор Алексеевич «купался в счастье», приходил в восторг, даже в священный трепет, от «неземной», от ее детской прелести, от восхищений шляпниц, модисток, от удивления башмачников: «На такую ножку трудно-с и подобрать... подъем, глядите-с!» — от шелковистых кудерьков каштановых, от голоса, грудного с серебрецом, от глаз лучистых. Он сажал «богиню» на бархатное кресло, называл нежно: «Дара», «Даре-нок мой», садился у ее ножек, целовал оборку платья, молил «осиять» его, называть его «ты» и «милый», — но она не смела. Она стыдилась, прятала от него глаза, робела, складывала у груди ладошки. как в ослепительное утро, чуть касалась губами его волос, поглаживала робко, как маленькие дети — «чужого дядю». Ей казалось, что она видит сон и вот — проснется.

Через месяц она устала от новизны и попросила позволить ей работать, привести все в порядок, ходить ко всенощной, заказать заупокойную по матушке. Он спохватился, что совсем об этом не подумал, упал перед ней на колени и умолял простить его, безумца, ослепленного любовью, уверял, что она несравненная, что он только теперь почувствовал в ней лик бессмертный. Эти приливы нежности и страсти, слова «богиня», «неземная», даже- «пречистая», — бросали ее в ужас. Она закрывала уши, шептала, что это грех, ужасный, неотмолимый, что ей страшно, и принималась плакать. После таких «припадков» она неслышно вставала ночью и в темноте молилась: не было у нее лампадки.

Она не спрашивала его, любит ли он ее, и он удивлялся, что она не спрашивает его, женится ли на ней, и кто же теперь она. Растрогало его, когда она случайно высказала, что самое для нее большое горе, что она не смеет пойти на могилку матушки Агнии, не смеет поднять глаз на матушку Виринею-прозорливую, переступить порог святой обители... что часто видит в снах матушку Агнию, всегда в старенькой кофте, всегда печальную. Он почувствовал ее боль и умолял сейчас же поехать на могилку, украсить могилку розами и отслужить самую торжественную панихиду. Она отказалась, в ужасе: «Матушка вратарница увидит... матушка Виринея-прозорливая!..»

Как-то ночью он услыхал, что она горько плачет, детскими всхлипами. Он зажег свечу и увидал ее: она сидела в углу на стуле, закрыв лицо. Он стал утешать ее, спрашивать, что случилось. Прильнув к нему, она поведала, что ей страшно, что господь не простит ее, что она грешница из грешниц, «хуже язычницы», что у них даже и лампадочки не горят, а она боится без лампадочки, и Матушка-Казанская, матушкино благословение, «во тьме висит». «Детское» ее горе умилило его до жалости, пронзило ему сердце. Он спросил, почему же не заведет лампадку, — она все может, она же здесь полная хозяйка, «истинная его жена», пусть завтра же купит все, — «что там у вас полагается», всякие образа-лампадки, и это ему приятно, он в детстве тоже любил лампадки. Почему же она молчала? Она, детски прильнув к нему, поведала ему шепотом, как тайну, что боялась его спросить, что она не знает, чего ей можно... и все боится, что он отошлет ее. Эта кротость, беспомощность пронзили ему сердце. Он посадил ее к себе на колени, как ребенка, отер ей слезы сбившимися ее кудряшками и спросил, неужели она чувствует себя несчастной. Она, пряча глаза в теплом плече его, ответила не сразу, что она счастлива и очень его любит, только их счастье — «темное», что она не смеет смотреть на свет Божий, ей очень стыдно, и дворник-старик сегодня назвал ее «мадамой». Он взорвался, пообещал распечь дурака, но она соскользнула с его колен, упала перед ним и стала молить, чтобы не сердился на дворника, она и без того несчастная, и ее не простит Господь... и лучше уж ей уйти, лучше пусть отвезет ее в какую-нибудь дальнюю обитель, и она будет вечной его молитвенницей. Вся плача, она рассказала, как недавно, когда ходила на Тверскую за ленточкой, признала ее ихняя монахиня-сборщица, матушка Раиса, обошлась ласково, ничего, поблагодарила за жертвенную копеечку, — она ей целый пятак дала, ничего? — и очень ее жалела, и все ее жалеют, что «живет незаконно, в блуде»... а вчера попался ей на Малой Бронной прежний ее хозяин Канителев и изругал... таким ужасным словом назвал, выговорить нельзя. Виктор Алексеевич гладил ее кудряшки, шелковую густую косу, всегда заплетаемую на ночь, и повторял, вкладывая в слова всю нежность: «Бедная моя... глупенькая моя, Даринька». Называл ее «дареная моя, дар мой», приводил ей все доводы, что нет ничего греховного, и если все разобрать, то тут, может быть, «рука ведущая», — впервые тогда сказал такое слово, таившееся в нем со «встречи», — что, если бы не встретилась она, не осияла его душу, он погиб бы. И если вдуматься, — матушка Агния сама привела ее к нему на Пасхе... и даже про их поцелуй сказала — «что она сказала, помнишь?» — что он впервые почувствовал в монастыре святое... что все там выше его и чище... это через нее он делается лучше, самое она святое, и такой он больше и не найдет, и нет такой, такой чистоты, ребенка, такой пречистой!

— Говорил, ей, себя не помня... — рассказывал Виктор Алексеевич, вспоминая «ночь откровения», второго «откровения», — всю жизнь свою рассказал ей с детства, как стал мыслителем и вольнодумцем, как женился, как разбилась, сгорела его жизнь... все рассказал, до встречи на бульваре. Мудрая не нашей мудростью, все поняла она.

Сказал, что это матушка Агния провидела, наказывала ей бежать ко мне, если что с ней случится. И вот, пришла она в то утро... и осталась. Не грех тут, а нужно так, для чего — то нужно.

Она внимала ему в слезах, но это были радостные слезы, «сияние сквозь слезы». В ее «записке» об этом «откровении» так записано:

«Сразу я успокоилась, и стало мне легко, и я вся предалась ему. Я поняла, что это Господь велит мне не покидать его, больная у него душа, жаждущая Духа. Все я ему тогда сказала, все он хотел дознать, какая я».

Они проговорили до солнца, до первых птичек.

— Странно, в голову мне не приходило раньше узнать, — рассказывал Виктор Алексеевич, — как будто я боялся правды, темного происхождения ее. Я знал о какой-то се тетке, о ее сиротстве, — чего докапываться. Было мне странно, откуда в ней такое проникновенное, стыдливость, кротость, тонкость духовности. Мещанка, цеховая, золотошвейка — по паспорту. Сложнее оказалось. Мать ее, бездетная вдова московского псаломщика, очень красивая и молодая, служила экономкой у графа Д., холостяка... — род старый, вымирающий. Ну, понятно... Граф был игрок — обо всем этом рассказывала ей тетка- и застрелился, когда ей было два-три года. Мать выгнали наследники, с ребенком. Жили в подвале, в прачечной, мать простудилась на реке, на портомойне, и умерла в горячке. Малютку приютила тетка, дьяконица-вдова, воспитала, по монастырям водила, учила грамоте, отдала в золотошвейки, померла недавно. Вот она чья, откуда... перекрест кровей. Говорили, что из предков графа, из бояр, кто-то прославлен Церковью. Об этом она страшилась говорить. Я знал, и она знала. Но мы не говорили о Святителе, — страшились.

Они в то утро «повенчались перед небом». Виктор Алексеевич, с кипящим сердцем, — так и говорил: «С кипящим сердцем», — подошел к открытому окну, откуда было видно, как подымалось солнце, и, обняв ее, сказал растроганно:

«Помни-ты моя жена, до смерти...»

Это был миг светлейший, — их любви начальной.

С этого дня Даринька стала привыкать, ручнеть. С этого дня она называла его- «милый», но «ты» ее пугало. Перед Казанской, в спальне, затеплилась неугасимая лампадка. В комнатах висели образа, разысканные в сундуках, старинные. Она все спрашивалась, можноли повесить, купить лампадку, можно ли пойти ко всенощной. Он говорил ей, с укоризной: «Да-ра, как же тебе не стыдно! тебе все можно, ты — хозяйка, моя жена». Она вздыхала. Целый день сновала она в доме, по хозяйству, ходила за покупками, стряпала, стирала даже. Он предлагал ей нанять прислугу, говорил, что средств у них достаточно, лучше пусть читает, развивается, ручки ее дороже всяких денег. Она сказала, что лучше без прислуги, она к прислуге не привыкнет, и... ей стыдно. Что стыдно? Она сложила у груди ладошки и поглядела осиявшим взглядом. Он подошел к ней и нежно обнял. Она шепнула: «Лучше... быть одним». Он радовался, что она ручнеет: «Ты» еще не говорит, но уже шепчет. Так приучаются петь птицы в клетке, щебечут робко. В квартире все было прибрано, уютно, чисто, завелись цветы. Он удивлялся, как мало она тратит, как хорошо она готовит, лучше ресторана. И вот однажды, возвратясь со службы, дал ей какую-то тетрадку и велел хранить. Она спросила, что это за тетрадка. Это был вклад на ее имя в банке — десять тысяч. Она взглянула на него молящим взглядом, глаза наполнились слезами. Зачем ей деньги? Он сказал — мало ли случиться может... с матушкой Агнией случилось. Она перекрестилась, прошептала: «Господи, спаси...» — и отдала ему тетрадку. Он сунул ей тетрадку за кофточку, где крестик, якорек и сердце. Она заплакала: «Не надо... страшно». Сама вскопала в саду клумбы, купила летников и посадила — георгины, петунии, горошек, резеду и астры — цветы обителей. Каждый вечер он слышал шорохи

27

поливки, легкие шажки, гремь жести лейки. Курил и думал — благодарил кого-то: «Как хорошо... чудесно... Дара... дар?..»

Как-то, в конце июля, сидели они в ночном саду, вдыхали сладкий аромат петуний. Звезды бороздили небо. Они сидели — «Вот еще, еще... упала!». Он сказал на звезды: «Когда-то искал я, там...» Она спросила: «Что искал, кого?.. Бога, да?..» Он не ответил. Она опять спросила, робко: «Что же, нашел?..» Он притянул ее к себе, нашел ее дыхание и поцелуями шептал ей: «Нашел, тебя, пресветлую... в ту ночь... когда искал я Бога... и — дар нашел Его».

В эту ночь плакала она во сне: пришла к ней матушка Агния, грустная такая, в затрапезной кофте, долго смотрела на нее болезно... жалела так, глазами... «Положила ручку, вот сюда, на чрево... и ушла». Он разбудил ее и успокоил. Ушел на службу. Весь день проплакала она. О чем — не знала. Когда он воротился и спросил, заметив, что ее глаза напухли: «Ты плакала?» — она сказала: «Да, мне было очень скучно».

— Много раз случалось подобное, и я уверился в ее примете, — рассказывал Виктор Алексеевич. — Сколько несчастий было, и мы знали, когда несчастье постучится. Так и в этот раз: несчастье постучалось, неожиданное. Даринька его ждала, а я не верил.

В начале сентября Даринька снимала парусину на террасе. Напевала тропарь: «Рождество Твое, Богородице Дево, радость возвести всей вселенной»... Был чудесный, свежий осенний день. На клумбах почернели георгины, но астры еще сияли. Вдруг осы из потревоженного гнезда, должно быть, — они все лето надоедали нам, — испугали ее зудливым гулом, стул качнулся, и она упала за террасу, слегка живот ушибла лейкой. Вечером она почувствовала боли, но таилась. Виктор Алексеевич спросил, в тревоге: «Что с тобой?» — «Сегодня я упала, что-то мне больно вот тут...» И показала на живот, вздохнула. Лицо ее осунулось, глаза погасли. Виктор Алексеевич взял ее на руки и тут увидел на паркете... — ахнул.

Только к ноябрю она оправилась, опасность миновала. Доктор Хандриков и начинавший в те дни, впоследствии известный Снегирев, сказали, что после такого «казуса» детей — увы! — не будет.

Даринька уже переходила на диван, сидела в креслах. Как-то Виктор Алексеевич взял ее руку, заглянул в глаза. Она шепнула: «Не разлюбишь?..» — и оробела: «Не разлюбите... такую?» Он проглотил ком в горле: «Что ты... Дара!..» Две слезы повисли на ее ресницах — и покатились по щекам, за шею. Прозрачное ее лицо застыло в скорби. Он гладил ее руку и молчал.

— И тут случилось странное. Бывает это, совпадение в мыслях... с ней у нас бывало часто... — рассказывал Виктор Алексеевич. — Я молчал, но где-то, в сокровенной глубине, не мысль... а дуновение мысли: «За что?!» При всем моем душевном оголении, опустошенности душевной, я вопрошал, кого-то: «За что?!» С негодованием, протестуя. Она таила от меня свое, беременность... ей было стыдно... И вот скользнуло «дуновенье», передалось, и я услышал глубокий вздох и шелест детских губ, в пленочках, сухих, бескровных. Она ответила на мой вопрос, не сказанный:

«За грех».

Виктор Алексеевич впервые тогда поверил — не поверил, но признал возможным: «За грех».

28

VI

ОЧАРОВАНИЕ

Болезнь Дариньки оставила в душе Виктора Алексеевича глубокий след. Он не считал себя склонным к «мистике», к проникновению в лик вещей, и в роду их не замечалось подобной склонности. Были религиозны в меру и по обычаю, а дед хоть и перешел из лютеран в православие, но сделал это по житейским соображениям, из-за каприза тестя, богатого помещика, не желавшего отдать дочь за «немца чухонской веры». Сам Виктор Алексеевич считал себя неспособным к богомыслию и созерцанию бездн духовных, отмахнулся от Гегеля и Канта и отдался мышлению «здравому» и точному, так сказать — «механическому», что соответствовало как раз его инженерскому призванию.

И вот во время болезни Дариньки произошло такое, чего никак нельзя было объяснить точным и «здравым» мышлением.

Что болезнь Дариньки была как бы предуказана знамением во сне — «видением матушки Агнии», это никак в нем не умещалось, и он объяснял это «знамение» естественными причинами: в организме Дариньки случилось что-то еще до сна, и это что-то, при ее слишком нервной организации, неясными ощущениями уже грозящей боли и могло вызвать видение матушки Агнии, положившей ручку с грустью свою на «чрево», в котором что-то уже случилось. Он сказал докторам про сон, чтобы осветить им картину заболевания, дал объяснение «видению», и они согласились с ним. Узнав, как больная проводила время до своего падения с террасы, и принимая в соображение, что никаких видимых следов ушиба об лейку не обнаружено, они приходили к выводу, что падение могло бы обойтись и без последствий, особенно таких молниеносных, если бы не случилось чего-то раньше; а это что — то как раз и было: за два дня перед тем Даринька снимала в саду антоновку, прыгала, как ребенок, карабкаясь даже на деревья, — что очень важно! — и не раз тянулась — что чрезвычайно важно! — сбивая яблоки довольно тяжелой палкой, — что также чрезвычайно важно. Доктор Хандриков, уже немолодой, похожий на Достоевского, — его отец знавал отца Достоевского по Мариинской больнице, — при сем заметил, что полной истины мы не знаем, а если больная верующая, так это может только помочь в болезни, — вера горами двигает. С этим шутливо согласился и молодой акушер Снегирев и ободряюще сказал Дариньке, лежавшей при них с закрытыми глазами: «А вы, милая сновидица, помогайте нам, старайтесь какой-нибудь поприятнее сон увидеть... например, как ваша милейшая старушка поставила вас скоренько на ножки». На эту шутку Даринька не ответила и прикрыла лицо руками, — ей было стыдно. После утомительной работы акушер с удовольствием выпил водки и объявил, что при таком идеальном сложении и таком сильном сердце можно вполне надеяться, что все благополучно обойдется.

— Я старался себя уверить, — рассказывал Виктор Алексеевич, — что этот сон мог повлиять на Дариньку, ослабить ее борьбу с болезнью, и проклинал эту каркалу, матушку Агнию, с ее затрапезной кофтой и грустным взглядом. От этого ее взгляда Даринька и почувствовала себя как бы обреченной. Убеждал себя, а во мне нарастало что-то пугающее и мрачное. И чем разумней, казались мне, разбивал я родившуюся во мне тревогу, она укоренялась крепче.

И эта тревога оправдалась. Две недели упорно держалась лихорадка, доктора ездили каждый день и становились день ото дня тревожней: температура показывала с упорным постоянством: 37 и 7 — утром, 38 и 2 — вечером. Даринька слабела, отказывалась принимать микстурки и пилюльки: «Тошно!» — перестала пить миндальное молоко и строго предписанное — «через четверть часа по глотку шампанского». И вдруг, вспомнив что-то, радостно попросила дать ей святой водицы. Виктор Алексеевич, чтобы доставить ей удовольствие, погнал дворника Карпа в ближнюю церковь: «Взять на целковый, что ли... святой водицы». Дворнику воды не дали, а пришла курносенькая говорливая старушка, сама просвирня, и благочестиво вручила самому барину запечатанную сургучом бутылочку со святой водой, «с крещенской самой... чи-истая, как слеза». С радости Виктор Алексеевич дал ей еще целковый, отмахнулся на какие-то ее советы — довериться, спрыснуть болящую с уголька и отслужить молебен Гурию, Самону и Авиву, насилу выпроводил, — старушка все порывалась что-то поговорить больной, и был несказанно счастлив, когда милая Даринька выпила с наслаждением почти чашку и глаза ее засветились счастьем.

В тот же вечер, осмотрев больную, доктора вышли в залу с особенно строгим видом, поговорили между собой по-латыни, — Виктор Алексеевич понял, что положение серьезно, грозит воспаление брюшины, — и сообщили ему уклончиво, что у больной начинает определяться родильная горячка, принявшая «литическую» форму, — он это не понял и попросил разъяснения, — что, конечно, молодой организм может выдержать, если не случится «непредвиденных» осложнений, а пока надо аккуратно держать компрессы, следить за пульсом, и они сейчас же пришлют опытную сиделку-акушерку: больную нельзя оставлять ни на минуту, так как может случиться кризис.

Виктор Алексеевич особенно остро принял изо всего одно только слово — кризис, показавшееся ему «мохнато-черным и злым, с лапками, как паук». Взятая из богадельни старушка для ухода самовольно ушла ко всенощной. Виктор Алексеевич, в оцепенении и тоске, сидел у постели Дариньки, прислушивался к ее дыханию, казавшемуся тревожным, и внутренними глазами видел, как этот ужасный кризис, с горбатыми черными лапами, возится где-то тут, в темном углу, за ширмой, куда не доходит отсвет голубоватого ночника. Даринька начинала бредить, передыхать, хрипло вышептывала слова, что-то невнятное, — может быть, слова молитвы. Просила не открывать ей ноги, не подымать рубашку, вскрикивала: «Не мучайте... закройте одеяло... как не стыдно!..» Говорила про какую-то великомученицу Анастасию-Узорешительницу: «Главка ее у нас, в ковчежце... помолитесь, миленькие....» Виктор Алексеевич испугался, когда Даринька вдруг стала подниматься, что было строго запрещено, хотел уложить ее, но она металась в его руках и повторяла: «Нельзя... надо... скорей вставать, велела сама... Пресветлая...» Он уложил ее, поправил на лобике уксусный компрессик и поцеловал в обметанные жаром губы. Она взглянула на него, «разумными глазами», и лихорадочно-быстро стала говорить, вполне сознательно: «Так нельзя, в темноте, без лампадочки... затепли, миленький... поставь поближе ко мне на столик, благословенье мое... Казанскую-Матушку». Обрадованный, что она говорит разумно, что, должно быть, ей стало лучше, он перенес и устроил на столике у ее постели образ Богородицы Казанской, благословенье матушки Агнии, долго искал масло и фитильки, оправил, как мог, лампадку, зажег и пристроил ее в коробку с ватой, чтобы она стояла. Даринька следила за ним и говорила: «Как ты хорошо умеешь... только стыдно мне, тревожу тебя». Потом перекрестилась и сказала совсем разумно: «Я завтра встану, мне хорошо, я совсем здорова». И успокоилась, затихла. Он послушал ее дыхание, и ему показалось, что она дышит ровно. И тут что-то сказало в нем, что кризис не посмеет ее отнять, что тогда... для чего же тогда все было?!

Приехала акушерка, развязная, костлявая, стриженая и неприятная — «солдат в юбке», — нестерпимо навоняла пахитоской, напрыскала везде карболкой и велела убрать со столика «все это сооружение»: «Зацепим — и больную еще спалим!» Виктор Алексеевич нерешительно отодвинул столик. Акушерка швырнула пахитоску на пол, придавила ногой, хлопнула себя по бокам, засучила пестрые рукава, откинула одеяло с Дариньки, — Виктор Алексеевич смутился и попросил: «Поосторожней, пожалуйста... можно испугать больную!» — не обратила никакого внимания на его слова, разбинтовала у Дариньки живот и принялась что-то быстро проделывать над ним, приказав Виктору Алексеевичу светить пониже. Даринька, должно быть, испугалась, смотрела безумными глазами и шептала, тоненько, «как комарик»: «Ой, потише...» — но акушерка не обратила внимания, пробасила отрывисто: «Терпите, милая, надо же мне исследовать!..» — и должно быть, сделала очень больно: Даринька охнула, а Виктор Алексеевич, потеряв голову, схватил акушерку и отшвырнул. Она нимало не смутилась и деловито спросила, где у них... вымыть руки? Потом привела все в порядок, пощупала пульс, поставила градусник и пробасила: «Молодцом, непременно шампанского с сахаром!»

Градусник показал невероятное: 40 и 3! Виктор Алексеевич схватился за голову, чувствуя наступающий «кризис». Но акушерка была невозмутима: налила шампанского в бокальчик и бросила кусок сахару: «Пейте, милая». Даринька глядела «совсем безумно», стиснула крепко зубки и, как ни возилась акушерка, не позволила влить шампанского. Виктор Алексеевич нагнулся и ласково пошептал: «Хочешь святой водицы?» Она сказала ему глазами, и он дал ей святой водицы. Она выпила с наслаждением, закрыла глаза и задремала. Акушерка настаивала: «Шампанского, с сахаром!» Но как ни шептал Виктор Алексеевич про водицу, в надежде, что она снова откроет рот и они вольют ей шампанского с сахаром, которое «незаменимо в такие серьезные минуты», она не отзывалась, и акушерка впрыснула камфару, Даринька стала бредить: «Подымают... велят вставать... недостойна я... Господи...» Виктор Алексеевич схватился за голову и помчался за Хандриковым, хотя был уже третий час ночи. Акушерка обидчиво сказала: «Что же вы мне не доверяете, я же тут!» — и когда Виктор Алексеевич уехал, она какой-то пластинкой разжала у больной рот и влила ей бокал шампанского с сахаром. Потом выпила и сама и закурила от лампадки. Обо всем этом она лихо рассказывала после, как она «подняла» больную.

Виктор Алексеевич привез Хандрикова, с постели подняв. Доктор пощупал пульс, смерил температуру, пожал плечами: температура стремительно упала: 38 и 2. Велел сейчас же к ногам горячие бутылки и повторить камфару. Даринька от бутылок вздрогнула, открыла глаза и — улыбнулась. Хандриков щупал пульс. Лицо его стало напряженным, глаза насторожились, и он не сказал, а хрипнул: «Что же это она с нами вы-де-лыва-ет... ничего не понимаю... возьмите-ка?.. — торопливо сказал он акушерке, словно поймал что-то необыкновенно интересное, — совершенно нормальный... хорошего наполнения! ну-ка поставьте еще, померяем?..» Акушерка пощупала и сказала уверенно: «Шампанское с сахаром». Градусник показал 36 и 8. «Кризиса» не случилось: температура дальше не падала и не повышалась. Даринька хорошо уснула. Виктор Алексеевич зашел за ширму, быстро перекрестился и беззвучно затрясся в руки.

Уезжая, уже на рассвете, Хандриков говорил: «Тридцать лет практикую, но такого у меня еще ни разу не случалось». Уже в шубе, он повернулся к больной, безмятежно спавшей, поглядел на нее внимательно, «восторженно, как мастер любуется на свое искусство», — рассказывал Виктор Алексеевич, даже нагнулся к ней, словно хотел поцеловать ее в разметавшиеся на лбу кудерьки, и тихо, растроганно сказал стоявшему рядом Виктору Алексеевичу: «Удиви-тельная она у вас... какая-то... особенно очаровательная, детская вся... чудесный, святой ребенок!» Виктор Алексеевич не мог ничего ответить, пожал ему крепко руку и проглотил подступившее к горлу — «благодарю». В передней, все еще в возбуждении Хандриков говорил, принимая от акушерки бокал шампанского: «Присутствовали при чуде? определенно начинавшийся перитонит... растаял! запишем в анналы, но, конечно, не объясним». Акушерка уверенно сказала: «Шампанское с сахаром!» Он отмахнулся и потрепал ее по плечу: «Знаю ваше "шампанское с сахаром"! Сами отлично понимаете, Надежда Владимировна... раз уже начиналось тление, никакие "шампанские" не спасут... а вы можете констатировать собственным вашим носом, что характерного тления почему-то не стало слышно... — и я ничего тут не понимаю».

Случилось то, чего страстно хотел, о чем молился Виктор Алексеевич и чего «не могло не быть».

— Да, я молился без слов, без мысли, — рассказывал он. — Молился душой моей. Кому? В страшные те часы все обратилось для меня в Единосущее-Все. Когда тот черный, мохнатый «кризис» подкрадывался па горбатых лапах, чтобы отнять у меня ее и с ней отнять все, что внял я через нее, я знал, что ему не совладать с... планом. Веянием каким-то я чувствовал, что я уже нахожусь в определившемся планеи все совершается по начертанным чертежам, путям. Я знал, что она необычайная, назначенная. И ей умереть нельзя. Если бы она покинула меня тогда, когда я еще был темным, после всего, что случилось с нами, это было бы таким бессмысленным, таким бездарным, таким абсурдом, что...

оставалось бы только- все это ви-димое взорвать и самому стереться. Абсурд, обращающий в пыль даже наши ребяческие представления о «грошовом смысле», о нашей «неизмеряемой закономерности». Я чувствовал, что не случайно явилась она мне «на перепутье», что она в моей жизни — как идея в чудесном произведении искусства, что она брошена в мир, в меня и «произведение будет завершено».

Поднялось радостное утро-утро очарования. Было начало октября, но в ночь выпало столько снегу, как бывает только глухой зимой. Дариньке было из постели видно, как сирень никла под снегом, как розовые и голубые астры сияли из-под сугроба розовыми и голубыми звездами, снеговыми гирляндами свисали ветви берез над садом, а листья винограда на террасе, пронизанные солнцем, ало сквозили из-под снега. И на этой живой игре — солнца, цветов и снега — нежно дышали розы на столике, привезенные докторами, как победа. И на всю эту прелесть жизни радостно-детски смотрели глаза больной.

— Она положительно всех очаровала, — рассказывал Виктор Алексеевич, — доктора просидели у нас тогда до вечера, празднично-возбужденные, может быть чуть влюбленные, как с шампанского. И надо всем веяло светлым очарованием. Я был душевно пьян, что и говорить. Но она, воскресшая чудесно, была не прежняя, а какая-то... внеземная, просветленная, на все взиравшая, как на чудо. Бывает это после тяжелой болезни. В ней это было особенно как-то ярко.

В «записке к ближним» Дарья Ивановна записала о «чуде» так:

«Мне страшно вспоминать о благодати Божией. Я готовилась о т о й т и, но страшилась, что он останется и ему будет больно. Неужели Владычица снизошла к недостойной моей молитве! Я видела мохнатую собаку, как лезла лапами на постель, и такой дух от нее тяжелый, и стало душно, и я обмерла. И вот Пресветлая, как Царица, подняла меня на главу, а голоса сказали: "Восстани и ходи". Я проснулась и увидала свет, много снегу, и по нем цветы, и солнышко так светило, а на столике палевые розы, чайные, такое очарование. Это доктора мне привезли в знак радости. И все было новое в тот день».

Оба они не смели верить, что было чудо. И оба верили. Даринька долго не говорила о «чуде» Виктору Алексеевичу. Только после переезда в Мценск, после случившегося с ними, когда и он был на краю гибели, открыла она тайну, чтобы укрепить его. А в тот день, снежный, о «чуде» никто не знал, доктора говорили об исключительной натуре, о случае редчайшем, и Даринька не тайной-чудом влекла к себе, а очаровательной детскостью, «небесными» глазами: «светилась тайной очарования». Даже акушерка, самоуверенная и резкая, — много было таких в те дни, под кличками «синий чулок» и «нигилистка», — чувствовала себя, как откровенничала она с шампанского, «немножко щенячьи-нежной» и называла Дариньку «чудесная-милая» и «тихий светик». И правда: Даринька светилась внутренним каким-то светом, лежала «снежно-восковая, как бы из редкостного тончайшего фарфора, словно лампада светилась в ней». Серые с голубинкой глаза ее стали огромными от болезни, не озаряли, а теплились, взирали изумленно и вопрошающе, — радовались чему—то, что теперь было в ней.

— Она была новая для меня, явленная... иконная! — рассказывал восторженно Виктор Алексеевич. — Уже тогда показалось мне, что не от мира сего она. Часто я спрашивал себя — кто она? И не мог ответить. Святая?.. Были и у ней грехи, и один, по ее словам, тягчайший. Она таила его от всех, томилась им до последнего часа жизни. «Удивительная она, — сказал тогда доктор Хандриков, — чудесный, святой ребенок». Нет, она была очень мудра. Только испытав все, я как будто понял, откуда в ней такое «неземное очарование». В ней была чудесная капля Света, зернышко драгоценное, оттуда, от Неба, из Лона Господа. Отблеск Света, неведомыми нам путями проникающий в прах земной... какой-то прорыв случайный... «случайный» — для нас, конечно... Этот редчайший отсвет бывает в людях: в лицах, в глазах. Бывает чрезвычайно редко. В женских глазах, в улыбке. У мужчин — не знаю. В улыбке матери, когда она бездумно грезит над младенцем. Недаром великие художники Мадонн писали — неуловимое ловили. Вдруг блеснет тот отсвет в искусстве, в музыке. Нездешнее, оттуда. В природе, — знаем по житиям, когда благословляет сердце «и в поле каждую былинку, и в небе каждую звезду». В поэзии. У Пушкина... до осязаемости ярко. В русских женских лицах ловил я этот отсвет... Рафаэли творили своих Мадонн, но вспомните... чувствуется плоть, с «любви» писали. В милых русских ликах улавливал я эти проблески святого, из той Кошницы, из Несказуемого пролились они каким-то чудом в великие просторы наши и вкрапились. Эти золотинки Божества в глаза упали и остались. Кротость, неизъяснимый свет, очарование... святая ласка, чистота и благость. Через страдание дается?.. Столько страданий было, и вот отлилось в эти золотинки, в Божий Свет. Зовут, напоминают, манят тайной. Вот это и светилось в ней, — вечное, из той Кошницы.

К ноябрю Даринька окрепла. Почувствованное всеми в снежный день очарование ее осталось, но в глазах ее простерлось грустью сказанное ею: «Темное наше счастье». Доктора сказали: детей не будет. Виктор Алексеевич видел в ее глазах оставшееся навсегда:

«За грех».

VII

ОТПУЩЕНИЕ

К Рождеству Даринька вполне окрепла и очень похорошела, как женщины хорошеют после родов, здоровые молодые женщины. В радости материнства судьба ей отказала, и бурно отказала, с угрозой жизни, и все же — «Даринька расцвела, раскрылась во всей полноте душевной, — рассказывал Виктор Алексеевич. — Нетронутая почва, вчерашняя монастырка... она вся светилась изяществом прирожденным, легким, — не странно ли?..»

Вскоре после того октябрьского утра, когда цветы под снегом праздновали ее выздоровление, Виктор Алексеевич вошел в спальню радостно возбужденный, как бы желая чем-то ее обрадовать. Она лежала в нарядной, тончайшего батиста кофточке, еще во время ее болезни купленной им в английском магазине на Кузнецком. Тогда она только устало поглядела и сказала: «Потом... не надо», а в этот день сама попросила ходившую за ней старушку дать ей новую кофточку. После она призналась, что думала тогда о «последнем уборе», как она будет лежать нарядной и ему будет легче видеть ее такой. Виктор Алексеевич видел еще от двери, как она, оттянув рукавчик, смотрела через батист на свет, как делают это дети. Он шутливо спросил, что это она закрывается от света. Она сказала, обтягивая батистом губы, сквозившие сквозь батист: «Совсем прозрачный... должно быть, очень дорого стоит... ну, по правде, сколько?..» Раньше он все отшучивался. — «Не все ли равно, двугривенный!» Но теперь сказал правду, желая ее обрадовать любовью: пустяки, полсотни. Она всплеснула ладошками, в испуге: «Господи... грех какой! теперь мне страшно ее надеть».

— И это не притворство было, вся жизнь ее это подтвердила, — рассказывал Виктор Алексеевич. — Ей было перед жизнью стыдно за довольство, в котором она жила, за «такое ужасное богатство».

Он взял ее руку, пошарил в жилеточном кармашке и, целуя ей безымянный палец, надел на него обручальное кольцо. И тут она увидала, что и у него такое же. Она глядела в радостно-вопрошающей тревоге, а он сказал весело: «Вот мы и повенчались». Она лежала молча, покручивая кольцо на пальце, и он увидел, как глаза ее наполняются слезами. «Нет... — вымолвила она чуть слышно, вздохом, будто сказали это ее слезы, ее ресницы, поднявшиеся к нему от изголовья, дышавшие на груди каштановые косы, — это... нельзя шутить...»- и стала выкручивать кольцо. Он старался ее утешить, что это только пока, домашнее обручение, и что он написал той решительное письмо, и теперь все устроится. Она поцеловала его руку, пощекотала ее ресницами, в молчанье, и повторила, будто сама с собой: «Самовольно нельзя... себя обманывать».

— С этого дня она ни разу не надела кольца, ждала. Всю жизнь пролежало кольцо в шкатулке... — рассказывал Виктор Алексеевич. — Э т и м она повенчала меня с собой крепче венцов церковных.

Перед Рождеством произошли события. Из Петербурга пришла бумага — явиться на испытание его проекта, новой модели паровоза. Бывший его начальник часто писал ему, что министерство, несомненно, примет его проект, надо ковать железо и перебираться в Питер. Он поделился радостью с Даринькой, — «Ты принесла мне счастье!» — и они решили, что надо перебраться. Решил, вернее, один Виктор Алексеевич: Дариньке было чего-то страшно, но она об этом промолчала. Другое событие было грустное, но, как многое в жизни, связанное с приятным: далеко в Сибири, на какой-то реке Бии, — письмо шло оттуда два месяца, — застрелился от сердечных неприятностей — писал доверенный — старший брат Виктора Алексеевича, изыскатель-золотопромышленник; там и похоронили, денег наличных не осталось ни копейки, и компаньоны-англичане грозятся забрать все прииски за долги; прииски — золотое дно, «приезжайте сами или пришлите доверенность судиться». Покойный был мот и холостяк, красавец и женолюб, и это вполне возможно, что денег не осталось, но оставался огромный дом на Тверском бульваре, тогда еще не носивший клички «Романовка». Под дом было взято, конечно, в Кредитном обществе, но владение было миллионное, и наследником оказывался Виктор Алексеевич, если не осталось завещания.

Виктор Алексеевич чувствовал раздвоение: он любил очень брата, и — «что-то захватывало дыхание» при мысли, что теперь жизнь устроится, можно той выкинуть тысяч пятьдесят и купить развод, зажить — как хочется, заняться наукой, поехать с Даринькой за границу. Он показал Дариньке портрет брата, — «красавец, правда?» — и рассказал кое-что из его «историй». Даринька нашла, что они «ужасно похожи», только у Виктора Алексеевича глаза «тоже горячие и глубокие, но мягче». От «историй» она приходила в трепет, вспыхивала стыдом, и в глазах ее пробегало огоньками. Он приметил, как она слушает, и сказал: «О, и ты, сероглазая, кажется, не такая уж бесстрастная!» После болезни она совсем освоилась — «приручилась». Спросила его: «Неужели и ты такой же, как Алеша?» С полной откровенностью он сказал, что этоу них — татарское, по материнскому роду, и он женолюб немножко, но она закрыла для него всех женщин: все женщины в ней соединились. Она слушала зачарованно.

На другой день она попросила Виктора Алексеевича пойти с ней в приходскую церковь, недалеко от них, и отслужить панихиду по новопреставленном рабе... — «нет, теперь уже не новопреставленный он, больше сорока дней прошло...» — по рабе Божием Алексее: «О нем надо особенно молиться». Виктор Алексеевич охотно согласился и даже опускался на колени, когда опускалась Даринька. Заодно отслужили и по матушке Агнии. Курносенькая просвирня, та самая, что принесла во время Даринькиной болезни святой водицы, Марфа Никитична, — она теперь хаживала к ним, но боялась беспокоить барина и пила чай с Даринькой на кухне, — подкинула и Виктору Алексеевичу под ножки коврик, и он, растроганный печальными песнопениями и мыслями об Алеше, прибавил ей и от себя полтинник. Даринька расплакалась за панихидой, остро почувствовав утрату матушки Агнии, вспомнив тихую жизнь у нее и страшные похороны — безумство; плакала и от счастья, которое в ней томилось сладко. Уже на выходе просвирня просительно помянула: «А не помолебствуете великомученице Узорешительнице, ноне день памяти ее празднуем?» — и Даринька вспомнила в испуге, что сегодня как раз 22 декабря, великомученицы Анастасии-Узорешительницы память. Вспомнила — и с ней случилось необычайное: «Она стала будто совсем другая, забыла страх», — она до сего боялась даже проходить близко от монастыря, — и взволнованно объявила Виктору Алексеевичу, что надо ехать сейчас же в Страстной, отслужить благодарственный молебен перед ковчежцем с главкой великомученицы — она служила молебен с акафистом по выздоровлении и Богородице, и Узорешительнице, но только в своем приходе, — что «Узорешительница предстательствовала за нее перед Пречистой», что «сердце у нее горит, и теперь уж ей все равно, иначе и не найдет покоя». Виктор Алексеевич как-то встревожился, но тут же и согласился, плененный ее молитвенным восторгом, необычайной доселе страстностью, тревожной мольбой ее взгляда, по-новому очарованный. Она была восхитительна, под поникшей от инея березой, у сугробов, на похрустывавшем снежку, в зимне-червонном солнце, ожившая Снегурка: в бархатных меховых сапожках, в котиковой атласной шапочке, повязанной воздушно шалью, в бархатной распушенной шубке, — пышно-воздушно-легкая, бойкая, необычайная. Он на нее залюбовался. И вдруг, — взгляд ли его поняв, — она оглянула себя тревожно н затрясла руками: «Господи, что со мной! на панихиду — и такая!.. это же непристойно так...» Он ее успокаивал, любуясь, не понимая, что тут особенного, шубка совсем простая. Она ужасалась на себя, а он любовался ее тревогой, детской растерянностью, голубоватым, со снега, блеском разгоревшихся глаз ее. Она корила себя, какая она стала, ничего не заработает на себя, избаловалась. Все повторяла: «Ах, что бы матушка Агния сказала, если бы видела!» Стала пенять, что он ее так балует — портит, столько роскоши накупил, такие сорочки прорезные... «Кофточка одна, Господи... пятьдесят рублей!!. надо с ума сойти... а самого простого, расхожего, что нужно...» Это было так неожиданно для него, так чудесно. И так было это детски-просто и искренно, что в глазах у нее заблистали слезы. Он сказал ей, что теперь купим все, целую Москву купим... «Вон, видишь... — показал он на что-то вдаль, когда они вышли из переулка на Тверской бульвар, — огромный, с куполом, на углу?.. сколько... четыре, пять, чуть ли не шесть этажей... это брата Алеши домина, и теперь н а ш как будто!» Она взглянула — и ужаснулась: этот огромный дом она хорошо знала, помнила, как он строился... — и теперь этот дом... н а ш?! Нет, это сон какой-то... и все, что было, и все, что сейчас, — все сон. Она заглянула в его глаза, в синюю глубину, в которой утонула, и робко сказала: «Милый...»

Они остановились наискосок от того углового дома: со стороны Страстного, в облаке снежной пыли мутно мчался на них рысак. «Постой, проедет...»- сдержал Виктор Алексеевич Дариньку, которая хотела перебежать. Рысак посбавил, снежное облачко упало, и, бросая клубами пар, отфыркиваясь влажно, выдвинулся на них огромный вороной конь, с оскаленной удилами мордой. Они полюбовались на рысака, на низкие беговые саночки-игрушку, новенькие, в лачку, на завеянного снежной пылью статного черномазого гусара, в алой фуражке, в венгерке-доломане, расписанном жгутами-кренделями, с калмыжками на штанах, — подмятая шинель мела рукавом по снегу, — невиданное, праздничное пятно. Это был чудесный «игрушечный гусарчик», какими, бывало, любовалась Даринька в игрушечных лавочках, только живой и самый настоящий. И этот гусарчик крикнул: «Ба, Виктор, ты?!..» Виктор Алексеевич радостно удивился, представил Дариньке; «Князь Вагаев, вместе учились в пансионе...» И гусар отчетливо отдал честь, сняв беговую рукавицу. Они весело поболтали, гусар опять четко приложился, склонившись в сторону Дариньки, окинув черным, как вишня, глазом, и послал рысака к Никитской.

«Совсем игрушечный! — сказала Даринька умиленно. — Никогда еще не видела настоящих».

Виктор Алексеевич объяснил, что это лейб-гусар, питерский, приехал на праздники к дяде, известному богачу-спортсмену, и будет бежать на Пресне, у Зоологического сада, на Рождество, на этом вот рысаке Огарке, хочет побить известного Бирюка — орловца. На Бирюке едет тоже владелец, кирасир, — оба под звездочками в афишке, так как офицерам с вольными ездить запрещено. Даринька ничего не поняла. «После поймешь, — сказал, смеясь, Виктор Алексеевич, — ложу нам обещал прислать, непременно едем, пора тебе свет увидеть».

Даринька очень любила лошадей, а этот огромный вороной, которого зовут так смешно — Огарок, особенно ей понравился; все косил на нее плутоватым глазом и выкручивал розовый язык.

День был предпраздничный, суточный, яркий, с криками торгашей, с воздушными шарами, с палатками у Страстного, где под елками продавали пряники, крымские яблоки, апель-цы-ны и сыпали приговорками, подплясывая на морозе, сбитенщики с вязками мерзлых калачей. Бешено проносились лихачи, переломившись на передке и гейкая на зевак, как звери; тащили ворохами мороженых поросят, гусей; студенты с долгими волосами, в пледах, шли шумно, в споре; фабричные, уже вполпьяна, мотались под лошадьми с мешками, — все спешили. Даринька небывало оживилась, будто видела все впервые: пьянела с воздуха после болезни. В таком возбуждении, «на нерве», она быстро прошла под святыми воротами, мимо матушки Виринеи, сидевшей копной у столика с иконой, — один только нос был виден. Все было снежно в монастыре, завалено, — не узнать. Они прошли направо, к южным дверям собора, в светлую галерею — придел великомученицы Анастасии-Узорешительницы, и Даринька вдруг упала на колени перед сенью в цветных лампадах, перед маленькой, в серебре, гробницей с главкой великомученицы, склонилась к полу и замерла. Виктор Алексеевич смотрел растерянно, как в молитвенном исступлении, мелко дрожали ее плечи.

— Я понимал, что это нервное с ней и не надо ее тревожить, — рассказывал он про этот сумбурный день, — что она у предела сил, что теперь она вся вином, вырвавшись страшным напряжением из жизни, ее вбиравшей. Я боялся, что с ней сделается дурно, что она не осилит боли, которая в ней таилась и вот обострилась нестерпимо. После она призналась, что был один миг, когда хотела она перед стареньким иеромонахом, который служил молебен, перед какими-то нищими старушками и беременными женщинами, тут бывшими, и монахиней пригробничной, от которой скрыла лицо вуалькой, покаяться во всеуслышание и молить-молить перед великомученицей, всех молить, валяться у всех в ногах, чтобы простили ей ее «мерзкую жизнь», ее «смертный грех блуда и самовольства».

Но она пересилила крик души: молилась в немом оцепенении. Вышли они неузнаваемыми и пошли за иеромонахом на кладбище, к заснеженной могилке матушки Агнии. Виктор Алексеевич поддерживал Дариньку, которая двигалась как во сне. Нет, могилка матушки Агнии была не занесена, — расчищена, и даже было усыпано песочком. Даринька бессильно упала на колени и крестилась мелкими крестиками, как с испуга. На дубовом кресте было начертано: «Блажени чистые сердцем, яко тии Бога узрят». А когда иеромонах с двумя перешептывавшимися послушницами запел «со святыми упокой», Даринька не смогла сдержаться и излилась в рыданиях. Виктор Алексеевич поспешил дать иеромонаху рублевую бумажку, сунул шептавшимся послушницам, что нашлось, и все, наконец, ушли. Даринька терлась лицом об оледеневшую могилку и взывала: «Матушка, прости... ма-тушка!..»

— Матушка Агния, кроткая, «человеческая овечка», ее простила. Сказала ей, через ледяной бугорок сказала, сердцу откуда-то сказала, — рассказывал Виктор Алексеевич. — Даринька услыхалаее душу, я это видел: она вдруг подняла заплаканное лицо от бугорка, будто ее позвали, сложила, как всегда от большого чувства, руки ладошками у груди и бездумно глядела, вглядываясь в полнеба. Я не видел ее лица, только ресницы видел, с каплями слез на них.

Кладбище было маленькое, уютное, в старых липах. Снег сиял ослепительно на солнце, и усыпанные песком дорожки казались розовыми на нем. Эта снежная белизна и тишина утишали все думы, усыпляли. Даринька отошла, стряхнула с шубки, утерла глаза платочком, и примиренным усталым голосом, с хрипотцой, сказала, что здесь ей хорошо покоиться и она очень рада, что навестила. Ее напряженное лицо, скорбно захваченное большой заботой, обмякло в усталую улыбку. Он увидал глаза, те самые, как в июльский вечер, в келье матушки Агнии, осветляющие, звездистые, не было в них ни боли, ни испуга, ни тревожного вопрошания, они кротко и ласково светили. И он почувствовал, как тогда, что судьба одарила его счастьем, что отныне жизнь его — только в ней. Он взял ее руку и молча поцеловал. Она прошептала вздохом, как бы ища поддержки; «Ми-лый...» — и сжала его руку.

Перед святыми воротами Даринька сдернула с головы кутавшую ее шальку, словно ей стало жарко, и, обернувшись к Виктору Алексеевичу, сказала новым каким-то тоном, решительным и легким: «Вот матушка Внринея удивится!» — и длинные ее серьги-изумруды закачались. Он не успел подумать, как она побежала к милостынному столику, положила серебреца на блюдо, перекрестилась на образок и, как когда-то белицей, поклонилась в пояс матушке вратарщице, закутанной от мороза до самых глаз: «Здравствуйте, матушка... не узнаете?..»

— Я не верил своим глазам, — рассказывал Виктор Алексеевич, — что сталось с Даринькой, откуда эта легкость, даже бойкость? Подумалось — не болезнь ли... После недавнего еще страха перед монастырем! Мимо ведь проходить боялась, а тут...

Матушка Виринея оттянула свою укутку, пригляделась, и ее мягкий рот искосился в счастливую улыбку; «Ластушка... де-вонька наша... да тебя и не узнать стало, хорошая какая, богатая... к нам была, не забыла Владычицу. Ну как, счастлива ли хоть?.. Ну, и хорошо, дай Господи... не забывай обители. Ну, что тут, всяко бывает... иной и в миру спасается, а то и в монастыре кусается. А это супруг твой, маленько припоминаю, душевный глаз. А вы, батюшка, жалейте ее, сиротку. Господь вас обоих и пожалеет, обоих и привеет, как листочки в уюточку». Они поцеловались, как родные, облапила матушка Виринея Дариньку.

Блестя оживленными глазами, от слез и солнца, Даринька, — что с ней сталось! — запыхиваясь, как радостные дети, высказывала свое, рвавшееся к нему, ко всем и всему в этом ярком, чудесном дне: «Ты слышал, что она сказала?... матушка Виринея прозорливая, дознано сколько раз... добрые глаза, милые глаза у тебя, сказала... Господь нас пожалеет, привеет, как листочки в уюточку!..»

Он любовался ею, светился ею, — вдруг ее озарившим счастьем. Он хотел поцеловать ее — и целовал глазами ее глаза, все ее волоски и жилки, ресницы, губы, которые что-то говорили, легкий парок дыхания и все это пестрое мелькание чудесной площади, отражавшееся в ее глазах. Она это знала, чувствовала, что он ее так целует, смеялась ему счастливыми глазами и все говорила, лицо в лицо, засматривая снизу, из-под ресниц, из-под заиндевевших густых бровей, которые так влекли из-под ласковой шапочки. Девичьей нежной свежестью веяло от нее, от влажных в блеске ее зубов, — снежным, морозным хрустом. Он видел ее радость, — н о в о е чудо в ней. Или это от крепкого воздуха-мороза, от пламенного солнца, клонившегося за крыши, за деревья... от крымских яблочков на лотках, от звонкого цокания по снегу стальных подков, от визга полозьев мерзлых? Он любовался ею, как новым даром, кем-то дарованным. Вся другая являлась она ему на этой чудесной площади, ожившая, полная новых откровений. И как тогда, в душный июльский вечер, под бурным ливнем, почувствовал он восторг и радостное сознание связанности его совсем. А она радостно спешила, сжимая его руку, сбивалась, торопилась сказать ему, как ей сейчас легко, будто после причастия, так легко... — и слова у нее путались, не находились. «Мне теперь так легко... все у меня другое теперь... мне не стыдно... понимаешь, она простила, я это слышу ... ты слышишь?.. Господи, как легко!..» Ее сочный, грудной, какой-то глубинный голос, пробудивший в нем сладкое томление при первой еще встрече на бульваре, — «звонкий, живой хрусталь», — теперь, в ее оживленности-восторге, вызывал в нем томительную нежность, светлое опьянение, желания. Он видел, или ему казалось, что решительно все любуются его Даринькой, озаряющими, чудесными глазами, ее бровями, раскинутыми бойко, детскими пухлыми губами, бьющими по щекам сережками. И хотелось, чтобы все эти женщины и девушки, все такие чудесные, с картонками и кульками, остановились и любовались ею, и после, дома, рассказывали, «какую прелестную видели мы сегодня!» — и помнили бы всю жизнь.

Все манило ее глаза, все радовало восторженно: оторвавшийся красный шар, пропадавший в дымах лиловых, красные сахарные петушки в палатках, осыпанные бертолеткой Ангелы Рождества, мороженые яблоки, маски в намерзших окнах, пузатые хлопушки, елки, раскинутые ситцы, цветы бумажные, к образам, смешной поросенок, — с хвостиком! — выпавший из кулька у дамы, золотые цепочки, брошки, — вся пестрота и бойкость радостной суматохи праздника. Им захотелось есть, и они помчались на лихаче в торговые древние ряды, спустились, скользя по изъерзанным каменным ступенькам — «в низок, в Сундучный», и с наслаждением, смеясь и обжигаясь, ели пухлые пироги с кашей и с грибами, — она была здесь «только один раз в жизни, давно-давно-о!» — и выпили нашего шампанского — «кислых щей». Он купил ей — так, на глаза попалось, — бинокль и веер, заграничные, в перламутре, с тончайшей золотой прокладкой, с красавицами на синих медальонах, — «имейте в виду-с... эмаль-с, заграничная-с, первый сорт-с!» — и она не говорила больше: «Зачем такое?!..» — не ужасалась, как это дорого, а была детски рада.

Возвращаясь домой с покупками, они опять увидели огромный дом, темневший куполом в дымном небе. И опять — «вот, случайность!» — на том же месте встретился им «гусарчик» на вороном, в шинели, сразу признал их в сумерках, весело крикнул: «Огарка работаю, с проездки!» — и обещал заехать.

Дома, не снимая шубки, морозная, свежая, как крымское яблочко, она прильнула крепко и прошептала: «Я так счастлива... ми-лый, я так люблю!..» И Виктор Алексеевич в бурном восторге понял, что в ней пробудилась женщина.

VIII

СОБЛАЗН

Чудесное обновление Дариньки — сама называла она это «отпущением» — стало для Виктора Алексеевича утверждением «настоящей жизни». До сего жизнь его с Беринькой была «как бы в воображении», а сама Даринька — будто чудесно-призрачной, как во сне. И вот, после панихиды в монастыре, призрачное пропало, Даринька вдруг открылась живой и прелестной женщиной, и эта женщина спрашивала его: «Что же дальше?» Он слышал это в радостности ее, видел в ее порывах, и ему стало ясно, что «началось настоящее, и его надо определить». В тот же вечер, после сумбурного, радостного дня, он решительно объявил, что они скоро обвенчаются. На посланное им еще в ноябре письмо ответа не получалось, и, не откладывая на после праздников, он на другое утро поехал к адвокату по сим делам и поручил ему предложить бывшей госпоже Вейденгаммер... ну, тысяч 15–20, лишь бы она его освободила. В противном случае, обнадеживал адвокат, «можно нажать пружины, и она не получит ни копейки». Виктору Алексеевичу претила вся эта грязь, но адвокат доказал ему, что это не грязь, а борьба за право, ярко изобразил страдания юного существа, отдавшегося под его защиту, и Виктор Алексеевич взволнованно согласился с адвокатом. Заодно поручил другому адвокату выяснение дела о наследстве.

Вернувшись от адвокатов бодрым, словно дело уже устроилось, он застал Дариньку за уборкой к празднику: старушка богаделка гоняла пыль, а Даринька, вся голубенькая, в кокетливой голубой повязке, стояла на стремянке и обметала перовником полки с книгами. Он снял ее с лесенки и сказал, что теперь дело пущено и все закончится месяца через три. Она расцеловала ему глаза и, восторженно запыхавшись, стала рассказывать «что тут у нас случилось!..». Незадолго до его прихода — звонок! она сама побежала отпирать, — не он ли?.. «И вдруг, оказывается, — он! да вчерашний гусарчик-то, подкатил на паре, такая прелесть,

41

буланые, под сеткой... и сразу поцеловал мне руку!., я так смутилась...» Гусар зашел только на одну минутку, все извинялся, погремел саблей, позвякал шпорами и оставил билет на ложу, просил непременно приезжать, утешить его, — а то промажет его «Огарок». «Рассказывал, как вы оба влюбились n пансионе в какую-то горничную Нюту, и твой батюшка велел ему за это сто раз как-то перегибаться в гимнастике, для развлечения... И вдруг спросил... прямо меня смутил, давно ли и замужем! Что сказала?.. Я сказала... я прямо растерялась, сказала... мы еще не повенчаны... не посмела я лгать в таком?..» Виктор Алексеевич поморщился, но она смотрела виновато-детски, и он не рассердился, вздохнул только: «Ах ты, ре-бе-нок милый!»

— Она не умела лгать, — рассказывал Виктор Алексеевич. — Она пришла из иного мира, не искривленного. Воспитывала ее тетка, дьяконица-вдова, водила ее по богомольям, учила только церковному. Даринька знала все молитвы, псалмы, читала тетке Четьи-Минеи, пребывала всегда в надземном. Это сказалось даже на ее облике, — особенной какой-то просветленностью, изящной скромностью. Эта культура, с опытом искушений, и подвигов из житий, с глубинной красотой песнопений... оказалась неизмеримо глубже, чем та, которой я жил тогда. С такой закваской она легко понимала все душевные топкости и «узлы» у Достоевского и Толстого, после проникновенных акафистов и глубочайших молитв, после Четьи-Миней, с взлетами и томлениями ищущих Бога душ. С жизнью она освоилась, но целиком не далась. Добавьте ее «наследство»: старинный род, давший святого и столько грешников.

Поморщился — и сразу пришел в восторг, представив себе, как был ошеломлен Вагаев, тертый калач, этой святой детскостью! Он спросил Дариньку, — что же Вагаев, удивился? Она сказала, что он тоже смутился, как и она, почему-то расшаркался и даже поклонился. Виктору Алексеевичу это напомнило, как он когда-то, в келье матушки Агнии, поклонился тоже — «юнице чистой, исходившему от нее свету поклонился». И тот, «отчаянный», тоже ее свету поклонился?

В восторге от ее «святой детскости», возбужденный новым приливом сил, — в нем всегда закипали силы от восторга, — он не поехал на службу, где уже знали, что его скоро назначат по Главному управлению, и предложил Дариньке проехать «в город» для праздничных покупок. Дариньке хотелось привести все в порядок, и не было силы отказаться. Они наскоро закусили постным-белорыбицей со свежими огурцами и икрой с филипповским калачом, прихваченными им по дороге от адвокатов, — он любил баловать ее, — и они покатили в город.

Предпраздничное кипение было еще бурливей, гуще. В конторе Юнкера, на Кузнецком, где Виктор Алексеевич держал остатки отцовского наследства, в зальце с газовыми молочными шарами стояла у кассы очередь. Они стали за нарядной дамой, сопровождаемой ливрейным лакеем в баках. Дама была в гранатовой ротонде, все на нее глядели, а подскочивший конторщик в бачках, назвав почтительно «ваше сиятельство», почтительно попросил не утруждаться и благоволить пожаловать в кабинет. Дама проследовала за ним, разглядывая в лорнет, в сопровождении лакея-истукана. «Какие на ней серьги, прелесть!» —

воскликнула Даринька, и все на нее заулыбались. Виктор Алексеевич не помнил, какие были серьги: помнил, что на даме была ротонда, и ротонда ему понравилась. Артельщики за решеткой ловко считали пачки и пошвыривали к кассиру, Даринька в изумлении смотрела, как шлепались «бешеные деньги», как важные господа, в цилиндрах и шинелях, получали из кассы пачки и, не считая, засовывали в бумажники. Виктор Алексеевич получил три тысячи и, тоже не считая, — «немцы, нечего и считать», — сунул в карман, как спички. «На нас хватит, — сказал он Дариньке, — двадцать две тысячи еще в остатке». Она взглянула на него в испуге: это было «безумное богатство». Она помнила ужас тетки, как вытащили у нее на богомолье восемь рублей и им пришлось из Коренной Пустыни, под Курском, плестись больше месяца и кормиться чуть не Христовым именем. «Такие тысячи... такое несметное богатство!» Он называл ее милой девочкой и обещал ей «игрушку к празднику». Какую?.. А вот... — завернул тут же к Хлебникову, велел показать гранатовые серьги и выбрал тройчатки, грушками. Серьги были «совсем те самые». Даринька задохнулась от восторга, сейчас же приложила и посмотрелась в подставленное кем-то зеркало. «Какая прелесть!..» — шептала она, забывшись, даже строгий хозяин улыбнулся. Серьги стоили пустяки — четыреста. «Что же это... это невозможно, такой соблазн!.. — говорила она с мольбой, восторженно. — Сколько же тут соблазна, Го-споди!..»

Повсюду кричал соблазн: с бархатных горок ювелиров, с раскинутых за стеклом шелков, с румяных, в локонах, кукол у Теодора, с проезжавших в каретах барынь, с бонбоньерок Сиу и Абрикосова, с ворочавшихся на подставке чучел, в ротондах и жакетах, со щеголей и модниц, с накрашенных дам — «прелестниц» — так называла Даринька. У Большого театра барышники вороватно совали ложи и «купоны» — на «Дочь фараона», на «Убийство Каверлей», на «Двух воров»... Даринька еще не была в Большом, но слыхала, что «Конек-Горбунок» самое интересное, вон и на крыше зеленые лошадки. «Конек-Горбунок» шел на четвертый день, билеты еще не продавались. Виктор Алексеевич подозвал посыльного в красной шапке и заказал ложу бенуара: надо свозить детей и пригласить Вагаева.

В Пассаже текло народом, ливрейные лакеи несли картонки, затерзанные приказчики вертели куски материй, крутя аршином, у Михайлова медведи-исполины, подняв когтистые лапы, как бы благословляли-звали жадных до меха дам. Лукавая лисица манила хвостом, за стекла. «А ведь ты на бегах замерзнешь», — сказал загадочно Виктор Алексеевич и повернул к медведям. Им показали роскошную ротонду, бархатную, темного граната. Степенный приказчик, надев пенсне, заверил, что точно такая куплена вчера княгиней, и крикнул в витую лестницу: «Закройщика!» В большом трюмо Даринька увидала прелестную-чужую, утонувшую в черно-буром мехе, Закройщик, прицелившись, заметил: «Как влиты-с, ни морщинки-с... модель живая-с!..» Старший еще набавил; «Безукоризненно благородный стан, залюбованье-с», — и присоветовал бархатную шляпку, легонькую, со страусом: «У мадам Анет, на Кузнецком, с нами в соотношении-с». Даринька очарованно смотрела на милую головку, утонувшую в черно-буром мехе. Виктор Алексеевич торжествовал: и все торжествовали, и даже хищные соболя, белевшие с полок зубками, торжествовали тоже. «Будет доставлено нарочным-с!» У мадам Анет выбрали «парижскую модель», чуть накрывавшую головку, чуть-пирожком, чуть набок, придававшую бойкий тон. «Ленты уже сошли, мадам... вуалетка... правится под шиньон, мадам...»

Кружился Кузнецкий мост, вертели тростями щеголи, подхватывали хвосты прелестницы, ухали на ухабах лихачи, повизгивали кареты, начинали светиться магазины, дымно пылало небо. Виктор Алексеевич вспомнил, что надо бархотку с медальоном, в театре все с медальонами. Опять завернули к Хлебникову и выбрали медальон, в гранатцах. На выходе Даринька увидала кланявшуюся в пояс монашку-сборщицу, с черной книжкой, и смущенно заторопилась, отыскивая деньги. «Дай ей, пожалуйста...» — вырвалось у нее мольбой. Сборщица причитала: «Святозерского, Сенегского... Иверские иконы... на бедную обитель, Гроховецкого уезду... не оставит Владычица...» Виктор Алексеевич дал пятачок, увидал глаза Дариньки и что-то еще добавил. Сжимая в муфте гранатовые серьги, Даринька чувствовала укоры и смущенье: что она делает?! за эти одни серьги... сколько!.. а там, в морозе, сестры... собирают копеечки, во имя Господа... что же это?! Стыло в глазах, с мороза. Она сказала, что надо ей зайти к Иверской, и они наняли извозчика.

На чугунной паперти стояли монашки с книжками и кланялись в пояс подаяльцам. Робко заглядывая в лица, она оделила всех: лица были обветренные, в сизых, с мороза, пятнах. Были все больше дальние — с Каргополя, с Онеги, — во имя Божие. С тяжелым сердцем склонилась она перед Иконой, стараясь собрать мысли; но не было сил молиться. Она собирала силы, твердила: «Прости, очисти... в соблазне я... дай мне силы. Пречистая!..» — а рука сжимала гранатовые серьги в муфте, сверкали в мыслях рассыпанные камни-самоцветы. И только когда дошло до ее сознания сжившееся с душой «...призри благосердием, всепетая Богородице... и исцели души моея болезно!..» — душа ее возгорелась и слезы выплакались с печалью. Надо было спешить. Виктор Алексеевич остался курить наружи. Стало опять легко, бойкая жизнь вертелась.

По дороге домой заехали к Фельшу, на Арбате, купить гостинцев детям Виктора Алексеевича — Вите и Аничке — к Рождеству. У Фельша Даринька увидала украшенную елку, в свечках, и пришла в неописанный восторг; надо, надо устроить елку, и чтобы были Витя и Аничка! Она давно этого хотела, но Виктор Алексеевич все почему-то уклонялся. Теперь же он сразу согласился, и они накупили пряников, драже, рождественских карамелек с месяцем, сахарных разноцветных бус, марципанных яблочков и вишен, мармеладу звездочками, пастилок в шашечку, шариков и хлопушек... — чего только хотелось глазу. Даринька увидела пушистую девчурку, «позднюю покупательницу», прыгавшую на мягких ножках, присела перед ней и спрашивала умильно, как ее звать, «пушинку». Девочка лепетала только: «Ма... ма...»

Когда они ехали домой, сияли над ними звезды в седых дымах. Виктор Алексеевич, державший Дариньку, почувствовал вдруг, что она сотрясается от рыданий. «Милая, что с тобой?» — спросил он ее тревожно. Она склонилась к нему и зашептала; «Я все забыла, обещалась... вышить покров на ковчежец великомученицы... Узорешительницы... забыла... бархатцу не купила, канительки... она, Великомученица, в с е может... понимаешь... все может!..»

Он ее крепко прижал к себе. Он понял, очем она. Еще у Фельша понял, по ее умильному лицу, по голоску ее, когда присела она перед «пушинкой» и слушала умильно ее лепет: «Ма... ма...»

IX

ПРОЗРЕНИЕ

В сочельник, впервые за много лет, Виктор Алексеевич вспоминал забытое чувство праздника, — радостной новизны, будто вернулось детство. Он был счастлив, жизнь его обернулась праздником, но тот сочельник выделился из ряда дней.

— Остался во мне доныне, — рассказывал он впоследствии, — живой и поющий свет, хрустальный, синий, в морозном гуле колоколов. Я видел живые звезды. Хрустальное их мерцание сливалось с гулом, и мне казалось, что звезды пели. Это знают влюбленные, поэты... святые, пожалуй, знают.

Тот день начался неожиданностью.

Даринька вставала ночью: он смутно помнил милую тень ее в сиянии лампадки, потом — пропала, «укрылась в келью», — подумалось ласково впросонках. Была у них дальняя комнатка, с лежанкой, с окошком в сад, в веселеньких обоях, — птички и зайчики, — Даринька называла ее «детской». Эту комнатку попросила она себе молиться; «Можно?» Там стояли большие пяльцы, висели душевные иконы — Рождества Иоанна Крестителя, Рождества Богородицы, Анастасии-Узорешительницы, и лежал коврик перед подставкой с молитвословом. В тяжелые минуты Даринька только у себя молилась. Тогда, впросонках, подумалось: «Что-то у нее тяжелое», — и спуталось с девочкой у Фельша, с бархатом на снегу.

Кукушка прокуковала 9, когда он вышел в столовую. Расписанные морозом окна искрились и сквозили розово-золотистым солнцем. Прижившаяся у них старушка-богаделка доложила, что барыня чем свет вышли и сулились вернуться к чаю. Он подумал: «В церковь пошла, должно быть, милая моя монашка», как Даринька явилась, радостная, румяная с мороза, ахнула, что он уж встал, и смущенно стала показывать покупки. Оказалось, что это не наряды, как он подумал, а лиловый бархат, шелка и канателька, на покров Анастасии-Узорешительнице, по обещанию. Она виновато просила простить ее, что потратила уйму денег, чуть не двенадцать рублей, серебром, но «очень надо, по обещанию». Он вспомнил, как она вчера плакала дорогой, как умильно ласкала у Фельша девочку, называла ее «пушинкой», молилась ночью... — привлек к себе на колени и пошептал. Она застыдилась и вздохнула.

Все было радостное в тот день, как в детстве. Празднично пахло елкой

45

из передней, натертыми полами под мастику — всегда к Рождеству с мастикой! — ручки дверей были начищены и обернуты бумагой, мебель стояла под чехлами, люстра сквозила за кисейкой, окна глазели пустотой и ждали штор, — все обновится в праздник; только иконы сияли ризами, венчиками из розочек, голубыми лампадками Рождества. Эта праздничность вызвала в нем забытые чувства детства. Он сказал ей, что ему радостно, как в детстве, и это она, Даринька, совершила такое чудо преображения. Она так вся и засияла, сложила руки ладошками под шеей, сказала: «Все ведь чудо, святые говорили... а наша встреча?!..» — и осветила лучистыми глазами.

— Этот единственный е е взгляд всегда вызывал во мне неизъяснимое чувство... святости? — рассказывал Виктор Алексеевич. — Я мог на нее молиться.

Она все знала, будто жила с ним в детстве, Сказала, что завтра будут, пожалуй, поздравители и надо накрыть закуску: будут с крестом священники, приедут сослуживцы. Она разыскала по чуланам все нужное, оставшееся ему в наследство, праздничное: с детства забытые тарелки, в цветных каемках, «рождественские» с желтой каемочкой — для сыра, с розовой — для колбас, с черно-золотенькой — икорная, хрустальные графины, серебряные ножи и вилки, стаканчики и рюмки, камчатные скатерти, граненые пробки на бутылки... — и он неприятно вспомнил, как та, все еще именующаяся г-жей Вейденгаммер, отослала ему «всю вашу рухлядь».

Теперь эта рухлядь пригодилась. За детьми он решил поехать утром, перед визитами. Игрушки уже были куплены: Аничке-кукла-боярышня, а Вите — заводной, на коне, гусарчик, правая ручка в бок. Выбрала сама Даринька: с детства о нем мечтала.

Виктор Алексеевич знал, что придется пойти ко всенощной: такой праздник, и Дариньке будет грустно, если он не пойдет. Стало темнеть, и Даринька сказала, что хочет поехать в Кремль, в Вознесенский монастырь. Почему непременно в Вознесенский? Она сказала, смутясь, что так надо, там очень уставно служат, поют как ангелы и она «уже обещалась». Он пошутил: не назначено ли у ней свидание? Она сказала, что там придел во имя Рождества Иоанна Крестителя, а он родился по ангельскому вещанию, от неплодной Елисаветы... — там упокояются двенадцать младенчиков- царевен и шестнадцать цариц, даже на кровле башенки в коронах... и младенчикам молятся, когда в таком положении... и еще поясок, если носить с подспудных мощей благоверной княгини Ефросинии, то разрешает... Даринька смутилась и умолкла. Он спросил, что же разрешает поясок. Она пытливо взглянула, не смеется он он над ней. В милых глазах ее робко таились что-то... — надежда, вера? — и он подавил улыбку. Она шепнула смущенно, в полумраке, — лампу еще не зажигали, светила печка. — доверчивым, детским шепотом, что «разрешает неплодие, и будут родиться детки». Он обнял ее нежно. Она заплакала.

В Вознесенском монастыре служба была уставная, долгая. Диринька стеснялась, что трудно ему стоять от непривычки: может быть, он пойдет, а ей надо, как отойдет всенощная, поговорить «по делу» с одной старушкой-монахиней, задушевницей покойной матушки Агнии. Виктор

46

Алексеевич вспомнил про «поясок» и улыбнулся, как озабоченно говорит Даринька про это. Жалостный ее взгляд сказал: «Ты не веришь, а это так». На величании клирошанки вышли на середину храма, как в Страстном под Николин день. Такие же, бесстрастные, восковые, с поблекшими устами, в бархатных куколях-колпачках, Христовы невесты, девы. Он поглядел на Дариньку. Она повела ресницами, и оба поняли, что спрашивают друг друга; помнишь? Чистые голоса юниц целомудренно славили: «...и звездой учахуся... Тебе кланятися, Солнцу Правды...»

Он пошел из храма, мысленно напевая: «...и звездою учахуся...» — счастливый, влюбленный в Дариньку, прелестно-новую, соединяющую в себе и женщину, и ребенка, очаровательную своей наивной тайной. Походил по пустынному зимнему Кремлю, покурил у чугунной решетки, откуда видно Замоскворечье. Теперь оно было смутно, с редкими огоньками в мглисто-морозном воздухе, в сонном гуле колоколов. Этот сонный, немолчный звон плавал в искристой мути и, казалось, стекал от звезд. Месяц еще не подымался, небо синело глубью, звезды кипели светом.

— Вот именно — кипели, копошились, цеплялись усиками, сливались, разрывались... — рассказывал Виктор Алексеевич, — и во мне напевалось это «звездою учахуся», открывшаяся вдруг мне «астрономическая» молитва. Никогда до того не постигал я великолепия этих слов. Они явились во мне живыми, во мне поющими, связались с небом, с мерцаньем звезд, и я почувствовал, слышал, как пели звезды. Кипящее их мерцанье сливалось с морозным гулом невидных колоколен, с пением в моей душе. Сердце во мне восторженно горело... не передать. Я слышал поющий свет. И во всем чудилось мне... — и в звездно-кипящем небе, в звездном дыму его, и в древних соборах наших, где так же поют и славят, только земными голосами... и в сугробах, где каждая снежинка играла светом, и в колком сверканье инея, сеявшего со звезд... и во всей жизни нашей — в верованьях, в моленьях, в тайнах, в которые верила Даринька, которых она пугалась... — во всем почуялась мне каким-то новым, прозревшим чувством... непостижимая Божья Тайна. Прозрение любовью? Не знаю. Знаю только, как глубоко почувствовал я неразрывную связанность всех и всего совсем, совсем... будто все перевито этой Тайной... от поярка с гробницы, от каких-то младенчиков-царевен до безграничных далей, до «альфы» в созвездии Геркулеса... той бесконечно недоступной «альфы», куда все мчится, с солнцем, с землей, с Москвой, с этим Кремлем, с сугробами, с Даринькой, с младенчиками-царевнами, через которых может разрешиться... — а почему не может?!.. — с этими кроткими, милыми, молитвенно светящими в темноту окошками в решетках, за которыми Даринька молилась Тайне о «детской милости». Почувствовал вдруг до жгучего, ожога в сердце, в глазах... — ожога счастьем? — что мы укрыты, всё, всё укрыто, «привеяно в уюточку», как проказала та старушка у столика в морозе, матушка Виринея, прозорливая... все, все усчитано, все — к месту... что моя Дариня — отображение вечной мудрости, звезда поющая, учившая меня молиться. Там, в зимнем, ночном Кремле, в сугробах, внял я предвечное рождение Тайны — Рождество.

С этим прозрением Тайны он воротился в церковь. Всенощная

кончалась. Он остановился за Даринькой. Она почувствовала его и оглянулась с лаской. Священник возглашал из алтаря: «Слава Тебе, показавшему нам Свет!..» Где-то запели, будто из мрака сводов, прозрачно, плавно. Пели на правом крылосе крылошанки, но это был глас единый, сильный. Пели Великое Славословие, древнее «Слава в вышних Богу». Даринька опустилась на колени. Виктор Алексеевич поколебался — и тоже преклонился. Его увлекало пением, дремотным, плавным, как на волне. Звук вырастал и ширился, опадал, замирал, мерцал. Казался живым и сущим, поющим в самом себе, как поющее звездное мерцанье.

Виктор Алексеевич качнулся, как в дремоте. Даринька шепнула: «Хочешь?» — и подала кусочек благословенного хлеба. Он с удовольствием съел и спросил, нельзя ли купить еще. Она повела строгими глазами, и ему стало еще лучше. Подошла монахиня-старушка и куда-то повела Дариньку. Скоро они вернулись, и старушка что-то ей все шептала и похлопывала но шубке, как будто давала наставление. Он ласково подумал: свои дела.

Когда они выходили, из-за острых верхушек Спасской башни сиял еще неполный месяц. Они пошли Кремлем, пустынной окраиной, у чугунной решетки. За ней, под горкой, светилась в деревьях церковка. «А я купила, хочешь?» — вынула Даринька теплую просфору из муфты, пахнувшую ее духами, и они с удовольствием поели на морозе. «Тебе не скучно было?» Он ответил: напротив, были чудесные ощущения, он полюбовался ночным Замоскворечьем, послушал звон... Подумал, что она не поймет, пожалуй, и все же сказал, какое удивительное испытал, как звездное мерцанье мешалось с церковным гулом, «и получилась иллюзия, будто это пели звезды». «Понимаешь, будто они живые...пели!» Она сказала, что с ней это бывает часто, и она «ясно слышит, как поют звездочки». «Ты... слы-шишь?!..»- удивился он. «Ну, конечно, слышу... я это давно знаю. Все может славить Господа! — сказала она просто, как о хлебе. — Всегда поют "на хваление", как же... "Хвалите Его, солнце, и луна, хвалите Его, небеса небес...", и во Псалтыри читается... как же! А в житии великомученицы Варвары... ей даже высокую башню родитель велел построить, и она со звездочками даже говорила, славила Господа... как же!..» Виктор Алексеевич восторженно воскликнул: «Да умница ты моя!» — и страстно обнял. Она выскользнула испуганно и зашептала; «Да могут же уви-деть!..» — «Кто, — сказал он, — снег увидит?» Она оглянула вокруг, увидала, как здесь безлюдно, шепнула, играя с ним: «А звездочки увидят?..» — и протянула губы. Вернулись они счастливые.

X

НАВАЖДЕНИЕ

То Рождество осталось для них памятным на всю жизнь: с этого дня начались для них испытания. Правда, были испытания и раньше, — Даринькина болезнь, — но то было «во вразумление». А с этого дня начались испытания «во искушение».

В «посмертной записке к ближним» Дарья Ивановна писала: «С того дня Рождества Христова начались для меня испытания наваждением, горечью и соблазном сладким, дабы ввести меня, и без того грешную и постыдную, в страшный грех любострастия и прелюбодейства».

В тот день Виктор Алексеевич у обедни не был: обедню служили раннюю, — причту надо было ходить по приходу, славить — и Даринька пожалела его будить. Когда он вышел из спальни, одетый для визитов, парадный, свежий, надушенный одеколоном, — в белой зале стояло полное Рождество: от ясного зимнего утра и подкрахмаленных светлых штор было голубовато-празднично; в переднем углу пушилась в сверканиях елка, сквозь зелень и пестроту которой светил огонек лампадки, по чистому паркету легли бархатные, ковровые дорожки, у зеркально-блестящей печки с начищенными отдушниками была накрыта богатая закуска, граненые пробки радужно отражались в изразцах, на круглом столе посередине все было сервировано для кофе — на Рождество всегда подавался кофе — и сдобно пахло горячим пирогом с ливером, на него повеяло лаской детства, запахами игрушек, забытыми словами, голосами... вспомнилась матушка, как она в шелковом пышном платье, в локонах по щекам, в кружевах с лентами, мягко идет по коврику, несет, загадочно улыбаясь, заманчивые картонки с таинственными игрушками... — и увидал прелестную голубую Дариньку. Она несла на тарелке с солью тот самый ихний пузатый медный кофейник, похожий на просфору, в каких носят за батюшкой просвирни святую воду. Он обнял ее стремительно, вскрикнувшую в испуге: «Да уроню же... дай поста!..» — заглушил слова страстным и нежным шепотом. Даринька была голубая, кружевная, воздушная, празднично-ясноглазая, душистая, — пахла весенним цветом, легкими тонкими духами, купленными в английском магазине. На ее шее, в кружевном узком вырезе надета была бархотка. Он отвернул медальон и поцеловал таившуюся под ним «душку». Даринька была сегодня необычайная, волнующая, и он говорил ей это в запрокинутую головку, в раскрывшиеся губы. Она ответила ему взглядом и долгим поцелуем. Несшая пирог девочка-подросток, взятая из приюта помочь на праздниках, запнулась и спряталась за дверью. Он восторженно говорил: «... ты сегодня особенная... манящая...» Она сказала, что ее очень беспокоит, как-то к ней отнесутся дети. Он ее успокоил, что они маленькие, еще не понимают, полюбят, как я его... — «ну, можно ли не полюбить такую!..».

Он вышел пораньше из дому, чтобы забрать от тещи детей на праздник, а потом ездить по визитам. Надо было к начальнику дороги, потом к синему начальству, к старухе Кундуковой — крестной, богатой и почитаемой, подруге покойной мятушки. Затем надо было завезти карточку Артынову, родственнику по матери, у которого очень большие связи, что теперь было важно для дела о разводе. И еще — к барону Ритлингеру, богачу-спортсмену, другу покойного отца по Дерпту, у которого гащивал на Двине, к тому самому, у кого останавливался в Москве «гусарчик» князь Вагаев, его племянник. Виктор Алексеевич вспомнил потом, что завтра могут встретиться на бегах, на его рысаке Огарке поедет Дима, — и решил заехать непременно. К тому же сын барона делает в Петербурге блестящую карьеру, лично известен государю и может пригодиться для развода.

Даринька неспокойно ждала детей: как она будет с ними? Смотрела в окна, заглядывала в зеркало: щеки ее горели. Старушка-богаделка поминутно тревожила, надоедала: пришли трубочисты, полотеры, бутошники, водовоз, почтальон пришел, ночной сторож... — с праздником поздравляют. Виктор Алексеевич наказал давать всем по двугривенному в зубы, по шкалику водки и колбасы на закуску, но старушка докладывала бестолково о каждом визитере и ахала-ужасалась: «Ну, глядите, какая прорва!» Приходили банщики, «так, какие-то шляющие», и мальчишки — Христа прославить. Даринька растрогалась на мальчишек и от себя дала им по пятачку и пряничков. А священники все не приходили, и это ее тревожило: «А вдруг не придут, покажется им зазорным, что?..» И Виктор Алексеевич все не везет детей. Она погляделась в зеркало: щеки ее пылали. Поглядела на девочку, слушавшую в передней, не позвонятся ли: прилично ли одета. Кажется, ничего, синее платьице, белая пелеринка, только очень уж напомадилась, даже гребенка в масле. Чисты ли у нее руки? Белобрысая девочка показала руки, какие чистые, и по вытаращенным глазам ее Даринька поняла, что девочка боится, — запугана. Рванулся звонок в парадном. Девочка с ахом кинулась отпирать и доложила — шепнула в ужасе: «Там-с... дяденька чучелку привезли». Закутанный башлыком посыльный — «красная шапка» — раскутывал в передней серую большую «куклу», снимал суконце, бумажные округки, и Даринька увидела красивую корзинку с деревцами, с пышными белыми цветами. «Две камелии и синель, все в порядке. Куда прикажете-с?» сказал посыльный. «Откуда же?» — спросила удивленная Даринька. «С графских аранжереев от барона Рихлингера с Басманной, от главного садовника-с!» — отчетливо доложил посыльный.

Цветы были не от Виктора Алексеевича — о нем подумала Даринька, — а от князя Дмитрия Павловича Вагаева: смутившись, прочла она на изящной карточке, приколотой к корзинке, — и ей стало чего-то стыдно. Сирень была слабенькая, зеленовато-бледная и все же весенне-радостная: густо-зеленые камелии снежно белели цветом хладных и безуханных роз. Даринька подумала, что Вагаев с визитом не приедет, если прислал карточку с цветами, — не знала она порядков, — а она боялась, что он приедет и опять станет целовать ей руку. Виктор Алексеевич утром ей говорил, что может и приехать: «Эти военные очень предупредительны, но с ними надо быть поосторожней». Но теперь, слава Богу, должно быть, не приедет. Она звала его про себя «гусарчик» и «черномазый», старалась о нем не думать, но думалось. Думала, что он соблазнил какую-то фрейлину во дворце, сам государь сказал про него: «Безумная голова» — и хотел выслать из Петербурга куда-то в Азию, но за него упросил его крестный, сам Владимир Андреевич Долгоруков, генерал-губернатор, «хозяин Москвы», — и ей было чего-то стыдно и остро любопытно. Она думала, какой это должно быть ужасный грешник, и не было неприятно, что такой «отчаянный» прислал ей красивые цветы, каких она еще не видала.

Время шло, а детей все не привозили. Даринька уловила в зеркале, что гранатовые серьги резки при голубом, и сменила на изумрудные. На звонок она подбежала к боковому зеркальцу снаружи, но это позвонился инженер Голиков, молоденький и застенчивый, с голубыми глазами девушки. Он мямлил, потирал руки и смущался, смотрел мимо ее лица, опрокинул на скатерть рюмку, рассказывал что-то про вагоны и, наконец, откланялся. Проводившая его девочка радостно показала на ладошке; «Дэугри-венный... гляди-те!» — и даже облизнулась. Потом пришли из депо машинисты и главные мастера, в крепких воротничках и жестких сюртуках, краснолицые, с поломанными желтыми ногтями, с осипшими голосами, поздравили хором с высокоторжественным праздником Рождества Христова, дружно пили и крякали и оказали высокую честь закускам, Дариньке понравилось, что все крестились на образа, а самый старый, в медалях, возивший в Крым государыню, крестился и перед каждой рюмкой. Был еще лицеист, племянник Виктора Алексеевича, в мундире и при шпаге, сидел, выпятив по-гвардейски грудь, похрупывал портсигаром и все закуривал, смотрел с восхищением на Дариньку и рассказывал о музее Гаснера на Новинском бульваре, где показывают механическую утку, — «натурально переваривает пищу, даже не отличить!» — а в настоящей воде, в аквариуме, лежит роскошнейшая красавица сирена, вся обнаженная, только в блестящем бисере, и томно курит, даже пускает дым, — «все наши лицеисты до безумия влюблены в нее!» — и советовал непременно посмотреть. Выпил три рюмки сряду, развесил губы и все упрашивал «выпить на брудершафт», но Даринька затрясла сережками. После его отшарканья девочка показала на ладошке в веселом ужасе: «Глядите-ка, милые... со-рок копе-ечек!..» И в это время рванул звонок.

Дариньке показалось, что промчался на сером кучер в шапке подушечкой, в галунах, с кем-то в бобрах и золоте, остро мелькнуло — о н?!.. — и она сразу растерялась. Увидала в мигнувшем зеркале, какая она стала, и совсем уже потерялась. В передней слышался мягкий звон и громыхающее бряцание. Слыша, как тукается сердце, и чуть дыша, видела она в зеркало, как он сбросил движением плеч на обомлевшую девочку, накрыв ее с головой, свою размашистую шинель с бобрами и стремительно направлялся к ней, блестящий, звонкий, неописуемый. Ока непонятно онемела, растерянно на него глядела, исподлобья, ие сознавая, как в наваждении. Но он мигом сорвал оцепенение, быстро поцеловал ей руку, и четко щелкнув, и позвонив. Спросил о Викторе, о здоровье, почему она так бледна, порадовался елке, развел и всплеснул руками, на стол с закусками: «Фу-ты, какая роскошь!» Заявил весело, что голоден чертовски, и попросил разрешения выпить за ее драгоценное здоровье. Даринька обошлась и оживилась, чокнулась даже с ним и даже чуть-чуть пригубила, Вагаев был сегодня блестящ необычайно: в белом ментике в рукава, опушенном бобровой оторочкой, весь снежно-золотистый, яркий, пушистый, гибкий, обворожительный. Его настойчивые черные глаза, похожие на вишни, любовались ею откровенно, и Даринька это понимала. Лицо Вагаева было располагающее, открытое, ничего «страшно-грешного» не чувствовалось в глазах, добродушно усмешливых, блестящих, мягких, вдруг обливавших лаской: было скуласто даже, без всякой писаной красоты, но могло чем-то нравиться, — усмешкой красивых губ, вырезом подбородка или той бойкой чернявостью, от ресниц и глаз, от чего-то неуловимого в их взгляде, от смуглого румянца, что осталось в глазах у Дариньки со встречи у бульвара, когда она вдруг подумала: «Черномазый».

Он красиво тянулся за бутылкой, гремел саблей по ножке стула, пил особенно как-то вкусно, по-особенному даже ставил рюмку, словно завинчивал, комкал цветком салфетку, откидывался к стулу, ногой подцепляя саблю или отшвыривая ее небрежно и продолжая рассказывать весело и умно и привычно занимая. С забавным ужасом говорил о завтрашнем «провале», об этом плуте Огарке, который — «чую, что подпалит», — о старике-крестном, генерал-губернаторе, — «как бы не подтянул... шпаками, фуксом с корнетом едем, под звездочками!» — который завтра уж обязательно прикатит: приз его имени, почетный, серебряная фамильная братина. И неожиданно спросил Дариньку, неужели она не будет завтра? — и в лице его отразился ужас. Даринька с удивлением сказала, что, напротив... они непременно будут... и она еще ни разу не видела, как бегают на бегах лошадки. Он весело воскликнул: «Браво!», поцеловал ей руку, и глаза его вдруг омрачились грустью. «Все это так... но, если вы не приедете... — все для меня погибло!» — сказал он упавшим голосом. Не подумав, она воскликнула: «Но почему?!» Он вскинул плечи и сказал затаенно-грустно: «Отгадайте». Она задумалась и спросила: «Это у вас, должно быть, какая-то примета?» — «Угадали», — таинственно сказал он и встал.

Она подумала, что он собирается прощаться, и вспомнила- она не раз думала об этом — надо ли поблагодарить его за цветы или это не принято. И, не раздумывая, сказала; «Какие вы славные цветы прислали, такая радость». Он глубоко склонился, раскинув руки. Она увидела обтянутые его ноги в золотых разводах, смутилась и подошла к цветам. Он молча за ней последовал. Наступило молчание, но он тотчас прервал его, воскликнул: «Весна... зимой!» — и, обнимая взглядом, сказал взволнованно: «Вы сегодня особенная... совсем весенняя». Она смутилась, но он быстро спугнул смущение, опять воскликнув: «Вот приятная неожиданность... однополчанин!» Даринька даже вздрогнула, а он, изогнувшись ловко и стукнув саблей, выхватил из-под елки стоявшего там гусарчика. «Это кому же... мне? — спросил он ее лукаво. — Но я предпочел бы эту»... — пошевелил он саблей куклу-боярышню. Даринька улыбнулась и сказала, что этот гусарчик Вите, а кукла Аничке, деткам Виктора Алексеевича, и опять вспомнила в тревоге, что все еще нет детей.

Вагаев разглядывал игрушку: «Недурственно... и конек наш серый... только что же это за коробок под ним?., а, завод... по-нимаю... а где же ключик... можно пустить погалопировать?» — спросил он совсем приятельски. Даринька улыбнулась, подумала: «Ну, совсем мальчишка» — и достала картонную коробку, в которой стукотливо болтался ключик. Посмеиваясь глазами, Вагаев медленно заводил, прислушиваясь к потрескиванию завода, присел со стуком и отпустил: «По-шел!..» Оба они смотрели, как с рокотом покатил гусарчик, все набирая скорость, ткнулся об ножку стула, свалился набок, зажужжали с шипением колеса, и что-то покатилось в угол. «Что я наделал!..» — вскрикнул Вагаев в ужасе, поднял стремительно игрушку, с мольбой посмотрел на Дариньку, на обезглавленного гусарчика и упавшим голосом произнес, медленно перед ней склонившись и подчеркивая слова: «Потерял голову гусарчик... теперь делайте со мной, что хотите». Даринька до слез смутилась: ей жалко было гусарчика, — и Витину игрушку, и живого. Она сказала, как в таких случаях говорят: «Какие пустяки», — и хотела достать из-под дивана отбитую головку, но Вагаев бросился, со звоном, умоляюще повторяя: «Ради Бога, простите!..» — и, не щадя белоснежного ментика своего, возя рукавом по полу, саблей нашаривал головку. Нашел, выложил на ладони и подкинул. «Ну, ради Бога, простите... ну... так мальчишески поступил... ну, простите!..» — проговорил он в смущении. Но еще в большем смущении была Даринька, не знавшая, что сказать. И сказала, что ей сказало сердце: «Что вы, Господь с вами, милый... это же можно сургучиком...» — и осветила чудесными глазами. Должно быть, эти слова — «Господь с вами, милый...» — просто-душевно сказанные, глубоко тронули Вагаева: он поклонился почтительно, без шаркания и звона, сказал, что сейчас же «исправит все», скромно поцеловал ей руку и уехал. В передней все-таки сбаловал: взял у тянувшейся и перепуганной девочки размашистую свою шинель, вскинул на одно плечо, протянул палец к ее носу и сказал баловливо-строго: «Эт-та что за пуговка?» Девочка прыснула в ладошки, поняв смешное в его словах, И, проводив, в ужасе показала на ладошке: «Зелененькая., глядите... с ума-а сойти!..»

Уже в сумерках вернулся Виктор Алексеевич, без детей, расстроенный, возмущенный, взбешенный. Не пустили к нему его детей! не пустили с ним!! Кто не пустил? Все, теща, тесть, брат, тетки, наглецы и развратники! Почему?.. По категорическому запрету высоконравственной госпожи Вейденгаммер... не желающей видеть своих детей в «неподобающей обстановке»!

Помертвевшая Даринька слушала с болью в сердце и только шептала: «Прошу тебя, успокойся... прошу тебя». Виктор Алексеевич ничего больше ей не сказал.

— Я не мог, не смел ей сказать всего, что мне было насказано, при скандале, хором, в неописуемом гомоне, — рассказывал он впоследствии. — Они кричали о разврате, о притоне, о «монашке-развратнице», о «подлой интриганке», о том, что она со мной путалась и раньше, бегала ко мне из монастыря, выманивала деньги и теперь завладела всем, законными правами детей моих. Им уже все известно, от игуменьи-баронессы, от каких-то салопниц, от... Они знали всех лихачей, которые нас катали, про все наряды, про «яму», в которую я попал и куда хочу затащить детей. Я могу требовать судом, жаловаться куда угодно, но пока они живы, пока у них есть связи, — а связи у них огромные! — дети не переступят моего порога. Даринька все поняла, без слов, ушла в свою

53

«келью» и заперлась. Ужасное это было Рождество. Я слышал, как она плакала, плакала затаенно, в себя плакала, в бельевою плакала. Я умолял отпереть, но она просила дать ей побыть одной, отплакаться. Я тогда, после тещи, боялся ехать домой, проваландался по визитам, ища покоя, накачивался... и не мог отупеть, забыться. Она отплакалась и вышла, чтобы смирить меня. Сказала самое простое, чего я тогда не мог оценить вполне. Сказала: «Бог видит... я сознаю свой грех и должна искупить, терпеть». Я кипел и не мог терпеть и стал бороться. А она несла. Это сказалось после болезнью сердца. И не поверите... в тот же вечер она была по-прежнему спокойна, ласкова и ясна.

Когда они тихо сидели в полутемной зале у темной елки, полное Рождество ушло, и только светившаяся лампадка, запах хвои смутно о нем напоминали. Но оно воротилось светом, когда запоздавший батюшка запел перед елкой, перед светившимся за ней образом, «Рождество Твое Христе Боже нас... возсия мирови свет Разума...» Молитва внесла успокоение. Когда угощали причт, резко рванул звонок, и посыльный «красная шапка» принес коробки. В одной, высокой, был заводной гусарчик, такой, как прежний, но чуть побольше. В другой, пошире, была роскошная голубая бонбоньерка из гофреного шелка, от Абрикосова. После ухода причта Даринька ее открыла и увидела между конфет, в бумажной рубчатой чашечке... — в сердце ее толкнуло, — головку того гусарика. На знакомой карточке четко, карандашом стояло: «Счастлив, что удалось все-таки достать, все заперто. Вспомните иногда о бедном, потерявшем голову гусарчике».

Эта карточка и особенно эта отбитая головка в конфетной чашечке вызвали в Дариньке неприятное ощущение чего-то... — она не могла назвать. Только она сказала: «Как это неприятно...» — показала Виктору Алексеевичу, который уже все знал, н подумала в сердце с горечью, как все это испортило Рождество. Виктор Алексеевич прочел, бросил карточку и сказал: «Обычные его глупости».

У него болела голова. А Даринька угощала еще Марфу Никитишну, просвирню, пришедшую поздравить. Рождество кончилось. Даринька хотела помолиться, уединилась в «келью» — и не могла. Хотела присесть за пяльцы, поглядела на только вчера зачатое — василек синелью на бархате — и отошла. Виктор Алексеевич лежал с полотенцем на голове, спал.

Она прошла в залу, постояла у темной елки, вспомнила, какое было утро. Из кухни слышались голоса старушки и девочки. «Мое... твое... твое... мое... спор!» — играли в пьяницы. Увидала белые цветы, и в ней опять поднялось неприятное ощущение. Она перекрестилась на мигавший за елкой образ и с тоской прошептала: «Го-спо-ди!..»

54

XI

ПРЕЛЬЩЕНИЕ

Все радостное, что для них открылось, освященное праздником Рождества, кипевшими в небе звездами, что должно было продолжаться и возрастать, — «вдруг замутилось, спуталось, обратилось в душевную тяготу и смуту», — рассказывал Виктор Алексеевич. И от такого, в сущности, пустяка: не пустили детей на елку. По страстной своей натуре он принял это как наглость и безобразие и решил завтра же ехать к адвокату, к обер-полицмейстеру, к самому генерал-губернатору Долгорукову, — «Дима Вагаев через крестного нее устроит, и барона Ритлингера подымем». Для него было неоспоримо ясно, что решительно все было за него: т а его подло опозорила, в самой его квартире, с его подлецом-приятелем, напросившимся к ним в нахлебники, и есть свидетельница, горничная Груша, которая может под присягой... и теперь смеет издеваться, не пускает к нему детей.

Виктор Алексеевич в законах не разбирался, с судами не возился, а исходил из чувства: оскорбленное чувство отца и мужа внушало ему бесспорно, что все решительно за него и — «все живо устроится». С этим внушением он проснулся поутру бодрый, как всегда после приступа мигрени, и первое, что подумал: «Немедленно отобрать детей!» Потянулся — и увидел, что Дариньки нет и нет на кресле ее капотика.

Даринька законов совсем не знала, но сердце у ней щемило, и это значило для нее, что доброго тут не будет.

В «посмертной записке к ближним» она писала:

«Грех ее... — она никогда не называл ту Анной Васильевной, — положил начало всякого зла и мук, а мой грех связал нас всех пятерых, неповинных детей считая, путями зла и скорби. По греху и страдание, по страданию и духовное возрастание, если с Господом. Слава Промышлению Твоему».

В то памятное утро, второй день Рождества, Даринька поднялась чем свет: кукушка прокуковала 5. Забрав капотик, она вышла из спальни тенью и ушла в свою «келейку» — молиться. Она знала, как облегчает сердце Пречистая. Помнила и наставку матушки Агнии: «Не забывай, сероглазая моя, акафисточки править... слядкопевное слово всякую горечь покрывает, я светоносное слово всякую темноту осветит».

Окна еще и не синели. Проходя со свечой по залу, Даринька увидела елку, — и остро кольнуло сердце. Елка казалась спящей, тускло светилась позолота. «Для кого?..» — подумала скорбно Даринька. Розово-нежный ангел взирал на небо. Свечки зыбко клонились, белели усиками светилен, ждали. Голубая боярышня томно спала в коробке, а гусарчик без головы мертво стоял над ней. Даринька вспомнила про головку в конфетной чашечке, вспомнила-увидала его глаза, и ей стало тревожно, стыдно. Увидала белевшие цветы, склонилась к ним, позабыв про свечку... С шумом упала свечка, плохо вставленная в подсвечник, и розетка разбилась вдребезги.

В «келейке» было жарко, теплились голубые и синие лампадки, прыгали на обоях зайчики, ловили птичек. Щурясь, Даринька задумалась, устало, нежно прошло улыбкой. Открыла глаза и огляделась: птички и зайчики резвились, — в «детской» всегда такое, птички и зайчики. Приоткрыла сиреневый капотик, поглядела на кружево сорочки, оправила поясок с молитвой, вчера надетый: горько сложила руки и вздохнула. Птички и зайчики... Долго взирала на иконы, молящим взглядом.

...«Радуйся, светило незаходящего Света... Радуйся, Звезда, являющая Солнце... Радуйся... заря таинственного дня... Радуйся... рыбарские мережи исполняющая...»

Слова были сладостные и светлые и шелестели страстно, но сердце не отворялось им.

На полном свете Даринька возвращалась залой. Увидела проснувшуюся елку, всю в серебре и золоте, с наклонившимся друг к дружке свечками, с ангелом в снежном блеске... пышные белые цветы, глазевшие на нее греховно, подошла и склонилась к ним... — и хрупнула под ногой розетка. Даринька подняла сломанную свечку, взяла щетку и подмела. Думала, подметая, стараясь не зацепить гусарчика, что вчера не было у них праздника... — и ей захотелось ласки, до вожделения.

Вспоминая свои грехи, Дарья Ивановна не щадила себя, писала: «Каюсь, что не только одно желание иметь дитя принуждало меня жить плотски, а и потакание вожделению. Если я не погибла, это не моя заслуга, а от предстательства за меня светлопоминаемой матушки Агнии. В самый тот день, другой день Рождества Христова, явление было мне знамение сего».

Когда Даринька ощутила «вожделение», вызванное белыми цветами, или, быть может, куклой-боярышней, над которой стоял гусарчик, или мыслью, мелькнувшей ей, — она услыхала голос, призывавший ее из спальни, увидела в зеркале тревожное и чудесно-жуткое — не ее! — лицо, с томными-страстными глазами, с обмякшим ртом, — кинула на грудь косы и жадно пошла на зов.

После она заснула. И проспала бы долго, если бы не позвал ее Виктор Алексеевич, несший ей бутерброд с икрой: «Нежная моя... роскошная!» И, склонившись, раскрыл ее, Она жалобно вскрикнула и старалась прикрыться косами, смотря на него с мольбой, а он жадно и весело ласкал, говорил, что она... ну, совсем как эта... в пустыне африканской, которая укрывалась волосами, чтобы не соблазнялись старцы... прелестница, в этих... Четьи-Минеях. Увидал повязанный поясок с молитвой, и ему стало стыдно своей игривости.

— Вот мерило той нравственной грязи, в какой я был, — рассказывал Виктор Алексеевич. — Я не про ласку, не про вольное обращение... это обычное. Говорю про гадость, про сравнение со святой, с бывшей «прелестницей», убежавшей в пустыню из разврата и впоследствии — преподобной. Я бичую себя за эту наивность, всю жизнь помню, как я, опьяненный прекрасным телом, мог осквернять ее, чистую... мог развращать бездумно. Она по-своему поняла сравнение с «прелестницей» и закрылась руками, беззащитная. Я утешал ее, называл непорочной, чистой, а она продолжала плакать. После, в «записке» ее прочел:

56

«Да, я была блудница, прелестница. И он сказал мне. Знаю, не обидеть меня — сказал, а дано было ему сказать, так, чтобы я образумилась. А я поплакала и забыла. Прельщение владело душой моей, и я не могла собрать ее под начал. Соблазны сеяли мою душу, как сор, пригоршнями. И тут как бы знамение было мне явлено».

Сладко уснув перед тем, как раскрыл ее Виктор Алексеевич, Даринька увидела, будто сидит в келье матушки Агнии, вышивает бархатную шапочку-куколь самыми яркими шелками и боится, что матушка Агния увидит. И страшно, что войдет Вагаев, и надо его спрятать, а когда уснет матушка, он выйдет. Даринька слышит, как он подходит, бряцает саблей, выбегает к нему, и они идут по высокой лестнице в темноте. И потом будто зал, и входит матушка Агния и говорит строгим голосом, как в первые недели жизни в монастыре, когда Даринька разбила ее чашку, очень ей дорогую, еще из прежней жизни: «Потому и разбила, что грязные у тебя руки, чистая будь, вся чистая, а то с глаз моих уходи, прочь уходи!»

На этом — «прочь уходи!» — разбудил Дариньку Виктор Алексеевич и раскрыл. Даринька плакала и от слов его, и от слов матушки Агнии. Думалось ей: грозится матушка Агния. И она приняла тот сон как назидание и острастку.

Надо было успеть пообедать и одеться: бега начинались в час, а было уже к одиннадцати. Даринька попросилась, можно ли ей не ехать. Но Виктор Алексеевич заявил, что необходимо освежиться, что такая она прелестная в ротонде — «темненькая, чудесная лисичка», — что все там с ума от нее сойдут... вся Москва съедется. «Генерал-губернатор будет, а у нас лучшая ложа, у беседки... да и обидится Вагаев». Даринька вспомнила: «Если вы не приедете — все погибло!» И важно, чтобы с ней познакомился барон Ритлингер, у него огромные связи в Петербурге. «И чего прятаться от людей... плевать нам на всех людей!»

Виктор Алексеевич был в восторженном настроении. Он отослал игрушки Вите и Аничке, и Карп вернулся с запиской, на которой Витя каракулями нарисовал: «Папочка милый, мы тебя любим».

Принесли депешу. Вагаев напоминал: «Помните, у меня примета: не приедете — пропал!»

Даринька мучилась с косами: и всегда непокладливые, сегодня они никак не убирались, тянули, рассыпались... — ну, что за мука! Набрав в рот шпилек, морщась и топоча, Даринька старалась причесаться, как причесывал Теодор недавно, но тяжелые косы падали, шпильки и гребни вылезали. Она начинала снова, роняла шпильки, спрашивала глазами, и зеркало отвечало — мука!.. И путалась беспокойно в мыслях: «Чистая будь, вся чистая!..»

XII

ВОСХИЩЕНИЕ

Неведомые бега, куда сегодня съедется вся Москва, и будет сам генерал-губернатор Долгоруков, пугали и манили Дариньку и скушением. Они представлялись ей греховным местом, как языческие «ристалища», где предавались постыдным «игрищам». Об этом она читала в Четьи-Минеях, в житии святой, которая раньше была блудницей, скакала на колесницах, соблазняла юношей и старцев, но, искупив великие прегрешения молитвой и покаянием, получила венец нетленный. Дариньку и манило и пугало, что Вагаев, опасный соблазнитель, хочет прельстить ее, потому и упрашивал приехать, и все там будут смотреть на нее, как на такую. Видение во сне матушки Агнии казалось предупреждением: не ездить. Смущали и слова Виктора Алексеевича: «Все там с ума от тебя сойдут». Она сказала, что боится ехать, а ей хотелось ехать, — но он посмеялся только: «Вы-думала еще... "ристалища"!..»

Уже на выходе, в новой ротонде с чудесным мехом из черно-бурых лисиц, в шляпке со страусовым пером, придававшей задорный вид, Даринька посмотрелась в зеркало и изумилась, какая она стала. Виктор Алексеевич поймал ее восхищенный взгляд, поцеловал в розовую щечку и сказал, что она прямо неузнаваема, какая-то ужасно вкусная, с задорцем и с огоньком. Она вспыхнула от счастья, что ему нравится, и от стыда за «вызывающий» вид, за что-то особенное в ней, что делало ее похожей на такую, кого называл и показывал ей Виктор Алексеевич на Кузнецком.

«Да и в самом деле... — подумала она с горечью, — а кто же я?» — и вспомнила про ев, Таисию-блудницу: как одна встреча ее с аввой Пафнутием подняла ее из греховной бездны.

В «посмертной записи к ближним» Дарьи Ивановна писала:

«Я кощунственно оправдывала, похоти свои примерами из житий святых. Обманывала и заглушала совесть, прикрываясь неиссякаемым милосердием Господним».

Они вышли на воздух, на похрустывавший снежок, и ее охватило радостью. В переулке было голубовато-ярко от выпавшего снега, от солнца за снежными садами. Пахло чем-то бодрящим, тонким — сугробами? Дариньке за хотелось санок, сгребать лопаткой, вскочить на сугроб, смеяться. Она схватила снежку с сугроба: «Какой же вкусный!.. яблочками, арбузом пахнет!..»

Виктор Алексеевич помнил до старости: радостные сугробы в переулке, жидкое солнце за садами и покрасневшие пальцы Дариньки, пахнувшие душистым снегом, яблоками, «грэп-эплем» английского Блоссона.

На Тверском бульваре гуляли дети с воздушными шарами, пестрели праздничными платками, шумели юбками отпущенные со двора горничные, наигрывали веселые гармошки. Стегая снегом о передки, весело проносились рысаки с окаменевшими чудо-кучерами. На Страстной площади Даринька увидела монастырь, розовевший сквозь серебристый иней, и ей стало чего-то жаль. Святые ворота совсем потонули за сугробом, не было видно матушки Виринеи у столика, и Даринька сокрушенно вспомнила, что не послала ей гостинчика к Рождеству, забыла. Тяжелые лихачи оправляли на лошадях попоны, возя подолами по снегу. «А вот он, Прохор-то!» — знакомо сказал лихач, степенный, в седеющей бородке, обеими руками снимая шапку. «Сват-то наш! — подмигнул Виктор Алексеевич Дариньке: этот самый умчал ее от святых ворот, — и приятельски приказал:- А ну, на бега, да повострей!» Лихач отмахнул полость на узких, как стульчик, саночках, сипловато сказал: «Крепше только держите барышню», — и они понеслись бульваром. Прихватив крепко Дариньку, Виктор Алексеевич шепнул ей: «Барышня1..» — и они встретились глазами, осыпаемые морозной пылью.

В Кудрине задержались: жандармы в хвостатых касках наскакивали грудью, силясь держать порядок: ожидали проезда генерал-губернатора. Спуск к Зоологическому саду кипел санями, тройками, розвальнями, каретами. Лихач сказал: «Вся Москва поднялась... даже вон столоверы едут, как разобрало-то!» Ехали тяжелые купцы, в цилиндрах, в шубах с невиданными воротниками во всю спину, ехали пышные купчихи, в атласных и бархатных салопах, в бордовых и зеленых шубках, в глазастых шалях, в лисьих воротниках, дыбясь оглоблями, скалились — ржали жеребцы, визжали колесами кареты с ливрейными на козлах, на высоких «английских» санках восседали лошадники, с бичами, в оленьих куртках, в волчьих шапках с наушниками, вострым глазом стреляли по лошадям барышники-цыганы в лубяных саночках внавалку, сухие и черномазые, в чекменях-поддевках, в островерхих бараньих шапках... — ехала вся Москва на ледяные горы, в Зоологический, и на бега, на Пресненские пруды, — смотреть, как молодой Расторгов, именитого купеческого рода, лошадник и беговщик, поедет на своем Прянике за «долгоруковским» призом, покажет Москве отвагу. В «Большом Московском» — купечество, а в Английском клубе — господа дворяне бились об заклад на большие тысячи: одни за Пряника, а другие- за дворянского Бирюка, Елагина, и за Огарка, барона Ритлингера, с Басманной, — об этом поведал Прохор: «Значит, купцы и господа... кто — кого? каждому лестно доказать себя., не простой какой приз, а от самого Владимира Андреича, от князя Долгорукова, все его почитают... потому и не ездоки поедут, а сами хозяева-владельцы, вот всех и разобрало».

«Ну, держись, Вагайчик! — сказал Виктор Алексеевич. — Это не шпоркой позванивать».

Даринька плохо понимала, и он объяснил, почему надо Вагайчику «держаться»: позорно будет, если провалит его Огарок. А потому, что он крестник генерал-губернатора Долгорукова и потому еще, что офицер лейб-гвардии, и вдруг-побьет его на бегу какой-то купец Расторгов. Даринька поняла: потому и беспокоился «гусарчик», упрашивал приехать, что такая у него примета: приедут они смотреть-и тогда будет хорошо. И она пожелала, чтобы победил Огарок, который ей так нравился.

«Наш рогожский, Расторгов-то... горячий! — сказал лихач. — Обидно будет, как не одолеет... потому и столоверы едут».

От Зоологического сада доносило, как рухаются с гор санки и трубит полковая музыка. На горах весело развевались флаги. Виктор Алексеевич обещал Дариньке после бегов покатать ее, — будут кататься с бенгальскими огнями, и все будет иллюминовано. Она защурилась от восторга и сказала: «Я прямо закружилась». От бегового поля, за забором, донесло гул народа, звякнул тревожно-четко беговой колокол: шли бега.

У входа торопили квартальные: «Отъезжай, ж-живей!..», гикали кучера, напирали оглоблями, наскакивали жандармы. Кричали: «С каланчи знак подали — выехал!» Генерал-губернатор выехал. Побежали квартальные, подтягивая белые перчатки, орали городовым: «С Пресни не пропускать, ворочать кругом!» С рысаков высаживались военные, в бобрах-шинелях, блистая лаком и мишурой, помогали сойти нарядным дамам и вели их за елки входа. Посыльные в красных шапках совали в руки узкие, длинные афишки.

Виктор Алексеевич провел Дариньку за елки, и она увидела широкое снеговое поле — беговой круг. На мостках высокими, длинными рядами чернел и галдел народ. «Вот они и "риста-ли-ща"! — сказал Виктор Алексеевич, показывая в поле. — Вон, бегут!» И Даринька увидела что-то черневшееся кучкой, влево, в облачке снежной пыли. Кучка надвинулась, разбросалась, и машистые рысаки, с низкими саночками за ними, бешено пронеслись направо, под крик и гам. Дариньку закружило криком: «Пошел!.. во когда Огонек пошел-то!..» На мостках дико топотали, махали шапками: «Огоне-ок!.. эн как перекладывается!.. Огоне-о-ок!..» Видно было, как на той стороне бегов светлая лошадка обгоняет одну, другую. На мостках бешено орали: «Чешет-то как, ма-шина!.. мимо стоячих прямо!., перекладается... накрывает... на-кры-ыл!.. Бррраво, Огонек!.. браввa-а!» Старый купец, в лисьей шубе нараспашку, стучал кулаком в барьер, топал, озирался на Дариньку и кричал: «Делает-то чего, а?!.. Го-споди, чего делает!..» Дариньку захватило еще больше, и стало страшно, что Огонька «накроют». Рысаки надвигались уже слева, и впереди, выбрасывая машисто ноги, в снежно дымящем облачке, близился светлый Огонек. Гремели-орали бешено: «Шпарь!.. не удавай!!.. надда-айй!..» Огонек подкатывал уже шагом, вразвалочку, и звякнуло у беседки в колокол. Подкатывали развалочкой другие, конюха набрасывали на них попоны, вели куда-то. За ними тяжело шли с хлыстами завеянные снежком наездники, в куртках и валенках, в пестрых лентах через плечо. Виктор Алексеевич спросил Дариньку: «Интересно?» Она сказала рассеянно: «Да-да», — смотря, как ведут лошадок. Они сидели в ложе, у самого круга, у беседки. Рядом были другие ложи, в них сидели военные, дамы и даже дети, — не было ничего «греховного». Где-то играла музыка. В пустую ложу, рядом, вошли богатые господа в цилиндрах, немцы, — сказал Виктор Алексеевич, — и один из них, встретившись с Даринькой глазами, поклонился, почтительно приподняв цилиндр. Она в смущении отвернулась. Проезжали легкой рысцой красивые лошадки, перед бегом. Виктор Алексеевич сказал, посмотрев афишку, что сейчас второй бег, а «долгоруковский»- четвертый, Огарок идет вторым номером, фамилия наездника не указана, стоят две звездочки. «А вон и Дима!»- и Даринька увидела, что с бегового круга кто-то подходит ним, в верблюжьей куртке, в барашковой серой шапочке, в высоких войлочных сапогах, с хлыстом. Она сразу его узнала и смутилась от его радостного взгляда. Он был другой: пушистый, неслышный, мягкий, но так же ласкающий глазами. Он еще издали отдал честь, сказал: «Извините, я прямо так», — и легко впрыгнул в ложу, будто у себя дома, не обращая внимания, прилично ли это или неприлично. Поздоровался, чуть задержав Даринькину руку, — и она почувствовала это, — присел на свободный стул и сказал Виктору Алексеевичу, что дядя просит передать ему, что жалеет... — «ты вчера его не застал, просит зайти к нему в членскую, что-то нужно». Виктор Алексеевич вышел, и Вагаев, взяв Даринькину руку, сказал проникновенно, душевным голосом: «Вы — здесь... я теперь спокоен... благодарю, благодарю вас!» Она не знала, что отвечать ему, и робко отняла руку. Он видел ее смущение и любовался ею, не скрываясь. Стал занимать ее, называя сидевших неподалеку, которых она не знала. Черные его глаза сегодня особенно блестели, и пахло от него чем-то душисто-крепким — вином, должно быть. Он говорил ей, что она прямо очаровательна сегодня, — «простите, это невольно вырвалось!» — что шляпка удивительно к ней идет. Она не знала, что отвечать ему. «Вы особенная... вы не похожи ни на кого! — говорил он взволнованно. — Сегодня — четвертый раз, как я вас вижу, и всякий раз вы — другая... какая-то для меня загадка. Кто вы?!..» Дариньке было и страшно, и приятно слушать, она на него взглянула, молящим, пугливым взглядом. Он понял, что так говорить не надо. Нет, она необыкновенная! Он не в силах не высказать ей того, чем весь охвачен с самого того дня и часа, как увидел впервые, но подчиняется ее воле... и всегда счастлив подчиняться. Но она необыкновенная, она-святая! Это он чувствует, видит в ее глазах. И верит, что ее присутствие приносит ему счастье... «Нет, одно ваше присутствие- уже счастье, и не надо мне ничего другого... Не буду больше... — шепнул он, как бы испугавшись, — но помните... я только о вас и думаю и буду думать... вы увидите это, я буду проезжать мимо... — показал он на беговую дорожку перед ложей, — и вам... единственно вам, дам знак, что в эту минуту только о вас и думаю!» Она хотела сказать ему, что так говорить не надо, и боялась его обидеть. Он взял ее руки и, спрашивая глазами, — можно? — отвернул лайковую перчатку у запястья и коснулся горячими губами. Случилось быстро и неожиданно, как ожог. «Я очарован твоей женой... — сказал Вагаев входившему Виктору Алексеевичу, — она так снисходительно слушала мою болтовню... Боюсь, что надоел Дарье Ивановне. После бегов — в "Эрмитаж", и — к "Яру"! Дарья Ивановна, позволите?.. — сказал он, почтительно склонясь и делая плаксивую гримасу, — иначе я самый несчастный человек!» Он что-то шепнул Виктору Алексеевичу и отправился тем же ходом, через барьер.

Даринька сидела как оглушенная. Надо ли сказать Виктору Алексеевичу? Но он и сам сказал: «Я очарован твоей женой...» Она натянула перчатку, все еще чувствуя поцелуй-ожог, решилась и сказала: «Он мне сказал, что я какая-то особенная... и что-то еще, не помню...» Но не сказала главного — это она считала главным, — как он сам отвернул перчатку и позволил себе... так поцеловать. Виктор Алексеевич сказал, что это обычная болтовня и не надо придавать значения и волноваться: возможно, она его заинтересовала... должно быть, слышал, что она оставили монастырь... это известно Ритлингеру, с которым он только что говорил, но это известно многим в кругу знакомых, через друга покойного отца, полицмейстера, — «и, конечно, через нее», — Даринька поняла, он говорит о бывшей своей жене. Она подумала: вот почему он сказал — «святая»! «Ничего удивительного, что ты нравишься... ты не можешь не нравиться! — восторженно сказал он, сжимая ее руку. — Смотри, как краснорожий немец уставился. Барон сказал, что сделает все, что в силах, для развода... он от тебя в восторге». Даринька не могла понять, что это за барон и почему он в восторге. Виктор Алексеевич объяснил: барон — дядя Вагаева и видел ее, когда они проходили в ложу.

— Было, конечно, глупо передавать ей пошлости, — рассказывал Виктор Алексеевич, — но я тогда этими пустяками упивался, и восторги других от Дариньки, всех пошляков и солдафонов, были приятны мне. Помню, этот сюсюкающий бароша встретил тогда меня словами: «Она — пре-ле-стна, твоя монашка! Она — жемчужина... с чудотворной иконы Страстной Богоматери... я ее сразу выделил». Я тогда купался в грехе, весь был во власти плоти, до угара. В ту пору все мои духовные потенции сникали, но этого я не чувствовал. Нужен был свет, и этот свет осветил потемки...

Дариньку ужаснуло, что неведомый ей барон сказал такое ужасное: «жемчужина...с...» — она не смела и повторить такое богохульство. В мыслях ее мешалось — «вы... святая... необыкновенная... жемчужина...» — белое поле казалось страшным, крики ее пугали.

Звякнуло в колокол, — шли бега, Выезжали гнедые, серые, вороные кони, грызли удила, швыряли пеной, закидывались, бесились, косили кровавыми глазами. Наездники били их хлыстами, сдерживали, натягивали вожжи, отваливаясь совсем за санки, кони били копытами, рыли снег. Военный, с красным флажком, орал: «Не выскакива-ать!.. держать Демона!.. назад... Демона сведу с круга-а!..» Демон, вороной конь, был настоящий демон: закинулся, рванул, вывернул саночки с ездоком и галопом понесся в поле, За ним поскакали поддужные, поймали и привели без саночек, с оторванными оглоблями. Дарннька теперь чувствовала, что здесь- «греховное» и «соблазн». Были, конечно, и «прелестницы», громко смеявшиеся с военными, смотревшие вызывающе на всех, с накрашенными щеками, с подведенными, «грешными» глазами, с обещающими улыбками, с пышными яркими «хвостами». Немец, пучивший на нее глаза, вдруг повернулся к ней и позволил себе заговорить: «Не желаете ли, сударыня, бинокль?» Она отвернулась от барьера. Ей казалось, что этот немец принимает ее, должно быть, за такую. И тот барон тоже, конечно, принимает за такую. И все же было приятно, что все на нее глядели, это она заметила. Проходившие офицеры разглядывали ее, и взгляды их что-то говорили. Из вырезной беседки, где колокол, глядели на нее солидные господа в бобровых шапках, и один, седенький, все смотрел на нее в бинокль. Виктор Алексеевич шепнул: «Этот барон на тебя глядит, как астроном на звезду». Музыка заиграла встречу: прибыл генерал-губернатор Долгоруков. Военные встали. Жандармы вытянулись и взяли под козырек. Господа в беседке заходили, и Даринька увидала белую фуражку, шинель с бобрами, румяное круглое лицо о седыми усиками. Белая фуражка опустилась: военный сел. Виктор Алексеевич сказал, что генерал-губернатор Долгоруков — единственный здесь, в Москве, кто носит такую фуражку: он особенно важный генерал, генерал-адъютант Государя Императора, конногвардеец. Даринька этого не понимала. Виктор Алексеевич спросил: «Какая ты румяная, тебе жарко?..» Она сказала: «У. меня что- то сердце, очень волнуюсь, сама не знаю». Он предложил ей, не хочет ли воды, можно пройти в буфет, лимонаду выпить. Она не захотела. Да и поздно, колокол зазвонил к четвертому, «долгоруковскому» бегу. Лошадей звали на дорожку. Она спросила: «Это сейчас Огарок?» Виктор Алексеевич кивнул и показал афишку. Она прочла: 1. Соловей... 2. Огарок, барона Ритлингера, едет...** 3. Леденец... 4. Бирюк, зав. Елегина, едет...** 5. Пряник, едет владелец... Было еше две лошади, Даринька дальше не читала.

Лошадей проминали перед бегом на дальней стороне круга, было неясно видно. С мостков кричали, называли то Пряника, то Бирюка «Вон, золото на рукаве, синяя лента, розовый верх... Пряник Расторгова!.. а бурый, здоровенный, одна нога в чулке белая... Бирюк самый... чешет-то, силы не берегет!..» Кричали — Даринька ясно слышала — про Огарка: «На проминке закинулся, горячится... понес!» Она спросила, что это такое — «понес»? И узнала рослого вороного и — его в палевой куртке, на саночках: через плечо резко белела лента, на рукаве зеленая повязка — «цвета Ритлингера», непонятно сказал Виктор Алексеевич. Огарок что- то «ломался», никак не шел, — говорили военные у барьера. Немцы все повторяли: «Бирук»... «Бирук»... и еще что-то непонятное... Зазвонил колокол — по местам! На дальней стороне круга лошади рысцой потянулись влево, на заворот. Скакали верховые — поддужные, в высоких шапках, в охотничьих поддевках, и поясах с набором... — для горячащихся рысаков: выправить на ходу со «сбоя». Кричали на помостках: «Пряник без поддужного, сам идет!» Еще кричали: «Огарок от поддужного отказался, на железке объявлено!» Спорили: поддужные только горячат, сами ня «сбой» наводят, рысак принимается скакать.

Военный с флажком стал помахивать: поживей! Подходили вразвалочку, почокивали по мерзлому снегу, фыркали. Сидевшие сзади говорили: «Держу пари, плац-адъютантом кончится!» «Возможно», с сомнением отвечал другой. «В Петербурге бы не отважились, а здесь по-домашнему, Москва». Даринька спросила, о чем это говорят — «отважились», на Виктор Алексеевич и сам не знал. «Ужасно волнуюсь, даже стыдно...» — шепнула она ему. Он взял ее руку и сказал: «Какая же ты азартная, вся дрожишь». Даринька чувствовала какой-то больной восторг, жуткое восхищение. Старалась забыть, не думать, но ласкающий шепот томил соблазном: «Вам... единственной вам дам знак... только о вас и думаю...»

Размашисто подходил к беседке темно-гнедой — говорили, «поджаристый», — гордый Пряник. Рвавшего с места Бирюка держали. Огарок опять ломался: Кричали; «Дайте ему поддужного!» Пускавший с флажком орал: «По номера-ам... станови-ись!..»

Даринька перекрестилась под ротондой.

XIII

ЗНАК

Бег все не начинался, не ладилось. На помостках стучали в дощатую обшивку, кричали пускавшему лошадей военному усачу с флажком: «На совесть пускай!.. выравнивай!..» — но пускавшему все не удавалось выровнять лошадей. Их горячили крики, дерганья ездоков, которые тоже горячились, и вся эта горячка сбивала с толку пускавшего. Он зычно орал: «Наза-ад!..» Рысаки, рванувшиеся вразбродь, опять заворачивали к месту, и все начиналось снова. Даже самый спокойный из бегунов — Соловей старика-лошадника Морозова, из Таганки, серый, «в яблоках», шея дугой, хвост трубой, как пишут на картинках, — и тот задурил, срывался. Говорили, что князь Долгоруков недоволен — «все вскидывает плечами», что ему стыдно за свою публику, — не умеют себя держать. Лошадей повернули на проездку, поуспокоиться. Вышел на снег внушительный квартальный, потряс перчаткой и зычным голосом объявил, что, если не успокоятся, бег отменяет. Стало тихо. Музыка заиграла вальс.

Даринька волновалась, даже стучала зубками. Виктор Алексеевич спросил ее, не озябла ли, но она шепнула, что «очень интересно». Сказали, что генерал-губернатор подал какой-то знак. Слово «знак» отозвалось в сердце Дариньки мучительно-сладостной тревогой: «Вам, единственной вам дам знак, что только о вас и думаю!» Музыка смолкла, не доиграв. Звякнул тревожно колокол: по местам!

Первым подошел Соловей, играя шеей, неся на отлете хвост, за ним, словно по воздуху, скользили низкие саночки-игрушка, с долгими, выгнутыми фитой оглоблями, и сидел на вожжах маленький старичок Морозов, румяненький, в серебряной бородке, с белой лентой на рукаве. Кто-то крикнул: «Вывернет ему руки Соловей!» Вылетел вороной, Огарок, и сразу осел на задние копыта, заскрежетав шипами, — брызнуло мерзлым снегом. Вагаев лихо сдержал его, весь запрокинувшись за санки, и Даринька увидела, как задрожали его губы от звучного на морозе — «Тпрррр!..» Враз подошли, осаживая и порываясь, — чалый Леденец, бурый, нога «в чулочке». Бирюк, гнедой с подпалинами Пряник, еще какие-то. Прошли на рысях поддужные, в заломленных лихо шапках, вертя нагайками, — занимали назначенные места, чтобы не помешать на пуске. Пряник плясал, вырывался на целую запряжку, — «Наза-ад!..» Широкий, как куль, Расторгов, в золотой ленте на рукаве, покрякивал в русую бородку: «Пря-пря-пря...» — приласкивал жеребца милым ему словечком. Военный с флажком присел, словно готовясь прыгнуть, прикинул глазом и дернул флажком — пустил. Звякнул в беседке колокол.

Притихшие помосты загудели. Кричали с разных сторон невнятно, не разобрать. Вправо, на завороте, лошади сбились в кучу, за снежным облаком не видать. Смотревший в бинокль немец, за Даринькой, повторял одно и одно- «Бирук». Даринька поняла, что Бирюк, должно быть, обгоняет, потому что совсюду стали кричать: «Бирюк! Бирюк!» Виктор Алексеевич тоже сказал «Бирюк», и на тревожный вопрос ее: «Какой... я

64

ничего не вижу?» — ответил, что «вон, первый на завороте вымахнул, малиновая лента через плечо». Рядом с Бирюком — теперь Даринька видела, — скакал поддужный, как вестовой-пожарный, вертел нагайкой. За Бирюком вплотную тянулся Пряник, с наездником в синей ленте, за ним, с просветом, чернел... — Огарок? Зная, что третьим бежит Огарок — белая лента на палевой куртке особенно резко выделялась, — все же она спросила: «А наш... третий, да?..» Виктор Алексеевич засмеялся: «Наш?.. пока третий, но... кажется, начинает набирать... да, наседает на Пряника». Помосты загремели: «Сорвался Бирюк!.. сбоит!..» Поддужный сразу его «поставил» и отскочил. Пряник наваривал, доставал головой до крупа. Кричали: «Сдваивает, да рано... горяч Расторгов! Выдохнутся, увидите — всех Леденец накроет! четыре еще круга, вот дурака ломают!»

Купец в лисьей шубе, недавно кричавший про Огонька и ласково улыбавшийся Дариньке — он стоял на снегу, под ложей, — сказал, обращаясь к ней, будто давно знакомый: «А вот помяните мое слово, хитрей Акимыча нету тут... вот уж умеет ездить!..» Даринька не знала, кто это такой — Акимыч. А купец стучал кулаком в ладонь, будто что приколачивал, и все повторял кому-то: «А вот увидите, он себе ковыляет, будто его и нет... а вот попомните мое слово, чего его Соловей стоит!» Серый со старичком отвалился от всей компании- «прогуливался», как говорили. Даринька пожалела серого, сказала Виктору Алексеевичу: «Бедный старичок сзади всех... а наш... это он третий?» Она хорошо следила: Пряник захватил Бирюка вплотную, а Огарок, палевая куртка, вклинивался меж ними головой. На прямую выкатились тройкой: Огарок выдавил-таки Пряника, стараясь выиграть поворот. На помостках гремели бешено: «Зарежешь Пряника, не гони!.. Миша, не горячись... господа обманут!..» «И вот еще как обманут! — кричал купец в лисьей шубе. — Не хватит у Пряника на трехверстку, вот помяните мое слово... вон чего Леденец выделывает!» А Леденец шел с поддужным и наседал на «тройку». Даринька схватила за руку Виктора Алексеевича, когда «тройка» летела перед ними с вырвавшимся на голову Огарком, «Смотри... первый... Огарок первый!..» Ей отвечали: «Огарок пошел... выходит... нос режет Бирюку!..»

Даринька думала: «Знак... какой же?» Виктор Алексеевич сказал тревожно, как она ужасно побледнела: «У тебя голова не кружится?» Она растерянно и счастливо улыбалась, будто не поняла вопроса.

На той стороне круга «тройка» уже рассыпалась: вороной шел по «ленточке», стлался, вытянувшись по ходу, за ним, с просветом, тянулись вровень Бирюк и Пряник, четвертым набирал Леденец и подобравшийся полем Соловей. Две последних шли безучастной парой — «в прогулочку». Купец в лисьей шубе утирался красным платком, оглядывался на Дариньку и на всех и в разные стороны кричал: «А вот поглядите, попомните мое слово... чего будет!» Дариньке было неприятно, что купец «что-то знает», чего она не знает, казалось ей: что-то должно случиться? Она шепнула Виктору Алексеевичу в тревоге: «А что будет... этот старик все каркает?» Виктор Алексеевич сказал, что, должно быть, навеселе купец. Немцы-соседи горячо спорили о чем-то, и Даринька теперь слышала, что они повторяют- «Огарок», «Огарок», а не «Бирук», как раньше. И на помостах уверенно кричали: «Огарок!.. оторвался Огарок!..

Пряника слопали господа!..» Кричали купцу Расторгову: «Миша, хоть второго места не отдавай, наддай!..»

Немцы в ложе привстали. Виктор Алексеевич сказал Дариньке: «Смотри, князь Долгоруков встал, у самого барьера». Даринька не слыхала, — смотрела влево, откуда бежали рысаки. Невысокий, важный, в размашистой шинели, в резко белеющей фуражке, генерал-губернатор Долгоруков смотрел в бинокль. За ним в почтительном ожидании теснились адъютанты и господа. Огарок, в тугих вожжах, промахнул под рукоплескания и крики: «Полного еще ходу не дает... вот те и "звездочки"! Говорили — сам Долгоруков хлопал, какая честь!» Даринька тоже хлопала в восторге и опрашивала себя тревожно, — какой же знак? Кричали: «На унос пошел... на три запряжки отвалились... Пря-ни-чки-и!..» Огарок уверенно уходил, — теперь это было ясно.

«Какой же знак?..» Не было никакого знака. Дариньке было стыд-no, что она таит в себе дурное, что она ждет чего-то, и что это — греховное, и в этом греховном — радость. Она мысленно повторяла привычное: «Господи, прости мои согрешения», — но сокрушения не было: только какая-то неловкость и легкий стыд, даже «приятный стыд». Так она и записала много спустя в «посмертной записке к ближним»:

«Грех входил в меня сладостной истомой. И даже в стыде моем было что-то приятное, манившее неизведанным грехом. Ослепленная, я не хотела видеть знаков оберегающих. А они посылались мне. Я чувствовала их, но не хотела видеть, мне было неприятно видеть. До сих пор не могу забыть того купца в лисьей шубе, который все повторял: "А вот попомните мое слово... бу-дет!" Это было предупреждение, но оно мне было неприятно, и я отвернулась от него».

Она чувствовала «приятный стыд», что у нее сним — тайна, чувствовала себя счастливой, «почти влюбленной».

Когда все уже кончилось, она призналась мне во всех своих прегрешениях, — рассказывал Виктор Алексеевич. — Она еще до моего отъезда в Петербург почувствовала себя во власти греховного соблазна, совсем беспомочной... и после, вспоминая, до чего же она была беспомощной, уверилась, что без помощи свыше, при одной своей воле, человек бессилен перед соблазнами. Когда пришла эта «помощь свыше», только тогда поняла она, как дьявольская сила опутывала ее, так оборачивая события, что никакому соблазнителю и в ум не придет. Даже вот с этим «знаком»...

Купец в лисьей шубе — он был неприятен Дариньке — все больше горячился, топал, стучал по барьеру кулаками, насмешливо — так Дариньке казалось — смотрел на нее и повторял: «Попомните мое слово, будет история!.. Бог правду видит-с!.. попомните Соловья!..» И тут Даринька увидела, как на той стороне бегового поля — это был третий круг — Соловей выкинулся стремительно и, перекрыв Леденца. приклеился к сбоившему Прянику. Старичок в серебряной бородке. неведомый Акимыч, сидел по-прежнему совершенно неподвижно, не подавая вида, что он живой, все будто делалось за него само.

Помосты бешено загремели, и все закричали: «Соловей выходит! Соловей!» Соловей обошел легко все еще сбоившего Пряника и приклеился к набиравшему Бирюку. Купец в лисьей шубе перекрестился и насмешливо посмотрел на Дариньку: «Видали Соловья-с? счистит-с... и всем вашим свистунам насвистит!» Он говорил про господ, но Дариньке казалось, что это к ней обращается купец, на что-то намекая: вашим. Ей стало неприятно. Она почувствовала в себе дурное, но отмахнулась от этой мысли: подумала, что купец, пожалуй, и вправду пьяный.

На помостках опять загрохотали: Пряник захватил-таки Соловья, прошел, «как мимо стоячего», обошел заскакавшего Бирюка и стал подпирать Огарка. Совсюду теперь кричали: «Пряник!.. Пря-ник!..» Даринька увидала, как перед поворотом на прямую «гусарчик» привстал, подался... и ей показалось, что — падает. Она даже зажмурилась от страха и услыхала крики: «Не достать Соловью... ушел!»... Она открыла глаза и радостно узнала вороного и белую ленту на светлой куртке: лошади выходили на прямую, Огарок вел.

«Что же было?..» — спросила она Виктора Алексеевича. Он не понял. «Ничего не было! Привстал? А что, это такой прием, довольно дерзкий, падают иногда... полного ходу дал... смотри, как оторвался!..» — «Выиграет, да?» — «Пожалуй... но еще целый круг». Она подумала: не это ли знак — привстал и наклонился?.. И вспомнила, что говорил «гусарчик»: «Когда я буду проезжать мимо вас...» Нет, не это.

За вырвавшимся вперед Огарком надвигался напором Пряник: враскачку, на полный мах. Стали кричать и топать: «Вот покажет сейчас ему Расторгов... пряничком угостит господ!» Неприятный скрипучий голос с дребезгом повторял: «Про угощение неизвестно-с... а вот кто это полем набирает?... не Соловушка ли свистит?.. свистит Соловей, во как!..» И Даринька опять увидела серого: раскачиваясь на полном махе, выкидывая ноги, швыряя снегом, он выбирался «полем» с вынырнувшим откуда-то поддужным. Стали кричать, что Пряник опять сбоит, третий сбой, по четвертому сведут с круга... пропал Пряник! Огарок приближался, странно вытянув голову...

И тут случилось небывалое на бегах, о чем говорила вся Москва, как лихой ротмистр из Петербурга, ехавший в вольном платье, под «звездочками» в афише, «козырнул» крестному своему, князю Долгорукову, генерал-губернатору Москвы, и как ему тоже «козырнул» генерал-губернатор — крестный.

А событие разыгралось так. Так утверждали очевидцы и подтверждал Виктор Алексеевич.

Огарок шел впереди, на три запряжки от Пряника, а голова в голову с Пряником набирал полем Соловей. Огарок шел «в унос» и не вытянув голову, как почему-то казалось Дариньке, а, наоборот, «задравши», потому что как раз в эту последнюю секунду укрывавшийся под звездочками ротмистр «вздернул», и Огарок чуть было не взбрыкнул. Почему ротмистр «вздернул» — и «вздернул» ли, — так и не объяснилось, но все в один голос утверждали, что, поравнявшись с украшенной флагами беседкой, где стоял генерал-губернатор с приветливой улыбкой и собираясь рукоплескать, лихой ротмистр выпрямился, левой рукой перехватил правую вожжу и отчетливо отдал честь, повернув голову направо... и в эту злосчастную секунду Огарок закинулся к беседке. Толковали об озорстве, говорили, что ротмистр и сам «закинулся», — не вожжу неловко перехватил и дернул, а просто — в беговом буфете «перехватил» и «дернул», — были тому свидетели, — и конюха даже опасались, как бы его не растрепал Огарок. И многим это казалось вполне правдоподобным; не мог же лейб-гвардии офицер в здравом уме и памяти не знать, что с санок не козыряют, когда правят, что нельзя так «шутить» в публичном месте, да еще в присутствии генерал-губернатора, да еще и выступая под звездочками, в гражданском платье, что офицеру строго запрещено. Правда, Москва — не Петербург, в Москве многое с рук сходило по доброте начальства и мягким нравам, сошли бы и эти «звездочки», но надо же знать и меру. И потому лейб-гвардии гусарский ротмистр Вагаев «за проявленную им лихость, чтобы не сказать — дерзость» понес известное наказание.

— Так именно все и думали, и я так думал, — рассказывал Виктор Алексеевич. — Диму я знал прекрасно, и это лихое «козыряние» было в его характере. Истины так и не узнали — кому было это «козырянье». Этим обещанным знак о м, этим отказом от верно дававшейся победы — и неожиданным для Вагаева отказом! — этой «жертвой» и понесенной карой он лишил Дариньку покоя, взял ее волю, и, прямо надо сказать, взял и влюбил в себя. Это был «удар», ловкий, как бы тонко рассчитанный... но не его удар. Для меня теперь ясно, что это было явное искушение злой силы, а Дима хотел лишь «поиграть немножко» и, неожиданно для себя, явился средством, орудием. Это был знак искусителя, знак Зла. Многие, конечно, улыбнутся, но для меня после всего, что случилось с нами, это так же неопровержимо ясно, как аксиома... после того, как я переродился.

А зрители увидали вот что.

Огарок закинулся и рванул к беседке. Оправившийся Пряник вырвался и, заняв «ленточку», повел бег. Соловей, крывший свободно полем, сбился перед Огарком, помешавшим так неожиданно, но в верных руках хозяина нашелся и проскочил. Опомнившийся Огарок выкинулся на «ленточку» и стал набирать за Пряником. А Соловей знал, что делал, Купец в лисьей шубе перекрестился и закричал: «По-пал, голубчик!.. захлопывай его в коробку, сударя... готово дело!..» Соловей знал, что делал; с поля он приклеился к Прянику и стал «прикрывать» Огарка, не позволяя вырваться на обгон. А сзади выдвинулся Бирюк и стал подпирать, захлопнул. Помосты в восторге загремели: «В коробку попал Огарок!.. жми его!.. вот она, чистая работа!.. Браво, Морозов, бра-ава-а!..»

Даринька увидела знак, черные глаза-вишни, смотревшие на нее в упор, — и потерялась от счастья, от страха, от восторга: все помутилось в ней. Она схватила Виктора Алексеевича за руку и говорила что-то невнятное: «Он обгонит... оно нас думает...» Рвалась из нее бившаяся в ней сладко тайна: «Вам, единственной вам дам знак... только о вас и думаю». Виктор Алексеевич увидел восторженные ее глаза, о чем-то его молив曾шие, и растерялся. Стал успокаивать, спрашивать, что такое, почему она так дрожит. Она взглянула на него с болью, спряталась в черно-бурый мех, и по движению ее плеч он понял, что она плачет. Он растерянно повторял: «Что с тобой... испугалась?.. — он думал, что ее испугали лошади, сбившиеся нежданно у барьера. — Тебе дурно... поедем сейчас домой...» Она размазывала перчаткой слезы и глухо повторяла, задыхаясь: «Нет, ничего... сейчас пройдет, зачем так... зачем?..» Он ничего не понял.

Кричали, стучали по обшивке, ревели бешено: «Сбой!.. а, чертов Пряник!.. го-тов!.. Морозов, го-ни-и!.. вырвался!.. Соловей вырвался! во даст теперь, на прямой!.. Огарок сбился!.. Лупи, Морозов!., крой, старина, лу-пи!..» Помосты выли: «Соловей!.. Соловей!.. всех пересвистал!..» Купец в лисьей шубе сорвал с головы шапку, шлепнул о барьер, заскрипел ужасным, трескучим голосом: «Вот вам и Соловей-с... видали-с?.. — и в упор посмотрел на Дариньку:- Бог правду видит!» Дариньке стало страшно: это слово о Боге она поняла по-своему. Она не смотрела в поле: в сумеречной мути синели снега — и только. Бега окончились.

Валила толпа и снег, суетились квартальные и жандармы. Генерал-губернатор, говорили, остался недоволен: не дождавшись конца, уехал. Виктор Алексеевич сказал, что Огарок пришел вторым. Диме не так обидно: сам сбаловал, не на кого пенять. У выхода была давка. Военные уводили нарядных дам, подсаживали в санки, мчались. Виктор Алексеевич искал глазами Вагаева. Ехать ли в «Эрмитаж», как уговорились? Его окликнули — это был служитель из беседки, посланный бароном Ритлингером. Сказал, что барон уехал вслед за генерал-губернатором, что очень они обеспокоены и просили их извинить. Знакомый инженер сообщил интересную «новость»: и корнета, и ротмистра генерал-губернатор распорядился арестовать, прямо с бегов отправились на гауптвахту. Виктор Алексеевич сказал Дариньке: «Едем, Вагайчика посадили под арест... за лихость». Она не поняла, думала о своем. Он объяснил ей. Она смотрела растерянно, чему-то улыбалась. Он спросил, не хочет ли прокатиться с гор. Она сказала — нет, холодно ей, домой.

XIV

ЗЛОЕ ОБСТОЯНИЕ

Необыкновенное возбуждение Дариньки на бегах и ее «восторженные слезы», как говорил Виктор Алексеевич, он объяснил себе чрезвычайной ее чувствительностью и даже страстностью, и это новое в ней делало ее еще прелестней: Даринька обновлялась, раскрывалась в чудесно-новом и обещала раскрываться дальше. Он называл ее страстно-нежно — «новая моя... прелестно-азартная моя!..» и восторженно повторял, что не мог и вообразить, чтобы такая бесплотная, такая небесная, какую видел совсем недавно в келье матушки Агнии, могла оказаться такой страстуней, такой азарткой-лошадницей! Вспоминал, какие были у нее глаза, — в тревоге и истоме, — и ему было приятно думать, что это в ней наследственная черта одного из славных русских родов, кровь которого в ней текла: страстность до исступления и благочестие до подвижничества. Растроганный этим объяснением, по дороге с бегов домой он восторженно говорил ей, по-новому влюбленный, какое в ней душевное богатство, какие духовные возможности... что он прямо преступник перед ней, все эти месяцы их совместной жизни только «пьет из нее любовь» и ничего для нее не сделал, самого важного не сделал... — не обогащал ее умственно, что отныне он посвятит ей всего себя, что они вместе будут читать и думать... — «и эта прелестная головка столько еще чудесного узнает!». Эти восторженные излияния, вызванные ее очарованием и возбуждением от бегов, перешли в самобичевание за такую пустую жизнь, какой он живет теперь, забыв о своих работах, о «самом важном, что было для него смыслом жизни». Но теперь, когда его жизнь наполнена любовью, ему открывается новый смысл, и он чувствует себя сильным, как никогда, перед ним открываются такие горизонты, такие планы... что вот переедут в Петербург, и он начнет жизнь разумную, полную высших интересов.

В те дни Виктор Алексеевич интересовался Толстым, его народничеством и опрощением, и с увлечением читал «Анну Каренину», печатавшуюся в «Русском вестнике». Левин особенно привлекал его. Конечно, жить надо не только для себя, а для общих целей, и это она, Дариня, какой-то своей тревогой, каким-то духовным устремлением, душевной глубиной своей заставляет его вглядеться, дает толчки. Вот теперь в Петербурге читает публичные лекции талантливый молодой мыслитель Владимир Соловьев, говорит о рождении Бога в человеке, о Богочеловечестве... «в наше время точного знания публично ставить вопрос о Боге!». Они непременно его послушают. «Понимаешь, Дариночка... — растроганно говорил он ей, — этот Соловьев говорит о том же, во что ты, прелестная, скромная моя, веришь сердцем!» Ему было приятно говорить ей это, отыскивать в ней сокровища.

Эти страстные излияния, которые она понимала смутно, действовали на нее успокоительно. Возбуждение и тревога проходили, и ей казалось, что испытанное ею на бегах волнение — вовсе не от того, что «гусарчик» поцеловал ей руку под перчаткой, — «отвернул и поцеловал насильно!» — и не от того, что отдал ей честь при всех и провалил Огарка, а от непривычки к такому зрелищу, как бега, от общего азарта, от ее нервов и страстности, как объяснил Виктор Алексеевич.

Вернувшись домой, они увидели ожидавшего их посыльного. Посыльный принес ложу бенуара на «Конька-Горбунка», в Большом, на четвертый день. Это напоминало о неприятном: детей с ними, конечно, в театр не пустят, Вагаев под арестом, все так разладилось.

Они решили зажечь елку и разобрать, чтобы не напоминала о неприятности. Зажгли и без радости смотрели, как скучно она горела-догорала, и Дариньке казалось, что взиравший на небо Ангел плакал, Когда догорели свечки, Даринька неожиданно расплакалась. Что такое? Так, ничего, взгрустнулось, сама не знает. Пряча в коробку обезглавленного гусарчика, сиротливо стоявшего под елкой, она вспомнила «тошный» сон. Весь день что-то ее томило, до тошноты, и она все старалась вспомнить, что же такое было, что-то противное. И вот когда убирала гусарчика в коробку, Виктор Алексеевич, помогавший ей снимать с елки стеклянные шарики, уронил один на большое блюдо, и шарик разбился в блеске. И она вспомнила «тошный» сон. Сон был бессмысленный, но Дариньке показался вещим.

Входит она в богато украшенную комнату, еде на высоких полках стоят открытые пироги с вареньем н разноцветные торты с фруктами. А на голом столе белое блюдо, и на нем красивое яичко, будто фарфоровое, прозрачное, и кто-то велит ей: ешь! Она разбила яичко ложечкой и с удовольствием стала есть: необыкновенно вкусно. И вот что-то в желточке затемнело, она потрогала ложечкой, поддела что-то шершавое... и увидела, что это дохлая крохотная мышь! Она отшвырнула с отвращением яичко, а мышь вывалилась, вся склизкая, и вдруг заюлила по столу. Даринька проснулась от тошноты и страха, подумала, что будет что-то ужасно гадкое, и забыла сон. Но весь день томило ее чувство тошной тоски и страха.

Теперь, к ночи, это чувство тоски усилилось и вылилось слезами. Сердце ей говорило, что неприятное связано с «гусарчиком», и она старалась избыть это «неприятное», успокаивала себя, что оно уже миновало, — Вагаев поцеловал ей руку под перчаткой, — что «неприятное» было в его словах «единственной вам дам знак, что только о вас и думаю», и дал знак, козырнув на глазах у всех, и теперь за нее страдает, и ей это очень неприятно. Успокаивала себя, но знала, что неприятное не это: напротив, в этом было что-то захватывающее, ликующее, сладко-томящий грех. Неприятное еще будет, будет, — томило сердце.

Даринька заставила себя войти в «детскую», помолиться. Затеплила угасшие лампадки, прочла зачинальные молитвы, — и не могла молиться: что-то мешало ей. Спрашивала с мольбой, растерянно: «Господи, что со мной?..» — но мысли бежали от молитвы. Взглянула истомленно на зачатую по бархату работу-вышивание- на неоконченный василек синелью, плат на ковчежец с главкой великомученицы Анастасии-Узорешительницы, подумала — не сесть ли за работу? — и не могла. Томило ее укором: какая стала! И к обедне сегодня не ходила, стала совсем язычница. И мысли были совсем не здесь. Спрашивала с тоской молящей: «Господи, что со мной, дай силы!..» — но слова падали рассеянно и пусто. Как всегда к ночи, топилась лежанка, полыхала. В пламени от нее светился розовым серебром оклада образ Рождества Богородицы. На голубом подзоре розовели серебряно-шитые цветы, золотые пчелы и колосья, в венке из золотой вязи, словами тропаря: «В рождестве девство сохранила еси». Даринька горестно смотрела на святые буквы, на этот подзор-дар-счастье, некогда принесенный ею с матушкой Агнией на Пасхе, когда пышно цвела сирень... — вспомнила, что надо сюда другую святую песнь, а это тропарь Успению... — и почувствовала, как жжет у сердца. Сердце теплело, отходило, в глазах наплывали слезы. Даринька упала на колени и излилась в молитве.

Виктор Алексеевич пришел за ней, — было уже за полночь, — окликнул ее за дверью, но она не отозвалась. Он вошел в «келью» и нашел Дариньку на полу, в застывших слезах, без чувств.

— Это был обморок от напряжения в молитве, как я тогда подумал, — рассказывал Виктор Алексеевич. — После она призналась, что это было от «злого обстояния», от мыслей страшных, от бессильной борьбы, с собой, с одолевавшим «постыдным искушением».

В эту ночь «злого обстояния», «не находя исхода стыду и мукам», — писала она в «записке к ближним», — Даринька вспомнила глубокое слово великого аскета из Фиваиды: «Томлю томящего мя», — и в исступленной борьбе с собой, выжгла восковой свечкой, от огонька лампадки, у сердца, под грудью, — «охраняющий знак креста».

— Она носила его всю жияпь. Я его никогда не видел, узнал о нем только после... даже от меня таила... — рассказывал Виктор Алексеевич.

Еще до света Даринька пошла к обедне и воротилась тихая, примиренная. Сказала Виктору Алексеевичу, осветляя лучистыми глазами, теми, глазами юницы чистой, какие впервые увидел он в келье матушки Агнии: «Я опять буду умница». И хорошо уснула.

В то утро из Петербурга пришла депеша Главного управления: Виктора Алексеевича вызывали на 30 декабря — срок испытания новой его модели паровоза. Надо было непременно ехать, и самое позднее — послезавтра.

На следующий день в Большом театре давали «Конька-Горбунка», Лалет. О нем очень мечтала Даринька: еще ни разу она не была в театре. Ложа была взята, но Даринька сказала, что ей что-то не хочется, чувствует себя очень слабой. И правда, лицо ее выражало утомление, побледнело, стало прозрачным и восковым, «как бы из тончайшего фарфора», одухотворенно-прекрасным, как в первые дни после чудесного исцеления, когда она вся светилась тайной очарования, будто теплилась в ней лампада. Виктор Алексеевич согласился было, но ее тихость и замкнутость как-то его встревожили, он испугался нового «молитвенного припадка» и подумал, что лучше ее развлечь. Стал уверять ее, что «Конек-Горбунок» — совсем безгрешное развлечение, для детей, что она отдохнет и освежится и ему очень хочется перед отъездом провести с ней вечер в приятной обстановке, отвлечься от житейских мелочишек.

И в самом деле, отвлечься ему хотелось. Он не хотел брать с собой Дариньку в Петербург: поездка была не из веселых, деловая, с длинными заседаниями и хождениями по канцеляриям, с волнением и борьбой. Бывший его начальник честно предупреждал его, что страсти разгорелись, много завистников, обычная волокита, но выгорит. Это было для Виктора Алексеевича не ново: он уже испытывал подобное, когда протаскивал я Главном управлении нашумевшие колосники его системы, стоившие ему немало крови. Теперь эти колосники давали казне огромную экономию на топливе. Он знал, что борьба будет острая, и ему не хотелось волновать Дариньку обычной у него в таких случаях «горячкой».

Даринька почему-то страшилась Петербурга, его «злокозненной канители», как называл Виктор Алексеевич, и не просилась с ним. Он ее успокоил, — задержится самое большое с неделю, «но в театр мы поедем вместе, прошу тебя!» Она уступила, против желания.

— Она собиралась нехотя, — рассказывал Виктор Алексеевич. — только после усиленных просьб моих согласилась надеть парадное свое платье, «голубенькую принцессу», как мы его прозвали. Оно было последней моды, вечернее, с полуоткрытой шеей, с узким глубоким вырезом, в легком рюше, со сборками, со шлейфом, взбитым такими буфами, очень ее смущавшими, и с еще больше смущавшим вырезом внизу спереди, открывавшим атласные ее ножки в туфельках. В нем она была ослепительно прекрасна фарфоровой белизной лица, глаза ее становились голубыми. Эту действительно ослепительную красоту свою она и сама чувствовала, несмотря на всю свою скромность, на свою детскую непосредственность. Я застал ее как раз в ту минуту, когда она отступила от трюмо, словно завороженная, приложив к милой своей голове полуобнаженные руки с совсем еще детскими, не округлившимися локотками. Ее глаза смотрели в восторге страха и изумления. Она вскрикнула, увидев меня, и я почувствовал, что она и меня стыдится за красоту.

Большой театр поразил Дариньку до восторженного какого-то испуга. Огромные, покрытые инеем колонны въезда, с мерцающими молочными шарами на чугуне, окрики скачущих жандармов, гикание кучеров, пугающие дышла, клубы пара от лошадей, в котором только огни маячат, торопящая кучеров полиция, визжащие и гремящие кареты, откуда выпрыгивают цветами легкие и таинственные красавицы, вея мехами и духами... огромные, как собор, гулкие и сквозные сени, с радостным ароматом газа, как от воздушных шаров, прозрачные двери во всю стену, за которыми возбужденно-торопливо уплывают шали и кисеи, чепцы и шлейфы, взлетают собольи шубки, лоском сверкают фраки, бинокли, лысины, капельдинеры, бритые и в баках, с важно-чиновничьей повадкой, красном и золоте, с чернеными дворцовыми орлами позументов, куда почтительно уводят по круглящемуся пузато коридору... лепные золотые медальоны, с золотыми лепными литерами в гирляндах, с таинственно-важными словами: «Ложи бенуара, правая сторона», отворяющиеся неслышно дверцы... — и воздушная пустота, провал, море света и золотистой пыли, чего-то густо-пунцового и золотого в блеске, сладкого и душистого тепла, остро волнующего газа и жуткой радости... — все завлекательно кружило.

В салоне бенуара Даринька робко села на бархатный диванчик, увидела себя в огромном золотом зеркале, поправила рассеянно прическу и, слабо, устало улыбаясь, прошептала: «Кружится голова...»

Но это прошло сейчас же. Она поиграла веером, раскрыла и закрыла. Обтянутые бордовым стены веяли на нее покоем. Виктор Алексеевич крепко потер руками, словно приготовлялся к чему-то очень приятному, вынул голландского полотна платок, свежий до ослепительности, и повеял знакомым ароматом флердоранжа, отчего стало еще покойней. Потом, красиво выпрямившись, комкая на ходу платок, вышел на свет к барьеру и поглядел привычно. Стало совсем покойно.

Дариньке из-за портьеры было видно выгнутые пузато ярусы, золотые на них разводы, бархатные закраинки, с биноклями и коробками конфет, с лайковыми руками, с голыми локотками, с головками, с веющими афишками... ряды и ряды портьер, золото и виссон, светящиеся просветы уголками, мундиры и сюртуки в просветах... — огромное и сквозное, пунцовое, черное, золотое, шепчущее чуть слышным гулом. Заливая хрустальным блеском, висела воздушно над провалом невиданная люстра. В оркестре, рядом, чернелись музыканты, сияли

73

ноты, манишки, лысины; путались, копошились и юлили тревожные взвизги скрипок, фиоритуры гобоев, кларнетов, флейт, успокаивающие аккорды арфы.

В зале померкло, на стульчике появился капельмейстер, постучал сухо палочкой в перчатке и по великому, красноватому в мути занавесу, с известной нам всем картиной «Въезд царя в Кремль», с широченной спиной склонившегося татарина внизу направо, дрогнуло-повело волной.

Даринька вошла в ложу и села у барьера. Стало совсем покойно: тонкие звуки скрипок, легкой, приятной музыки, унесли ее в мир нездешний. В это время бесшумно открылась дверь, остро мигнуло за портьерой, мягко-знакомо звякнуло. Дариньку пронзило искрой. Виктор Алексеевич скрипнул ужасно стулом, вытянул через спинку руку и зашептал. Ему тоже ответил шепот. Даринька услыхала:

«А очень просто, сверхэкстренно...»

Занавес медленно пополз вверх.

XV

ШАМПАНСКОЕ

Открылось веселенькое село, по зелени розовато-золотистым, как, бывало, писали на подносах. Ряженый старик, с бородой из пакли, размахивал под музыку руками, а с ним тоже махали и ломались новенькие, как игрушки, парни. Виктор Алексеевич объяснил Дариньке, что это старик бранит сыновей и велит поймать вора, который вытаптывает по ночам пшеницу, но Даринька плохо слушала. Приход Вагаева взволновал ее, и она забыла даже про боль ожога под грудью, взятое на себя «томление», в ограждение от страстей. «В тот будоражный вечер и во все остальные дни, до страшного соблазна, — писала она в "записке к ближним", — я не слыхала боли, страсти владели душой моей».

Занавес опустился, стало опять пыльно-золотисто, и взволнованно ждавшая Даринька услыхала сочный, приятный голос, ее назвавший. Свежий, «сияющий»- показалось ей — Вагаев в пылающе-алом доломане со жгутами, в крылатом ментике за плечом, почтительно перед ней склонился, говоря восхищенным взглядом, как он счастлив. Ослепленная театральным блеском, мерцанием лиц, разглядывающими ее биноклями, этим ликующим парадом, напоминавшим будоражную радость пасхальной утрени, она подала ему лайковую руку, немного вверх, — он стоял выше, на ступеньке, — и поглядела из-под ресниц, смущенно. Он взял ее руку особенно свободно, как бы сказав глазами, что хотел бы поцеловать, как — «помните, тогда, чуть отвернув перчатку?..» — и неуловимо попридержал, как бы внушая взглядом: «Вы помните». Она несмело отняла руку, но по опустившимся ресницам он увидел, что помнит.

Стало темно. Вагаев нашарил стул и сел за ее спиной.

На сцене было мутновато, будто ночное поле. Музыка усыпляла, потом словно чего-то испугалась, что-то в ней грохнуло и рассыпалось частым стуком. Виктор Алексеевич шепнул, что это Иван схватил белую кобылицу, но она дает ему выкуп, златогривых коней и волшебный хлыстик, вызывать Конька-Горбунка, который все для него добудет. Даринька слушала рассеянно, чувствуя за собой Вагаева.

Занавес опустился, все снова осветилось, в креслах задвигались и замелькали лица, уставились бинокли, дрогнули блеском бриллианты, в соседней ложе оделяли детей конфетами, запахло апельсином. Виктор Алексеевич отвел Вагаева к портьерке поговорить. Даринька, чувствуя смущение, стала проглядывать афишку. Спиной к оркестру, военные рассматривали в бинокли ложи, разглядывали и Дариньку. Она совсем смутилась и перешла в салончик. Вагаев отпахнул перед ней портьерку, сел к ней на бархатный диванчик и стал находчиво занимать.

Первый раз в театре!.. конечно, сильное впечатление?.. кружится даже голова?.. правда, и с ним то же было, когда его в первый раз... Он сразу понял, как она не похожа на обыкновенных женщин... что-то она ему напоминает, утерянное жизнью, оставшееся в легендах только и... в житиях. Это светится у нее в глазах...

Седой капельдинер, в баках, внес на серебряном подносе оршад, груши и виноград. Другой поставил на мраморном золоченом столике роскошную бонбоньерку с шоколадом.

Вагаев внимательно угощал, ало мелькая в зеркале, мягко позванивая шпоркой. При огнях он казался еще красивей. Черные волнистые его височки играли блеском. Он ловил в зеркале Дариньку, и его глаза-вишни ее смущали, Он очистил перламутровым ножичком, стараясь не прикоснуться пальцем, большую грушу и поднес на фарфоровой тарелочке — «листочке». Не правда ли, оригинально? Кажется, из императорского сервиза дворцовые старички таскают «для уважаемых». Есть тут еще удивительные «бискюи», александровские, для шоколада... князь Долгоруков всегда из них угощает, необыкновенно вкусно. Непременно в театре будет, как всегда — в литерной, бельэтаж, налево.

Он рассказал, играя ее «чудесным» веером, что не мог упустить такого редкого удовольствия — увидеть чудесную... — остановился и посмотрел на Дариньку, — несравненную Царь-Девицу... прелестную С...ую, для которой мчатся сюда из Петербурга. У генерал-губернатора бал сегодня, но к третьему акту заглянет непременно, похлопать обожаемой С...ой в ее распаляющей страстью «меланхолии», в ее обжигающей мазурке. Этот досадно-смешной арест кончится завтра в полдень, но... — Вагаев заглянул Дариньке в глаза, — «я не мог себе отказать в маленьком баловстве... и махнул с гауптвахты под честное слово, до утра, по традиции нашей — "ночь гусарская — утро царское!"» — и лихо прищелкнул пальцами.

Виктор Алексеевич выходил в ложу, смотрел в бинокль. Ходил неспокойно по салону, рассеянно слушая болтовню Вагаева, и опять выходил в ложу. Вагаев показал Дариньке на глядевшего в бинокль Виктора Алексеевича, что «астроном наш усиленно что-то астрономит». Хоть и озабоченный чем-то, Виктор Алексеевич был доволен, что

75

Даринька оживилась, держит себя свободно, как привыкшая бывать в обществе, удивлялся ее манере держать веер, просматривать афишку, поправлять перед зеркалом прическу, — ее изяществу.

Вагаев извинился, что не пришлось пообедать в «Эрмитаже», но сегодня ничто не помешает махнуть к «Яру» «поужинать». Виктор Алексеевич согласился: послушать цыган Дариньке будет интересно. А завтра вечером — в Петербург, по делу. Вагаев переспросил — завтра? — и сказал, что отпуск его кончился и завтра вечером тоже едет. Дарья Ивановна не едет... не любит Петербурга? а, скоро совсем переедут в Петербург! Чудесно, он будет ей все показывать и доставит ей приглашение на придворный бал, — «Вас Петербург оценит!» — прибавил он, склонясь. «Ди-ма!.. — сказал Виктор Алексеевич. — Не кружи голову!» И оба рассмеялись. «Значит, завтра курьерским, вместе...» — сказал Вагаев.

Даринька взяла афишку и попросила рассказать, что дальше. Шутя, Вагаев стал объяснять, что сейчас четвертая картина, «Ханская ставка...» «у старичка хана четыре жены!.. но он любитель всего прекрасного, как почтенный крестный, и ему грезится прелестнейшая из женщин... — Вагаев выразительно поглядел на Дариньку, — прекрасная из прекрасных... Царь-Девица... — "под косой луна блестит, а во лбу звезда горит..." — и хан падает в обморок от одного лицезрения... Приходит Иван жаловаться на братьев, которые украли у него коней, и хан обещает ему расправу, если тот добудет ему прекрасную Царь-Девицу».

В оркестре зудели скрипки, в ложах усаживались. Виктор Алексеевич опять наводил бинокль: в бельэтаже, напротив, сидела его жена, с тещей, Витей и Аничкой. Ему казалось, что она видит их, и это было неприятно. Даринька слушала Вагаева. Он опирался на ее стул, показывал ей мужчин и женщин, и все, кого называл, отличались такими поступками, что было стыдно слушать. Она не выдержала и сказала, что ей это неприятно. Вагаев смешался и покраснел. Виктор Алексеевич пришел в восторг, — он не ожидал «такой храбрости!»-и посмеялся Вагаеву: «Что, осекся!» Вагаев почтительно склонил голову и сказал: «Простите, я получил урок». Спохватился и, извинившись, — «надо распорядиться...» — вышел.

В первом ряду Виктор Алексеевич узнал лысину барона Ритлингера, показал Дариньке и, целуя ей руку под афишкой, стал взволнованно говорить: «Ты сегодня необычайная...» — но в это время поднялся занавес.

Перед дряхлым ханом плясали обнаженные женщины, — Дариньке так казалось, — и совсем непристойно изгибались: особенно самая вертлявая, «любимая». Вернувшийся Вагаев шепнул: «Смотрите, у самой сцены налево в бельэтаже... генерал-губернатор наш уже нацелился на свою Царь-Девицу... Помните, из "Онегина"... "Любви все возрасты покорны... но юным, девственным сердцам..." — он щекотнул височком ее щеку и видел, как эта щека зарделась, — ее порывы благотворны, как бури вешние полям...» Даринька отстранилась и узнала в бинокль румяного, круглоголового, плотного генерала в орденах, в золоченом кресле. Он неотрывно смотрел в бинокль. Даринька вдруг обернулась к Вагаеву и шепнула: «А если узнают, что вы. убежали... что вам за это будет?..»- и даже игриво погрозилась. Это Вагаева ошеломило, — он высказал ей потом, — и, приложив руку к сердцу, он прошептал ей мрачно: «Расстрел, понятно».

В пятне голубого света явился «волшебный образ» — дивная Царь-Девица, легкая, стройная, гибкая, с горящей звездой во лбу, с полумесяцем на головке, с тонкой непостижимо талией, затянутой бриллиантовым корсажем, из которого расцветали обнаженно-блистающие руки, из-под корсажа подрагивали блеском воздушные тюники, или, как теперь называют, «пачки», — пена батиста и кисеи, взмывающая пухом, под пухом играли ноги, — что-то чудесно-странное, отдельное от всего, живое — совсем оголенные, до бедер. Хан задрожал и грохнулся. В музыке громко стукнуло.

Зал закипел в аплодисментах, у оркестра теснились фраки и мундиры, занавес подняли, и чудесная голоногая плясунья, выпорхнув из кулис, выросла-подрожала на носочках, закинула гордую головку, с горящей звездой во лбу, выкинула блистающие руки, склонилась и обняла театр, выпустила его в пространство и послала воздушные поцелуи вслед.

В салоне бенуара Вагаев стоял с бокалом. Нет, так полагается, «крещение» всегда с шампанским. Когда его повезли в первый раз в театр, на «Аскольдову Могилу»... — всегда с шампанским! В ложах это запрещено, но... «только сегодня для уважаемых». Один глоточек?!.. Невозможно, сегодня первый театр, дивная Царь-Девица, старый хан в литерной бельэтажа пьет за свою «девицу», а здесь, рискуя честью и карьерой, проваливший вернейшего Огарка и так наказанный... — «ну, выпейте же за его здоровье!».

Шампанское было чудесное, в иголочках и искрах, играло в бокалах с вензелями. Играло огоньками, хрусталями, золотыми гусарскими жгутами, «голубенькой принцессой», золотом и виссоном, радостными глазами, газовым теплым воздухом. Шампанское играло, и Даринька — Виктор Алексеевич восторгался — стала новой, еще новой. Сейчас что?.. Какое-то «Солнечное царство», где Царь-Девица... — «там, где пряхи лен прядут, прялки на небо кладут...». Иван добывает для хана Царь-Девицу... для этого рамоли! Уж-жасно!!..

Шампанское играло смехом, блистанием глаз. В золотистой мути играла музыка. Там, высоко, в провале мягко светилось золото, плавала бриллиантовая люстра, — было совсем не страшно. А вот и оно, какое-то Царство нереид, звездных живых видений. А... Кит?.. Это в подводном царстве, куда поскачет Иван добывать ларчик с заветным кольцом для Царь-Девицы... танцы морских цветов, раковин, рыб, кораллов...

Даринька была в восторге. Нравится? Очень, очень... «Не хотите ли пройтись в фойе?» Дариньке не хотелось. Не хотелось и Виктору Алексеевичу: он опасался встречи. Лучше остаться тут, может нарваться Дима. Пустое, князь Долгоруков всегда тактичен, не любит стеснять публику появлением. Адъютанты — приятели. Единственный лейб-гусар, заметит? И прекрасно. Пройтись положительно необходимо, это единственное фойе, все послы посылали государям восторженные донесения о Большом императорском театре. Какие зеркала, плафоны, у царской ложи парные часовые-гренадеры... женщины всей Москвы, бриллианты «всея России».

Они поднялись в фойе. В проходе Виктор Алексеевич встретил барона

Ритлингера. Барон ужаснулся «видению гусара», даже попятился. Ка-ак мо-жно! в Азию порывается — попадет. Безумная голова, сейчас донесут, и опять объяснения, как с «провалом». «Это же неосторожно, милый». Барон растаял, барон восхищался Даринькой. Дариньку уводил Вагаев, безумная голова. Толпа заслонила их.

Под тускло мерцающим плафоном, уходившим куда-то ввысь, под хрустальными люстрами, двигались волны шелка и бархата, мундиров, лысин, кудрей, шиньонов, розовых рук и плеч, личиков, лиц, затылков, осыпанных бриллиантами причесок, изумрудов и жемчугов, ярких и деланных улыбок, взглядов... Даринька отражалась в зеркалах, видела пестрое движение, мерцание далеких люстр, пламенеющее пятно и рядом — голубое и сознавала смутно, что это она с «гусарчиком». Залы, и зеркала, и люстры, бархатные тяжелые портьеры, белые двери в золоте... «Парные часовые-гренадеры...»- сказал Вагаев.

Часовые стояли неподвижно, вытянувшись, подавшись с застывшими строго лицами будто из розового камня, в шапках из черного барашка с медными лентами «отличия». Ружья к ноге, остро они глядели друг на друга, сторожили друг друга взглядом. Мысленно слушая команду, четко перехватили ружья — раз-два! — выкинули штыки, враз повернули головы, — отдали честь гусару.

Даринька восхитилась, и у ней закружилась голова. Расталкивая толпу, Вагаев вывел ее на лестницу. Снизу тянуло холодом. Мутные фонари висели невидимо в пространстве.

Они сели на бархатный диванчик. «Вам дурно?» — тревожился Вагаев. Она улыбнулась, бледная: «Кружится голова». Виктор Алексеевич, наконец разыскавший их, попросил капельдинера дать воды. Мимо них прошла дама, в темно-зеленом платье, с двумя детьми. Даринька помнила, как гордая дама презрительно на нее взглянула. В эту ужасную минуту к Виктору Алексеевичу подбежали дети и радостно закричали: «Папа!.. папа...» Виктор Алексеевич совершенно растерялся, поцеловал детей, сказал, что пришлет им сейчас конфет. Дама молча взяла их за руки и решительно увела с собой.

Даринька с болью — «именно с болью», — рассказывал Виктор Алексеевич, — «поглядела им вслед, перевела горестно-укоризненный взгляд ко мне...» — и как-то вся собралась, словно ей стало холодно. Фойе пустело, слушалась отдаленно музыка, отблескивали паркеты мерцающими в них люстрами, пустынно темнели в зеркалах. Парные часовые-гренадеры стояли все так же неподвижно, ружье к ноге, мысленно слушая команду, — раз-два! — отдали честь гусару.

Старый хан путался в золотом халате, семенил ножками, — «весь исходил любовью», — шепнул Вагаев. Даринька смотрела перед собой и видела темно-зеленое пятно.

Царь-Девица с горящей звездой во лбу, сияя жемчужными руками, томилась страстью, манила к себе неудержимо. Музыка замирала негой. Плясунья пела прекрасным телом страстную «Меланхолию». Хан сорвался, затопотал и грохнулся. Его подхватили и держали, вытирали платочком губы. Музыка бурно загремела — перешла на кипучую мазурку.

Вагаев снова приветствовал с бокалом. «Теперь положительно

необходимо, это придаст вам силы...» — упрашивал он, на что-то намекая. Даринька выпила весь бокал. Шампанское весело играло, играла музыка.

В подводном царстве проплывали медленно рыбы, раковины чудесно раскрывались, из них вылетали мотыльками воздушные голоногие плясуньи, выбегали жемчужины, кораллы, кружились в пляске. Вагаев все спрашивал в тревоге: «Не кружится?» — предлагал золотой флакончик с английской солью.

Готовится свадьба хана, Царь-Девица получила кольцо, добытое со дна морского милым Коньком-Горбунком, но требует, чтобы «рамоли» омолодился. Иван выскочил из кипучего котла принцем, хан благополучно сварился, Царь-Девица в жемчужном кокошнике и сарафане пляшет лихую «русскую», все пустились на радостях вприсядку; занавес опускается. Генерал-губернатор уехал. У оркестра ловят последние поцелуи несравненной.

Посыльные кричали: «Тройку князя Вагаева-а!..» Мело снежком. Отъезжали последние. Горели костры. За седыми от инея колоннами проплывали тусклые фонари карет. Ожидали застрявшего барона, пожелавшего тоже к «Яру». И тут случилось совсем обычное, но, писала потом Дарья Ивановна в «записке», — очень ее растрогавшее.

Когда они уже собирались спуститься по ступеням к ожидавшей нетерпеливой тройке, из-за колонны портала вышла замотанная в тряпье баба с грудным ребенком. Городовой, козырявший богатому гусару, хотел устранить ее. Даринька ему сказала; «Нет, не гони ее...» — и попросила Виктора Алексеевича: «Дай ей». В эту минуту Вагаев крикнул городовому «Смирр-рно!» — выхватил бумажник и сунул бабе какую-то кредитку. Баба упала в ноги. Сконфуженный Вагаев дал ей еще бумажку, подозвал тянувшегося перед ним городового, дал и ему и строго-настрого приказал: «Не сметь никогда гнать, раз просят милостыню!» Городовой тянулся и козырял: «Слушаю, ваше сиятельство!»

Случай совсем обыкновенный. «Но... — вспоминал Виктор Алексеевич, — были последствия». Когда Вагаев подсаживал Дариньку в троечные сани, почувствовал он, как лайковая ручка отозвалась на его пожимающую руку. Он не поверил, взглянул — и понял, что это не случайно: Даринька подарила его взглядом. И все-таки не поверил счастью, с сомнением подумал: «Шампанское?..» — сказал он после об этом Дариньке.

XVI

МЕТЕЛЬ

— Думал ли я тогда, на бешеной этой тройке, мчавшей нас к «Яру» с бубенцами, — рассказывал Виктор Алексеевич, — что судьба наша уже начертывалась «Рукой ведущей»? А мы и не примечали, спали. Хоть бы тот случай, с бабой. Он как бы напоминал нам о скорбном, будил душу. Он же вызвал и жест Вагаева, и этот порыв сердца... — ну, конечно, было немножко и щегольства — пленил и заворожил Дариньку. Это был «знак», некая точка в плане, чертившемся не без нашей воли, но мы спали. Только после того стало мне многое понятно, и я привычно изобразил на жизненном чертеже все знаки — указания оттуда — и был потрясен картиной. Нет, неверно, что мы не примечали. Даринька сердцем понимала, что она как бы вынута из Жизни, с большой буквы, и живет в темном сне, в «малой жизни»: она прозревала знаки, доходившие к нам оттуда. Потому и ее тревоги, всегдашняя настороженность, предчувствия и как бы утрата воли, когда приближался грех.

Метельную эту ночь Дарья Ивановна отметила в «записке к ближним»:

«Душе моя, душе моя, возстани, что спиши, конец приближается».

«Приближался конец сна моего. Как в страшном сне обмякают ноги, так и тогда со мной. Я вязла, уже не могла бороться, и меня усыпляло сладко, как усыпило в метельную ночь, когда мы мчались от одной ямы на другую».

«Боже мой, к Тебе утренюю: возжажда Тебе душа моя».

Задержавшийся в театре барон Ритлингер, — он провожал несравненную Царь-Девицу, которой поднес в орхидеях что-то волшебное, — живчиком вскочил в сани и извинился, что заморозил «жемчужину», но готов искупить вину. Слово «жемчужина» напомнило Дариньке недавнее на бегах, — «жемчужина» с чудотворной иконы Страстной Богоматери, «прелестна твоя монашка», и ей стало не по себе, что этот старик усаживается рядом, трогает талию и хрипит, обдавая сигарным запахом и какими-то душными духами: «Да удобно ли деточке? еще вот, под правый бочок, медвежину». Трое укутывали ей ноги медвежьим мехом, стукаясь головами: резвая тройка не стояла.

Это была ечкинская тройка, «хозяйская» с Мишкой-племянником: сам хозяин только что подал под графа Шереметьева, но и Мишка обещал потрафить: «Его сиятельство барона Рихлиндера все знаем». Еще добавил, по глупости, что намедни возил его сиятельство «с танцевальной барышней», катались в парках. Барон послал ему дурака и приказал «мягко, к генерал-губернатору». У князя Долгорукова бал сегодня, и надо показаться, но он нагонит через полчасика у «Яра», Отечески прихватил за талию и спросил: «Жемчужине удобно?» Виктор Алексеевич усмешливо предложил ячменного сахару от кашля. Узнав, что сахар у Дариньки, барон попросил кусочек — «но прямо в рот». Были противны причмокнувшие его губы и серенькие бачки.

Тройка взяла легко и мягко пошла стелить, потряхивая серебряным набором: колокольчики были пока подвязаны. С Тверской стегало в лицо метелью, сухим снежком: Виктор Алексеевич молчал, подавленный неприятной встречей с женой в театре, Вагаев смотрел на Дариньку, но она затаилась в мехе, пряча лицо от снега, — от глаз его. Невидная для него, она смотрела в настороженное его лицо, в темные его губы, поджатые, будто в дрожи, в сияющие сквозь снег глаза. В легком пальто сегодня, он казался совсем мальчишкой, и она думала, что ему очень холодно. Он не мог спокойно сидеть, похлопывал рука об руку, играл саблей, и эти играющие руки ее тревожили. Она думала, зачем так неосторожно пожала ему руку, — чуть пожала, но он почувствовал, и никто этого не видел, это теперь их тайна, и в этом была жутко-волнующая радость, остро-приятный стыд. Было и радостно, и страшно, что он коснется ее руки. И он совсем неожиданно коснулся, хватая качнувшуюся саблю, — коснулся ее лайкового пальца, выглянувшего случайно из-под меха. Она его быстро спрятала. Волнение от театра и от шампанского еще играло в ней, хотелось ей плакать, и смеяться, но она крепилась, и лишь дрожащие золотые нити сливались влажно в ее глазах.

В потно желтевших окнах генерал-губернаторского дома сновали тени, сияли гнездами огни люстр. В освещенный подъезд сыпало серым снегом, секло косыми полосами. В этой тревожной сетке качались лаковые горбы карет, выплясывали конные жандармы, блестя из метели каской.

Барон вылез и повторил, что догонит через полчасика, чтобы писали за ним и заняли «княжеский кабинет», а главное — Глашу чтобы не заняли купчишки. Виктор Алексеевич пересел к Дариньке, и тройка пошла наваривать. Вагаев показал слева от каланчи полосатую рогатку гауптвахты: «Мы сейчас там с корнетом и князь, конечно, прислал нам на ужин рябчиков с мадерой... как бы не пригласил и на мазурку». Если откроется? Что будет — это теперь не важно; «Ночь гусарская, утро — царское». Нет, каков дядюшка-барон! прямо неузнаваем, щедр, как февральский снег. А метель-то какая разыгралась. Вид молодых и красивых женщин будоражит и по сей день его, а ему уж за шестьдесят. Действуют гальванически. «Именно гальванически», — повторил Вагаев, стараясь поймать взгляд Дариньки. «Как на труп», — раздраженно сказал Виктор Алексеевич и поднял бобровый воротник. Даринька глубже зарылась в меха.

Тройка вылетела к Страстным Воротам. И надо же так случиться. Справа, Страстным проездом, невидная в метели, вымахнула другая, пустая тройка, врезалась в пристяжную — и спуталась. Даринька вскрикнула в испуге, Вагаев ударил по лошадиной морде, тянувшейся с храпом в сани, ямщики яростно орали, лошади грызлись и бесились. Чуть левей — убило бы Дариньку оглоблей! Ничего?.. нигде?.. Совсем ничего, только испугалась, Господь отвел.

Пришлось вылезть: сильно помяло пристяжную. Даринька чувствовала себя разбитой. «Так как же, едем?..» — спрашивал неуверенно Вагаев. Стоило Дариньке сказать — нет — и не поехали бы. Но она сказала, в каком-то оцепенении: «Почему же, поедемте».

Вагаев крикнул черневшему в мути лихачу: «Давай!..» — и тут же передумал: в метель такую для Дариньки в открытых... и ехать придется врозь. Велел лихачу: «Духом! — махнул он к "Трубе", вправо. — Гони тройку или хоть "голубков" от "Эрмитажа"!»

Метель крутила. Даринька едва держалась, дрожала. Вагаев давал ей флакончик с солью. «Ишь крутень какая взялась, — сказал дворник в ночном тулупе, топтавшийся около господ, — о Святках навсягды так, зима ломается. А вам бы, господа хорошие, барышню вашу потише куда

81

поставить, вон бы к монастырю, к воротам... там, в заломчике. все потише». Они взглянули к монастырю, темнеющему в метели. «Там потише, — сказал Вагаев, — а ты тройку предупреди!» — крикнул он дворнику. И они повели Дариньку в сугробах. Она шла как в дремоте, плыла над сыпучими горбами, вея шлейфом, — они ее поднимали под руки, — и думала устало, как извозила она «голубенькую принцессу», пожалуй, совсем испортила.

Они вошли в глубокий залом под Святыми Воротами и стали под синим фонариком с лампадой. Снегу намело и под ворота, но здесь было гораздо тише.

— Я так растерялся от этого происшествия, что и не подумал, как это отзовется в Дариньке, что вот укрылись под ее обитель, — рассказывал Виктор Алексеевич. — А ее это очень взволновало. Помню мертвенно-бледное лицо ее. Она стискивала мне пальцы, ловила воздух, как рыбка на берегу. Помню се испуг, и какое-то бледное очарование в глазах, и удивление, и восторг. По дрожи ее руки я чувствовал, чего ей стоит сдержать себя. Все обошлось, наружно. А я боялся, как бы не случилось припадка, как у гробницы Узорешительницы. Она вняла, по-своему приняла таинственный смысл сего «прибегания под стены» и положила в сердце. Помню, как улыбнулась она мучительно, кивала, будто самому дорогому, отходившему навсегда, и прошептала, делая над собой усилие, чтобы не разрыдаться: «А тут, за стенкой, матушка Виринея наша... спят, молятся... и матушка Агния... там...» И отвернулась к продавленному стулу, на котором всегда сидела матушка Виринея. А я подумал, докончил ее мысли: «А мы куда-то в этой метели мчимся». Теперь я знаю, что и эта сбившая нас с дороги тройка, и это укрытие от метели «под святое», и совсем уже дикая мысль погнать к «Эрмитажу» за «голубками» — все это не случайно вышло. Это тут же и объявилось, но оценили мы это гораздо позже.

Вагаев был возбужден, вздернуто как-то весел. Он попрыгивал по снежку, играл саблей, рубил сугробы. Забежал под ворота закурить, от ветра, но Даринька его сдержала: здесь же святое место. Он извинился — и в свете от фонаря увидел, должно быть, какое у ней лицо. Сразу затих, пошагал молча, вызванивая шпорами, и стал неожиданно рассказывать, как случилось однажды с ним одно веселенькое приключение. Даринька передернула плечами и сказала: «Это вы там расскажете». Она испугалась, что Вагаев начнет говорить неподходяще, как в театре. Но он, сразу поняв, чего испугалась Даринька, сказал, что приключение это особенное и можно о нем рассказывать даже детям. Она, стуча зубками, позволила: «Ну, скажите».

Вагаев начал с метели. Какая это метель, в Москве! А вот были они с приятелем в прошлом году, зимой, под Вологдой, на облаве, с солдатами. От Вологды верст на сорок ушли, медведя не видали, а как-то совершенно непонятно, при трех десятках солдат, отбились от облавы, забрались неведомо куда, в чащу несосветимую, на лыжах были, и в ужасной метелице, через овраги и буераки, вышли в поле, в совершеннейшем истощении всех сил, физических и моральных. Давно наступила ночь, метель не утихала, все, что было в походных мешках, было истреблено, коньяк с ромом выпит... ложись и помирай. То было поле, и вдруг —

кусты, крутит, метет, швыряет... голоса сорвали — ложись. И они повалились у кустов. Выкопали в снегу норы, и стало их заносить метелью. Приятель все о невесте думал, через неделю свадьба. А Дима... — «немножко о маме своей подумал, не о ком было думать больше». И вот когда они уже приготовились уснуть, может быть, навеки под похоронное завывание ели, пришла Диме грустная думушка, — «так, с чего-то взгрустнулось, давно не был в церкви, не слыхал всенощной», и стало вспоминаться, Будто во сне являлось, как, бывало, водили его, маленького, в гвардейские казармы и как там солдаты пели «Слава в вышних Богу». Даже в голове у него отозвалось пение, под метель. Это бывает, когда завывает ветер, или в вагоне едешь, под стук колес, напевается. И вот, в метели, в свистящих воющих кустах, они оба явственно услыхали благовест! До того явственно, будто вот за кустами колоколище, и дует им прямо в ухо, в грудь даже отдается. Откуда взялись силы, выскочили оба в кромешной тьме, спрашивают: «Ты слышал?» Да как же не слышать — вот! То унесет — чуть слышно, то — р-раз, как в сердце. Пошли на благовест, сквозь метель, из последних сил — «и через пять минут мы ткнулись в сугроб белой стены, у врат обители святой!». Это было спасение и великое торжество монахов. Как раз кончилась всенощная, их нашел дровосек-монах, проходивший из монастыря в дровяные сараи, тут же... «и целый сонм монахов, славные старички такие... — рассказывал Дима весело, — поволокли нас во храм, поднесли нам по стаканчику красного, церковного, — "с приездом!"-и стали служить торжественное молебнопение Чудотворцу...». Даринька схватила его руку, страшась, что будет что-нибудь непристойное о святом, и почти крикнула, «не своим голосом»: «Зачем вы смеетесь так?! Это же милость Господня была над вами... опомнитесь!..» Вагаев сразу опомнился, взглянул на нее, и на лице его просияла радость... нет: больше, чем радость. Он склонился благоговейно, искренно-благоговейно, как-то даже восторженно-благоговейно, как только самые верующие люди поклоняются святыням, и сказал уже иным тоном, сникшим: «Простите, вы правы... опять это мне урок. Это я разошелся, глупо пощеголял словечком...» — так и сказал в смирении перед ней, такого не ждал от него Виктор Алексеевич. «А там, тогда нам не до шуток было. И что же самое удивительное, — тогда меня это очень поразило, потом забылось...» И он объяснил: этот чудотворец, которому монахи пели торжественный молебен, был преподобный Дмитрий, «как раз мой тезка!». Даринька слушала его в необычайном волнении, с сияющими от слез глазами, «святостью осиянными». Она, забывшись, схватила его руку и вскрикнула: «Ди-ма!.. вы — Дима, Димитрий! Это же был преподобный, Димитрий Прилуцкий, дружок Сергия Преподобного!.. Это было же над вами Господне чудо... чудо!.. Нельзя так смеяться... Господь с вами!..» Вагаев удивился, отступил даже от нее, сказав: «Как могли вы узнать?!.. Да, это был Он, мой Ангел... я именинник одиннадцатого февраля, на преподобного Дмитрия Прилуцкого, я еще не забыл. Но откуда вы знаете?!»

Даринька сказала просто: «Ах, не знаю... так, вспомнилось...» — Так это было проникновенно сказано! — рассказывал Виктор Алексеевич. — Так нежно, что Вагаев еще отступил, взглянул... Я видел его взгляд, и у меня повернулось в сердце... нет, не ревность, а от щемящей боли, чувство тоски щемящей. Потом она все дознала: Диму действительно спас его святой, мощи его покоятся под спудом в подвологодском Спасо-Прилуцком монастыре, к стенам которого вышли оба офицера, в белые стены ткнулись. XIV век — и... Преподобный был крестным отцом детям князя Дмитрия Донского, преставился в конце XIV века и... спасал петербургского лейб-гусара, повесу-полувера XIX века! Это, и многое, я понял только много спустя. А Даринька всегда была с ними, вних, во всех веках... невидимые нити сходились в ее сердце.

Метель бесилась, металась в вихрях, вытряхивала кули небесные, швыряла снежные вороха. Из этой беснующейся мути донесся оклик: «Эй!.. э-ййй!..» — и в зове бубенчиков и колокольцев, в мути от фонаря вычернились оскаленные морды ринувшихся на них коней. Лихач достал-таки «голубков» от «Эрмитажа», не парой, как обычные «голубки», а те же легкие голубые санки с серебряными витушками в колокольцах, но-праздничные, тройкой. Вагаев крикнул: «Какого че... вы там возились?!» «Да что, ваше здоровье, с земляком полпива хватили, зави-руха!..» — весело отвечал лихач. И тут же, себе противореча, Вагаев бешено наградил «за расторопность», и лихача, и полупьяного «голубчика», крикнувшего из мути яро: «Ну-ну, барин... теперь держите меня... метель обгоним!»

Кони бесились, мешали сесть. Набежавшие лихачи держали. Дариньку усадили в мягкое, кто-то укутывал ей ноги, кто-то ласкал ей руку, — все пропадало за метелью. В гомоне голосов и ветре до нее долетело смутно, как мерно начали бить часы. В секущей мути пропали крики: «Не пропади, Никашка!» — все закрутилось в вихре, бульканье бубенцов и колокольцев. Мчались — сияли пятна, стегало снегом, душило, секло. Кто-то шептал: «Чудесно!..», кто-то сжимал ей руку, кого-то сшибли... — «держи-иии... и-и-!» — все пролетало мутью. Крикнуло пьяным ревом: «С Питера шпарит, в рыло... авось не сдунет, р-роди-мы-и-и-и!..» У заставы тряхнули палисадник, махнули за канаву, через тумбу, вымахнули куда-то — попали враз, куда и следовало попасть... — «и-йех, по-пи-и-тер-скай-ай-д-по-доро...» — ни мысли, ни слова, ни дыхания: бешеный гон, мельканье...

XVII

МЕТЕЛЬНЫЙ СОН

Бешеный гон на тройке остался в памяти Дариньки безоглядным мчанием куда-то в прорву, и в прорве этой не было ничего ужасного: захватывающий восторг — и только. Так и остался бешено-дробный говор:

> Не шумят, не гремят,
> Лишь копытца говорят.

Из налетевшего мутного пятна выклюнулся фонарь, прыгнула на

свету серебряная дуга с задранной конской мордой, подскочили молодчики в поддевках, бережно подхватили под руки, бережно раздевали, провожали в нагретые покои с остро-икорным духом в букете вин, — в светлую залу с зеркалами, со спущенными шторами в подборах, с кубастыми свечами в хрустальных люстрах, многолюдно-нарядную, с белоснежными столиками в огнях, с эстрадой в елках, заляпанных небывалыми цветами, с «боярским хором» в кокошниках, с Васей Орловым — запевалой:

Как по той ли по метели
Тройкой саночки летели...

Степенный и обходительный хозяин радушно приветствовал: «Давненько, ваше сиятельство, не навещали», мигнул белому строю половых, действуя больше пальцем, — «особенно заняться», и усадил сам «спокойненько и поближе к песням, у камелька». Стол был парадный, под образом в золотом окладе с теплившейся лампадой. С метельной ночи приятно было попасть в уют, слушать с детства знакомое -

Мимо темного бору,
К Акулинину двору...

В глазах Вагаева не было прежней настойчивой и пытливой ласки, так волновавшей Дариньку: он казался рассеянным. Она подумала, отчего с ним такая перемена... мысленно повторила удивленный вопрос его: «Как вы могли узнать?!» — вспомнила рассказ его о чудесном спасении в метели. «Вы необыкновенная... — сказал неожиданно Вагаев, как бы продолжая тот разговор, под святыми воротами, в метели, будто о нем думал, — провидица вы... и знаете?.. — мне теперь стыдно многого, что во мне, что вы можете как-то знать...» — сказал он просто, без привычного щегольства словцами. Она недоверчиво взглянула и поняла, что он говорит искренно. И ей стало легко, приятно, не страшно с ним. «Какая провидица, недостойная я... просто знаю немного о святых и...» — «И можете так влиять! ваши уроки я запомню, — сказал Вагаев, всматриваясь в нее, — особенная вы...» — «Да, она может влиять...» — мимоходом сказал Виктор Алексеевич. Разговор как-то не клеился. Даринька этого не замечала, глаза ее дремали под улыбкой, как у детей.

— С Димой, кажется, не случалось этого... подобной... как это... ну, вдумчивой, что ли, серьезности с женщинами, — вспоминал Виктор Алексеевич, — и его озабоченность, необычная для него «раздумчивость» в разговоре с Даринькой у «Яра» меня смутила. Не ревность была во мне. а... почувствовал я тогда впервые, что в нем рождается какая-то близость т ней, что он слышит особенное в ней, чарующую «тайну», что выше всех женских прелестей, что покоряет мужчину, держит, влечет и не отпускает, пока эта «тайна» не раскрыта. У редких женшин бывает это... «тайна» Обыкновенно тает, как только женщина «раскрывается» телесно. Но если э т о — душевное, тогда она поведет за собой до конца.

В Викторе Алексеевиче была не ревность, — он был крепко уверен в Дариньке, а «тревожащее томление», неопределенно пояснял он, «или,

85

если хотите, ревность, но ревность знатока, которому досадно, что есть другой, постигающий прелесть "вещи", ценность которой только ему, знатоку, "понятна".»

Конечно, надо начать шампанским: это подвинчивает, и Дарье Ивановне необходимо, она прозябла. Разнеженная теплом и мыслями, Дарииньки выпила шампанского. Все было вкусно, как никогда: и свежая икра с теплым калачиком, и крепкий бульон с гренками, и стерлядка на вертеле, и особенно рябчики, сочно-румяные, пахнувшие смолистой горечью; и страстно и грустно вопрошавший «долюшку» запевала-тенор, бледный и испитой красавец, с печальными глазами, в боярском платье, в мягких сафьяновых сапожках:

> Али в поле, при долине,
> Диким розаном цветешь?
> Аль кукушкою кукуешь,
> Аль соловушкой поешь?

За окнами шла метель, чувствовалось ее движение. «А вы устали...» — «Да, немножко... столько — ив один вечер!» На столе звякало, менялось, чокались звонкие бокалы, похлопывали пробки. «Княжеский кабинет оставлен-с, барон Рихлингер еще зараньше-с прислали лихача с запиской-с!» — «Дядюшка просто трогателен. Дарья Ивановна, позволите?.. но это же совсем немного, и сразу освежитесь?..» — «Это зачем ведут?..»

Половые вежливо выводили какого-то во фраке, сучившего кулаками на красивую даму в красном, с полными голыми руками. Так, скандальчик, «арфисточку» обидел пьяный. Даринька не понимала: «Арфи-сточ-ку?..» — «Прелестницу», — пояснил Виктор Алексеевич. Даринька смутилась. Вагаев предлагал перейти в «княжеский», там покойнее. Запевала опять выносил, тоскливо-страстно:

> Ах, очи, очи голубые,
> Вы иссушили молодца!...
> Ах, люди. люди... люди злы-е!..

Цыганки? А вон они, по столикам, в ярких шалях. Все тут знакомые, Нет, эти совсем другие, не бродяжки, а чистенькие, с хорошими голосами, все одеты по-модному, только в глазастых шалях, и камни на них самые настоящие. А вот, в позументовых кафтанах, с забросом на спину, — это певцы-чавалы.

Зачем разрознили сердца?!..

Это бедный Вася Орлов, в чахотке. Ему выходило в оперу, князь Долгоруков полюбил и обещал устроить, да вышел такой роман... влюбилась в него одна великосветская барыня, каждый вечер сюда катала... ну, он — ответил взаимностью, а через двадцать четыре часа нашли беднягу в глухом переулке, на Башиловке, с отбитой грудью. Теперь допевает «очи». Даринька встретила взгляд Вагаева и смутилась. Боярский хор уступил цыганам. Боярышни разошлись по столикам. Цыганки сели степенно, на стульях, полукругом, туже стянули шали и стали неподвижны, как изваяния. Чавалы стали за ними. Вышел пожилой жилистый цыган с гитарой, блеснул зубами, ожег глазами, поднял над головой гитару... и вдруг — тряхнул, будто швырнул об землю:

Семиструнная гитара
В сердце стонет и звенит.
Славный хор поет у «Яра»,
Он Любашей знаменит!

Гортанные голоса рванулись в бешеный перебор гитары:

Гей, вы, кони удалые,
В бубенцах и гремь, и звон!
Гей, цыганки молодые,
Выходите на поклон!

Цыганки, смуглые и сухие, с темным огнем в глазах, поднялись и истово поклонились залу. В зале стали кричать: «Зацелуй меня до смерти!» «Снова я слышу голос твой»! — и кто-то, пьяный, требовал настоятельно: «Чем тебя я огор-чи-л-ла!..»

Худенькая, в зеленой шали, тряхнула изумрудными серьгами, взяла гитару. Это была Любаша. Уронив шаль с плеча, черным огнем блеснув, истово изогнувшись, она щипанула струны замирающим рокотом, еще щипанула и защемила в стоне... — и повела непонятно — низко, глухим рыданием:

Скаж-жи... зачэм тэбя я встрэ-тил,
За-чем... тэбя я полюбыл?..
Зачэм твой взоор... улыбкой мне ответил?..

Подчиняясь зовущей силе, Даринька подняла ресницы — и встретила взгляд Вагаева. Взгляд вопрошал, как песня: «Скажи, зачем тебя я встретил?» Она не ответила улыбкой: опять смутилась. Вагаев налил себе вина.

И сэрдцу... му-ку... пода-рыл?!..

Цыгане еще пели, когда подошел барон. Он запоздал, после мазурки надо было проводить несравненную. Перешли в кабинет, позвали цыган, и началось светопреставление. Барон всех поразил приступом небывалой щедрости, за «чарочку» наградил по-царски, затребовал две дюжины шампанского, за песню давал но сотне, требуя «самых жгучих». Склонялся к Дариньке, просил ручку, смотрел в глаза, называл «ангел — жемчужина», напевал «зацелуй меня до смерти». Было смешно и глупо. Приметив, как хрупает Даринька жареный миндалик и фисташки с солью, затребовал «целый короб». Объяснил грубую картину- «Леда», не очень-то пристойно, и даже спел из какой-то оперетки: «Вот, например, моя мамаша, как стал к ней лебедь подплывать... тат лебедь был моим

87

папаша...» Вагаев взял его под руку и под каким-то предлогом отвел от Дариньки. Виктор Алексеевич сдерживался.

— Во мне еще оставалось почтение к барону от детских лет, да и безвредно было, к Дариньке ничего не прилипало, — вспоминал он. — Тревожило меня не это, а... что вот Даринька разошлась с шампанского, глаза у нее играли, она даже смеялась истерично... и я боялся, как бы не кончилось слезами, что бывало.

Барон не унимался, схватил гитару и запел «гусарскую... ее мой Димка всем своим женщинам всегда пел, а... теперь почему-то не поет!» Вагаев только плечами вскинул. Сюсюкая и гримасничая, подгулявший барон тщился изобразить «невинный лепет»:

Холос делевянный гусальчик!
Гусальчика, ма-ма, купи-и!..
Не хочешь ли, душечка, ла-льчик?
Гу-саль-чика... ма-а: а-а-ма-а... купи-ии!..

«Нравится жемчужине?» — спросил он Дариньку. Она не ответила и отодвинулась. Он не унялся и стал пояснять, что это не про гусарчика — он нравится-то, а про «невинный лепет». Пожилая цыганка спросила князя: «Что ты, князинька, золото мое, такой что-то невеселый?» Барон крикнул: «Не в ладах с любовью у Димочки!» — и завертелся волчком, все даже ахнули — до чего живой. Он был круглый и низенький, совсем лысый, только осталось на височках колечками, будто седые рожки, — «как у силена», — так говорил Вагаев. Барон вдруг вспомнил: а где же Глашенька? В Киеве, вышла за богача, выкупил из табора за сто тысяч. Барон сказал: «Дешево за такую птичку, я дал бы двести». Пожилой цыган засверкал зубами, тряхнул гитарой и приказал Любаше: «Любимую!» Любаша встала перед бароном, совсем склонилась смуглым лицом к нему и, изогнувшись в неге, дразня его, пропела:

Па-дари мне, молодец,
Красные сапожки!
Раз-зорю тебя вконец
На одни сэр-режкн!..

Получив сотенный, она небрежно сунула его за корсаж, подошла к Дариньке, заглянула в глаза и сказала раздумчиво, любуясь: «Ах, красавица... где родилась такая! давай, светленькая, выпьем слезы цыганской!»

Красный кабинет с пылающим камином, атласные диваны, картины веселого соблазна... — ходило и качалось. Разгорячившиеся цыгане гейкали, гортанно гремели «крамбамбули». Вагаев поманил Любашу, сунул ей за корсаж бумажку и попросил спеть еще «Скажи, зачем...». Она мотнула сережками: «И что тебе, радость-князинька, сердце томить...» — взяла гитару и спела не так, как всем, а как, бывало тому певала, «кого любила, да в сердце схоронила»:

Скажи, зачэм тэбя я встрэ...тыл?

88

«Не пора ли, четвертый час?» — спросил Виктор Алексеевич Дариньку. Она томно-устало улыбнулась и поднялась. Барон заполошился: «Нет, в "Молдавию", там знаменитая гадалка Мироновна, князь Долгоруков ездил!» Ну, в «Молдавию», по дороге. Когда проходили залой, повеселевший «боярский хор» пустил разгонную — «Сарафанчик». Певица, в сбившемся набекрень кокошнике, показывала разорванный сарафан и притворно-растерянно тянула:

> Я играла, как дитя,
> И в светлицу, до рассвета,
> Возвращалась, только где-то...
> Разорвала... не шутя...
> Сара-фанчик... расстеган-чик...

Метель не утихала, снег продолжал валить. В Грузинах еще светился цыганский трактир «Молдавия». Пахло мясными щами, всем захотелось есть. Выпили водки, послали за гадалкой, Вагаев ходил — насвистывал. Спросил Виктора Алексеевича: «Сегодня, курьерским... так?» Пришла Мироновна, старая безобразная цыганка, раскинула затрепанные карты, особенные, гадальные: за туза был толстый зеленый дьявол, с лиловым язычищем, прыгали чертенята, и бесовки, и всякие странные фигурки. Барону выгадалась «тяжелая дорога», Виктору Алексеевичу — «путаные заботы, тяжелая болезнь...». Вагаев сказал Дариньке, в сторонке: «Бледная вы какая, утомились...» Она вздохнула. «Во мне так и останется, навсегда... — продолжал он взволнованно, — как вы т о г д а, у монастыря, сказали "Дима"... случайно вышло, но... как ласково вы сказали!» Она повторила без выражения, устало: «Случайно вышло». Теперь гусару Вагаеву нагадалась «далекая дорога, а назад... и дороги нет». Даринька гадать не стала, как ни просил барон. Старуха все-таки стала раскладывать. Даринька крикнула: «Не хочу!» Вагаев смахнул карты, бросил цыганке деньги, и пошли, — «чушь какая!». Прощаться еще рано, на Старую Басманную, кофе пить! Барон упрашивал, даже умолял, просил Дариньку: «Все зависит от вашей воли!» Пришлось исполнить его каприз, заехать «на четверть часика».

Темный дом осветился, забегали лакеи. Барон преобразился, светски-предупредительно водил Дариньку по залам и гостиным с мраморами в углах, показал «венецианские зеркала, в которых женщины еще больше хорошеют», картинную галерею, библиотеку и привел в зимний сад, под высокие стекла — «на песочек». Даринька двигалась как во сне. Подали в сад коньяк и кофе.

Посещение это оставило след тяжелый.

— Произошло не «явление дьявола», конечно, — рассказывал Виктор Алексеевич, — а некая «аберрация». Гадалкины карты с этими... Даринька говорила, что она вся дрожала у гадалки. Когда мы пили кофе под пальмами — надо сказать, что сквозь листья светила лампа, — Даринька странно вскрикнула, выбросила перед собой руки, словно оборонялась, и вдруг упала. Случился глубокий обморок. Все растерялись. Дома она успокоилась, перестала дрожать, помолилась у себя и рассказала мне, что видела страшное: барон предстал перед ней в виде зеленого дьявола, как на гадалкиных картах, скалился, показывал фиолетовый язык и смотрел на нее такими ужасными глазами, что у нее не хватило сил. Она была твердо уверена, что сам дьявол явился ей, «угрожал». Во всяком случае, это было «знамение». Случившееся с бароном после косвенно это подтвердило.

Даринька спала долго, крепко. Виктор Алексеевич все приготовил для отъезда. Метель не переставала. Снегу навалило столько, что когда воротились они перед рассветом, Карп не скоро мог откопать калитку, а крылечко было завалено сугробом до карниза.

Шел шестой час, и Виктор Алексеевич решился разбудить Дариньку: поезд отходил в половине девятого, Она проснулась разбитая, ужаснулась, что он сейчас уедет, и заявила, что непременно поедет провожать.

Послали за лихачом к Страстному, Карп вернулся с знакомцем Прохором, но тут куда-то за сунулась важная бумага. Все перерыли и, наконец, отыскали в какой-то книге, которую накануне читал Виктор Алексеевич. На Мясницкой часы на телеграфе показали, что до отхода поезда оставалось десять минут всего, — по такому тяжелому снегу опоздаешь. Часы Виктора Алексеевича вчера остановились, он поставил на «приблизительно» — и забыл. Прохор пустил вовсю, рысак утопал и засекался. На Николаевском вокзале стрелка на светлом круге показывала 28 минут 9-го, когда они подлетели в вихре. «Третий звонок сейчас, не поспеет барин», — сказал носильщик. Виктор Алексеевич наспех поцеловал Дариньку, велел — домой, бросил носильщику чемодан и побежал, крича на ходу: «Не надо билет, бегом!» Перед его фуражкой распахнули стеклянные двери на платформу, и как раз ударил третий звонок. Обер-кондуктор готовился пустить веселую трель свистком, когда Виктор Алексеевич вскочил на подножку вагона: носильщик за ним сунул чемоданчик. Добежавшая Даринька увидела, как стукнулись вагоны, густо засыпанные снегом, как побежали скорее, замелькали, как засветился и потонул в метели красный огонь хвоста.

В переполохе она потеряла голову, не знала, куда идти. Начальник станции услужливо проводил ее. В пустом вокзале она почувствовала себя покинутой. Вспомнила, что ее ждет Прохор: Виктор Алексеевич распорядился отвезти барыню домой. Она перекрестилась и пошла к выходу. На фонарях подъезда косо мело метелью, дальше мутно темнели лошади. Она остановилась на ступеньках, высматривая, где Прохор, хотела позвать носильщика, но в это время послышался мягкий знакомый звон, и знакомый голос — голос Вагаева, сзади нее, сказал растерянно: «Опоздал...» Ее пронзило искрой, как вчера вечером, в театре, когда в ложу вошел Вагаев. Теперь он стоял перед ней, в снегу, почему-то тряся фуражкой, растерянный и бледный, как никогда, смотрел на нее восхищенным и робким взглядом и нерешительно повторял: «Опоздал... простите...» Она смутилась и не находила слова. Он понял ее смущение и, как всегда, когда видел ее такой, сказал легким, непринужденным тоном: «Так случилось, придется завтра... позволите, я провожу вас домой?..» Она нерешительно сказала: «Нет... со мной наш Прохор... найдите его, пожалуйста». Но Прохор из темноты приметил и подкатил: «А вот он, Прохор!» Вагаев помог ей сесть, бережно застегнул полость, отступил на шаг и козырнул почтительно, стараясь уловить взгляд. Она кивнула, не посмотрев, досадуя на себя, что так смутилась. Уже из темноты, в метели, обернувшись, увидела она, что он все еще па ступеньках, чего-то ждет. И ей стало легко и радостно.

XVIII

ОБОЛЬЩЕНИЕ

— После моего отъезда в Петербург с Даринькой произошло странное... — рассказывал Виктор Алексеевич, — как бы утрата воли. В те дни она жила как во сне — так она называла свое душевное состояние. И раньше с ней бывало, вдруг находило на нее оцепенение, и она часами не произносила слова, пребывала где-то...— раз только она загорелась полной жизнью, на миг какой-то, после памятной панихиды на могилке матушки Агнии, — а тут, оставшись одна, она почувствовала, что... «отдана во власть темных сил». И не только это. Она не скучала по мне, а если вспоминала, то всегда с раздражением, обвиняла меня, что я отнял у нее покой, взял из обители и предал «прелестям», сделал ее своей игрушкой. Отчасти она была права, я не наполнял ее духовно. Помню, во время ее болезни начал я ей читать «Онегина» и ие дочитал, хотя ей и нравилось. Словом, в ней совершался какой-то очень сложный душевный перелом, как я определял тогда, а она это называла «попущением» или «искушением». Началось это «попущение» особым знаком — «явлением дьявола под пальмой», у барона. Тогда это мне казалось смешным и детским. Впоследствии понял я это глубже. Духовный опыт отшельников всех веков хорошо знает эти «явления» и «попущения». Все мы знаем классический образ попущения, из книги Иова: «И сказал Господь: вот, он в руке твоей, только душу его сбереги».

В «записке к ближним» Дарья Ивановна писала: «Темное во мне творилось, воля была вынута из меня, и сердце во мне окаменело. Проводив Виктора Алексеевича, я отвернулась от него с озлоблением. В те дни я не могла молиться, сердце мое смутилось, и страсть обуяла тело мое огнем».

Было же по рассказам вот что.

Когда Вагаев растерянно сказал Дариньке у выхода с вокзала: «Опоздал, простите...» — она сразу подумала, что это была уловка, чтобы остаться одному с ней, что это умышленно им подстроено, один из его приемов «опасного обольстителя», о чем много рассказывал ей Виктор. Алексеевич и этим очень смущал ее. Сразу она сомлела, испугалась, но как-то собралась с силами и хоть и нерешительно, но отклонила любезное предложение Вагаева проводить ее, и ей стало легко и радостно, словно она избежала большой опасности.

Прохор выпил, держал себя развязно, часто к ней оборачивался, подмигивал, пробовал даже утешать, что, мол, мало ли хороших господ...

91

один отъехал — другой подъехал! «Ну. проводили, барыня, хозяина — и ладно, скучать не надо, гуляйте себе на святках... во как вас прокачу — размыкаю!..» И пустил вовсю. Метель утихла, сеяло снежком, теплело. «А вы, барышня, главное дело, с ними строже... — болтал Прохор, сдерживая рысака, — капитал требуйте. Энтот вон офицер — богач, князь, деньгами швыряется, строже с ними!..» Слова пьяного лихача кинули Дариньку в жар и стыд и подняли в ней больные мысли. Все ее принимают за такую... и пусть, не мужняя жена, такая. Она вспомнила ласкающие глаза Вагаева, стройную его фигуру, как он стоял на лестнице вокзала без фуражки, смотрел ей вслед. Ей было его жалко. Думала, что ему, должно быть, очень больно, что она так резко отказала ему, не позволила проводить ее: «Нет... со мной наш Прохор, позовите его, пожалуйста...» — будто оборвала знакомство. Он ее несомненно любит... и он свободный, и она свободная, мог бы на ней жениться... он всегда был предупредителен и вежлив, а она даже не поблагодарила за любезность. Даринька вспоминала, какой он был задумчивый у «Яра», как говорил ей: «Вы — необыкновенная... вы — святая...» Святая!.. Вспомнила про чудесное избавление его от смерти... «Он хороший, у него сердце доброе, и преподобный его хранит», — думала она, и ей показалось знаменательным, что «чудо в метели», которое случилось с Димой... — она так и назвала его в мыслях ласково — Дима... — произошло у монастыря и в метель, и он рассказывал ей об этом тоже у монастыря и в метель. Вспоминала о нем, и сердце ее томилось жалостью. «Почему мне его так жалко, как никого еще? — спрашивала она себя. — Неужели я его... люблю?..» И ей стало и стыдно и хорошо от этой мысли. «Хорошая у него душа, он славный...»

«А барин-то упредили нас, на призовом-то! — крикнул Прохор, тыча куда-то пальцем, — Лошадь какую не жалеют, режут!..» Даринька осмотрелась и удивилась, как скоро они доехали. Дымясь выступал тяжело из переулка огромный вороной конь, с кучером в позументовой четырехуголке, Даринька поняла, про кого сказал Прохор, и ею овладела и оторопь и радость Она заторопилась, дернула Прохора за армяк, сказала что-то невнятное: «Погоди, не надо...» — но Прохор не понял или не слыхал, что она хочет сойти до переулка, подкатил к самому парадному и крикнул: «Эх, ваше сиятельство, знал бы, что на обгон пойдет... нипочем бы вашему Огарку не удал... разве что за барышню поопасался бы, потеряешь!..» Даринька увидела Вагаева. Светясь пуговицами, он стоял в глубоком снегу под фонарем. Он подбежал, откинул полость, что-то сказал про снег и ловко перенес Дариньку на крыльцо, не успела она опомниться. Сунул бумажку Прохору, и лихач отъехал, пожелав им «счастливо оставаться».

Даринька почувствовала слабость и онемение во всем теле, не могла ни говорить, ни двигаться. Прислонясь к двери парадного, она смотрела на топтавшегося в снегу Вагаева, который снял с себя голубой шарфик — этот шарфик ей нравился, — и обивал им снег с бархатных ее сапожков. Смотрела и боялась, как бы Вагаев не пошел за ней в дом и как бы не увидел их Карп. Вагаев спросил, куда позвонить, в ворота или в парадное. Даринька в испуге прошептала: «Нет, ради Бога... прощайте...» Она хотела сказать, что лучше ему уйти, боялась, что Карп увидит, но Вагаев не понял или не хотел понять. «Почему вы говорите — прощайте? — спрашивал он. — Вы жестоки и несправедливы ко мне, за что?»

Она топотала на крылечке, словно у нее застыли ноги.

«Вы замерзли, я сейчас позвоню и не буду надоедать вам...» — сказал Вагаев и протянул руку — позвонить. «Нет, нет... не надо, я пробегу двором, наша старушка спит...» — остановила она его. Он взял ее руку, придержал и стал торопливо говорить, что просит у нее только одну минутку, и она сейчас все поймет. Она сказала, что она вовсе его не гонит и ей не холодно. Он взял ее руку в свои ладони, гладил и пожимал, словно хотел согреть, и стал путано говорить, — она чувствовала, как он волнуется, — чтобы она не думала, будто он ослушался ее воли, все-таки проводил ее. Это совершенно случайно вышло, и он счастлив, что вышло так! Он никак не предполагал, что приедет раньше и попадется ей на глаза: он нарочно велел ехать кружным путем, Садовыми... хотел лишь удостовериться, что она доехала благополучно, думал только взглянуть на окна, увидеть, может быть, тень ее... «Поверьте же, ради Бога, что это неумышленно!» Она отняла руку, но он поймал другую. Она насторожилась: как будто скрипнуло на дворе, не Карп ли. Забылась — и шепнула совсем по-детски: «Кажется, Карп?..» Вагаев сделал испуганное лицо и спросил: «Это что-нибудь очень страшное?» Она сказала, что это их старый дворник, очень строгий, богобоязненный и хорошей жизни, и всегда читает священное. Вагаев трогательно сказал: «Милая вы какая!» Ей стало совсем легко, когда он сказал так, трогательно и ласково. Она сказала, что верит ему и не сердится на него, и совсем неожиданно спросила, чуть с усмешкой, что его очень удивило, он даже отшатнулся: «Вы хотели ехать вместе — и опоздали... это тоже случайно, да?» «Как?! Разве вы не получили телеграмму?! — спросил он с искренним удивлением... — значит, ее принесли без вас, она, конечно, там...» — показал он к окнам.

И объяснил, что в самую последнюю минуту, когда он уже приготовился ехать на вокзал, барон получил депешу от управляющего, что вчера на Орловском конском заводе произошел пожар, и просил выехать в орловское имение для осмотра и распоряжений, и он завтра же утром едет, дня на два. Он сейчас же послал телеграмму Виктору, ехал на вокзал, чтобы проститься и проводить ее.

«Ну, чем же я провинился перед вами... скажите — чем?!» — спросил Вагаев с такой нежностью и мольбой, что у Дариньки захолонуло сердце. Как бы забывшись, он согревал дыханием ее руку и пожимал в ладонях. Даринька поглядела на него с нежностью, коря себя, что думала о нем так дурно, а он совсем и не виноват, и прошептала взволнованно: «Нет, я перед вами виновата... я дурно о вас подумала...» «Вы подумали, что я... умышленно опоздал, чтобы?.. — закончил Вагаев взглядом, — Да, я не могу скрыть от вас... каждая минута с вами для меня блаженство... но тут я неповинен. Я провинился в другом... — продолжал он, — опоздал проводить вас, встретил уже на выходе... и еще провинился... перед судьбой...» И он значительно замолчал. «Перед судьбой?..» — переспросила, не понимая, Даринька.

Вагаев старательно растирал снег, позванивая шпоркой. Быстро взглянул на Дариньку и сказал с горечью:

«Вы знаете, что я хочу сказать... Я провинился перед собой... опоздал вас встретить, встретил вас слишком поздно в жизни... — и наказан!..»

Даринька взволнованно смотрела, как Вагаев отстегнул пуговку ее перчатки, не спеша отвернул повыше кисти, как на бегах недавно, и поцеловал под ладонь, нежно и продолжительно. И не отняла руки.

«Одну секунду... — сказал Вагаев, видя, что она заторопилась, — я вернусь через два дня... разрешите перед Петербургом заехать к вам, какие-нибудь поручения... Позволите?..»

Она безвольно сказала «да». Вагаев взял другую ее руку, так же неторопливо отстегнул пуговку и, нежно смотря в глаза, поцеловал под ладонь, и выше.

«Вот и Огарок наш... — сказал он на подходившего рысака. — Вы помните?..»

Она кивнула молча. Он повторил, что заедет через два дня, еще поцеловал и ту, и другую руку, шагнул в низкие саночки и послал ей воздушный поцелуй.

Даринька не молилась в эту ночь. Не раздеваясь, она пролежала до рассвета в оцепенении, в видениях сна и яви, сладких и истомляющих.

XIX

МЕТАНИЕ

Даринька не могла простить себе, что в те безумные дни она совсем забыла о Викторе Алексеевиче- «словно его и не было». И еще мучило ее: все ли она ему сказала. Она сама не знала, что действительно было с ней и что ей только «привиделось», Как она сама говорила, она «металась» от яви в сны. В «голубых письмах» Вагаева из Петербурга были какие-то намеки, он называл ее «самой близкой ему из женщин, кого он знал», даже «вечной женой, отныне ему данной», и эти намеки мучили Виктора Алексеевича. Даринька не могла объяснить ему и только страдальчески глядела «вовнутрь себя», словно старалась вспомнить.

— Она не умела лгать, — рассказывал Виктор Алексеевич, — Так все переплелось в те дни, столько всего случилось, столько было и лжи, и клеветы, что не только ей, юной, склонной к «мечтаниям», — ей тогда и девятнадцати еще не было! — а и мне, трезвому реалисту, нелегко было разобраться. Осталось во мне, что какие-то силы играли нами, громоздили на нас «случайности» и путали нами нас же. Только много спустя познал я, что по определенному плану и замыслу разыгрывалась с нами как бы... «божественная комедия», дух возвышающая, ведущая нас к духу Истины... творилась муками и страстями, и темные силы были попущены в игру ту.

В «записке к ближним» Дарьи Ивановны есть такие, наводящие на раздумье, строки:

«Что содеяно было мной, и в чем я духовно согрешила? Когда явлено было знамение и я замкнулась в "детской", он вынужден был уйти, и мы не встречались больше до последней, "прощальной" встречи. Почему же он еще в московском письме писал: "Вы знаете, что отныне вы мне жена?!" Я никогда не была его, это он написал в безумии. Во сне мне... или ему во сне? Не помню, никогда я ему не обещалась. "Господи, пред Тобой все жаление мое, и воздыхание мое от Тебя не утаися"».

По рассказу Дариньки. по ее покаянию перед Виктором Алексеевичем, можно восстановить довольно точно, что было в эти «дьявольские дни». как называл их тогда Виктор Алексеевич, — «сам весь в грязи».

Расставшись на крыльце с Вагаевым, Даринька дома нашла депешу и убедилась, что он остался в Москве без умысла. Не раздеваясь, она пролежала до рассвета, в видениях сна и яви.

Было еще темно, когда она очнулась.

В захлестанное снегом окошко спальни мутно светил фонарь: окошко не было занавешено. В столовой Карп громыхал дровами, топил печи, и Даринька поняла, что наступает утро. И вспомнила, что она одна, и Вагаев влюблен в нее. У Казанской не теплилась лампадка: забыла ее поправить. Даринька потянулась за чулками- и вспомнила, что не раздевалась: все путалось, будто и ночи не было. Зажгла свечку и стала прибирать в комнате. Измятая депеша, шубка и перчатки на постели, открытый одеколон... — смущали ее и говорили, что Вагаев влюблен в нее. Было и радостно и страшно. За чуть синевшим окном проехал неслышно водовоз, — как высоко сегодня... сколько же снегу навалило! На лице было неприятно, липко, как после слез, хотелось скорей умыться ледяной водой, с льдышками. Убиравшая комнаты старушка спрашивала, что готовить. Дариньке не хотелось думать, — ну, что-нибудь. Утираясь перед окошком в зале, она увидала в боковом зеркальце крылечко в снегу, со следами от каблуков, и что-то голубое... — шарфик?! Она побежала на парадное, с трудом отпихнула дверь, заваленную снегом, и вытащила из-под снега смерзшийся и замятый шарфик Вагаева, которым он обивал с ее сапожков снег вчера. Огляделась — и спрятала на груди. Воздух был острый, тонкий. Она постояла на крылечке, радуясь на зиму, глухую, дыша привольем, и вдруг Карп ласково испугал, из-за сугроба: «Еще простудитесь!» Даринька побежала в спальню и спрятала в надушенный шарфик разгоревшееся лицо.

После чая она заставила себя пойти в «детскую», — совсем о ней забыла! — помолилась глазами на иконы и увидела пяльцы с начатой и оставленной работой. Окошко в сад совсем завалило снегом, в комнате было мутновато. Дариньке показалось, что василек синелью выходит бледно, надо распарывать. Взяла моточки голубенькой синели, прикинула у света, — нет, что-то бледновато, надо поехать в город. В саду прыгала в валенках девчонка из приюта, взятая помогать, проваливалась в снег и ухала. Даринька вспомнила про каток под яблоней, — она недавно выучилась кататься, — и крикнула в форточку девчонке, чтобы тащила скорей лопаты и метелки, — каток расчистим. Пошла одеться, а тут позвонили в парадном, и Карп принес записку, — привез незнакомый кучер, от вокзалов. Это прислал Вагаев, писал с вокзала: «Уезжаю дня на два, на три, но сердце у вас оставил». Даринька постояла у окошка, закрыв.

Девчонка звала: «Барыня, да пойдемте!» Даринька пошла, погребала немного снег, повозилась в снегу с девчонкой, снежками покидалась, и вдруг показалось скучно. Надумала — за синелькой в город. Только оделась, покрасовалась в зеркале, как опять позвонили в парадном. Да кто такой? Заглянула в окошко: у подъезда стояли высокие сани, парой, буланые лошадки... на таких приезжал на Рождество гусарчик! Карп сказал, что приехал от барона Ритлиндера человек из конторы, справляется про ее здоровье, и не будет ли каких распоряжений. Даринька растерялась, не знала — какие распоряжения?.. Карп смотрел что-то неодобрительно и дожидался. Даринька метнулась... «Какие, я не знаю... ну, позови...» Человек вертляво поклонился: «Господин барон прислали, не будет ли распоряжений, велено так спросить-с... куда, может, изволите поехать?» Даринька сказала, что благодарит барона, но ей ничего не надо.

Она съездила в город за синелькой, прошлась в Пассаже, но там ее напугали какие-то щеголи в цилиндрах: все преследовали ее и все предлагали «прокатиться». Она в страхе от них метнулась, но заметивший это какой-то совсем незнакомый офицер услужливо предложил проводить ее от этих нахалов до извозчика, вежливо усадил, даже заметил номер и козырнул, сказавши: «Вы прелестны, сударыня!»

Вернувшись домой, она увидела у крыльца ту же пару буланых и вертлявого молодца, который о чем-то болтал с Карпом. Молодец развязно поклонился, чего-то ухмыляясь, и подал в открытом конверте карточку. Даринька прошла в дом, в волнении прочитала: «Барон Александр Адольфович Ритлингер, почетный опекун, — и пониже, чернилами, — кланяется и просит располагать человеком для поручений и экипажем во имя дружбы», — смутилась, вышла на парадное к молодцу и велела сказать барону, что очень благодарна, но, право, ей ничего сейчас не надо. Человек сказал: «Слушаю-с, барышня, как вам угодно-с... а то можем и подождать, чего, может, надумаете-с?... — и все почему-то ухмылялся. Даринька вся смутилась, взглядом спросила Карпа, но тот, показалось ей, смотрел что-то неодобрительно.

Стало смеркаться, Дариньке стало скучно, и она попросила старушку сходить за Марфой Никитишной, просвирней: просвирня умела хорошо рассказывать и знала разные старинные стишки и песни. Сидела и мечтала в сумерках, вспоминала, как ездили в театр, все хотела вспомнить стишки, которые ей шепнул тогда Вагаев, что-то такое про любовь? Помнила начало только; "Любви все возрасты... подвластны..." А как же дальше? Помнила, что стишки были из "Онегина", про которого ей читал во время ее болезни Виктор Алексеевич. Она отыскала книжку в знакомом переплете, красное с золотом, с пятном от пролитого лекарства, — это она запомнила, — нашла "Онегина" и стала искать стишки. Стишков было очень много, одни стишки, но "про любовь" все не находилось. Встретила "Письмо Татьяны к Онегину", вспомнила, что было интересно, и зачиталась. Несколько раз взволнованно перечитала:

Ты чуть вошел, я вмиг узнала,

Вся обомлела, запылала,
И в мыслях молвила: "Вот он!"
И потом дальше:
Кто ты: мой ангел ли хранитель,
Или коварный искуситель?
Мои сомнения разреши.

Пришла просвирня, но теперь было не до нее, Даринька напоила ее чаем с тянучками, — она их и сама любила, — сказала, что... очень устала что-то, — и это была правда, — замкнулась в спальне, прилегла и стала читать дальше. Многого не понимала, но было очень-очень интересно, "сказать нельзя, как интересно!" Наконец, уже глубокой ночью, ей попалось:

Любви все возрасты покорны:
Но юным, девственным сердцам,
Ее порывы благотворны,
Как бури вешние полям.

Заложила бумажкой на странице. Дальше ее захватило еще больше:

Сомненья нет: увы! Евгений
В Татьяну как дитя влюблен.
Замирая от счастья, от тоски, читала и читала:
К ее крыльцу, к стеклянным сеням
Он подъезжает каждый день;
За ней он гонится как тень.
И плакала, читая стишки, напоминавшие ей про матушку:
Где нынче крест и тень ветвей
Над бедной нянею моей...

Даринька перекрестилась на икону Казанской — благословение матушки Агнии, и с ужасом увидала, что опять не оправила лампадку. Оправляла, а слезы текли, и она утирала их рукавом, не зная, о чем плачет: мешались в ее сердце боли.

Я вас люблю — к чему лукавить?
Но я другому отдана;
Я буду век ему верна.

Читала долго, пока не погасла лампа.
В те дни чтение стишков стало для нее томительной усладой.
Утро — это был последний день старого года — началось тревожно; позвонились — и подали депешу от него. Никогда столько не звонились. Было всего три слова: "Весь полон вами". Стало и радостно и страшно. "Господи! как же быть?.." — спрашивала она измятую бумажку, стараясь собрать мысли, а мысли не давались; белели в темноте сугробы, светил фонарь, сияли пуговицы на шинели, и о н в снегу, под окнами... — "чтобы хоть тень ее видеть..." — как там:

Нет, поминутно видеть вас,
Повсюду следовать за вами...

Спрашивала себя с тоской, страшась и думать: "А если скажет — вас люблю"?..» — и знала, что недостанет силы. К кому пойти, кого спросить? к матушке Виринее? сказать ей... Нет, стыдно, прозорливица она. Надумала поехать в Вознесенский монастырь, к монахине-старушке, задушевнице матушки Агнии покойной, — уйти от ожидания.

Переоделась, надела шубку и котиковую шапочку, попроще. И в это время позвонили. Даринька метнулась к окнам. Звонилась дама, нарядная, в мехах. Мелькнуло — та?.. И отлегло от сердца: та была выше ростом и моложе. У крыльца стояла неспокойно пара кургузых вяток, в султанчиках и с бубенцами, кучер был в ливрее и в цилиндре, и с бичом; ноги — в пледе.

Дама заявилась от барона. Барон дал слово Виктору навещать бедняжку, но у него дела, он извиняется, просил заехать, — она старинный друг барона, вместе работают в приютах. Заговорила Дариньку. «Ну можно ли так сидеть, скучать! День чудесный, морозец легкий... и такая прелесть вдруг скучает! Милочка, побойтесь Бога... нет, я вас насильно вытащу, и барон совершенно прав, вас надо развлекать... девочка такая, в четырех стенах! Все знаю, все истории ваши, и про вашего Виктора, скоро все устроится. Да прелестная-то какая!.. в вас сразу влюбишься, без шуток. Боже, глаза какие!.. Надо показывать себя Москве, а не дичиться...»

Заговорила. Лошади танцевали, не стояли. И Карп, и все смотрели, — шик какой!

Бульварами, Тверской, к театрам. Проехали Петровкой. Вернулись на Кузнецкий мост... Какие магазины, роскошь, моды! На углу был дом барона. На Лубянку. Никольской и Рядами. Охотным рядом, Остановись! Кажется, 2-го маскарад?.. В Благородном собрании, все залы. Ни разу не была?!! Непременно надо, непременно, так сидеть, в углу!.. Глупости: все, и дамы, и девицы, девчонки даже, все танцуют, весь свет. Ну, после. В Охотном был тоже дом барона. По Неглинной. На Неглинной был тоже дом барона, главный. На Тверскую. Также и на Тверской был дом барона. Как домой? Два часа гулять необходимо.

От этого кружения голова у Дариньки кружилась, дремали мысли.

Опять попали на Кузнецкий. «Глядите, как все смотрят... замечаете? На вас, конечно. А вы со вкусом, шляпка эта к вам идет, задорная головка. А вы хотели в шапочке. Надо все в pendant. В кондитерскую, где Сиу. Пили шоколад и все смотрели. В заграничном магазине даме занадобилось кой-чего купить. Им показали веера материй, горы буфов, зефиры, крепы, шелк и бархат. У императорского ювелира дама спросила "из жемчуга". Им показали ожерелья, перлы. Дама небрежно отстранила: "После, а пока... жемчужину, одну". Им показали — "единственное по игре", розовых тонов, живую, на бриллиантах, брошь. Три тысячи? Чудесно. Взяли. Французский магазин, духи, в серебряной оправе баккара. Еще французский: белье, тончайшее, сквозное — воздух! — валянсьен и брюссель. Еще французский: моды, из Парижа: вот для визитов, вот — в театр, вот — утреннее, легкое, как пробуждение, вот — для приемов, вот — для будуара, вот — пеньюары, здесь прорезы, и тут прорезы, снять удобно... Это вот для прогулки, для манежа... для концерта, вот — бальное... вот — просто для вечеров... А сорти-дэ-баль?..»

Даме надо было что-нибудь для дочки, скоро вернется из деревни, надо бы примерить, поглядеть... «Голубка, у вас фигурка и рост... совсем как моя дочка! милочка, наденьте, покажитесь...» Даринька примеряла и бальное, и пеньюары, и для концерта, и утреннее, легкое, как пробужденье... и — «так, для случая, в самой интимной обстановке», и... Даринька троилась в зеркалах, кружилась. Смотрели и при огнях, в раструбы, давали света, больше, меньше. «Да, "электрик", пожалуй, лучше — у моей дочки глаза... совсем как ваши! совсем такие, только меньше, необыкновенно!» Француженки взирали. «Вам дурно? скорей воды!» — «Ничего, немного закружилось...» — «Ну, пока оставим. Милочка: простите, совсем вас закружила». Вышли. А модные прически, последние? а шляпка? а перчатки? туфельки, платочки?.. Ну, успеем. Меха... До завтра.

«Устала? бедняжка, не привыкла... Не скучно? В Петербурге тоже не скучают. Мужчины все на одну колодку. Укатил по делу? Ну, конечно, слыхала от барона, деловой... ох, эти деловые!.. Нет, ничего такого. Вы-то удержите, а вот жена не удержала. Да, верьте им. Да ничего особенного, про горничную что-то говорили, у них служила... Ну, была интрижка, пустяки. Вы-то удержите, уж взяли...»

Дама отвезла Дариньку домой, болтала про барона. Будет доволен, что «наша милочка» довольна. Необходимо развлекаться, не скучать. «Оценят, думаете, вашу скуку? Вот вы какая, понимаю... все внутри. То ясно, засияли глазки, а то как сеткой! Милочка, да вы меня очаровали, женщину... а что же будет, когда... Так и припадут к коленочкам... будут на задних лапочках ходить». Заговорила Дариньку, «застукала». У Дариньки в ушах стучало: та-та, та-та... «Вот и домик ваш, совсем деревня. И завтра погуляем, да?..»

После прогулки Даринька уснула. Проснулась поздно: кукушка прокуковала 9. Пришла просвирня, посидеть: одной-то скучно, а сегодня Васильев вечер. Даринька смутилась: Василия Великого?! Забыла, проспала. Всенощная отошла. Просвирня утешала: Господь простит. Рассказывала, как хорошо жила, дьякон когда был жив. Новый год встречали с щиколадом, пастилы, орехов всяких... и гадали, воск лили. Так, шутили. А выходило. За год до смерти вылился крестик дьякону, истинный Господь. Даринька достала воску, стали лить. Дариньке — поле вылилось, живая ровень, — ни-чего. Просвирке — будто бугорок... могилка? Девчонке — розги. Просвирня пригубила мадерцы, стала вспоминать стишки, — бабушка еще ее певала:

> В час разлуки пастушок,
> Слезный взор склоня в поток,
> Говорил своей любезной:
> «Нет, тому не быть,
> Нет, не будешь ты моя,
> Ты богата — беден я.
> Нет, тому не быть».

Даринька пошла с девчонкой проводить просвирню. Над головой, в радужно-мутном круге, высоко, стоял зеленоватый месяц — как яблочко. Зеленой искрой отблескивали хладные сугробы. Просвирня говорила: «Слушать надо: где собачка взлает — туда и выдадут, гадали так». Кому же слушать? Послушали: ни одной-то собачки, тихо, глухо. Ни души по переулку, не у кого и спросить про имя. А кому спрашивать?

Вернулись. Заглянули в оконце дворницкой. Сидел при лампочке-коптилке Карп, читал Писание, водил по старой книге пальцем. Висели седыми кольцами густые его лохмы, железных очков не видно. Дариньке вспомнилось-вздохнулось: прошлой зимой сидела она в келье матушки Агнии, читала ей «житие Василия Великого», а матушка дремала. Спокойно было на душе и светло... Ничего-то не знала, не видела, — была укрыта. Щемило сердце: куда пойти, кому сказать? Метнулось в мыслях:.Карпу сказать? Праведный он, хороший. И побоялась, устыдилась: строгий, все знает, видит. Да что сказать-то?..

Карп поглядел из-под очков к оконцу, — снег хрустит... Перекрестился, дохнул на лампочку — упала тьма.

XX

ДЬЯВОЛЬСКОЕ ПОСПЕШЕНИЕ

Новый год начался для Дариньки душевной смутой: отчаянием и «злыми чувствами». Накануне, ночью, она сладко себя томила, перечитывая из «Онегина» особенно пленившие страницы, которые она заложила бумажками, чтобы не потерять, и это чтение вызывало теперь видения. Татьяна была она сама, тайно влюбленная, отданная судьбой другому: а он был Дима, «гусарчик» — так называла в мечтах его, — великий грешник и обольститель, но добрый, милый, чудесный Дима, — «благодать Божия на нем. Преподобный укрыл его». И она вновь читала и плакала:

> То в высшем суждено совете...
> То воля неба: я твоя.

Сладкой болью томили его слова: «Мне теперь стыдно многого, что вы можете как-то знать... провидица вы, необыкновенная, святая!»

Третьи петухи запели, когда Даринька отложила книгу, и стала на молитву, но молитва не шла на ум. Читала Иоанна Златоустого, на сон грядущий — «...покрой мя от человек некоторых и бесов и страстей и от всякие иные неподобные вещи...» — и путала из Св. Макария Великого, на утрени: «...и избави мя от всякия мирския злыя вещи и дьявольского поспешения...» — слышала затаенный шепот: «Весь полон вами...»- и отдавалась мечтам о нем.

100

Мучаясь, что грешит, она положила голубой шарфик под подушку. перекрестила подушку, как всегда делала перед сном, и, страстно прося пугливой мыслью, загадала, веря, — какой она сон увидит под Новый год.

Сон ее был тревожный и путаный: видела дороги, белую церковку в сугробах, будто дожидается у церкви, а он не приезжает, видела поезд, занесенный снегом, и она бежит по сугробам, догоняет, прыгает на подножку... но кто-то стукнул, и Даринька проснулась. Старушка за дверью говорила, что било десять, и привезли ящик от часовщика с Никольской. Пробуждение ее расстроило: важное что-то было, «самое важное»... и не увиделось. Проспала обедню, как вчера всенощную. Стало больно, что не начала Новый год молитвой.

— Так все складывалось в те дни, — рассказывал Виктор Алексеевич, — чтобы вырвать Дариньку из привычного, отвлечь от утишающей молитвы. Только бодрствующей душе дается видеть сокровенные «злые вещи» и «дьявольское поспешение». После мне все разобрали, и все уложилось в план.

Даринька встревожилась: могут быть поздравители, а ничего не готово еще. Может и он приехать. Думала, торопливо одеваясь: какой же это ящик, от часовщика? Вспомнила о цветах, присланных им на Рождество, — цвели еще белые камелии, — может быть, это от него?.. Неодетая, выбежала в залу, — где же ящик? Старушка, должно быть, вышла, ящика нигде не было. Побежала в спальню, раскрыла гардероб, — какое надеть лучше? Песочное, с черным бархатом... — ужасная сорока! шотландское, клетками?.. — ужасно глазастое... почему-то ему нравилось, что толстит, — подумала о Викторе Алексеевиче. Оставалось воздушное-голубое, какое надевала на Рождество, гусарчик сказал о нем: «Вы сегодня особенная, совсем весенняя». Даринька выбрала «весеннее», но оно казалось совсем невидным после вчерашней роскоши, какую примеряла на Кузнецком. Она вспомнила «утреннее, легкое, как пробуждение», прозрачное, в пене кружев... — «только все ноги видно, ужасно тонкое...». Но когда причесалась «а-ля грек», как учил ее парикмахер на Петровке, с гребнем и парчовой повязкой, сквозившей в жгутах каштановых кос ее, «богатые у вас волосы, мадам... редко такие видишь!» — говорил ей не первый парикмахер, — когда надела на нежную, «классическую», — называл Виктор Алексеевич, — в тонком изгибе, шею черную-черную бархотку с медальоном из гранатцев, посмотрелась перед трюмо, — радостно увидела, как глаза ее интересно засинели... — «похожа на... Татьяну?.. — какой-то в них новый отблеск, немножко томный, и стали больше, гораздо глубже».

Ящик от часовщика оказался органчиком. Это была лакированная черная шкатулка, где под стеклом был медный колючий вал и стальная блестящая гребенка. Даринька поняла, что это «сюрприз» от Виктора Алексеевича. На днях были они у Мозера, покупали дамские часики в эмали, на длинной цепочке с передвижкой, которые прикалывались на грудь, и Дариньке понравился музыкальный ящик, игравший «Лучинушку» и «Коль славен». Виктор Алексеевич пошептался с хозяином, и она поняла, что готовится ей сюрприз. Она подняла крышку, увидела блестящий вал, услыхала машинный запах, — не было от сюрприза радости. И вдруг вспыхнуло раздражение, вдруг постигла, что

101

дама от барона что-то ужасное сказала: не та изменила — Даринька разумела жену, — а этот... — подумала так о Викторе Алексеевиче, — с горничной было у него, а та прогнала его! Потому-то и не пускают к нему детей, и все, что он рассказывал ей, — ложь и ложь. Даринька вспомнила, как вчера усмехнулась дама от барона: «И в Петербурге тоже не скучают». Про него это говорила — «не скучают», и — «мужчины все на одну колодку, верьте им!..»

— Это открылось вдруг, — рассказывал Виктор Алексеевич, — хотя она это знала еще вчера, до того она была вся во власти «чудесных чар», сак она после говорила. Это раздражение и даже «озлобление», как гисала она в «записке к ближним», она объясняла — и это несомненно, так и было, — таившимся в ней сознанием, что грешит, и желанием как-нибудь оправдать себя, перед собой же. И все это еще более путало и заплетало все то больное и лживое, что пошло от нашего... нет, не от нашего, а моего греха. Мой грех искупался ею, самые страшные испытания назначены были ей. Во имя чего? Я мучился этим и только впоследствии познал.

Музыкальный ящик сказал Дариньке, что Виктор Алексеевич обманул и продолжает ее обманывать. Он в Петербурге «не скучает», а чтобы жа не думала об этом и тоже не скучала, купил ей «музыку». В ней поднялась обида и «почти ненависть», чувство, раньше ей незнакомое. Виктор Алексеевич представился ей таким же грязным, как бывший хозяин Канителев, от которого она убежала на бульвар в памятную мартовскую ночь.

И вот, этот, образованный инженер, пожалевший ее в ту ночь, т а к обманул ее! Воспользовался ее беспамятством, когда, обезумевши от горя, прибежала она к нему на заре, когда матушка Агния лежала еще не остывшая, и, жалея, обманул ее, взял из монастыря. Все представилось как обман, как яма, в которую ее столкнули. Вспомнила про кольцо, когда лежала, слабая от болезни, глядела через кофточку, и как он взял ее руку и надел ей кольцо на палец.

Все ложь и ложь. И все обещания развода — обман и отговорки. Вспомнила веселые его рассказцы о покойном Алеше, — «на каждой тумбочке по жене!» — о шутливом признании, что и он «женолюб немножко», вспомнила, как «раскрыл» ее, бесстыдно любовался и называл «африканкой», кощунствовал, сравнивал с преподобной, спасавшейся в Пустыней укрывавшей волосами наготу свою. Она захлопнула музыкальный ящик и увидела в зеркале мертвенно бледное лицо, чужое, и гневные, незнакомые глаза.

Пошла в спальню, встала перед Казанской, сложила в немой мольбе ладони и с болью вспомнила, как благословляла ее покойная матушка Агния, как тайком пронесла она эту икону из обители, обманула матушку Виринею-прозорливую и как подхватили ее на лихача. Ушла из Святой обители и стала любовницей, содержанкой, «прелестницей»... так все и называют — и надо еще «удерживать», — говорила вчера та дама, от барона, «Вы-то его удержите!» А если не удержит, возьмет другую. Что бы матушка Агния сказала!.. Но стало страшно, и она отошла от образа. Увидала голубой шарфик на постели, припала к нему, но тут позвала старушка: «Барыня, письмо вам».

Письмо было от Виктора Алексеевича. Он поздравлял с Новым годом, целовал миллионы раз, до последнего ноготка на ножке, спрашивал, довольна ли сюрпризом, говорил о тоске «без моей святой девочки» — какой ужас! — что, «как и ожидал», экспертиза его модели отсрочена на после Крещения, хотел уехать, но задержала техническая комиссия... Просил не скучать, больше кушать, не скупиться и покупать «любимые тянучки»... — «хочу, чтобы ты была у меня толстушка»... — Дариньку передернуло, — и ни словом не обмолвился о хлопотах с разводом, как обещал. Спрашивал, не навещает ли ее Вагайчик. Этот его «маневр — Даринька этого слова не поняла — меня смущает, очень меня тревожит, что он обманул меня, остался в Москве, Все шуточки этого беспутного Дон-Жуана мне известны... — Даринька не знала, кто такой Дон-Жуан, — и боюсь... — тут было зачеркнуто, — не смущает ли он чистое твое сердечко? Я знаю, ты у меня святая, вся чистая... но лучше не принимай его, вели нашей бабке сказать, что ты уехала к тетке, что ли...»

— Письмо было искреннее... — рассказывал Виктор Алексеевич, — я действительно беспокоился, отправил письмо с кондуктором, чтобы тот немедленно по приезде в Москву сам доставил... и в то же время — это я отлично помню, — в самый тот день я познакомился на вечеринке у бывшего начальника с одной дамой, и мы условились встретиться на маскараде. Раздражение Дариньки я объясняю еще ее предчувствием той «грязи», которая меня хлестнула.

Письмо было длинное, с уверениями в вечной любви и с такими словечками, что Даринька краснела. В конце он спрашивал, не хочет ли она приехать, — «но меня так теребят, что тебе пришлось бы скучать».

Письмо еще больше ее расстроило. Ей казалось, что он не хочет, чтобы она приехала. Но ей не пришлось раздумывать: подали депешу от Вагаева. Вагаев желал большого-большого счастья, и сообщал, что пробудет еще три дня: «Дядюшка неожиданно попросил проехать в харьковские имения, и это для меня казнь, не гневайтесь за признание, но без вас я не в силах жить, помолитесь за меня, святая!» Даринька закрыла лицо руками. Душевное напряжение разрешилось слезами. Она плакала в серую бумажку, прижимала ее к губам.

В парадном позвонили. Посыльный принес с Петровки корзину ландышей. Когда откутали, пахнуло весенним ароматом. Старушка с девочкой наахались и ушли. На карточке от магазина было отменно выписано: «От господина ротмистра, его сиятельства князя Д. П. Вагаева, по срочному заказу из Полтавы». Даринька склонилась к ландышам, стала перед ними на колени, обняла их нежно, гляделась в снежные их сережки, вдыхала их, чуть прикасаясь поцелуем. Они шуршали. Свежий, телесный запах, проникающий холодком до сердца, кружил ей голову. Она прижала к себе корзину и окунула лицо в шуршащие свежестью сережки.

— Она признавалась мне, — рассказывал Виктор Алексеевич, — что никогда она так не чувствовала дурманного аромата ландышей. Она как бы пьянела.

В «записке к ближним» Дарья Ивановна отметила тот случай:

«Какая радость — чистые цветы Божии... и что они со мной сделали! Я безумствовала, забыла все. Без Бога самое невинное грозит нам. Те ландыши я приняла не светлой радостью, а озлоблением телесным и отдалась во власть похоти. В том дурмане я, ничего не сознавая, как бы разъята, и со мной делали, что хотели».

И это так и было.

Томящий аромат ландышей наполнял комнаты, возбуждал. Даринька чувствовала его всюду, он тек за ней. Она оживилась, умыла лицо от слез, порадовалась на снег в окошко, на ясный день. День был на редкость солнечный, с синими тенями. На солнце потаивало даже. Даринька дала девочке на гостинцы, дала и старушке за Новый год, велела позвать Карпа и, почему-то боясь поглядеть в лицо, поздравила его с Новым годом и дала рубль серебром. Карп сказал: «Покорно благодарю, Дарья Ивановна, барина поблагодарите». И не назвал «барыня». Давая на гостинцы, Даринька вспомнила, что так и не послала гостинчика матушке Виринее. Решила прогуляться на Тверскую, купить у Андреева сладостей и самой отнести в Страстной. Она уже надела ротонду, как вдруг глядевшая в окно девочка вскрикнула: «Гости к нам!» Даринька всполошилась и узнала вчерашнюю даму от барона. Дама приехала парадно, на вороных, под сеткой, с великолепным чернобородым кучером. Даринька ей обрадовалась, ей захотелось прокатиться. Дама была сегодня особенно шикарна: в розоватого бархата собольей шубке, по последней моде, — спереди мысом, а сзади поднято, и все опушено соболями. Соболья муфта на розовом, в серебре, шнурочке, розоватые с серебром сапожки, палевое перо на шляпке, маленькие у муфты «норки», и белые перчатки. Дама стала красивей и моложе, черные ее брови резче и губы ярче — совсем красотка. Они поцеловались, и Даринька сказала: чудные духи какие! «Парижские, "По-дэ-вьерж". Нравятся?» — «Очень, напоминает ландыш!» — «Изволь, душись, — к дама вынула из маленькой норки в муфте серебряный флакончик. — Без разговоров! "По-дэ-вьерж" все мужчины любят, это от меня, на счастье. Едем, А плакала почему? Глупо, портишь глаза. Ах, хороши! — вздохнула дама, нюхая ландыши, — право как тельцем пахнут, девичьей "пошкой". Поклонник, а? Вспыхива-ет, как институтка. На то и цветочки... Вагайчик, а? Ну, конечно. И мне когда-то, еще совсем мальчишкой, смешной такой, ушанчик. Первая любовь мальчишки, а я уже замужняя была... Сколько?., да лет пятнадцать... двадцать два мне годочка только было, первая моя ошибочка...» Чего же удивляться! Кажется, неплохой дебют: она была первая у него. «Теперь... тысяча первая, а?.. — потрепала дама по разгоревшейся щечке Дариньку. — Не началось еще?.. Да девочка, это же так просто, а она смущаться. Швыряет, правда, но, может, и остепенится... говорят, скоро на кавказской княжне поженится, миллионерке. А она даже побледнела... почему это может помешать? Нисколько. С такими-то глазами, с такими губками... дурочка! Сумеешь... с Виктором же сумела!..»

Даринька сидела на диване и рыдала, склонившись к даме. Дама — она велела называть себя «тетя Паня» — ласкала ее и целовала в ушко, — «сквозная какая кожица, вот порода!». Утешала: «Глупенькая, какая разница — так или повенчавшись! Живешь же со своим так, почему нельзя так с дружком! пустяки какие. Себя не знаешь. Да все миллионы к таким коленочкам, к таким губеночкам!.. И м приказывать надо, отшвыривать... Что-о?! какие ты словечки, милая, знаешь... "блудница", "прелестница"... откуда это ты?! Это неприлично в обществе, неужели твой не сказал тебе!

104

И м приятно, когда такие невинненькие губки...» «Тетя Паня» ласкалась, нежилась. — «Неужели в монастыре это говорят? в духовных книгах?!.. — "Тетя Паня" смеялась:-Духовные словечки! Нет, серьезно влюбилась в Димку? Ну, пошепчи... да?.. Ну вот... Да откуда ты такая, вся сквозная, как стеклышко? Такое-то они и ценят, чистенькое, из монастыря... преподобное тельце, "вьержечек" им подавай... сразу учуют, бесы, где леденцом пахнет. Душистую-то такую и... — "Тетя Паня" щекотала губами у шейки Дариньки. — И Викторка твой, и Димка, будущий твой, оба молодчика из одной квашни. Не говорила я, что?! Самкали "вьержечку", разводиками теперь мажут. Да всем известно, что жена его выгнала... Иди умойся, глаза нареваны. Разво-од?.. Никогда ему не дадут развода, и сам все прекрасно знает. Про Аничку его неизвестно, все шито-крыто, а перед людьми свята... вот и бери пример».

— Словом, Даринька ей открылась со всеми своими «тайнами», — рассказывал Виктор Алексеевич. — Представьте себе опытнейшую сводню, хоть из мещанок, правда, но ставшую как-то генеральшей, с солидными связями в столицах. И не только сводню, а и директрису некоего «Капища» для «сливок общества». Известный процесс в 70-х годах «вскрыл гнойник беспощадно», как, по слухам, положил резолюцию государь, и выплыли «детские души», так тогда называли все. Неудивительно, что Даринька раскрылась, другое удивительно: как кавалер орденов и барон... Но он был уже «тронут», а неземное в Дариньке, ее чистота и девственный свет в глазах разожгли в развратнике похоть и окончательно его свихнули.

«Тетя Паня» взяла Дариньку за руку и повела умыться, как кроткого ребенка. Заботливо вытерла лицо, «детские губки, такие пухленькие... — что за дерюга! — возмутилась она на полотенце. — Ну, можно ли такую драгоценность!.. — Достала из муфты пудру и что-то еще. — Чу-уть подведу, а то нареваны, — пригладила брови, — такие бровки, это же влечет, милочка!.. ну, похмурься... ну, улыбнись, восторг!.. — Спросила, оглядывая платье: — Другого нет? — Слазила в гардероб и поразилась. — Какая бедность! Требовать надо, киска, язычком дразниться... для такой весь Кузнецкий мост!..» «Тетя Паня» обнимала и нежно целовала, говорила, что «все будет, только еще бутончик, и сколько еще Димок ножки целовать будут! и под венец можно, если уж так приспичит, когда угодно... побежит, высуня язык». Даринька чувствовала себя разъятой, — «как в страшном сне».

Покатили бульварами, на «Трубу», поднялись на Рождественку, завернули в безлюдный переулок, к «тете Пане», — «взять носовой платок». Дом «тети Пани» был сумрачный, с чугунными крыльцами по концам, двухэтажный, с мутными окнами понизу. Открыл парадное угрюмый человек в поддевке, оглядел мышьими глазками. Было беззвучно в доме: «Праздник, все со двора ушли». По красно-бархатной лестнице со статуями «богинь» поднялись в длинный коридор, проходили неслышно, словно по бархату, мимо темных, глухих дверей, мимо зеркал на золоте, в которых путались вместе с ними «амуры и богини», плясавшие с бубнами стенах, и вошли в розовый будуар с зеркальными стенами, с широким ложем под шелковым пышным пологом с серебряными жгутами и махрами. «Пляши — не слышно! — сказала "тетя

Паня", топнув в глухой ковер, и, шутя, привалила Дариньку на ложе. — Нравится? можно и в куколки играть, смотри — сколько». На креслах, на пуфах, на низеньких кушетках, на разбросанных по ковру подушках глазели чудесные большие куклы, совсем живые, в розовых и голубеньких кисейках. Они сидели оторопело-неподвижно, как присмиревшие, наказанные дети. Куклы?.. А это... приезжают племянницы, играют. «Тетя Паня» взяла из розовой шифоньерки крохотный платочек. «Совсем забыла!.. — воскликнула "тетя Паня", вынимая из маленькой норки в муфте плюшевый серенький футлярчик. — наш барон велел передать тебе — на счастье, с Новым годом...» И она вынула из футлярчика купленную вчера жемчужину. «Нет-нет, это же его обидит... он же почти родной, твой Виктор зовет его дядюшкой, а тебя, милочка, он за родную деточку считает, как эти куколки... и не думай отказываться, разве можно!..» И, открыв на Дариньке ротонду, она приколола брошку под вырезом — «у сердца». Даринька, как во сне, что-то такое вспомнила... — «жемчужина... с чудотворной иконы...» но «тетя Паня» мешала думать. Она усадила Дариньку на оттоманку, где кругом были зеркала, — «смотри, любуйся», — и Даринька увидела много прекрасных дам, в черно-буром роскошном мехе, со страусом, томных, бледных, голубых, и у всех розовела на груди, «как играющий живой глаз», редкостная жемчужина. «Сколько тут у меня дамочек-то шикарных! — воскликнула "тетя Паня", целуя Дариньку. — Ну, какая же ты милая, преподобная монашка, ду-синька!.. куда зашла... к самой-то "тете Пане"! а вдруг тебя "тетя Паня" — ам?.. Ну, довольно играть, пора».

Опять пошли мертвым коридором, но почему-то в другой конец. И вдруг Дариньке показалось, что далеко впереди, на завороте, мелькнула босоногая девочка, в розовеньком, как кукла, с голыми ручками, завитая, в розовых бантиках на ушках. «Никакой девочки... что с тобой?!.. — сказала "тетя Паня". — Это же у тебя от кукол, глупенькая!..» За поворотом не было ничего: двери, глухие двери, тусклые зеркала... и тишина, «до страха». Они спустились мимо других «богинь», и другой человек в поддевке, косой и лысый, молча запер за ними дверь. В памяти Дариньки остался липкий и тошный воздух, с запахом парной бани, крепких духов и сигарной вони. Садясь в сани, «тетя Паня» шутила: «Девочку увидала! может быть, мальчика, а?..»

Даринька смутно помнила: зачем-то надо было ехать в «Эрмитаж», завтракать. Видела белый зал, колонны, много мужчин и нового барона. Лысины у барона уже не было, курчавились черные височки. Завтракали в отдельном кабинете, под статуей; она, новый барон и красивая, розовая «тетя Паня». Барон был очень вежлив, даже робок. Извинился, что еще не успел заехать, как давал слово Виктору. Даринька плохо помнила: барон, кажется, очень просил к себе, «запросто как-нибудь», и называл «небесной». На прощание целовал ей руки, «впился губами». Даринька вспомнила про его подарок, но барон перебил ее, что «нет достойных ее жемчужин»... сам закутал ее ротондой, сам застегивал полость.

«Тетя Паня» довезла ее до дому, поцеловала, дыша вином, и пошептала: «Барон без ума... что хочешь, все для тебя, все свои миллионы на тебя, нотариально... хоть завтра же женится! подумай, лучше, чем так, "блудницей"!..» Даринька от нее шатнулась. Возивший снег на салазках

106

Карп ткнул лопату в сугроб, сказал строго: «Вот, опять вам депешу подали», и достал из-за груди фартука на полушубке измятую депешу.

Дома Даринька прочитала: «Бросил все, прошу разрешения заехать завтра...»-выронила бумажку и потеряла сознание. Выбежавшая на вскрик старушка нашла ее на полу, ахнула и погнала Карпа — скорей за доктором. Даринька пришла в себя до доктора. «Будто все не в себе была, — рассказывала потом старушка, — все озарилась словно... потом, будто что вспомнила, так вот закрылась ручками и заплакала, горько-горько...»

XXI

ПОМРАЧЕНИЕ

Все в эти дни складывалось так, чтобы смутить душу Дариньки, оглушить; события налетали и кружили, не давали одуматься, «сбивали ее с пути». А невидимо для нее складывалось совсем иное, — выполнялось назначенное, «чертился план».

— И она, и я, — оба мы были в помрачении... — рассказывал Виктор Алексеевич. — Помрачение... — это очень верно. Есть в монастырском обиходе так называемое «прощение», когда братия, по окончании великого повечерия, просит у предстоятеля прощения, расходясь по кельям: «Прости мя, отче святый, елика согреших... душею и телом, сном и леностью, помрачением бесовским...» В этом «прощении» нащупана глубочайшими знатоками духовной сущности главная наша слабость — духовная близорукость наша: мы почти всегда пребываем в «помрачении», как бы без компаса, и сбиваемся с верного пути. Прозреваем ли смысл в мутном потоке жизни? Мы чувствуем лишь миги и случаи, разглядываем картину в лупу — и видим одни мазочки. И часто готовы читать отходную, когда надо бы петь «Воскресе», — и обратно. Люди высшей духовности острым зраком глядят на жизнь, провидят, и потому называем иных из них прозорливыми. Они прозревают смысл. Поздно, правда, но и мы с Даринькой научились смотреть... страданием нашим научились. А в те дни оба были в помрачении, даже — в «бесовском помрачении».

События налетали и кружили. Не успела Даринька прийти в себя от слов «тети Пани» о бароне и от депеши Вагаева, как закружили ее события.

Она надумала было сходить к вечерне, чтобы спастись от мыслей, а после зайти к Марфе Никитишне, пробыть вечерок у нее, — думала попросить добрую просвирню, не проедет ли с ней к Троице-Сергию поговеть и благословиться у батюшки Варнавы, уже и тогда почитавшегося «старцем» и прозорливцем: она о нем слыхала в монастыре, как устроил он где-то в лесном краю светоносную Иверско-Выксунскую обитель «для сиротливых дочек», — как вдруг позвонили на парадном. Девочка кинулась отпирать, но это были не поздравители, а:

107

«По важному очень делу». Явился неприятный господин, неряшливо одетый, в синих очках, рыжий и с портфелем. Увидав портфель, Даринька испугалась, а девочка шепнула: «Водкой, барыня, от него несет!..» Господин назвался — «поверенный по делам законной супруги господина инженера!» — и попросил выслушать его, «подарить не больше пяти минут-с!». Даринька очень взволновалась, растерялась, даже не предложила сесть. Но господин сам уселся в кресло, порылся в портфеле, поглядел в какие-то бумаги и раздумчиво помычал. В чем дело! А вот в чем дело. Ну, да... это он отлично знает, что господин инженер сейчас пребывает в Петербурге, но это совсем не важно, а дело в том... — «кстати, может быть, вам будет интересно узнать, что и законная его супруга сейчас тоже в Петербурге?..» — а дело в том, что он, поверенный по делам супруги, желал бы нащупать, так сказать, почву... на тот вероятный случай, ежели состоится примирение супругов для продолжения совместной жизни... — какой бы суммочкой «презренного металла» она, Дарья Ивановна..- господин вытащил из портфеля измятую бумажку и наставительно прочитал: «Дарья Ивановна Королева, девица из цеховых и золотошвейка, бывшая послушница Страстного монастыря...» — почла бы себя удовольствованной?..

И тут случилось...

— Случилось, то, чего я никак не мог ожидать от Дариньки! — рассаывал Виктор Алексеевич. — Всегда кроткая, робкая, неземная... она крикнула — «вне себя, будто меня пронзили!» — так она мне поведала, — крикнула властно, и даже топнула: «Вон пошли!» — и выбежала в слезах из залы. Старушка рассказывала, что Даринька стукнула по столу кулачком и очень разгневалась: «Стала совсем такая, как строгая барыня бывает». Сказалась-таки в ней бурная, по отцу, кровь предков, горячих, властных. В этом крике и жесте излилось не только ее возмущение «подлостью», — уехал, дескать, обманно в Петербург, обласкал письмом, а сам в то же время снюхивался с прежней своей, «законной», и хочет откупиться! нет, тут и другое было. Даринька почувствовала, как она говорила потом, «вражеское... что-то невыразимо гадкое...» — и ополчилась страстно и бессознательно. И сердце ее не обмануло. Барон? Во все эти грязные мелочишки, он, конечно, не вмешивался, предоставляя стряпню мастерам сих дел, а ожидал готовенького, как он называл — «десерта». Да и собой уже не владел. В те дни у него определенно проявились «мозговые явления».

Даринька прибежала в спальню и хотела изорвать все, «все поганые эти тряпки, которыми ей платили». Но ее удержало, что это все — чужое. Она упала перед Казанской и исступленно «почтк кричала»: «Пречистая, вразуми!., спаси!...» Увидала голубой шарфик Вагаева и стала осыпать «безумными поцелуями, как самое дорогое, что осталось», — призналась она Виктору Алексеевичу, повторяя в безумии: «Теперь все равно, пусть... что хочешь со мной, все... пусть, пусть!..» Чувствуя, что спасение только в н е м, она побежала в залу, припала к ландышам, с самого утра ее томившим, и стала страстно их целовать, призывая в безумии: «Скорей же!.. скорей!..» — прижимая к груди корзинку. Видевшая это девочка перепугалась и позвала старушку: «бабушка, опять барыня упадет, цветочки головкой мнет!» — но тут позвонили в парадном. Даринька кинулась к окошку. Синие сумерки густились: смутно темнелись лошади, кто-то стучал каблуками на крылечке. Кинувшаяся отпирать девочка крикнула на ходу: «Никак давешняя опять франтиха!»

«Тетя Паня» принесла с собой морозный воздух и шумную веселость. Ночь какая! в инее все, волшебное, и луна... на тройке теперь чудесно! В цирк сначала, а после к «Яру» — звезды какие на снегу, как бриллианты!.. «Душка моя чудесная!» — напевала она, целуя и кусая Дариньку. Сбросив меха, она оказалась в бархатном черном платье, в кораллах на полной шее, в бархотках выше локтя, с алыми бабочками на них, с шелковой алой розой у височка. Поплясала у зеркала, прищелкнула, — ничего бабенка? — упала в кресла, кинула лихо шлейф, передернула голыми плечами: «Такого чего-нибудь, что-то я прозябла! — и привлекла к себе Дариньку. — Это еще что? глазки опять нареваны?!»

Даринька бурно разрыдалась.

Они удалились в спальню. Все «тетя Паня» понимала, — разобрала все по волосочку.

Только самый последний подлец так может. Обмануть девочку, такую, отнять у Господа, поиграть, развратить и кинуть... так подло откупаться — неслыханно! Что такое?.. Нет выхода!.. Всегда найдется. И нечего реветь, а... смеюсь-веселюсь, никого я не боюсь... окромя Господа! Да как это так, некуда уйти! Первый миллионер жениться хочет, а она — некуда уйти! Да в него все институтки влюбляются, на шею вешаются, за конфетки даже. А присватайся — маменьки передерутся. С подлецом жить можно, а... Игуменья твоя, бароншa прогорелая, не сказывала, небось, черничкам, какая была Ева... как яблочки ела. Теперь, губожуйка, молитвами утирается. Глупенькая, слезками изошла. Не Димочку ли жалко? Мальчик славный... а разве помешает? С такими-то миллионами и на Димку хватит! И люби, кто мешает! А сколько добра наделаешь, сколько сироток приголубишь, носики им утрешь. Вместе и будете... а старичок на вас радоваться будет.

«Тети Паня» ласкала, прижимала, одуряла дурманными духами.

Тряпками поманили — и швырнули. А тут не тряпки, а... все подай! Плюнуть в глаза «законным», миллионами помахать, — сами приползут, а тут и плюнуть. А куда пойдешь, в прислуги? с такой-то мордочкой? На то же и выйдет, да за пятак. В монасты-ырь?.. Губожуйка, небось, все монастыри оповестила, какая девочка прыткая, через стенку перемахнула. «Да не убивайся, глупенькая, пригожая моя... любимая моя будешь, маленькая, глазастенькая... Да ты погоди, послушай... Покатим в цирк, ученых слонов посмотрим, как красавчики через голову летают... барон встретит-затрепыхается, а там и ко мне, ужинать...»

«Тетя Паня» все картинки разрисовала Дариньке. До свадьбы пока на шикарной квартире поживет, с коврами, с лестницами, с богинями, шик какой! А там и во дворец переедет, к законному супругу, будет князей-генералов принимать. А скучно станет, прикатит из Питера Димочка, сейчас... — «Тетя Паня», хочу розовый будуарчик Димочке показать! — для красоток всегда открыто.

Она проболтала больше часу, выпила коньяку, заставила, и Дариньку пригубить и приказала быть готовой к восьми часам. Выбрала из «тряпья» что поприличней; из белишка — потоньше, с прошивочками, — «и дрянь же!» — из платьишек — «голубенькую принцессу», в которой была Даринька и театре, «сразу барошку одурила». Велела причесаться, перекрестила и простилась до вечера.

Даринька осталась в темной спальне. Шептала бессильно, безнадежно, — «Ма-тушка...». Призывала матушку Агнию. И вдруг до холодного ужаса постигла, что нет ей выхода. Сжалась и затряслась бессильно, как трясутся запуганные дети. Дрожа губами, призывая зажатым плачем: «Ма-а...тушка!..» — втиснулась в уголок дивана... — и вот, вышла из темноты матушка Агния, живая, — «ликом одним явилась».

Люди точного знания назовут это галлюцинацией, — рассказывал Виктор Алексеевич. — Даринька называла это «явлением». Подвижники знают множество таких «явлений», во все времена и у всех народов. Наше подвижничество богато этим даром или благодатью. Факт «явлений» бесспорен, объяснения его различны. Но вот что я вам скажу: в нашей жизни «явлений» таких было четыре. И все — перед переломом жизни. Эти «явления» вызывались... страстным душевным криком, высоким душевным напряжением, оттуда, из-за нашего предела. У Дариньки приходили на вскрик сердца, когда казалось, что молитва уже бессильна.

Явившийся в темноте лик матушки Агнии «чуть светился», но был совершенно ясен, «до ресничек, до жалеющих глаз, усталых, скорбных, по словам Дариньки, до дыхания на лице моем, легкого веяния, с запахом розового мыла, которым умывалась матушка». Даринька видела, как шевелились добрые губы, блеклые. Такой, жалеющей, грустно-ласковой, хранилась матушка Агния в ее сердце. Бывало, в тяжелые минуты, сердцем она угадывала, что трудно Дариньке, и ласково окликала: «А ты, сероглазая моя, встала бы да помолилась... и пройдет». И тут, с глазу на глаз, скорбно и ласково смотрела и жалела. Осиянная святым светом, исходившим от явленного лика, вознесенная радостью несказанно играюшего сердца, Даринька услыхала: «А ты, сероглазая моя... в церковь пошла бы, помолилась... воскресенье завтра!» И стала гаснуть.

В этот миг Даринька услыхала благовест: в открытую форточку — открыла «тетя Паня», очень ей было жарко, — по зимнему воздуху ясно доносило, как ударяли ко всенощной в приходе, за поворотом переулка. Воскресенье завтра! А она думала, — пятница сегодня, и хотела еще пойти к вечерне.

Оба они помнили хорошо, что это второе явление матушки случилось в субботу, 1 января 1877 года, в том году началась война с Турцией. Первое же было в начале сентября 76-го года, когда матушка Агния, в затрапезной кофте, явилась Дариньке в полусне, положила ручку ей на чрево и посмотрела скорбно. Потом заболела Даринька.

Не было ни страха, ни удивления: только радость несказанно играющего сердца. И было — «будто в той жизни, в обители... а этого, страшного, совсем не было». Так объясняла Даринька: «Будто время перемешалось, ушло назад». Она почувствовала себя такой, как когда жила в матушкиной келье, — чистой, легкой, совсем без думок. Вся осиянная изнутри, как бы неся в себе великое торжество праздника, «как после принятия Святых Тайн», — так писала она в «записке к ближним», — она перекрестилась и пошла умываться. Вымыла и лицо, и шею, где целовала та, вымыла до плеч руки, все казалось, что на ней остается в ражеское, неизъяснимое гадкое. Затеплила лампадку у Казанской и долго смотрела в чудесный лик. Совсем не думала, что куда-то ехать, «будто ничего не было». Сказала мысленно Лику: пойду к всенощной.

Так кончилось «помрачение бесовское».

Даринька надела будничное платье, «чистое». Надела шубку и сказала девочке: «Анюта, пойдем ко всенощной». Девочка была рада, прыгала: «А после с горки кататься будем?» Даринька позвала старушку: «Прасковеюшка, слушай... та придет, скажешь-Богу ушла молиться. И чтобы больше ко мне не приезжала! Не отпирать, не пускать!..»

Чувствуя свет в себе, Даринька теперь знала, куда уйти. Знала выход верный и радостный: где-то в лесном краю устроена батюшкой Варнавой светоносная Иверско-Выксунская обитель для сиротливых дочек. Она пойдет к батюшке Варнаве, откроет ему душу, в ноги ему падет, и он не откажет ей, своей сиротливой дочке.

Когда говорила она Прасковеюшке, старушка хотела что-то сказать и не сказала. Даринька повторила: «Так и скажи... и Карпу, чтобы не пускал во двор».

За всенощной Дариньке легко молилось. Когда пели «Хвалите Имя Господне» — она сладостно плакала, как когда-то в монастыре. После всенощной зашла посидеть к просвирне. Покойно, благолепно было в уютной горнице, при лампадках, при белых половицах, с дорожками из холстов, как в келье. Пахло священно просфорами. Даринька попросила, не проедет ли с ней просвирня к Сергию-Троице, благословиться у батюшки Варнавы, а расходы она оплатит. Завтра? Никак нельзя отлучиться, по храму нужно. И они решили поехать в понедельник. В десятом часу Даринька попросила проводить ее до дому, и они пошли, трое, похрупывая снежком морозным. Высоко в небе, в кольце, жемчужным яблочком сиял месяц, — чувствовались «святые дни». Сугробы играли голубоватой искрой.

У ворот повстречали Карпа: стоял — поглядывал. Сказал ласково: «Помолемшись», — открыл калитку и проводил.

Прасковеюшка доложила, как было дело. Франтиха приезжала на таких лошадях, что диво; все со звоночками, для гуляния. Как сказали, в комнаты е е не допустила, хоть и рвалась. Карп, спасибо, стоял, помог. Ругаться стала, никогда и не слыхано. Все кричала: «Не может быть!» Карп, спасибо, помог, сказал: «Вы лучше не шумите, не безобразьте, тут вам не проходной двор, и двугривенных ваших мне не надо». Все кричала: «Сама хочу видеть, не может быть!» Прямо не справишься, как хозяйка, шумела-топотала, допытывалась, куда пошли, да в какую-такую церковь. Карп, спасибо, сказал: «В Кремль поехали, много там церквей, а в какую — не сказали». Часа не прошло — опять звонится, не воротились ли. Ходил Карп на угол, к Тверскому, видал: ездила все бульваром, сторожила. Он и сказал, осмелился: «Лучше не беспокойте нашу барыню, отъезжайте!» Поехала — зазвонила.

Даринька хотела идти в спальню, помолиться, все еще чувствуя в себе свет. Старушка ее остановили: «Хотела давеча вам сказать... простите уж меня, барыня, а скажу...»

— И она ей сказала все, о чем и не помышляла Даринька, — рассказывал Виктор Алексеевич. — Вот и золотошвейка... кажется,

111

уличную жизнь уже знала. Не знала только укрытой грязи, украшенной: не знала, что т а возила ее в омут, играла с ней, готовила для себя. Простые люди узнали и помогли. Кучер спросил Карпа про Дариньку: «Давно ваши барышня гуляет?» И начался у них разговор. Карп и узнал, кто она такая, «тетя Паня», так и ахнул. И не решился сказать все Дариньке, было стыдно. Только наказал старушке, чтобы непременно Дарье Ивановне сказала, пока не поздно. Даринька, сама, сорвала всю эту паутину — сердцем, внушением от туда...

В эту ночь Даринька хорошо молилась.

XXII

ЗНАМЕНИЕ

Явление матушки Агнии, вызванное страстным душевным напряжением — «вскриком сердца», как называла Даринька, — осияло радостным светом ее душу. В эту ночь темное и тревожное отмелось, и неразрешимое — что же будет? — стало совсем не страшно. Этому помогла молитва.

В «записке к ближним» Дарья Ивановна записала об этом так: «Я не молилась тогда словами, а стенала мои душа, взывала. И я получила облегчение. Я еще не знала тогда, как научили подвижники молиться: забыть про себя, как бы муравейчиком стать пред Господом, как бы дитей лепечущим. Матушка Агния говорила верно. Помню, в тот снежный вечер, когда я была еще чистая, за всенощной под Николу-Угодника, Виктор Алексеевич смутил меня, и я вся сомлела, чуть не упала на солее. Матушка мудро меня наставила. В ту ночь сколько я становилась на молитву, но не могла побороть мечтания. Матушка сердцем прознала тайное, что во мне, и окликнула ласково: "Что это ты, сероглазая, не спишь, никак не угомонишься? с метели, что ли? А ты повздыхай покорно, доверься Господу, даже и не молись словами... оно и отмоется". И я получила облегчение».

— Всю жизнь Даринька соблюдала ее завет, — рассказывал Виктор Алексеевич. — Тут глубокий психологический закон, древний, как откровение: взывай, от себя уйди, — «и умирится с тобой небо и земля», как говорит Исаак Сирии. Странно это звучит, но тут как бы некий «закон механики», механики человеческого духа: переход звука в душевное движение. Взывание молитвой как бы сталкивается с душой, и получается, как в механике, теплота — успокоение. Этот закон материи применим и к духовной сфере, подвижники разработали его до чуда. Вспомните «Иисусову молитву». Конечно, этому есть пределы. Старец Амвросий Оптинский, помню, в шуточку мне сказал: «Бывает, и заборматывают себя дьячки вот так-то: "Помелось-помелось-помелось..." — пыль-то пометешь, а грязь-то лопатой надо, она тяжелая».

112

«Пыль» отмелась молитвой. А что потяжелее-запряталось, осталось. Это скоро узнала Даринька.

Она мало спала в ту ночь. Проснулась — еще не рассветало, кукушка пробила 5. Проснулась и легкостью на душе узнала, что поет еще в ней — она, «радость играющего сердца», сошедшая на нее от светлого лика матушки Агнии. Чувствовала себя покойной, как в тихой келье у матушки. Все мучительное закрылось непобеждаемым — «да будет воля Твоя». А впереди светилось: «Батюшка Варнава не оставит, укажет путь». Но оставалось что-то, чего она избегала мыслью, словно его и не было: «Сегодня приедет о н...» Она старалась не видеть его лица, не помнить имени, которое в ней звучало, запрятать в мысли о матушке. И вспоминала, и видела, и слышала запах ландышей.

Даринька не видала снов. Помнилась боль под сердцем, «как раскаленным углем»; но во сне ли приснилась боль или вправду болело сердце, она не знала. И еще помнилось: перед тем как проснуться, смутно прошло в душе, что виденное во сне яичко с противной мышью было ей вразумлением: «гадость» и увидала — эту, ужасную... розовые подушки с куклами... «эту грязь». Смутную эту мысль о «гадости», об «ужасной яме», куда ее т а возила, закрыла нежная музыка. Сначала она не понимала, что такое?.. За дверью, в зале наигрывалось такое возносящее, духовное, как пение клирошанок в монастыре, — и Дариньке вспомнилось, что это «Коль славен наш Господь в Сионе», из нецерковного обихода, что певала она у матушки Руфины-головщицы, в певчей.

Давно повелось в Страстном, еще по благословению митрополита Платона, благолепное пение стиховное, «ради душевныя услады», и в певчем покое сохранялись, рядом с цветной триодью, особые «голубые нотки», с которых белицы-клирошанки пели. С этих ноток полумирского пения белицы списывали на память «духовные новые стихи». Списывала и Даринька. Когда вынесла из обители благословение матушки и узелок с лоскутками, вынесла и ту тетрадку с духовными стишками. Хорошо помнила и «первого Ангела, с душой», как называли клирошанки, начинавшегося словами: «По небу полуночи Ангел летел», и другого, «райского Ангела», игуменьей запрещенного, но любимого клирошанками, начинавшегося так сладостно: «В дверях Эдема Ангел нежный главой поникшею сиял», называвшегося в великой тайне — «Влюбленный демон». Даринька напевала его чуть слышно, когда сидела за пяльцами. Были еще: «Я в пустыню удаляюсь от прекрасных здешних мест» и «Девы мудрые светильники возжжеиы несут пылающи во встречу Жениха», и откуда-то взявшееся, хранимое подспудно, совсем греховное, напевавшееся в великой тайне: «Катя в рощице гуляла, друга милого искала», — где были соблазнительные стишки, от которых пылали белицы: «Милый!» — Катя говорила, «Ми-лый!» — роща повторила. «Иль пришла моя беда?» Отвечала роща: «Да!»

Даринька вспомнила про «музыкальный ящик», и ей стало нехорошо. Прасковеюшкин голос сердито сказал за дверью: «Только бы баловать... у, глупая! сейчас прихлопни, разбудишь барыню!..» И голосок Анюты ответил мучительно-скрипуче: «Да ее не придушишь, окаянную... куда тут ткнуть-то?..» Потом, как в магазине у Мозера, музыка заиграла «Я цыганка молодая», потом «Камаринского», потом еще что-то поиграла и затихла. Даринька спохватилась: скорей к обедне, панихидку по матушке... надо на могилке панихидку, явилась матушка... непременно надо панихидку. Карп громыхал дровами, топил печи. Говорил — такая опять метель, свету не видать, весь переулок завалило. Дарннька оживилась, откинула занавеску, пригляделась, — окна были залеплены. В мути от фонаря взвивало, крутило, сыпало. Метель-то, метель какая! Крикнула радостно Анюте — одевайся скорей, к обедне! Одна боялась. Открыла форточку, сунула руку, помахала, — метет-то как! Радостно стала одеваться.

— Все мы любим метель и половодье любим, — рассказывал Виктор Алексеевич, — но в Дариньке метель вызывала какое-то бурное веселье, что-то больное даже. Метель для нее закрывала все. Как метель, она порывалась скорей на волю, ее влекло: «Так бы и побежала, побежала... куда — не знаю!» И какая-то светлая мечта пробегала в ее глазах. Она всегда говорила, что «все другое, когда метель... все надоевшее пропадает... и вдруг что-то сейчас откроется другое». Куда-то ее влекло в метели. Когда, после, мы жили в Мценске, — только, бывало, пойдет метель, мы всегда запрягали в пошевни и катили куда глаза глядят. Только, бывало, просит: «Дальше, дальше... куда-нибудь!» В метели, за метелью, — что-то ей чудилось, новый какой-то мир. Надо было видеть ее глаза: бурный восторг, до экстаза. Я ее так и называл Снегуркой.

Даринька надела серенькое простое платье, бархатную шубку, — простенькой все еще не было, — повязалась по-бабьи шалью: метель метет. Предупредила Прасковеюшку, как вчера, чтобы не пускали ни за что «ту, ужасную», если опять приедет, и Карп чтобы не пускал за ворота. Сказала, что долго не вернется, — «будем ходить, ходить», чаю напьются у просвирни, после ранней, а потом в Страстной монастырь с Анютой, а оттуда, пожалуй, и в Кремль проедут, в Вознесенский, к одной монахине.

Вышли во двор — и ахнули: намело снегу по колена, пришлось отгребать калитку. Не узнать стало переулка: занесло и тумбы, и заборы, и домишки, в непроглядно-густой метели потонули сады и фонари, — стало как в чистом поле. Начиналась невиданная метель, памятная и по сие время старожилам, «недельная», какой еще не бывало спокон веку, о которой потом долго говорили и писали, как все хляби небесные разверзлись, как заблудились на Красной площади проходившие в караул солдаты и засыпало фонари до верха. Чтобы не потеряться, Даринька взяла за руку Анюту. С трудом добрались до церкви. Церковную решетку всю замело метелью, не было видно церковки: схоронилась она в сугробах, стала совсем такая, как привиделось Дариньке во сне, — будто ждала кого-то у церковки в сугробе, — только синий глазок лампадки светил над сугробом звездочкой. Дариньке показалось, что земное совсем пропало, — церковь только, да белый снег, да невидное небо, откуда снег, да святой огонек лампадки. Плакучие березы лежали космами на снегу, надо было ползком под ними, чтобы пробиться к церкви. В притвор намело до двери, занесло крестильную купель до верха. Даринька с облегчением вздохнула- и вдруг услыхала... — ландыши! Пахло метельным снегом и ладаном, и это напомнило ей почему-то ландыши. Церковь была пуста, — кто пойдет в такую метель, да ночью! — можно было легко молиться. Даринька тишину любила, но не могла молиться. Пахло ландышами и здесь, — и т о, что тревожило-таилось, — молитвой не отметенное, — начинало ее томить. Неотвязно одолевали мысли о приезде Вагаева, — она мысленно называла его Дима, — старалась забыть, молиться. Но мысли томили и смущали.

После ранней обедни зашли к просвирне, чтобы переждать до света. Пили чай с теплыми просфорами, и Дариньке казалось, что она сидит в келье у матушки. Радостны были ей старинные темные иконы, хрустальные подлампадники, висевшие под ними благолепно фарфоровые пасхальные яички. Радовало смотреть на горбатые сундуки, на коврики, на священные по стенам картинки. И священный запах, и старинные за стеклом часы, с круглым, как месяц, маятником, и расшитая бисером подушка — все было совсем такое, как у матушки Агнии покойной, и влекущая душу тишина. Даринька вдруг заплакала. Просвирня забеспокоилась: да что такое, здоровы ли. Нет, ничего, здорова, а так... по матушке Агнии взгрустнулось. Просвирня ахала: и что за метель взялась, ноги отламываются — так болят, надолго, пожалуй, непогода... А завтра-то как же к Троице, ежели метель такая, не дай-то Бог? не переждать ли лучше? Съездить-то хорошо, приятно... завтра вот разве только, а через два дни сочельник, навечерие будет, водосвятие, отлучаться никак нельзя, не перегодить ли лучше? Даринька определенно не сказала, сказала только: «Да, да... какая погода будет... если метель такая...»- думала, что сегодня приедет Дима.

Даринька торопилась в монастырь, отслужить на могилке панихиду. Вспомнила, что надо купить матушке Виринее гостинчика, так и не собралась. Просвирня ахала, — да куда же, в метелицу такую, свету Божьего не видать, что рассветает только.

Вышли они в синеющем рассвете. Стегало, крутило, сыпало. Они долго блуждали в переулках, — должно быть, ошиблись поворотом, зашли в тупик. Пробиравшийся водовоз сказал им пройти два переулка и завернуть направо, — сразу к бульварам выбьешься. Они просчитали переулок, вышли опять в тупик, где-то свернули наудачу и оказались совсем на другой стороне — на Кисловке. Пришлось выбираться к Никитскому бульвару, прямая дорога там.

Анюта все прижималась к Дариньке. Сиротка тоже. Не озябла? Никогда не озябла, всегда бы так ходила с ласковой барыней, все бы улицы исходила... оставили бы ее при себе совсем, так бы и ходили вместе, самая верная слуга была бы... а в приюте сиди-сиди, на сироток и не глядят, ласкового слова не услышишь... а тут все-таки и доходишко бывает, гости когда какие, без жалованьишка могла бы, и в церкву бы всегда ходили вместе, всегда бы молились на коленках, так, рядышком... у богобоязной барыни да не жить! Даринька пожалела, сказала: «И живи, сколько поживется». Увидела пытливые глаза Анюты: да правда ли?! — и вспомнила про свое сиротство.

На бульваре мело, как в поле. Стала рассказывать Анюте, как в такую же вот метель два офицера заблудились, молодые... про чудо с Димой. «А знаете, барыня... — говорила восторженно Анюта, и в глазах у нее блестели слезы, — а может, и церкви настоящей не было, а так... привиделось для спасения? а, правда? Бывает, и я слыхала... может, им так, от Господа, праведные такие люди, офицеры?.. А они думали — на монастырь вышли! а монастырь понарошку проявился, чу-до, а? а пошли бы опять туда, и никакого монастыря, живое поле... а это спасти, чтобы из ничего, Бог может!»

Даринька думала о «чуде с Димой», как стояли в святых воротах, укрылись «под святое». Теперь, в метели, но пути к Страстному, случай с ударившей в них тройкой показался ей знаменательным: там, в заломе святых ворот, они очутились вместе, привело их к святому, в уют от непогоды, и там открылся ей новый Дима, смущенный, тихий, восторженно на нес смотревший. Она вспоминала его глаза, и как он спрашивал: «Как вы могли узнать?!» — поразился провидению ее, как она угадала, что спас его в метели преподобный. Димитрий Прилуцкий, его Ангел. И метельная ночь у монастыря, когда они ждали тройки, чтобы умчаться «к Яру», вспомнилась ей теперь так ярко, до блеска в черных глазах Вагаева, до ощущения жгучих слез... и как она улыбалась через силу, глотала слезы, чтобы не разрыдаться, прощалась с навсегда ушедшим святым уютом, кивала прошлому, шептала глухой стене: «А тут за стеной... матушка Виринея наша... и все... молятся, спят теперь...» Представился ей живо продавленный стул в снегу и замотанная до глаз, недвижная на морозе, матушка Виринея-прозорливая, всегда ласково называвшая ее «ластушка-девонька». После ужасного ухода второй раз возвращалась Даринька в монастырь, по вразумлению матушки Агнии, — не забывала чтобы ее могилку.

Куда же они зашли? Встречные пропадали за метелью, бульвар кончался. Надо было купить гостинцев. «Лавочка? Ну, лавочки ищите там вон!..» — крикнул пропавший встречный. Они долго брели по переулкам, искали лавочку. В снежной мути выплыл на них старик извозчик. На Тверскую-ю?.. Найди ее, Тверскую, теперь и в Москве заблудишься. Тридцать годов ездит, а метели такой не видано, за рукой не видно, как сечет-то. Выбрались будто на Тверскую? Тверская? Тверская-то она Тверская, да спряталась. Да куда тут сворачивать? где Андреев? Магазин Андреева, у генерал-губернаторского дома, еще не отпирали, рано. Нашли бакалейную торговлю. Даринька набрала гостинцев: заливных орехов, клюквенной пастилы, вяземских пряников, кувшинного синего изюму, винных ягод, прессованных абрикосов в коробочке — все, что любят в монастырях старушки, — цельный кулечек навязали. Вышли к монастырю, на площадь. Монастырь прятался в метели, глухое поле. Выбрались, наконец, к стенам. Снежные стали стены, розового не стало видно, — совсем незнакомая обитель.

«Матушка Виринея!..» — крикнула, задыхаясь, Даринька.

В святых воротах, совсем глубоко в заломчике, темнела знакомая фигура, укутанная до глаз, у заметенного снегом столика с оловянной тарелочкой. Серая варежка оттянула от лица укутку, чужие глаза взглянули: «Преставилась мать Виринея, вчера похоронили, царство небесное...» — сказала пристойно-певно пожилая монахиня, и Даринька признала мать Иустину, «строгую». «Ка-ак... пре...ставилась!..» — едва могла сказать Даринька и задохнулась, всплеснула руками и упала — «присела будто».

— И тут произошла сцена безобразная, невероятная! — с возмущением вспоминал Виктор Алексеевич. — Эта старуха, хромоногая мать Иустина, признала Дариньку. Надо сказать, монахиня эта считалась полуюродивой, чуть ли не одержимой, но строгой по уставу и очень ревнующей славе святой обители. Признала и замолчала, приступкнула только костылем. Даринька вне себя, — душно ей сразу стало, сорвала с головы платок... и... в прическе а-ля грэк, в изумрудных сережках, полубезумная, стала рыдать и биться. И вот тут одержимая поднялась со стульчика, подняла свой костыль и стала ее клясть, самыми ужасными словами: «Блудница, распутница, в Пречистую плюнула, променяла на сладенькое, шлюха, франтиха, трепохвостка... не даст тебе радости Пречистая, матушку Агнию в гроб свела...» — ужасно. Даринька билась, девочка оттирала ее снегом и плакала, вступились тут, хотели на извозчика... Даринька нашла силы, перекрестилась, смирилась... сказала матери Иустине: «Пожалейте, матушка, меня... простите...» А та костылем... Какая-то старушка монахиня повела ее к себе в келью. Но не только эти проклятия одержимой, тут другое еще, важнее. В кончине матушки Виринеи, вполне естественной, Даринька увидала знамение, кару, как бы «окрик грозный». Старушка, 80 лет ей было, простудилась на холоду, в три дня свернулась, воспаление легкого... ничего удивительного. Но вот что особенно поразило Дариньку, Скончалась матушка Виринея как раз в ту метельную ночь, когда мы укрылись «под святое», ждали тройки. Как будто и неслучайно вышло: пьяная тройка налетела, и нас толкнуло к стенам обители. Для Дарииьки это было — знамение, — «прощание с матушкой Виринеей», которая в это время отходила, рядом, за той стеной, у которой ютились мы. В этом увидела Даринька укор: вот, ты пошла на такую жизнь, и после тебе откроется... откроется, что чистая, достойная инокиня умирала, а ты, беглая, распутная, по кабакам гуляешь, такая твоя дорога, сама от святого отказалась, в святое плюнула! Так и говорила: «И эта метель привела меня, матушка Агния привела, ткнула, как кощонку носом... пей, искупай!» Вот в этой-то внезапной кончине она и увидала «знамение» себе: «Кончено для тебя здесь все, не нужно твоих гостинчиков, и ты не нужна, ступай!»

После она посмотрела глубже, увидала в «знамении» этом еще другое. Не так-то просты, как думаем, «явления нашей жизни», «житейские пустяки».

Старушка монахиня как могла успокоила Дариньку, рассказала про матушку Вирннею. Четыре денька проболела только. И приобщилась, и особоровалась, и все сестрицам пораздавала на руки, и на поминовение двести рублей оставила, и на сорокоусты, и... все по чину. Отошла тихо-тихо, на четвертый день Рождества Господня преставилась, до последнего часу досидела на холоду, ради святой обители.

Давно отошла поздняя обедня. Старушка повела Дариньку в собор, достала старенького иеромонаха, и служили хорошую панихиду по усопшей рабе Божьей, новопреставленной инокине Виринее, и еще по приснопамятной рабе Божией инокине Агнии. Иеромонах уступил мольбе и пошел в метели на занесенное снегом кладбище служить литию на укрывшихся под сугробами могилках. Когда ушел с клирошанками, Даринька долго плакала на могилках, рыдала в снег. И плакала с ней Анюта, не зная, о чем плачет. И метель заметала их. Плакала Даринька о своем сиротстве, о мутной жизни, о свете, который светил когда-то, теперь

— погас. Слыша задавленные всхлипы, бессильные зовы — «Ма-тушка!..», плакала с ней Анюта.

Уже наступили сумерки, когда они вернулись. Девочка плакалась, что потеряли кулек с гостинцами. «На кладбище, пожалуй, теперь занесло снежком — и не найти». Даринька лежала в спальне, лицом в подушки. Не прочитала даже принесенного без нее письма, не вникала, что толковала-путала Прасковеюшка, как «опять была эта самая, лихущая... оставила вот бумажку, чтобы беспременно прочитали...» Даринька и не взглянула на бумажку. Совсем стемнело.

Даринька не слыхала, как проходило время, Не слыхала, как позвонились негромко на парадном. Анюта окликала, спрашивала ее о чем-то, — она не понимала. Анюта трогала за плечо и повторяла тревожным шепотом: «Да барыня, да там приехал!..» «Приехал... кто приехал?!»

«Приехал — офицер, красивый... на Рождестве-то зелененькую бумажку дал-то...»

Дарннька растерялась, зашептала: «Сейчас, погоди... Господи...» Анюта торопила: «По зале ходит... все руки потирает...»

Даринька слушала бессильно, как в зале позванивают шпоры.

XXIII

ОТЧАЯНИЕ

Рассказывая о «петербургской истории», Виктор Алексеевич не оправдывал себя, а, напротив, — подчеркивал преступное свое поведение, даже «упоение грязью». И приводил из Пушкина:

> Есть упоение в бою
> И бездны мрачной на краю,
> И в разъяренном океане,
> Средь грозных волн и бурной тьмы,
> И в аравийском урагане,
> И в дуновении Чумы!

И — еще:

> Бокалы пеним дружно мы,
> И девы-розы пьем дыханье —
> Быть может — полное Чумы!

Он называл Пушкина «мира сего провидец» и приводил стихи не в оправдание своего «очертяголовства», а с горестным признанием, что человек может и «чумою» упиваться. Он бичевал себя, чтобы еще больше закрепить в себе дорогое-найденное, — постигнутую планомерность

118

жизни. Во всем, что случилось с ним и с Даринькой, виделся ему как бы План, усматривалась «Рука ведущая», — даже в грехопадении, ибо грехопадения неизбежно вели к страданиям, а страдания заставляли искать путей. Но, не щадя себя, он горячо оправдывал Дариньку н всегда молитвенно говорил о мученичестве и светоносном подвижничестве ее.

— Когда в Петербурге я предавался безумию, Дариньке выпали тяжелые испытания. Хоть бы тот случай у монастырских ворот, с юродивой. Даринька вспоминала с болью, как ухватилась за подаянный столик, молила простить, пожалеть ее, а мать Иустина-одержимая рванула от нее тарелочку с медяками. О мерзлых копейках возревновала, как бы не осквернила Даринька. Так и осталась у нее в сердце та оловянная тарелочка с медяками, снегом запорошенная... всю жизнь помнила ее Даринька. И вот начались для нее страшные дни соблазна, отчаяния, и как бы утрата воли, «провал сознания». Она не все еще помнила из того, что тогда с ней творили. После этого ее очень мучило. Мучило и меня.

В «записке к ближним» сказано так об этом:

«В те дни я жила во сне, все выходы для меня закрылись. Когда услыхала его шаги — почувствовала: вот и выход. Меня повело отчаяние, и я поддалась ему. Не думала о грехе, не чувствовала себя, ничего уже не боялась, — оставил меня страх Божий». «Господи, да не яростью Твоею облишичи мене, ниже гневом Твоим накажеши мене».

Звон и шаги по зале приказывали и звали.

Сбросив оцепенение, Даринька нашарила в темноте лампу, чтобы оглядеться, не очень ли измялось платье. Она была в простеньком, сереньком, чистом, — ходила в нем только в церковь. Виктор Алексеевич называл его «девочка»: оно было коротковато и узковато ей, и Даринька казалась в нем совсем юной и тоненькой, — «бедная такая девочка». Зажигая второпях лампу, она разбила стекло, зажгла спичку — ужаснулась, какое платье, совсем измялось... услыхала шаги и звяканье, чиркнула еще спичку, чтобы хоть волосы поправить, увидела в зеркале безумно-испуганные глаза, обожгла пальцы, решила не выходить и — «чуть ли не побежала» — стремительно вышла в залу.

В зале горела только боковая лампа у двери — и было тускловато. Вагаев стоял у ландышей и смотрел в окно. Услыхав шорох, он быстро обернулся и, вытянув руки, подошел очень близко, «совсем как свой». Как и раньше, при встречах с ним, Даринька оробела и смутилась. Он был, как всегда, блестящий, оживленный, звонкий, сильный, обворожительный, с ласково-смелыми глазами. Сказал мягко и выразительно, как счастлив, что ее видит, взял покорную ее руку, поцеловал медленно, будто пил, и, продолжая удерживать, взял другую, поцеловал нежно и выразительно, как бы благодаря за что-то, подержал вместе, словно хотел согреть, и сказал, обнимая взглядом: «Но почему такие холодные... как льдышки!» Любуясь ее смущением, заглядывая в убегавшие от него глаза, он свободно ее разглядывал, сверху вниз. «Сегодня — совсем другая, девочка совсем... прелестная девочка... Что с вами?.. — переменил он тон, увидев, как Даринька отвела голову и старалась отнять у него руки, — почему плачете?.. Простите, если я... Что-нибудь случилось?..» Он поддержал ее и повел к дивану. Даринька помнила, что он успокаивал ее. Но слов не помнила.

119

Она сидела на «пламенном» диване. Так называл шутливо Виктор Алексеевич памятный диван, крытый пунцовым шелком, где когда-то нашел разорванную золотую цепочку Дариньки. Играя саблей, Вагаев стоял перед ней взволнованный, спрашивал, что случилось, просил извинить, что не вовремя, кажется, заехал, просил смотреть на него как на самого преданного друга. Растроганная участием, Дарипька сказала, что у нее большое горе, скончалась матушка Вириней, родная самая. Матушка Вириней?.. — это в монастыре, где... стояли под воротами в метели? Да, в Страстном. И Даринька сказала, как матушка ее любила. Это ее расстроило, и она залилась слезами. Теперь никого у нее, никого... И услыхала, как Вагаев сказал с укором: «И вы можете говорить — никого!» Эти слова проникли в ее душу, и она с благодарностью взглянула, — «озарила детскими глазами», — он высказал ей это.

— Редкая вела бы себя так непосредственно, — рассказывал Виктор Алексеевич. — В таком расплохе не вышли бы к гостю, извинились. Даринька не нашлась — и не совладала с собой, расплакалась. Легкодушный, избалованный женщинами, Вагаев оценил эту детскую чистоту. Слезы, озарившие глаза Даринькн, растрогали его чрезвычайно.

Он стал перед нею на колени, взял за руку, она испугалась, хотела встать. Он ее успокоил, сказал, что склонился не потому... не перед женщиной, а поклонился чему-то в ней, чего не встречал ни в одной из женщин... что поразило его в тот день, когда они встретились впервые... что влечет к ней неодолимо, чего не выразить... единственные в мире ее глаза. Он говорил горячо, но такое же говорил ей и Виктор Алексеевич. Это напомнило ей о прошлом, и она закрыла лицо руками. «Я жизнь бы за вас отдал!» — услыхала она страдающий — показалось ей — голос Вагаева. Так никто еще ей не говорил. Она подняла к нему заплаканные глаза, глубокие от страдания и тени, и что-то в них уловил Вагаев. Он взял ее руку, сказав — «позволите?» — стараясь поймать убегавшие от него глаза, и умоляюще прошептал: «Словами скажите мне, что сейчас сказали глазами... я это видел!» Даринька испуганно шептала: «Я ничего не говорила... не надо так». Вагаев отошел к ландышам у окна. «Скажите прямо, вы хотите, чтобы я уехал?» Она покачала головой. «Вы не хотите..»

Если бы даже приказали ему уехать, он был бы не в силах это сделать: нельзя со стихиями бороться, нельзя. Метель остановила все дороги. Орловский поезд дошел только до Подольска, и пришлось загнать две тройки, чтобы прорваться через снега — «чтобы сегодня увидеть вас!». «Скажите, вы думали обо мне?» — спросил неожиданно Вагаев. Это смутило Дариньку. «Думали?..» — повторил он тихо. Она молчала. «Вы думали, я знаю... я это чувствовал, и вот почему я здесь». — «Не знаю... — сказала Даринька в замешательстве, — вы прислали ландыши... и я... да, думала о вас». — «Вы знаете... — загадочно произнес Вагаев. — Мы оба знаем».

Он тронул саблей еще висевшую на корзинке карточку. «Это не "из Полтавы", как тут написано». Даринька не понимала, почему он сказал это. В Орле он получил депешу от барона: барон просил поглядеть харьковские имения. Он без всякого удовольствия поехал, это и без слов понятно. «Но случилось нечто для меня знаменательное... и вот почему язнаю, что вы думали обо мне. Да, думали?» — повторил Вагаев. «Я не знаю...» — растерянно прошептала Даринька. «Вы приказали мне вернуться!» — отчетливо произнес Вагаев. «Я?..» — изумилась Даринька- и посмотрела испуганно. «Глаза какие!.. — воскликнул он, целуя ее взглядом, и замолчал, увидя, как опять Даринька смутилась. — Простите, не буду больше, — сказал он нежно, — буду совсем спокойно».

Даринька признавалась, что «все это смущало мою душу неодолимой прелестью».

Вагаев продолжал спокойней.

Из Орла он выехал на Курск в 6 утра, почтовым. Накануне весело встретили Новый год в Дворянском собрании, его провожали на вокзал всем городом, и он совершенно забыл дать в Москву срочную депешу на Петровку — заказать ландыши, как хотел. Но можно было послать из Глазуновки, где принимают телеграммы. Глазуновку он прозевал, проспал, и вот, за какую-нибудь минуту до Понырей, проснулся, словно его пронзило! — «услыхал в а ш голос! Не верите... — улыбнулся Вагаев грустно, следя за ней. — Я ведь "обольститель и пустоватый малый"... от Виктора слыхали!» Даринька смутилась. «Ну, можете не верить.

Продолжаю. Мне приснилось, будто я в степи, глубокий снег, ночь, метель... совсем как у монастыря, тогда. Как вы слушаете!., и — не верите?.. Но продолжаю выдумывать. Метель... и где-то, близко-вы, но вас не вижу. И жду, и жду вас».

Даринька глядела на него в испуге. Такой же был и ее сон, вчерашний, новогодний, верный. Так и она стояла в снегу, в сугробе, у церковки, ждала кого-то, а он все не приходит... потом поезд, весь занесенный снегом. «Как вы глядите!..» — восторженно сказал Вагаев, взял ее руку и поцеловал. Она не отнимала. «И вдруг слышу... милый голос зовет меня, далекий голос: "Ди-м-а!.." — ваш голос». «Вы придумали...» — веря и не веря, вздохнула Даринька, «Клянусь вам! — сказал Вагаев, звякнул саблей. — Вами клянусь, выше — для меня нет клятвы! Тот самый голос, как тогда, в метели... помните? Этот голос проник мне в сердце, и я проснулся, в последнюю минуту... поезд стучал на стрелках, подходил к станции. Вы позвали, и я послал депешу — "возвращаюсь". Вы звали — я явился. Не верите...»

Даринька молчала, прикрыв глаза.

«Послал, незная, есть ли поезд, — продолжал Вагаев. — Не думая, весь в вас, весь с вами... назначил день, вы помните, — "разрешите заехать завтра?". Вы сейчас поймете, почему я говорю про поезд. В сутки проходит только один поезд, прямого сообщения, а я — назначил! А вдруг — прошел? Вы слушаете? Спрашиваю, — поезд?.. Говорят — сейчас подходит. Помню, подумал: вот удача!.. Не верите... И дал сейчас же вторую телеграмму, срочно о ландышах».

«Но... там написано, что "из Полтавы"?..» — смутившись от его лжи, сказала Даринька.

«Ах, вы про карточку... это же глупая описка! — вскричал Вагаев, сам смутившись- Чем же убедить вас, что я не лжец!.. Я не мог бы быть у вас сегодня, если бы-"из Полтавы"! Даль такая... как бы я мог! Пьяные телеграфисты переврали, или в Москве не разобрали, в магазине... "Поныри", "Полтава", — тоже "По"! Да вот вам доказательство!.. — вскричал Вагаев, что-то вспомнив, и достал бумажник. — Вот квитанция...

121

видите, штемпель- "Поныри"? видите — "срочно, 20 слов, Москву!.." И теперь не верите?!..»

Дарннька очнулась, подняла ладони и молитвенно, как произносят имя Божие, сказала: «Господь с вами, я вам верю...» Так она делала всегда, когда хотела успокоить. Сказала как в забытьи, думая о чем-то, владевшем ею. «Благодарю вас, ангел нежный...» — взволнованно сказал Вагаев, взял руку, поцеловал в запястье, выше... — дальше не позволял рукавчик.

Даринька не отняла руки, — «не сознавала».

«Не знаю, что со мной... — шептал Вагаев. — С той ночи, когда стояли у монастыря, помните... выдали мне урок, что "так нельзя"... когда рассказывал вам о метели, о "чуде"... и вы назвали с такой нежностью... с той чудесной ночи думаю о вас, ношу вас в сердце... не могу без вас! Не думал, что так серьезно и так... больно. Вы плачете...»

«Вагаев, — вспоминала Даринька, — так никогда не говорил, так искренно, проникновенно нежно». И она не совладала с сердцем.

«Как вы устали, бледная какая... я утомил вас... — тревожно говорил Вагаев, — я сейчас уйду... — Кукушка прокуковала 10. — Вы позволите, еще заехать... не стеснит вас?» Даринька молчала. Он ей напомнил, — не так, как на крыльце недавно, с усмешкой, когда спросил, про Карпа: «Это что-нибудь страшное?» — напомнил, как она озиралась и шептала: «Карп, кажется?» — «Может быть, вас стесняет, что я бываю, когда Виктор в Петербурге... скажите откровенно, я примирюсь, как мне ни трудно... скажите...» Даринька вздохнула. И сказала, как чувствовала ее сердце: «Нет, все... теперь». Вагаев поразился, как она сказала это. Он спросил; «Но почему вам все равно... теперь?» Даринька сказала только: «Не надо говорить... мне больно».

— Он заставил Дариньку открыться, — рассказывал Виктор Алексеевич. — Нежностью, проникновенностью заставил. Это он умел отлично. И она ему открыла душу, все ему сказала про всю ту ложь, какой ее опутали, что я ее бросаю, что та со мной в Петербурге, мы опять сходимся и предлагаем «отступного». Он поверил или сделал вид, что верит. Даринька говорила, что он был страшно возмущен «такой низостью». Ну, использовал всю ситуацию, и у него явились планы, какие-то надежды. Не только обольстить. Теперь, когда узналось все... Словом, с Димой случилось чудо... Вагаев — полюбил! Этому я не верил, в Димин романтизм, никак не думал. А случилось. «Голубые письма», которые он писал из Петербурга, закидывал ими Дариньку, иногда по два в день, — она их мне давала, и Дима знал — все объясняют. Женщины ему легко давались, были у него победы и во дворцах... не верится, какие крепости ему сдавались. Говорил — «брал мимоходом, взглядом, все женщины всегда открыты!». Но в Дариньке столкнулся... счем-то. Это что-то впервые высказал ей еще в Москве. У Пушкина про это гениально. Дима знал Пушкина... Узнали после, что он и сам шутил стишками, вышла его книжка — «Голубое».

«Вагаев, — вспоминала Даринька, — даже побледнел, когда узнал. Говорил страстно, нежно: "Так оскорбить... святую! я готов на все... если бы он принял вызов, я готов драться на дуэли... но Виктор шпак и трус!.."»

— Словом, разыграл романтика. Впрочем, пожалуй, искренно все

122

это... Говорил: «Вы теперь свободны, я свободен...» И открылся: «Я вас люблю!..»

Даринька вспоминала смутно, что Вагаев целовал ей руки, платье, безумствовал, называл нежными словами — «моя», «Да», «Дари моя», — кажется, целовал глаза...

— В те дни Даринька как бы утратила сознание, — рассказывал Виктор Алексеевич. — Помнила очень смутно. Мгновениями «как бы обмирала». Эти «провалы сознания», очень короткие, с ней случались при «угрозах страсти». Доктора объясняли наследственностью, повышенной чувствительностью «целомудренного центра». Ну, это дело их. Мне казалось, что Даринька как бы оборонялась от «власти плоти» отказом, невосприятием. Но это проявлялось и совсем в ином — при страстном напряжении в молитве. Страх греха, томление грехом... Не раз я находил ее в беспамятстве в ее моленной. Мне иногда казалось, что в ней как бы рождался новый человек... как бы заново — от нашего земного — к иному, утонченному, от плоти — к духу.

Даринька смутно помнила, как она отстраняла, вытягивала руки. Вагаев подчинился, сказал: «Вы меня связали взглядом». Когда она очнулась, он стоял у ландышей, глядел в окно. Помнилось, что было очень его жалко. Он сказал, что покорился и уедет, только вот пойдут дороги. Увидал книгу на столе, взглянул. Спросил: «Эти бумажки заложили вы?» Не соображая, Даринька кивнула и вспомнила смущенно, что это «про Онегина». Вагаев улыбнулся и сказал: «Я т о ж е выбрал... разрешите на прощанье...?» И прочитал:

> Я знаю: век уж мой измерен;
> Но чтоб продлилась жизнь моя,
> Я утром должен быть уверен,
> Что с вами днем увижусь я...

Достал серебряный карандашик и начал что-то рисовать на книге. Даринька увидала, что рисует «странную рамочку». Отложил книгу и сказал: «К вам я не заеду больше, не смею вас тревожить. Но хоть эти дни, последние, встречать вас... можно?» Даринька сказала: «Я не могу вам запретить... встречать». Он поклонился. «Да, — сказал он неожиданно, как будто вспомнил, — вы еще не забыли нашего плута, беднягу... нашего Огарка? Вы улыбнулись... не забыли! И он вас помнит. Помните, как он... от приза отказался? Взглянуть хотите на прощанье?» Даринька кивнула, «в мыслях». И услыхала; «Завтра, в одиннадцать, я буду на проездке, у бульвара».

Было поздно. Вагаев попрощался. Даринька держала свечку. На залавке под шубами спала Анюта: забралась давно, боялась, как бы не прозевать такого гостя. Услыхав шаги, она вскочила и тыкалась спросонок. Вагаев накинул размашисто шинель, взял Анюту за нос, как на Рождество, и пошутил: «А, пуговка!» Даринька сказала: «Это сиротка». Вагаев дал что-то «на гостинцы». Даринька стояла на ступеньке и светила, Вагаев отпихнул парадное. «Ух ты, метель какая! — воскликнул он. — Горы навалило, посмотрите!» Даринька спустилась и увидала большой сугроб за дверью. «Моего Андрея, должно быть, замело, сказал Вагаев, — я

123

его там оставил, к вам не проехать». — «Я так люблю метель!»-восторженно сказала Даринька. Она поставила подсвечник на ступеньку, сошла и выглянула в переулок. Вагаев стоял в сугробе. «Простудитесь...» — сказал он нежно, подошел к Дариньке — хотел укрыть ее шинелью. Даринька испугалась и убежала на ступеньки. «Чего же испугались?» — говорил Вагаев. Даринька светила сверху. «До завтра?..» Она кивнула. «В метель, от вас... Покойной ночи!»

Даринька стояла у окна, смотрела, ничего не видя. Хотелось побежать куда-то. Узнала ландыши, склонилась... Сильно они пахли, от тепла. Сорвала цветочек, прикусила. Увидала книгу на столе, забытый карандашик. Вспомнила: «Про шарфик-то забыла!» Прочла на книге: «Дари», «Дари», «Дари», «Да», «Да»... — но всей странице. Увидала - «рамочку», — черная рамочка на белом, и в ней стихи: «Я знаю: век уж мой измерен...» Положила ландышек на это место, закрыла книгу. По зале прыгала Анюта, говорила — давилась счастьем: «Кра... сенькую дали... с ума-а сойти-и!..» Даринька метнулась к окнам, пригляделась... «Скорей, Анюта... побежим!» Накинула шубейку: скорей, скорей!.. Анюта прыгала по зале, совала ногу в валенок. «Барыня, что ж без сапожков-то!..» — «Скорей, скорей!..»

Они прошли парадным, притворили, примяли снегом. Кому войти, метель такая. В сугробах заметало дыры от шагов. Весь переулок завалило, не проехать. Захватывало дух, давило, с ног валило. Они остановились, отдышались. Бухало в садах, ходило ветром. На углу, к бульвару, было глухо, ни души, Сыпало снегом, мелким, спорым. Так всегда, когда метель взялась надолго.

XXIV

ИССТУПЛЕНИЕ

Начались, как называла их Даринька, «дни безумия». Виктор Алексеевич говорил скорбно — «дьявольские дни», разумея под этим и скушение. После Даринька ужасалась, как могло случиться, что она все забыла и предалась прелести. О том, что было с ней в те дни, она говорила, с недоумением: «Я себя не слышала, как во сне».

Виктор Алексеевич рассказывал об этом взволнованно:

— Мою петербургскую «историю» я не могу оправдывать «искушением». Для «искусителя» я тогда не представлял никакой цены. Но Даринька, целомудренная и стойкая в чистоте, являлась ценнейшим призом... — говорю это совершенно убежденно, — и ей выпало искушение. С ней случилось, как говорят подвижники, «помрачение»: ее душа у снула. Это было как бы попущение, «во испытание», — и это было нужно. Страстное увлечение народ мягко определяет — «души не слышать». Подвижники именуют жестче: «озлобление плоти» или «распаление страстей». Даринька говорила: «Я ужасалась — и бежала навстречу

124

прелести», «вся я была разъята, как в страстном сне». Тут — явное искушение. Иначе нельзя понять, как она, целомудренная, смиренная... — в ней ни на мизинчик не было ничего от «вакханки»! — могла до того забыться, что самабежала навстречу прелести. И это в такое время, когда и менее стойкие воздержались бы. Вспомните: только что скончалась матушка Виринея, только что упало на голову «проклятие», моя «измена», соблазны и подходы сводни... и вдруг, смиренница!.. Пушкин дал поразительные образы «вакханки» и «смиренницы» в стихотворении: «Нет, я не дорожу мятежным наслаждением...» Помните — «О, как милее ты, смиренница моя. О, как мучительней тобою счастлив я, когда... Ты предаешься мне нежна, без упоенья. Стыдливо-холодна...» Даринька была воистину «смиренница». И вот смиреннице и выпало искушение.

Анюта говорила, что насилу упросила Дариньку вернуться: «Так, в одних башмачках, и гуляла барыня в снегу, все ахала: "Ах, еще немножко походим, метель какая!"» Анюта даже заплакала, боялась, что они с барыней замерзнут. Даринька тут опомнилась, прижала ее к себе: «Заморозила я тебя, бедняжку!» И они вернулись. Даринька в сенях еще услыхала ландыши, вбежала в залу, припала к ним, целовала и осыпала снегом. Анюта напугалась, как бы опять не случилось с Даринькой. как вчера, и позвала тихонько: «Барыня, не надо... покушали бы чего». Она помнила, как Прасковеюшка сокрушалась, что Даринька ни крошки сутра не съела. Даринька увидала глаза Анюты, и ей показалось, что Анюта знает. Она обняла ее, страстно прижала к себе, как самую родную, и Анюта шепнула жалостливо: «Бог милостив». Это жалеющее «Бог милостив» согрело Дариньку, она скинула шубку, оттопала с башмачков снег и пошла за Анютой в кухню.

В кухне было тепло, уютно, густо пахло щами со свининой, и этот жирный запах напомнил Дариньке, как были они в «Молдавии», ели щи и Вагаев так бережно объяснялся с ней. Дариньке захотелось есть. Она вынула из печи чугунчик, налила в миску горячих щей и, обжигаясь и топоча, стала хлебать с Анютой деревянной ложкой, как когда-то в монастыре. Анюта ела и все любовалась на красненькую, которую дал Вагаев, разглаживала ее и нюхала и вдруг, хитро взглянув на Дариньку, шепнула: «Это ухажитель ваш, барыня?» Даринька смутилась: «Что ты, какие глупости...» — и ушла в комнаты.

В том, что шепнула девочка, было приятно-стыдное. Даринька помнила взгляд Вагаева, как светила ему на лестнице, а он снизу смотрел на нее блестевшими глазами и говорил странным голосом, «не своим»: «Простудитесь... чего же испугались?..» Помнила, как хотел ее запахнуть шинелью, слышала его голос: «Я люблю вас... Дари моя!» — видела его руку, чертившую на книге. Она взяла Пушкина, перечитала все «Дари» и «Да», которыми он исписал страницу, закрылась книгой и вспомнила: «Я знаю: век уж мой измерен...» Не могла вспомнить дальше и прочитала, в траурной рамочке:

> Но чтоб продлилась жизнь моя,
> Я утром должен быть уверен,
> Что с вами днем увижусь я...

В мыслях стояло неотвязно — «завтра, в одиннадцать, у бульвара...». Трудно было дышать — так колотилось сердце. Она пошла к буфету выпить капель, — жгло под сердцем, и увидала на буфете записочку и письмо. Вспомнила, как Прасковеюшка говорила, — пришло письмо, Розовая записочка была от той. «Ужасная» писала, что не может верить, будто девочка не хочет ее видеть Это все шутки Виктора, чтобы «девочка не узнала, как обманывают ее». Барон сходит с ума. «Увидишь сама, что с ним творится. Непременно завтра, в 12 час., в Пассаже у Малого театра. От тебя самой зависит стать законной и баронессой, жить в роскоши, тогда все будут у твоих ножек, и Димочка. Из Пассажа ко мне, позавтракать, и все кончим. Умоляю, решайся».

Даринька разорвала записку и вытерла даже руки. В ней поднялось вчерашнее чувство гадливости, и, как светлый сон, вспомнилась «радость играющего сердца». Она позвала: «Мату-шка!..» но милый образ не проявился в мыслях.

Что случилось?.. Даринька не могла сказать: как бы «провал сознания». Она была в столовой, у буфета, — и увидала, что сидит в зале на диване, в слезах, а на коленях раскрытое письмо, И она знает, о чем в письме. Она помнила, что пробило час, когда доставала капли, а теперь четверть третьего. Письмо было от Виктора Алексеевича. Он писал вдогон первому письму: «Совсем забыл... Завтра Витино рождение, купи ему какую-нибудь хорошую игрушку. Машина у него есть, и лошадка есть... ну, придумай, ты у меня умница, и пошли пораньше с Карпом. Всегда сам ему привозил, а теперь... Я ему напишу, но у меня столько всего...» Дальше были признания в любви, совсем безумные. Письмо ее смутило: как же это, хочет откупиться, а пишет: «Не могу, не могу без тебя... теперь еще больше ценю тебя, вижу, какая ты, чистая моя девочка, святая!» — а дальше безумные слова. Она почувствовала тоску, тревогу. Старалась собрать мысли: купить игрушку, завтра, рано... завтра, у бульвара, обещалась... Схватилась за голову и мысленно, страстно позвала: «Матушка!..» Не было облегчения. Себя не слыша, Даринька пошла в «детскую». Она не заходила дня три: что-то ее страшило.

Она взяла свечку и робко вошла в «детскую». Ей показалось, будто все образа померкли. Ни одна лампадка не теплилась. Чувствуя себя недостойной, Даринька зажгла восковую свечку, и, «вся дрожа», оправила и затеплила лампадки. Кроткий, голубоватый свет их давал покой. В черном окне смутно синело снегом. Как всегда, Даринька сняла платье и облачилась в голубенький халатик. Надевая халатик, она нащупала поясок с мощей благоверной княгини Евфросинии — «во разрешение неплодия», — и сердце ее захолонуло. Запахнула халатик, но иоясок слышался на чреслах. Она воззрилась на темный образ «Рождества Предтечи», без слов молилась, не зная, о чем молилась, — «страшилась думать», — и вспомнила, что 7-го числа празднование «Собору» и надо поехать в Вознесенский монастырь, как обещалась под Рождество монахине, Старенькая монахиня наставила Дариньку читать ежедень Предтече «Славу», на глас шестый: «Во плоти, Светильниче, Предтече Спасов», и еще «Ангел из неплодных ложесн произошел еси», — и радость пошлет Креститель. Вспомнив это, Даринька закрылась руками от иконы и думала, зажимая слезы, что это теперь не надо. Молилась Владычице, читая привычные молитвы. Не прониклось сердце. Но она все-таки молилась, помня слово матушки Агнии: «А ты повздыхай только... оно и отметется». Но мысли не отметались, мучили. И чем напряженнее молилась, не разумея слов, налетали роями мысли, звуки. Она гнала их, старалась заслонить словами, напрягалась, — и слышала голоса и пение: все, что видела эти дни, повторялось назойливо и ярко.

Даринька после говорила, что она до того ярко видела и слышала, «будто все это повторилось», — и театр, и «Яр», слышала, как цыгане пели и били в бубны, и «Скажи, за-чэм тэбя я встрэ-тил...» — и живой голос Вагаева, и разнузданную певицу в сарафане, и — все... И опять повторилось с ней, «словно пропало время», увидала себя сидящей на лежанке, поясок был развязан и лежал на аналойчике, на Молитвослове.

Такого с ней раньше не случалось. Она знала, по житиям и из рассказов в монастыре, что это «прелесть» и «наваждение», и надо бороть молитвой. Вспомнила, что есть у нее сильная молитва «запрещальная», св. Василия. Был у нее троицкий сундучок, где хранились заветные «памяти». Он был при ней и в монастыре, и она его вынесла — единое достояние свое. Сундучок был священный и хранился на полке, у образов. Даринька увидала бумажку с церковными словами и вспомнила, что бумажку эту дала вознесенская монахиня-старушка, — «ежедень читать, до сорокового дня, — и будет радость». Она перебрала тетрадку, увидала «Ангела с душой», «райского Ангела», и «Катю»... — все вспоминала и прочла, до «киновари», как называла матушка Агния красную «запрещальную», и ужаснулась, что делает. Помолилась об упокоении души Новопреставленной рабы Божией приснопоминаемой инокини Виринеи, — и потеплело сердце. И, помня, «егда бесы одолевают помыслы», стала читать «запрещальную» великого бесогонителя св. Василия: «...и обрати я на бежание, и заповеждь ему отыти оттуду, дабы к тому ничтоже вредна во образех знаменуемых содеял...» Горячо молилась, страстно, но страстные помыслы одолевали до исступления.

Даринька очнулась — и увидала себя простертой у аналойчика, на спине раскинутой. Сон ее был «безумный», она стыдилась его рассказывать. Говорила только: «Была в полном изнеможении, вся разъята». После сего, отчаявшаяся, вышла она из «детской», но побоялась спальни и уснула тревожным сном, при лампе, на «пламенном» диване.

Проснулась от грохота дров в кухне. Было к шести часам. Удивилась, что в руке у нее тетрадка со стишками, и вспомнила: надо поехать в город, купить игрушку.

Даринька вышла рано. Метель все не утихала, с крыш мело снеговыми ворохами. Карп разгребал у дома, подивился: в такую крутень — и в город! Она, как бы извиняясь, сказала ему, что надо купить игрушку, просил в письме Виктор Алексеевич, — мальчика его рождение нынче. Карп проводил: «Ну, час вам добрый». Слава Богу, попался на Страстной площади старик извозчик. «В город... далеко, барышня... снегу лошади по брюхо». Едва повез. Не было видно часов на колокольне.

Проезды у Иверской забило снегом. В Рядах было необычно пусто, Купцы с молодцами забавлялись снегом, отгребали сугробы из проходов, откапывали пропавшие ступеньки. В Игрушечном ряду, пролетном, стукало и мотало ветром румяные маски-рожи в войлочно-рыжих бакенбардах. Даринька нашла игрушечную лавку, где, кажется, покупали они гусарчика и куклу, — и не туда попала: там был совсем молодой хозяин, тут — какой-то седой и неприятный, — и вспомнила: кажется, тот самый, неприятный, который тогда на бегах кричал дребезжащим голосом, — все каркал: «Попомните мое слово!» Она было хотела выйти, но купец в лисьей шубе приветливо поклонился и сказал дребезжащим голосом: «Первый почин... легкая у вас, барышня, рука, на счастье!» Даринька растерялась — и осталась.

«Для барышни вам или для молодого человека-с?» Глазели из картонок голубенькие боярышни и пышные расписные кормилицы в кисейках, какие-то неприятные... атласные будуарчики жестко светились зеркальцами, в пустых, неприятных ванночках мертво белели каменные младенчики, остро воняло клеем и скипидарной краской, — все смешивалось в кучу, все было почему-то неприятно, глаза ничего не находили. «Видимо, вам для братца? Как-с, для племянничка? а-а... так-с, для знакомого мальчика... молоденькие сами, где же еще для своего-то... Как не найдете ничего... да вот, попомните мое слово, найдем, что нужно... — уважительно занимал купец. — Вот лошадка начальная, глядите... съемное седлецо, стремена самые наглядные. Есть лошадка?.. Ну, в таком разе возьмите настоящую машину, с живым свисточком... извольте прислушаться, как засвистит... — И купец в лисьей шубе, прищурясь хитро, показал, как свистит машина. — Опять все есть! Ведь вот нам какая незалада с вами. В таком разе вот что сообразим... попомните мое слово, лучшего не найтить». И, взяв шестик с крючком на конце, купец показал на полку, где висели картоны с касками. «Покупают и алистократы, очень благородное занятие. Кавалергарда возьмите, Цена ему... шесть рублей серебром, а с вас из уважения к такой погоде, четыре рубля семь гривен. А то, на что лучше, возьмите кирасира... три с полтиной, со шпорами. В самый теперь раз, все на Балканы едут, добровольно... на турку пойдет ваш крестничек... чего же лучше-с! — И подцепил на крючок кавалергарда, — Не тот-с? Можно и отменить-с, как вам приятней-с... гусара снимем. Попомните мое слово, прямо вас расцелует... три с полтиной, дешевле репы». Было все самое натуральное, блестящее: черная лаковая каска, пушистые золотые эполеты, красная грудь навыгиб, сабелька, патронташ и шпорки, — «не гусар, а... блеск-с!». И купец хитро усмехнулся. Вышла она из лавки с тяжелым чувством: казалось неслучайным, что попала к «этому неприятному».

Она попросила Карпа сейчас же отнести на Поварскую, передать «бабушке», как писал Виктор Алексеевич, — и сказать, что это прислал папа. Подумала: почему — «бабушке»?

О н а, очевидно, в Петербурге. Ну, теперь все равно. Теперь надо... что же?.. Да, одеться... десять уж пробило.

Даринька спешила, дрожали руки, валились шпильки, узкие башмачки не надевались, лопнула планшетка у корсета, воротнички сминались, лицо пылало, Даринька надела синее шерстяное, «воскресное», — у «голубенькой принцессы» хвост был совсем отрепан, — подхватила подол несносным «пажем», незажимающим, увидала, как задрано, белую юбку видно, опустила и в изнеможении упала в кресло. Спрашивала себя мучительно; «Зачем я это...?!», внушала себе, что «это последний раз», отбегала к часам, считала, сколько еще осталось: «Рано, только без двадцати одиннадцать... попозже лучше?..», боялась, что опоздает, может, кто-нибудь помешает. Радовалась, что послала Карпа: не увидит. Подушила кружевной платочек своим грэп эплем, увидала серебряный флакончик, вспомнила: «По-дэ-вьерж все мужчины любят!» — и... попрыскала чуть на платье. Думала — ротонду или шубку?.. Лучше шубку, «руки не связаны». Надела шапочку, лучше подходит к шубке, да и метель, не повязалась шалью. «А волосы растреплет?.. подниму воротник...» — и вышла стремительно парадным, даже не сказав Анюте, не стукнув дверью.

Даринька заставила себя идти спокойно, старалась унять мысли. На повороте переулка, откуда видно, как проезжают по бульвару, остановилась передохнуть. Тревожилась: что о ней скажет и как она ответит. Вышло все очень просто.

У выхода из переулка она увидела темневшую в метели голову лошади: самой лошади не было за домом видно. Голова заносилась и кивала, и по гордому, неспокойному закиду Даринька узнала плута Огарка. Остановилась... — и вышла, «словно ее толкнуло».

«Вы!..» — услыхала она радостно-возбужденный возглас и увидела, как вскинулся-заиграл Огарок. Взглянула из-под ресниц, смущенно, и не узнала Вагаева: он был в венгерке с седым барашком, в промятой шапке, — казался совсем другим. «Не могу поздороваться, поцеловать вам руку, простите, Дари...» — говорил Вагаев с ласково-поясняющей улыбкой, силясь держать Огарка. Рысак закидывался, трепал беговые санки, как коробок. «Видите... какой! вас смутился... — Вагаев отвалился, совсем головой за санки, затягивая вожжи, и любовался на Дариньку вполглаза. — Вот что... подойдите сзади, осторожно только, берите сначала меня под руку... так так... прыгайте, прыгайте!.. чудесно, крепче только под руку, крепче, крепче!..» — Даринька впрыгнула, Вагаев прижал ее руку локтем — и все метнулось.

«Прижмитесь крепче... не страшно? — спрашивал он, счастливый, говорили его глаза из-под барашка, намерзший ус, — Ближе ко мне, Дари!..» — настаивал он, правя, засматривая вперед и тяня за собой Дариньку.

Она вспоминала после это «безумие», это уносившее ощущение «прелести», уносившее в небывалое, куда — т о, что любила она в метели. Где-то свернули... Поварская?.. Неслись палисадники Садовой, потом Триумфальные ворота... Тверской-Ямской... Рысак посбавил, пошел рысцой. Вагаев взглянул на Дариньку, в разгоревшееся ее лицо, в налившиеся от ветра губы, обнял горячим взглядом, так ясно говорившим, и прижал ее руку локтем. «Куда?» Она не знала. «Как я счастлив!.. — говорил восторженно Вагаев. — Боже, как я счастлив!.. Я не мог спать после вчерашнего, всю ночь безумствовал, был у "Яра", искал вас в песнях... Знаете что... махнем в Разумовское, к цыганам! можно? на час, не больше... мо-жно?..» Она сказала ему ресницами. «Последний ведь раз мы с вами... Встретимся в Петербурге, да? Помните, говорили, да? Мне пора в полк, но вы приказали мне остаться... все закрыли. Не буду больше, простите... — сказал он нежно, видя ее смущение. — Слушал песни... весь в вас, в мечтах о вас... вас слушал, вы сами песня, только не спеть ее...»

Огарок подвигался шагом. Вагаев говорил «безумно». Было чувство бездумного покоя: ехать, слушать...

«Крепче меня возьмите... милая!.. еще крепче!..» — сказал Вагаев и крикнул: «Гей!..»

Это был гон, безумный, страшный. Слышалось только — гей!.. гей!.. — взмывало и заливало сердце. Летело снегом, брызгам, конским теплом дыхания, струилось нежно... Она припала к плечу Вагаева, чувствовала его глаза, так близко...

Что было- она не помнила...

Стояли где-то. Направо шла дорога. Снег чуть сеял. Вагаев спрашивал тревожно: «Ничего теперь?.. ваша рука вдруг выскользнула из моей, вы помертвели... как я испугался, за вас... но плут как раз остановился, сам... вот умница! Как, ничего теперь?» Даринька говорила «как во сне»: «Все вдруг закружилось... упало сердце... мы в лесу... как тихо». «В Разумовском, — сказал Вагаев, — ангел нежный! как я люблю вас, милая Дари... моя!.. Вон Любаша, машет нам, бежит...»

Реял редкий снег, чернели ели. В сугробах синела дача. Бежала пестрая Любаша, в шали. Пожилой цыган, в поддевке, скалил зубы. Любаша лопотала, топталась в кованых сапожках, жгла глазами. «Светленькую привез, вот хорошо-то... у, закутим!» Шептала Дариньке, вела в сугробах. На крыльце в снегу бренчали на гитарах «встречу». Метнулась за сугробом голова Огарка, голос Вагаева кричал: «Сейчас я, барышню согрейте!»

Любаша топотала, держала Дариньку за плечи, любовалась: «Кралечка-то какая!.. как же не любить такую... я влюбилась!..»

Дариньку ввели в покои.

XXV

«ПРЕЛЕСТЬ»

Дарянька говорила, что в ту поездку в Разумовское она потеряла голову и сказала Вагаеву «неосторожное». В «Голубых письмах» Вагаев ей напоминал об этом, но она не хотела верить, чтобы она именно так и сказала.

— Может быть, и сказала... — рассказывал Виктор Алексеевич. — В ту поездку случилось происшествие, потрясшее Дариньку «явным указанием Господним» и как бы связавшее ее с Димой: случилось чудо... и это «чудо» могло толкнуть ее. Впоследствии Даринька постигла духовным опытом, что в этом «чуде» таилась уловляющая прелесть. Я не могу винить ее, если даже забыть о «чуде». Она легко возбуждалась от шампанского, я сам развращал ее, сам прибегал к этому средству, чтобы усладиться «любовной искрой». Этим воспользовался и Дима. Шампанское и разгул цыганский могли ее возбудить, Дима об этом позаботился, и Даринька

130

могла ответить на пылкие его признания. Он умел очаровывать. И в таком состоянии — еще и «чудо»!..

После гона на рысаке Даринька чувствовала себя разбитой, Любаша сияла с нее шубку и сапожки, устроила у пылавшего камина и заставила выпить чаю с ромом. Было уютно, просто, — Дариньке у цыган нравилось. Любаша гладила ее руку, засматривала в глаза, ластилась: «Шепни, кралечка, нашла по сердцу?»

Комната была большая, с хрустальной люстрой. В высокие окна, до пола, виднелись занесенные снегом ели. Похоже было на барский старинный зал, с колонками в глубине и хорами, но все было ветхое и сбродное: ободранные кресла, скамейки, табуретки, даже ящики. Узорный паркетный пол был захожен до липкости, а у камина прожжен до дырьев, в обуглившейся большой дыре, набитой снегом, торчали смоленые бутылки. Приносили на ногах и тут же оттопывали снег, швыряли окурки и плевали. Цыгане кланялись, прикладывая к сердцу руку, сверкали глазами и зубами. Цыганки льнули и восхищались льстиво, болтали между собой по-своему. Скоро пришел Вагаев, почтительно склонился и заявил, что хотел доставить удовольствие пообедать в цыганской обстановке, — не скучно ей? Даринька сказала, что очень нравится: как в деревне. Вагаев хлопнул в ладоши и велел подавать обед. «Это наш старый загородный домик, заброшенный... я его отдал моим друзьям — цыганам, а они, посмотрите, как, все отделали! — ткнул он ногой к дыре. — Зато встречают, мошенники, по-царски!» Старый цыган, куривший на корточках у огня, сказал: «Мы тебя не за дом встречаем, а за сердце... песнями молимся, счастье бы тебе выдалось». Оглядел Дариньку и почмокал: «Король-барышня... за таким молодчиком каждая девка побежит!» И все загакали. Вагаев взглянул на Дариньку — правда ли? Она отвела ресницы. «А вот и не побежит...» — мимо сказал Вагаев.

Обедали за круглым столом, ели и пили жадно. Кушанья были домашние: лапша куриная, горячая свинина с ледяными огурцами, гусь с капустой, сладкие пироги. Цыганки потчевали вишневой наливкой — хоть пригубь-то! Вагаев потягивал шампанское, курил. Захлопали пробки, затренькали гитары. Вагаев подал Дариньке бокал. «За здоровье прелестной королевы!» Запели «чарочку». Цыганки льнули, обнимали за талию, заискивали в глаза, «Ой, писаная-хорошая-глазастая!..»

Стол убрали, и пошло веселье — пляски, песни. Песни томили, горячили. Пел молодой цыган с усталыми глазами: ему подпевали вздохом — томили сердце. Любаша спела «любимую» — «Скаж-жи... зачэм тэбя я встре-рэтил...». Так спела, что старый цыган ругнулся: «У, зелень злая... сердце с тебя горит!» Вагаев глядел на Дариньку. Она чувствовала его — и не смотрела. Потом плясали. Плясала зеленая Любаша и молодой, с усталыми глазами. Цыган ловил ее, а она не давалась, извивалась — и вдруг далась. «У, зелень злая», — хрипнул старик и сплюнул. От танца стало неспокойно. Пили шампанское. Вагаев все упрашивал: ну, еще, один глоточек! Из камина выпало полено и мерцало. Голова у Дариньки кружилась, в глазах мерцало. Вагаев затревожился, уж не угар ли. Цыгане говорили: «Мы все в угаре, не учуешь». Открыли двери на террасу и форточки.

Вагаев провел Дариньку в синюю гостиную и усадил за стол.

«Вот теперь синие у вас глаза, — говорил он, любуясь, — вы всегда другая. Посмотрите, вот еще синие глаза, еще красавица... это моя бабка! — показал он на портрет молодой женщины в черных локонах, с обнаженными плечами. — Глаз только мне не подарила». Даринька взглянула в его глаза, хотела сказать: «Зачем вам?» — и сказала: «Красавица... — платья какие были». «Но что бы о вас сказали!» — поглядел Вагаев и взял осторожно ее руку. Она не отнимала ее. Он целовал ей руки, глядел в глаза, но они уклонялись, не давались. «Неужели последний раз вас вижу!» — сказал он горько. Она, не думая, спросила: «Почему — последний?» «Вы хотите чтобы н е последний? чтобы я остался?!» — сказал он тихо. Она кивнула. Горячие, сухие ее губы приоткрылись, как бы в жару, — об этом он сказал ей после, — и он поцеловал ее.

Даринька быстро отстранилась и закрыла лицо руками. — «Не надо... не надо так!.. — шептала она в испуге, — и открылась: в глазах ее блестели слезы. — Вы меня завезли сюда... и так... со мной!..» Она смотрела на него укором, с болью, — об этом он ей напоминал в письмах. Он сказал смущенно: «У меня не было и мысли вас оскорбить! я не совладал с собой, простите».

В зале бренчали на гитаре, топотали. Даринька попросилась сейчас же ехать. Вагаев крикнул, чтобы запрягали. Прибежала Любаша, обтянулась зеленой шалью, словно ей было холодно, и смеялась, блестя глазами: «Что рано, ай не терпится?» Прильнула к Дариньке и пошептала: «Счастливая-любимая... первая у него такая, знаю!» «Не такая, как мы с тобой!» — сказал Вагаев. Цыганка вдумчиво оглядела Дариньку. «Не такая... — мотнула она сережками. — Неуж так и поедешь, без укутки, в пургу лихую! Стой-погоди...» Любаша взяла с залавка вязаный платок, оренбургский, легкий, что греет теплей лисицы, вкладывается на спор в яичко и легко продевается в колечко. «Укутаю тебя, куколку... бескровная ты, замерзнешь». И, не слушая отговорок, повязала Дариньку с шапочкой, перехватила крестом под грудью и завязала сзади. «А теперь хоть в снегу ночуйте!» «Иди, зелень злая, поцелую», — сказал Вагаев. «Неуж поцелуешь?» — сказала усмешливо цыганка, подошла к нему, пятясь, перегнулась и ждала, запрокинув голову. Вагаев взял ее за мотавшиеся сережки и поцеловал в голову.

«Что больно высоко целуешь... бывало, умел пониже?» — сказала усмешливо Любаша.

«Был пониже», — сказал Вагаев.

Опять поднялась метель, сыпало и хлестало в окна. Старый цыган сказал ворчливо: «Пьяные, некому понять, что барышню потеплей бы надо...» — и потянул с дивана медвежью шкуру. Провожали гитарами и песней. Старик укутал ноги Дариньке: «Вместе-то и потеплей вам будет... гу-ляй!..» Цыгане ударили в гитары: «Как по улице метелица ме-тет!..»

Любаша крикнула: «Ленточкой дай свяжу, постойте!» Даринька чувствовала себя стеснительно: нажимала ее нога Вагаева. Он понял, отодвинул ногу и попросил взять его под руку: «Удобно? ближе ко мне, саночки узкие». Цыгане грянули лихую:

Ходит ветер у ворот,
У ворот красотку ждет...
Не дождешься, ветер мой,
Ты красотки молодой!..

Выехали незнакомой просекой. Рысак шел ровно. Вагаев его посдерживал. Падали сумерки в метели. Вагаев говорил о Петербурге: чудесно будет, когда она приедет... — и перестал говорить о Петербурге: должно быть, вспомнил, что все переменилось и ее не будет в Петербурге. Она услыхала ногу его и отодвинулась. Он спросил, не холодно ли ногам. Нет, нисколько. Он продолжал: как ужасно, что должен ехать, без нее для него нет жизни... Она молчала. Как утром, когда ехали в Разумовское, ею овладело чувство бездумного покоя: ехать, ехать... и слушать его голос. «Как хорошо. Дари... с вами, одни, в метели...» — говорил Вагаев, Даринька слышала, как свежо пахнет снегом и чуть шампанским. «Как вы славно тогда сказали — Ди-ма! Я люблю вас, единственную, первую из женщин!.. ваши глаза не верят... нет?.. скажите...» Она сказала: «Это неправда, не первая...»... «Правда, клянусь! Те... — не была любовь! я искал. Все мы ищем незаменимого, и я нашел... вас нашел, ангел нежный... в вас неземное обаяние... в вас — святое... особенная вы, вы сами себя не знаете, кто вы. Я никогда не благоговел, никогда не терялся... но перед вами я чувствую себя совсем другим, перед вами мне стыдно самого себя... о, вы!..»

— Даринька не знала, что хотел высказать Вагаев, — рассказывал Виктор Алексеевич. — Я ему говорил про Дариньку, из глупого хвастовства, пожалуй, какую необыкновенную я встретил. Я гордился, что нашел эту чистоту, святую. Тщеславился, что обольщенная мной — из древнего рода Д... — незаконная, но она чудесно повторяет прекрасные черты, не раз воспетые, на известном портрете графини Д. Я гордился, что почитаемый святитель- далекий ее предок. Отсвет святого в ней, эти святые золотинки в ее глазах, выпавшие из божественной Кошницы, ее одухотворенная кротость, нежность... ее великое целомудрие... — это пленило Диму.

«Вы необычайны, — говорил Вагаев. — В вас все нежно, вы так прелестно говорите — "неправда", "не надо так..." — так детски-нежно, кроткая моя, мой ангел нежный!..» Его глаза светились, и он стал говорить стихи, которые она знала, о «райском ангеле»:

В дверях эдема ангел нежный
Главой поникшею сиял...
И глядел так, словно прощался с нею:
Прости, он рек, тебя я видел,
И ты недаром мне сиял...

Она почувствовала близко его губы и в страхе отшатнулась. Он сказал: «Не бойтесь, я обещал вам... другую я поцеловал бы, но перед вами... я благоговею». Увидал, что глаза ее сечет метелью, снял алый шарфик, — теперь на нем был алый, — накрыл ее неловко и сказал: «Закройтесь хорошенько... сами, или я вас закутаю». Она послушно

133

повязалась. «Вы потеряли т о т шарфик, голубой, — сказала она, не думая, — я нашла его на крыльце и спрятала». Это вышло у нее совсем случайно. Он поблагодарил ее и попросил позволения заехать: можно? Она спохватилась, словно сама его зазвала, и сказала смущенно — можно. Так они ехали, неспешно, не чувствуя метели, увлеченные разговором и друг другом.

Рысак остановился, фыркнул — и повернул налево. Вагаев потянул правую вожжу, но рысак упрямо тянул влево. Вагаев придержал и осмотрелся. Было смутно, леса не видно было за метелью. Вагаев решил, что они уже миновали вырубку, что это знакомая болотная низина, а вправо, чуть повыше Всесвятское. Он резко послал Огарка вправо, но рысак ворочал влево. Это показалось странным: Огарок к вожжам был чуток. Вагаев стал вспоминать: когда поехали от цыган, дуло как будто справа... потом, у соснового островка, надо было сворачивать, и они свернули... — и стало нести в лицо? Дариньке тоже помнилось, что свернули и стало стегать в глаза. Значит — свернули вправо. А надо было свернуть налево, к Петровскому-Зыкову, по Старой Сечке. Ясно, что Огарок исправлял ошибку: Вагаев назвал его молодцом и дал ему полную свободу. Рысак проваливался по брюхо, выкидывался с храпом и сильно парил. «Бедняга, засечется, набьет плечи...» — сказал Вагаев. Даринька пригляделась и сказала: «Мы не по дороге едем, поглядите- глубокий снег!» Вагаев успокоил: сейчас и дорога будет, место знакомое. «Да вон и вешка!» Но это была не вешка, а верхушка зеленой елочки, и кругом были такие же нерхушки. Он постарался вспомнить, — и припомнил: ну, конечно... — это заросшее болотце, к Всесвятскому, и будет сейчас проселок, не раз проезжал верхом. «Сейчас выберемся», — уверенно сказал он и прижал Даринькину руку.

Совсем стемнело. Огарок крутил по елкам, санки поскребывало снизу, встряхивало и стукало. «Странно... — сказал озабоченно Вагаев, — это, пожалуй, вырубка, нас трясет...» И они увидали занесенную плюхами лапистую ель. Огарок нехотя обошел ее, резко остановился, потянул храпом, мотнул — и опять повернул налево, Елок уже не было видно. Открылось поле: саночки потянуло гладко. «Только такая машина может по целине! — сказал Вагаев про Огарка. — Наш плут вывозит... и вывезет!» И только успел сказать, Даринька вскрикнула: «Голова-то!.. что это... в яме мы?!..» В белесоватой мути, над ними, темнела задранная голова Огарка: казалось, что рысак лез на стену. Они вдруг поняли, что надо сделать, и ухватились за передок. Вагаев гикнул, взмыло снегом, рысак рваиул из снежной тучи и вытянул на взгорье. «Браво! — крикнул Вагаев, — молодец, Дари!.. но что я сделал!..» «Я люблю метель, — сказала, отряхивая снег, Даринька, — только бедного Огарка жалко». Вагаев прижал крепче ее руку и сказал: «Ваши глаза мне и в метели светят».

Сумерки сменились ночью, но какой-то странной, — «без темноты и света, — как говорила Даринька, — будто не на земле: какое-то никакое, совсем пустое». И в этом пустом и никаком, без неба, хлестало снегом. Стегало со всех сторон, секло лицо, крутило. Огарок — будто его и не было, — остановился, фыркал. «Вот что, — сказал Вагаев, — попробую провести... берите рукавицы, вот вам вожжи...» Даринька сказала: «Вы-то как же без рукавиц?» Стала говорить, что ей совсем не холодно, и жарко даже... а если замерзать будем, можно пока медвежинкой накрыться. Почему же замерзать? Люди же замерзают... и совсем не страшно, все в воле Божией, все ведь Божье — и ветер, и снег, и метель, и бедный Огарок, — ничего не страшно. Она говорила спокойно, и Вагаеву «было страшно интересно» слышать, что она заговорила, и так заговорила: раньше она совсем не говорила.

Вагаев вгляделся в Дариньку, не увидел, а лишь почувствовал «радостные глаза, живые», взял ее руку и поцеловал завеянный рукавчик. «Как вы необыкновенно говорите, — сказал он нежно, — вам, такой, страшно не может быть». Он надел ей свои теплые, просторные рукавицы, дал вожжи, вдел ее руки в петли, сказал: «На случай, вожжи бы не упали...»- и сошел с санок. И только сошел, по пояс провалился в снег. Санки тряхнулись и поплыли. Даринька начала молиться.

«Сто-ой!..» — услыхала она далекий возглас, очнулась и опять почувствовала метель. Была где-то, — в молитве ли, в полусне ли, — и там, где была она, не было ни метели, ни санок, ни режущего ветра- ничего не было. Была тишина и свет. Там, где она была, сказало душе ее: «Все хорошо». «Вожжи не выпускайте! — кричал незнакомый и страшный голос. — Сейчас поправлю!» Даринька вдруг почувствовала, что падает, и схватилась за передок саней. Смутная голова Огарка с блестящим глазом была непонятно близко, храпела и обдавала паром. Дариньке показалось, что рысак бесится, санки трещали, лязгали, — рысак выворачивал оглоблю? И она поняла, что сейчас все здесь кончится. Поняла это острым, мгновенным страхом, «слабой, земной душой». Было это — одно мгновение. Страх унесло метелью, и осветила вера, что все покойно и хорошо.

Она увидала справа от себя темное. Эго был Вагаев. И услыхала голос, осипший и задохнувшийся: «Черт, скручу-у!..» Темное вдруг взметнулось, рвануло поднявшуюся правую оглоблю, кривую, длинную, похожую на фиту, — Даринька ее помнила, — и качнуло храпевшего рысака. Санки выправились, Вагаев рванул за вожжи и осадил: «Иди, дьявол!..» Даринька услыхала шлепанье: Вагаев оглаживал Огарка. «Запарился, бедняга... пусть отдохнет немного».

Вагаев присел на санки. «Вы еше живы, бедная девочка!.. — услыхала Даринька молящий шепот. — Боже мой, что я сделал с вами!..» «Будет все хорошо... сказала она спокойно и взяла его коченевшую от мороза руку, — Я согрею, наденьте рукавицы, дайте другую руку». Вагаев после ей высказал, что от этих слов у него закипели слезы. Он дал ей руки, она их грела своим дыханием и надела на них теплые рукавицы. «Я знаю, сказала она, — у меня на душе покойно, и будет хорошо». «Да, будет хорошо», — повторил он ее слова, подчеркнул голосом.

И тут случилось... Даринька называла это «чудом».

Вагаев подошел к Огарку, чтобы поднять его, и вдруг услыхал восторженный, словно победный крик Дариньки: «Свет!.. свет!..»

Дариньке показалось, будто блеснуло искрой, все в ней как будто осветилось... и она вскрикнула слышанное Вагаевым: «Свет!.. свет!..» И услыхала радостный' крик Вагаева: «Ура-а!.. Всесвятское!..» Искра светила слева. И, как бы утверждая, что и он видит свет, Огарок заржал и стронулся. Шли на свет.

«Дорога!.. вешка!..» — кричал Вагаев, и Даринька увидела, совсем близко, мутное пятно света и на нем полосы метели. Было непонятно, что свет так близко. Рысак уткнулся в сарай, на кучу бревен. За сараем, сверху, светился огонь в окошке. Залаяла собака. На стук в ворота тревожный голос окликнул: «Кто там?»

Это был клеевой завод купца Копытина, на отшибе, в двух верстах от Всесвятского. Заводский сторож, чудаковатый мужик, будто и выпивший, принял радушно, поставил под навес Огарка, накрыл даже лоскутным одеялом, хозяйственно пожалел: «Лошадку-то как измяли», — поставил самоварчик, докрасна раскалил чугунку. Они сидели — и будто ничего не понимали. А мужик покачивал головой и ахал: «Да как же это вы так... да дело-то какое-е... голуби вы ссрдешные... вышло-то как... да ведь как ладно-то попали!. да вас прямо Господь на меня навел!.. чудеса-а!..»

И правда, вышло совсем чудесно.

Мужик собирался ложиться спать: «Сидеть-то одному скушно, святки, завод не работает... Клеек варим... трое нас, рабочих, голье конячье вывариваем... ну, понятно, от жилья подальше, на пустыре, дух тяжелый. Да вспомнилось, именинник я завтра, надо бы засветить ланпадку. Яков я, брат Господний... так все меня и величают — "брат Господний". А чего, ваше благородие, смешного, такое имя, благочестивое... все Господни. Вздул огонь, ланпочку засветил, ланпадочку затеплил. Вы и увидали мой огонек! Только хотел ланпочку задуть, Жучка залаяла, а вы — тут как тут. А то бы и... долго ли замерзнуть. Намедни трое замерзли, с Ховрина шли, сто сажен от меня не будет, так друг на дружку и полегли, замело. Только по ноге углядели. Болотина, на отшибе. С Разумовского ехали? Значит, надо бы вам на Петровско-Зыково, а вы вон много вправо забрали. Это вас мой Ангел навел... ему, барышня, молитесь... и вы, ваше благородие... Яков, брат Господний... именинник я завтра, как можно, надо ланпадочку, вот и вышли на огонек».

Мужик получил белую бумажку — ахнул. Взял фонарик, надел тулуп, привязал на веревку Жучку и проводил до тракта, — верста, не больше, а там Всесвятское. Без Жучки никак нельзя, собьешься, а уж она учует свою дорожку. Говорил, довольный: «А это на наш клеек, ваш жеребчик клеек дослышал... — вот и крутил все вас... клеек у нас вонькой... а вправо вам пропадать, места глухие, болотина, дело ночное, метелюга... значит, уж вам так на роду написано, жить вам, дай Бог на счастье».

Ехали трактом, бережно. Гудели телеграфные столбы, вели. Шел восьмой час, а выехали от цыган в четвертом. Даринька молчала, вся в и н о м, приоткрывшемся так чудесно, Вагаев обнял ее и привлек к себе. Она словно не слышала, — не отстранилась, почувствовала его губы и замерла. Что он шептал ей — не помнила. Что ему шептала, обещала... — не помнила. Помнила только жаркие губы, поцелуи. Светились редкие фонари в метели, пылали щеки, горели губы. У переулка она сошла, долго не выпускала его руку, слышала.: «Завтра, завтра», и повторяла: «Завтра...»

XXVI

ПОСЛЕДНЕЕ ИСПЫТАНИЕ

О «случае под Всесвятским», толкнувшем Дариньку к Вагаеву, как бы отдавшем ее ему, Виктор Алексеевич рассказывал:

— Еще до того, как увидеть искру в метельной мгле, Даринька вообразила себя как бы «духовно повенчанной». Ну да, с Димой. Тут сказалась восторженная ее натура, ее душевное исступление. Подобно ей, юные христианки радостно шли на муки, обручались Небесному Жениху. Тут духовный ее восторг мешался с врожденной страстностью. И вот искушающая прелесть как бы подменилась чудом. В метельной мгле, как она говорила — «без темноты и света, будто не на земле, а в чем-то пустом и никаком, где хлестало невидным снегом», как бы уже в потустороннем, ей казалось, что она с Димой — Дария и Хрисанф, супруги-девственники, презревшие «вся мира сего сласти», и Бог посылает им венец нетленный, — «погребстися под снежной пеленою, как мученики-супруги были погребены "камением и перстью"». Восторженная ее голова видела в этом «венчании» давно предназначенное ей. Да, представьте... и она приводила объяснения! Ей казалось, что Дима явился ей еще в монастыре, в лике... Архистратига Михаила! В метели, когда она забылась, вспомнился ей, — совсем живой, образ Архистратига на южных вратах, у клироса. Образ тот был соблазнительно прекрасен и привлекал юных клирошанок. Столь соблазнителен, что игуменья приказала переписать его, строже и прикровенней. Воевода Небесных Сил, в черных кудрях по плечи, с задумчиво-темными очами, в злато-пернатых латах, верх ризы — киноварь, испод лазоревый... — вспомните лейб-гусара: алое — доломан, лазорь — чак-чиры! — с женственно-нежной шеей, с изгибом чресел, лядвеи обнажены, — привлекал взоры Дариньки. Она признавалась, что в этом духовном обожании было что-то и от греха. Раз она даже задержалась и прильнула устами к золотому ремню на голени. Было еще с ней, в детстве... Бедная девочка увидела как-то в игрушечной лавчонке заводного гусарчика, блестящего, в золотых шнурочках, и он сохранился в сердце как самая желанная игрушка. И вот этот игрушечный гусарчик и крылатый Архистратиг соединились в Вагаеве, и в метели открылось Дариньке, что назначено ей судьбой «повенчаться духовно» с Димой! Романтика... И так на нее похоже. И вот вместо «венца» — спасение и соблазн. Но как это обернулось, отозвалось на жизни моей и Дарньки! И в этом была как бы Рука ведущая.

В «записке к ближним» Дарья Ивановна записала об этом так:

«Не чудо это было, это спасение в метели, а искушение прелесть ю. Тогда в сердце моем слились тленная красота раба Божия Димитрия и, — Господи, прости, — грозный Небесный Лик. Темные помыслы меня смутили. Я забыла из жития Преподобного Димитрия Прилуцкого, его Ангела, как боярыня града Переяславля, прослышав про красоту инока Димитрия, укрывавшего лицо свое, дабы не соблазняло взглядов, заране пришла во храм, увидеть святого, втайне усладиться зрением лепоты его, и была наказана расслаблением телесным. "Господи, услыши мя в правде Твоей, и не вниди в суд с рабой Твоей, яко не оправдится пред Тобой всяк живый".

Возвратившись домой после безумного прощания с Вагаевым у переулка, Даринька ничего не помнила. Прасковеюшка ахала, какая вернулась барыня: "Будто всю память потеряла, в снегу валялась".

Дариньке было жарко, душно, она велела открыть все форточки, высунулась в метель, дышала. Прасковеюшка говорила ей про Карпа — она не слышала. Анюта тоже говорила ей про игрушку. "Ах, игрушка..." — вспомнила Даринька и велела сходить за Карпом. Утро, когда ездила она в город за игрушкой, показалось забытым сном, Анюта трогала ее за руку, показывала на стол: там чернелась из порванной бумаги каска. Говорила еще, что опять заезжала т а франтиха... Но теперь все сделалось ненужным: все сменилось совсем другим. Даринька вспоминала сердцем: "Вечная моя, Дари моя!.." — жутко и радостно, как сказка. И, как в сказке, не верилось. Вспоминала еще слова, страстный и нежный шепот. Было душно, и жгло лицо. Закрывала глаза — и слышала, как сечет и сечет метелью. Анюта все-таки дозвалась, сказала, что еще принесли письмо.

Письмо было из Петербурга. Виктор Алексеевич писал, что без нее он сойдет с ума, что его тут "опутали", что он самый последний человек, преступник. Даринька как будто понимала: это он хочет оправдаться, что они сходятся, и называет себя преступником. Письмо заканчивалось мольбой: "Дариня моя, святая! спаси меня!" Была приписка, что приедет через дней пять... "и тогда наша жизнь будет безоблачна и чудесна, как никогда!". За этим — еще приписано: "Жить без тебя нет сил, все брошу, душу тебе открою, ножки твои перецелую, и ты увидишь, что люблю одну и одну тебя, и все мне простишь, святая!.." Просил написать ему хоть одно словечко и тут же писал: "Нет, не пиши, недостоин я твоего словечка... не хочу, чтобы даже словечко твое вошло ко мне... чистое твое словечко осквернится моей грязью!.."

Дариньку письмо смутило. Она поняла другое: не то, что он хочет ее оставить, он еще ее любит... говорит, что "жизнь наша будет теперь безоблачна", — а то, что случилось что-то. Но что случилось? какая "грязь"?

Анюта сказала, что пришел Карп. Зачем Карп? "А про игрушку спросить хотела".

Карп, недовольный, хмурый, все рассказал, как было.

Старая барыня взяла игрушку и спросила, вернулся ли из Петербурга барин. Велела подождать. Прибежал Витенька и сказал, что сегодня его рождение, и папа прислал ему письмо из Петербурга. Тут вошла ихняя супруга, Анна Васильевна, и — "так и ткнула игрушку в руки". И велела сказать... Но Карп не осмелился сказать. "Дерзкое слово, неподобающее". "Все равно, скажи", — сказала, смутившись, Даринька, избегая смотреть на Карпа. "Ну, сами понимаете, Дарья Ивановна... намекнули на беззаконность с барином, вроде того, — нехотя сказал Карп, — и чтобы в ихнее дело не встревали насчет детей... и дверью хлопнули. Ну, Витенька заплакал, — "Каску хочу!.." — его уж старая барыня увели".

Даринька поняла, какое слово не сказал Карп. Конечно, "любовница", "блудница", как сказала тогда монахиня-сборщица на Тверской. Такая и есть, и все за глаза так и называют. И она вспомнила, как говорил ей Дима: "Вы святая, вечная моя, Дари моя..." Ее почему-то испугало, что т а не в Петербурге.

— Даринька признавалась, — рассказывал Виктор Алексеевич, — что ей даже приходило в сердце, "как искушение", — уйти к Вагаеву, стать и его любовницей, все равно... что она обезумела, вся была в исступлении. Ее испугало даже, что разрыва со мной не будет. Это, как и дальнейшее, объясняется как бы самовнушением, что Дима назначеней. Но главное тут — отчаяние и боль, "страх греха" и сознание, что "вся во грехе живет". Она, по примеру Димы, обвела рамочкой в "Онегине" отвечавшие сердцу строки:

> То в высшем суждено совете...
> То воля неба: я твоя.

Она металась. Отсюда — и "венец нетленный", все разрешающий.

Было довольно поздно, когда позвонились на парадном. Даринька испугалась, что это о н. Но это принесли от него цветы. Вагаев писал на карточке: "Ангел нежный, посылаю вам снежные цветы". Это была корзина белых камелий и азалий. Не успели наахаться Анюта со старушкой, как снова позвонились и принесли из другого магазина: ландыши, цикламены и сирень — все снежное. На карточке стояло: "Завтра?" Вагаев решительно безумствовал.

Было уже за полночь. Не раздеваясь, Даринька лежала в спальне. Горела ночная лампочка. Даринька вспоминала, как целовал ее Дима и умолял с ним ехать. Она знала, что не в силах противиться, что так и будет. Блудница, грешница... — все равно.

"Я себя разжигала мыслями, — писала она в "записке к ближним", — припоминала самое искушающее, что читала в Четьи-Минеи о Марии Египетской, о преподобной Таисии-блуднице, о мученице Евдокии, "яже презельною своею красотою многия прельщающи, аки сетию улови", о волшебной отроковице-прельстнице Мелетинии на винограднике, о преподобном Иакове-Постнике, о престрашном грехе его. В грехах их искала оправдания страстям своим и искушала Господа. Я распалялась дерзанием пасть всех ниже, грехом растлиться и распять себя покаянием. Но Господь милостиво послал мне знамение-"крестный сон", и я постигла безумие свое и утлое во мне. Приближалось последнее испытание".

Даринька услыхала за окошком — хрустело снегом, и почувствовала, что это о н. Она потушила лампочку и заглянула. В сугробе стоял Вагаев, в размашистой шинели, смотрел к окну. Ее толкнуло в глубь комнаты, "словно пронзило искрой". Вспомнилось, как недавно он так же стоял в снегу, чтобы "только взглянуть на ваши окна". Она затаилась и смотрела. Вагаев шагнул и постучал по стеклу, чуть слышно. Она не отозвалась, таилась. Думала: "Что же это... ночью, пришел, стучится... это только к таким приходят ночью..." Увидела, как он пошел. Тихо открыла форточку и слушала, как хрустит по снегу.

Утром Вагаев ждал ее у переулка на лихаче. Даринька была в ротонде и модной шляпке, придававшей задорный вид. Он встретил ее почтительно, восхитился, как она ослепительна сегодня, бережно усадил, склонился поцеловать, но Даринька пугливо отстранилась: нет, нет... Но почему же... вчера?.. Вчера?.. такая была метель... она ничего не помнит. Он посмотрел недоуменно и предложил поехать в Зоологический, там гуляние, катание с гор. Можно? Она кивнула. То, что было вчера, казалось "совсем не бывшим". То было где-то, совсем не здесь.

Метель утихла, проглядывало солнце. Вдоль улиц лежали горы снега, ползли извозчики. Вагаев теперь был тот же, смущающий, о п а с н ы й, — не тот, что вчера, в метели. Даринька чувствовала себя смущенной: хорошо ли это, что едет с ним? Он ее спрашивал, как она себя чувствует после вчерашнего приключения. Она сказала: "Будто во сне все было". Он с удивлением повторил: "Во сне?.." — и показалось, что он недоволен чем-то. Вспомнила про цветы, поблагодарила и сказала, что это ее стесняет. "Тут что-нибудь дурное? — спросил Вагаев. — Может подумать... Карп?" Она поняла усмешку. "Да, и Карп, и... это меня стесняет". Он склонился подчеркнуто. Ей стало его жалко, словно его обидела. Чтобы о чем-нибудь говорить, боясь, что начнет говорить Вагаев, она сказала, что получила письмо из Петербурга: Виктор Алексеевич приезжает на этих днях, пишет, что так соскучился... "А вы?" — спросил с холодком Вагаев. "И я..." — сказала она просто. "Значит, ничего не меняется, по-старому?.." — "Не знаю..." — сказала она, вздохнув.

Зоологический сад весь был завален снегом, но народ подъезжал под флаги. В высоких сугробах извивались посыпанные песком дорожки. В занесенных, пустынных клетках уныло серели пни, перепрыгивали снегири, сороки. С высоких тесовых гор, под веселыми флагами, с гулом катили "дилижаны", мчались под зелеными елками на снегу. На расчищенном кругло льду вертко носились конькобежцы, заложив руки за спину, возили на креслах детей и дам, под трубные звуки музыки. Вагаев предложил Дариньке — на коньках? Но она каталась еще плохо, — стыдливо отказалась. Он снял в теплушке шинель, надел серебряные коньки, усадил Дариньку на кресло с подрезами и погнал по зеленому льду так быстро, что замирало сердце. Потом показал искусство, резал фигуры и вензеля, делал "волчка", вальсировал, и все на него залюбовались. Он был в венгерке, в тугих рейтузах, в алой, как мак, фуражке, красивый, ловкий. Когда они шли к горам, на пустынной дорожке, за сугробом он смело поцеловал ее. Она испуганно на него взглянула, хотела что-то сказать ему, но тут подходила публика, и все закрылось.

Катались с гор, рухались на раскатах, ухали. Катальщики почуяли наживу, старались лише. Довольно "дилижанов", санки! Даринька оживилась, забывалась. Страшно было ложиться на низкие, мягкие "американки", стыдно было приваливаться к нему на грудь, запахивать открывавшиеся ноги, жутко — в самом низу, на спуске, в вихре морозной пыли, стыдно и радостно было слышать, как крепко правит его рука, как держат и нажимают ноги. Еще? Еще. Вагаев шептал: "Чудесно?" Чудесно, да. Все забывалось в вихре. Вагаев горел в движениях, сжимал все крепче. Радостно было чувствовать, что он здесь, — не страшно. Вагаев правил уверенно. Все-таки раз свернулись, весело испугались, извалялись. Еще? Еще...

После катания поехали в "Большой Московский", — хотелось есть.

Слушали новую "машину", огромную, как алтарь, в меди и серебре. Играла она "Лучинушку" и "Тройку". Вспомнился "музыкальный ящик". Им подавали растегаи, стерляжью уху и рябчиков. Пили шампанское и кофе. Чудесно... куда теперь? Завтра опять на горы?.. Последний день. "Пошли дороги?" — "Говорят, кажется..."

Лихач прокатил Кузнецким. После двух дней метели было особенно парадно, людно. Разгуливали франты, в пышных воротниках, в цилиндрах. Показывали меха и юбки бархатные прелестницы, щеголяли нарядные упряжки, гикали лихачи, страшно ныряя на ухабах, дымом дымились лошади. Побывали у немца на Петровке, выпили шоколаду и ликеру, зашли к Сиу. Поглядели чудесные прически, — забывчиво потянула Даринька. "Это бы вам пошло!" — Даринька разгорелась, разогрелась. "Подарите мне этот вечер, — просил Вагаев, — завтра последний день... я не могу поверить... не видеть вас!.."... "Пошли дороги?.." — "Да, кажется..." Завтра, последний день... Где же ее увидит?.. Может быть, в цирк сегодня или в театр?.. Кажется, "Травиата". Виолетта... несчастная, любовь. "Подарите?.." В глазах Вагаева блеснуло. "Дарите, да?.." — умолял он, выпрашивал. "Я не знаю..." — взволнованно говорила Даринька. — Я не знаю, чего вы хотите от меня... не знаю...» — «Вас, — тихо сказал Вагаев, — единственную, всегда и безраздельно». — «Но... это невозможно?..» — вопросом сказала Даринька и узнала скрипучий голос: «Прелесть моя, жемчужина!»

У Большого театра неожиданно встретили барона. Он был в балете, на утреннем спектакле, смотрел «Дочь фараона». Был возбужденно весел, сипел сигарой, дышал вином. Барон закидал вопросами, льнул и лизал глазами. «Ну, не скучаете? а Виктор гуляет в Петербурге? Дима успешно развлекает? Гусары знают, как развлекать прелестных... Стойте, кажется, маскарад сегодня... было назначено 2-го, из-за метели отменили... Эй, шапка... бал-маскарад в Собрании?..» — «Так точно-с, ваше сиятельство, 4-го, сегодня-с!» Не поехать ли в маскарад? Никогда не бывали в маскараде! В Благородном собрании, ни разу?! Но это же ужасно!.. Барон убеждал Диму: бесчеловечно, непозволительно, преступно, не показать Дариньку Москве... не показать Дариньке Москву! Вагаев улыбался. У дядюшки превосходная идея! Совсем семейно, с почетным опекуном, с эскортом... можно? Платье? Сейчас же к Минан-гуа, огромный выбор, и маскарадные. Даринька растерялась, не решалась. Можно и домино, и стильное, и... Барон уверял, что святки на то и созданы, чтобы маскарады... женщины расцветают в маскарадах. Надо всего попробовать. Один раз в жизни даже и мона... Барона звали. Он не хотел и слушать отговорок, взял «честное слово женщины», что Даринька непременно будет. «Дима же завтра уезжает, можно ли быть такой жестокой?!»

«Чудесно! — восторженно говорил Вагаев. — Вечером слушаем "Травиату". Вы не слыхали "Травиаты"!.. Вы не можете отказать, не можете...» Он поманил посыльного и заказал ложу бенуара. Блестящая идея! Даринька восхищалась платьем?.. «Помните, на портрете, моя бабка... в Разумовском? Еще вы сказали: "Какие были платья?" Такое будет!»

Лихач подал. Они покатили на Кузнецкий, на Дмитровку. Опять помело снежком.

141

— Даринька потеряла волю, рассказывал Виктор Алексеевич. — Восторженная ее головка закружилась. Конечно, особенного чего тут не было, если отбросить щепетильность. Платье для маскарада... Ее одевали для веселья, выбрали на прокат «эпоху». Святочная игра. Дариньку это закружило. И все устроилось. Они достали в шикарном французском «доме», у Минангуа ли или у кого там... чудесное платье, «для императорского маскарада», воздушное, бледно-голубого газа, в золотых искорках и струйках... это, как называется... «ампир», талия под самой грудью... Помните, на портрете, Жозефина? Начала века, с пеной оборок, рюшей, какое надевали прелестные наши бабушки. Даринька покорялась с увлечением. Романтическая затея эта ее очаровала, усыпляла. Вызванный куафер с Кузнецкого, мэтр и Москвы, и Петербурга, творивший свои модели, убиравший высокую знать столиц, показал высокое свое искусство. «Матерьял» поразил его богатством, он, говорила Даринька, прищелкивал языком, замирал над ее головкой со щипцами и повторял: «Тут есть над чем поиграть, с такими в о л о с т я м и, для весь Париж!» Даринькой овладели, сделали из нее «мечту». Так говорил Вагаев. Этот, единственный в жизни, «маскарад» Даринька вспоминала с горьким каким-то упоением. Когда ее всю «закончили» и она увидела себя зеркальной, снятой с чудесного портрета, у нее закружилась голова. Закружилась она у многих. Она была подлинная графиня Д., воскресшая, «непостижимая», как писал в «Современных известиях» хроникер в отчете. Явилась «царицей маскарада, мимолетной...»

Вагаев приехал за ней в карете, чтобы везти в театр, и был ослеплен «видением»: она «светилась».

XXVII

МАСКАРАД

В тот «маскарадный» день Даринька «себя не сознавала» и не могла впоследствии объяснить, где одевали ее для маскарада: «В каком-то большом доме, а где- не знаю».

— Это был какой-то «маскарад в маскараде», — рассказывал Виктор Алексеевич, — Дариньку называли там «графиней», а Вагаева «женихом» ее. С ней обращались, как с неживой, вскружили ей голову романтикой, перекинули маскарадом за полвека, и она спуталась и закружилась.

Одевали ее в зале с бархатными диванами, на которых были разложены невиданные платья. Рядом тоже, должно быть, наряжались, пробегали с нарядами модистки, слышался женский смех. Важная дама, в бархатном платье, румяная, седая, с необыкновенным бюстом, сама занималась Даринькой. Три мастерицы раздевали и одевали Дариньку, показывали даме, та отменяла пальцем, и Дариньку снова одевали. Наконец, дама выбрала, велела пододвинуть егпе трюмо, всячески оглядела, повертела и сказала, совсем довольная: «Как вы находите, графиня?..» И сама за нее ответила: «Прелестно... ваш жених это именно и желал». Даринька удивилась, что дама говорит такое... но ее изумило платье, закрыло все. Платье было «как в сказке», как на портрете в Разумовском: из голубого газа на серебристом шелку, в золотых искорках и струйках, талия высоко под грудью, пышно нагофренной, схватывалась жемчужной лентой, падало совсем свободно, пенилось снизу буфами, было воздушно-вольно, не чувствовалось совсем, раскрывало в движениях тело, держалось буфчиками у плеч — и только. Даринька восхитилась и смутилась: плечи и грудь у нее были совсем открыты. Она прикрылась руками и смотрела с мольбой на даму: «Но это... невозможно!»... «Это же бальное, графиня... — удивленно сказала дама, — что вас смущает... князь сам и выбирал...» И показала Дариньке пожелтевший фасонный лист, где поблеклыми красками одинаково улыбались жеманницы в кисейках. Даринька опустила руки. Мастерицы восторженно шептались: «Чудо... один восторг!» Дариньку восхищало и смущало, что она вся другая, что она «вся раздета», что на ней все чужое, до кружевной сорочки, ажурных чулок и туфелек. Но когда причесал ее куафер и преклонился, как зачарованный, когда пропустили под завитками, чуть тронув лоб, лазурно-жемчужную повязку, когда дама надела ей жемчужное ожерелье с изумрудными уголками-остриями, натянули до локотков перчатки и мастерица веером разметала трэн, а восторженный куафер, что-то прикинув глазом и схватив что-то важное, выбрал серебряный гребень веретеном и впустил его в узел кос как последнее завершение шедевра, — Даринька все забыла. Смотрелась- не смела верить, что та, зеркальная и чужая, — сама она.

Когда пораженный видением Вагаев благоговейно прикрыл ей плечи пухом сорти-де-баль, Даринька растерянно спросила — а как же ее платье?.. Будет доставлено. А — это?.. — кивнула она на ожерелье. Вагаев развел руками и склонился. «Я говорила, я не могу... такое...» — «Это барон... не огорчайтесь, не разрушайте очарования, я все устрою... — просил Вагаев. — Если вам рассказать, как он безумствует...» Даринька смутилась и сказала: «Вы не знаете, я вам должна сказать...»

Начавшаяся опять метель переходила в бурю, когда Вагаев подсаживал Дариньку в карету, «Счастье! — сказал он радостно. — Дороги опять станут». — «И вы останетесь», — игриво сказала Даринька. «Я хотел бы остаться вечно».

Секло в окно кареты, трепало газовые рожки, гасило редкие фонари. Вагаев взял Даринькину руку и говорил, волнуясь, что это самый счастливый день, что она — «мечта», влекущая, недостижимая, вечная, воплотившая чудесно, неуловимая, Если бы он не знал всей чистоты и святости, которые воплотились в ней, он обманулся бы и сказал, что она самая опасная кокетка. Говорил что-то непонятное, называл «тициановской женщиной»... «Но не та вы, не та, которую видели с вами у Аванцо. "Лаура де Дианти"... — только овал вашего лица. Ваши глаза неповторимы... ни у одной Мадонны...» Говорил возбужденно, страстно и называл — графиня. Она спросила, смущенная, почему называет ее графиней... — что она так одета? «Земного имени нет у вас, небесная вы, пречистая... Святая Дева!..» — воскликнул он, совершенно безумствуя. Она отстранилась, в ужасе: «Нельзя... не надо так говорить... не смейте, вас Бог накажет!..» — и сжалась в углу кареты. В это время карета загремела под сводами театра.

Съезд кончился. В гулких сенях сидели у стен ливрейные лакеи с шубами на руках. В круглившихся пузато светло-лимонных коридорах было пустынно-строго, приглушенно играл оркестр. Дарнька услыхала радостный запах газа, увидала лепные литеры на стене — «Ложи бенуара, правая сторона», волнующие чем-то. Старичок капельдинер взял розовый билетик, вскинул на кончик носа серебряное пенсне и повел за собой — к «директорской». «Это не... "Травиата"!.. — сказал Вагаев и просиял: Чудесно, Дари... "Фауст"!» «Фауст, ваше сиятельство, "Травиату" отменили, главная наша солистка заболела», — шепнул старичок и бесшумно открыл им ложу.

Притаившийся темный зал пугал огромностью пустоты, из которой мерцало и следило. Музыка пела страстью, стена раскрылась, и явилось сияние — Маргарита, белая вся, за прялкой. Вагаев шепотом объяснял, трогал усами локон. Красноногий, вертлявый Мефистофель увлекал Фауста — красавца, с пышным пером на шляпе. Вспыхнула хрусталями люстра, все золотисто осветилось, и они перешли в салончик.

Было все то же, как недавно, на «Коньке-Горбунке», и, кажется, самая та ложа, и ароматная теплота и шорох, и сверканье, но Вагаев теперь был ближе. Блестящий и обаятельный, с восторженными глазами без усмешки, чего-то ждущими, он держал затянутую перчаткой ее руку и объяснял ей «Фауста». Радостные его глаза встречали ее глаза, она отводила их — и чувствовала к нему влечение. Не жарко? Может быть, снимет сорти-де-баль? Нет, не жарко. Она смущалась, что он увидит ее, такую. Он говорил о маскараде. Почему танцевать не будет? не умеет?!.. Этого быть не может. Она танцевала немного вальс, до того, до монастыря, ее научил а барышня, дочка домовладельца, ей очень нравилось, но она забыла. Но это же так просто, забыть нельзя!.. Она сама увидит, как это легко и просто. Нет, нет, он ее пригласит на вальс... Все, что она ни делает, все прекрасно. «Милая, Дари... — нежно шептал Вагаев. — Вы не откажете? Знаете что, мы с вами сейчас прорепетируем! сейчас будет прелестный вальс, и мы протанцуем под сурдинку... можно?..» Даринька страшно взволновалась.

Музыка сделалась веселой, громкой. Выступали на сцене горожане, женщины в чепчиках переругивались с девчонками, старички что-то шамкали, смеялись и ловко стучали костыльками под хохотки. Проходила скромница Маргарита, в белом, Фауст приветствовал ее поклоном, размахивая шляпой, Мефистофель гримасничал. «Идемте, — подал Вагаев руку, — сейчас заиграют вальс».

В салончике он раскрыл ее, очаровался, обнял за талию, она, зардевшись, положила ему на плечо руку, и они, зачарованные вальсом, необычайностью и друг другом, тихо кружились и кружились. «Чудесно вальсируете, мягко... склонитесь еще ко мне... не бойтесь меня, Дари...» — шептал Вагаев и обнимал глазами. У нее закружилась голова от непривычки. Он опустил ее на диванчик и стал перед ней на колени. «Я совсем забылась... что вы только делаете со мной!.,» «Скажите, что сказали вчера, в метели, — шептал Вагаев, — повторите, что любите... скажите!..» «Пойдемте», — сказала Даринька и быстро взяла накидку. Он

144

взял у нее сорти, прикрыл нежные ее плечи и поцеловал неожиданно у ожерелья. Она шатнулась, взглянула горячим взглядом и сказала: «Вы обещали... я согласилась ехать, и вы!..» И она вышла в ложу. Он сел за ней.

На Мефистофеля наступали — крестили крестами-шпагами. Он корчился и злобно извивался. Высокий красавец воин, в желтых высоких сапогах, молился за дорогую сестру. Даринька жалела, что обошлась с Вагаевым так резко, заглянула через плечо и улыбнулась. Он ответно, но виновато улыбнулся. Она шепнула, что «Фауст» ей очень нравится.

Валентин пел у самой рампы, прикладывая руку к сердцу:

> Ты защити ее...
> От зла, от искушений...

Сцена с ожерельем Дариньку очень взволновала. Мефистофель, в кровавом свете, пугал ее, Томящая негой музыка, роковой поцелуй-падение и торжествующий хохот Мефистофеля — смутили. Вагаев спрашивал, нравится ли ей эта сцена. Ей нравилось, но она боялась ему сказать.

Подали фрукты, оршад и шоколадные конфеты с ромом. Вагаев помнил, что она любила — с ромом. Гуляли в коридоре, Даринька не хотела идти в фойе. Вагаев ей напомнил, что она что-то ему хотела... про барона?.. Она ему рассказала все. Он страшно возмутился и по-бледнел. «Тетя Паня»? Какая ложь! У него ничего с ней не было, да и не могло быть. Когда-то была за старым интендантом, потом стала любовницей барона, теперь... — об этом он говорить не может. Барон безумствует! Неужели она, у этой... твари! «Чистая, святая... в этой яме!..» Отказывался верить. Она ему сказала, как охватило ее отчаяние и как сохранило ее чудо, — явилась матушка Агния... и Карп ей открыл весь «ужас». Карп? тот самый? «Молодец Карп!» — без усмешки сказал Вагаев.

Опера кончилась, Маргарита все-таки спаслась, ангелы взяли ее душу, лукавый с грохотом провалился в ад.

— Князя Вагаева карету-у!.. В «Эрмитаж»!

Ужинали в отдельном кабинете. Было шампанское. Слышно было — играли вальс. «Позволите... тур вальса?» Вальс увлекал ее, она позволила. С шампанского ли, от конфет ли с ромом — ей стало дурно, «будто остановилось сердце». В памяти Дариньки осталось, как побледнел Вагаев, обнял ее и, поддерживая, повел куда-то.

После короткого забытья — минута, сколько?.. — она не помнила, — югда открыла она глаза, Вагаев стоял возле дивана на коленях и целовал ей плечи. Он был взволнован, глаза блестели. Он говорил бессвязно, он безумно счастлив, что она его любит, любит... что она с ним уедет, станет его, совсем... что он разорвет преграды и все сломает, что без нее нет жизни. Она говорила это?! что «с ним уедет»? Она ничего не помнила, чувствовала полную разбитость. Он целовал податливые ее руки, просил: «Скажите, повторите, что сказали». Лицо ее горело. Она сказала, что ничего не помнит. Ах, в маскарад еще...

Она поднялась с дивана, он помог ей. Не кружится? Нет, прошло. Выпила воды, поправила перед зеркалом прическу. Он подошел и обнял.

Она, «ничего не соображая, растерявшись», сказала в зеркало; «Ой, изомнете платье...» — обернулась и обняла его. Это был «грех невольный», так она после признавалась. Тут же пришла в себя, вырвалась из его объятий и оградила себя руками: «Нет, не надо... нет, нет!..» В «голубых письмах» Вагаев говорил ей, что она была «повелевающе-прекрасна», и он перед ней склонился. Т а к о й он никогда не видел, такой и нет.

У Благородного собрания лежали горы снега, наскакивали конные жандармы, метались флаги, вздымались дыша бешеных лошадей, кареты... Газовые языки трепало, откуда-то летели искры, лепило снегом. Красно-золотые великаны с булавами распахивали звонко двери. Вагаев вел Дарнньку по бархатному ковру пышно-нарядной лестницы, уставленной лаврами и пальмами. В зеркале во всю стену было видно, как им навстречу медленно подымалась такая же голубая, бледная, с прелестными нежными плечами, и красавец гусар в жгутах, в снежно-крылатом ментике. Маскарад был в разгаре. На широкой площадке, в зеркальных окнах, прогуливались фраки и домино. Все смотрели, — казалось Дариньке. Вагаев был празднично-параден, как в Светлый День. «Какая пара!» — слышала ясно Даринька.

Маскарад был парадный, «под покровительством», — «в помощь братьям-славянам». В бриллиантовых шифрах дамы продавали бутоньерки в национальных лентах. Даринька украсилась цветами. Они проходили в белый колонный зал, мимо зеркал на бархате, дробясь и повторяя блистающие Даринькины плечи над голубым «ампиром» и алое с золотом жгутами, в пестрой толпе болгарок, юнаков, черногорцев, рыбачек, капуцинов, баядерок, розовых бэбэ, засыпанных цветами «добровольцев»... Полумаски загадочно шептали: «Узнай, кто я?» Амуры-почтальоны с колчанами разносили на стрелках «раны» и «бийе ду» — признания. Даринька терялась: амуры налетали роем, касались стрелкой, щекотали плечи. Вагаев восхищался: «Вот успех!» Белые колонны, люстры, люстры... Бескрайний зал вдруг уходил куда-то, вспыхивал, терялся, пылал сверкающими поясами люстр, в колоннах, между колонн, сиял огнями бриллиантов, плечами, играл глазами, отблеском пластронов, лысин, муара, фраков, дышал духами и цветами. На хорах, в люстрах, над люстрами, под люстрами играли вперемешку два оркестра: духовой — военный и струнный — бальный. Над ними, под плафоном, заглядывала на жаркое веселье в окна-арки черная ночь в метели.

«Вальс... графиня?..» Вагаев почтительно склонился. Они кружились, позабыв о всех.

Когда они сидели за колоннами, к ним подошел барон, блистающий, во фраке и с гвоздичкой. Поражался: да где же они были столько? Воскликнул в раже: «Молюсь, благоговею!.. венчик, венчик!..» Просил — на вальс: один тур вальса! Даринька отговорилась: так устала. «У-ста-ли... — барон прищурился и усмехнулся, — Дима уже утомил, успел!.. Но со старичком — то неутомительно!..» Барон был совершенно невозможен, навязчив, лизал глазами, смотрел на... ожерелье? «Но позвольте хоть показаться с вами... показать вас!» — «Снизойдите, — просил Вагаев, — дядюшка влюблен немножко, но это, право, не опасно». Даринька пошла с бароном, Вагаев остановился с адъютантом. Барон, красуясь, водил ее по залам, по гостиным, показывал огромную Екатерину, говорил: «Вот женщина! любить умела!» Представлял каких-то, важных. Ей целовали руку, перед ней склонялись, преклонялись. Женщины оглядывали затаенно, остро: «Мила...» Древний генерал в регалиях и ленте, на костылях, всхрипел с одышкой: «Бо-ог мой! но до чего же она хороша... живая Кэтти!..» Так называли в своем кругу когда-то графиню Д. «Слышите?.. — польщенный, скрипел барон, косясь на ее плечи, — "живая Кэтти"!., Вы — графиня крови... ка-ак все смотрят, какой успех!»

— Барон безумствовал открыто, — рассказывал Виктор Алексеевич, — клялся, умолял «завтра же оформить», — под венец! Совершенно оголился, бесстыдничал. Говорил, что «будет по контракту», «все на вас!». Впал в детство. Слюнявил плечи, называл — «святой бутончик». Уверял, что я не могу жениться, жена не даст развода, а он «даст имя», что он «готов на самое ужасное...». Словом, обезумел совершенно. Про Диму... что — пустельга, мальчишка, ветер... «сомнет цветочек, а сам в кусточек», любовницы и в Петербурге, и в Москве, что и у меня «старинная любовница», давно известно. Даринька возмутилась... — представляете, она-то... возмутилась! — встала и ушла. Он побежал за ней, вприскочку, все забыл. Врал кругом направо и налево — это узналось, — что она его! С Димой хоть на дуэли драться. Дамы пустили сплетню, что это «новая кокотка», стиль-нуво под Гретхен. Пошло сейчас, что и князь Долгоруков как-то тут замешан, приревновал к Вагаеву и посадил на гауптвахту крестничка! Князь там был. Пересдавали, что обратили его внимание на Дариньку. Он ее заметил, восхищался туалетом, ее «ампиром» и ее лицом, всем в ней. Передавали его бо-мо: «Vraiment, elle est d'un empir incontestable». Всех интриговало пущенное бароном, что это «сбежавшая монашка», «морганатическая графиня Д.», «праправнучка... святителя»!..

В четвертом часу утра Вагаев довез Дариньку до переулка: дальше карета не могла проехать. Он донес ее до крыльца через сугробы, и долго они не могли расстаться.

Успех Дариньки в маскараде совсем закружил Вагаева и «все перепутал» в Дариньке.

Новой явилась она ему, «еще и нежданно новой». Он умолял ее ехать с ним, — «сразу порвать все нити и завтра же ехать в Петербург, несмотря ни на что, на "тройках", угрожая переломать всю жизнь, если она не согласится». Она ему говорила что-то, «кажется, обещала ехать», вспоминала она потом, но что говорила, — помнила: «Все забыла». В свете от фонаря, захлестанного снегом, увидал, какое измученное у нее лицо, — детское, девичье лицо! — пал перед нею на колени и целовал ей ноги, бархатные ее сапожки. Сонная Анюта увидела Дариньку и обомлела. Пялила глаза, как видение, ужасалась: «Барыня... какая... как самая царица!» Даринька закрылась в спальне, зажгла у трюмо свечи и долго вглядывалась в себя... в пылающие люстры, оставшиеся в глазах, в увядшие, безуханные цветы. Не познанная доселе горечь, боль о чем-то, утраченном и невозвратном, томила сердце. Смотрела долго... Зеркало туманилось, поплыло, текло стеклянными волнами...

Даринька долго не могла забыться. Видела сны, в обрывках. Очнулась совсем разъятая, в истоме.

XXVIII

ВРАЗУМЛЕНИЕ

В сновидениях Дариньки было что-то ужасно неприятное, и это неприятное связывалось с какой-то девочкой в одной рубашке. Девочка была очень неприятная, ротастая, путалась под ногами, показывала ей глазами, на что-то намекая, и от этого было неприятно. Очнувшись, Даринька увидала полыхание на потолке, подумала в испуге — не пожар ли, но это полыхала обертка свечки у зеркала, швыряя синие языки. Чувствовалась истома и тошнота, и не хотелось вставать тушить. Но она пересилила себя и потушила, и увидала синевший в окне рассвет. Платье-ампир на кресле и серебристая туфелька вызвали в мыслях пылавшие огни люстр и томящие звуки вальса. Даринька увидала у постели ожерелье, — разглядывала вчера и уронила, сунула под подушку и, отдавшись мечтам, уснула.

Проснулась — и испугалась, что проспала. В комнате было мутновато. «Господи, все метет!..» — подумала она радостно и почувствовала себя укрытой. Это чувство уюта и огражденности, рождавшееся с метелью, вызывало в ней легкость и оживление. Виктор Алексеевич говорил, что Даринька радовалась всему, что обычно мешает людям: зарядившим дождям и непогоде, страшной грозе и ливням, большому водополью и морозам. Осенние звездопады приводили ее в восторг. Она бы, кажется, ликовала, если бы вострубила труба Архангела! Она отвечала, вздыхая, — да...

В это молочное от метели утро радостность все закрыла. Она пробежала босиком посмотреть на часы в столовой, — десять скоро! — увидела в зеркале, какая красивая на ней сорочка, тонкая, в кружевцах, и крикнула Анюте, чтобы несла поскорей воды — «из кувшина прямо, с ледышками!». Локоны мешали умываться, и она их обернула в полотенце. Анюта говорила ей про письмо и про какой-то картон, который принесли от большой портнихи, но Даринька отмахнулась;-после. Надела серенькое, которое понравилось тогда Диме, подумала шубку или ротонду? Ротонда мешала кататься с гор, все равно открывала ноги и попадала под подрезы. И решила — шубку, Анюта смеялась, что барыня чай даже разучилась пить. Даринькс было не до чаю: глотнула и обожглась, — было без пяти одиннадцать.

Карп отгребал ворота. Совсем задавило снегом, не видано никогда. «Хлеба, говорят, больше будут!» — сказала Даринька, радуясь, что Карп не спросил, куда это в метелицу такую, и побежала сугробами.

Снег был такой глубокий, что даже у заборов, где прохожие протоптали стежку, нелегко было пробираться, и ей сыпало за сапожки. Вагаев шел ей навстречу переулком, в легком пальто, и казался совсем молоденьким. Они протянули руки, как очень близкие, поглядели в глаза и засмеялись. Метель какая! Дороги опять остановились? И надолго! Шли рядом, путаясь и теснясь на стежке, спотыкаясь на гор-быльках. Чувствовалось совсем легко. Вагаев радостно говорил, что все куда-то попрятались, спасибо — лихач попался, никто не едет. «А бедный Огарок наш...» — «А что с Огарочком?» — «Кончились для него бега, засек ноги, плечи набил до ран». — «Бедный Огарочек»... Барон совершенно не в себе, бесится за Огарка, но тут другое: «Ваш вчерашний триумф совершенно его ошеломил. Только о вас и бредит, а вчера в клубе только о вас и говорили»... Что говорили о ней? «Тонкая вы кокетка... вот не думал!» Она кокетка! И чувствовала сама, как все в ней играет прелестью. «Вы принесли мне счастье. Я не мог спать, махнул в клуб и выиграл двадцать тысяч». «Это ужасно много?» — спросила Даринька, думая о другом.

Он укутал ей пледом ноги, запахнул полостью, обнял за талию, и она уже не боялась, а крепко к нему прильнула.

Рассказывая Виктору Алексеевичу о «безумстве», Даринька объяснила это тем странным состоянием, в котором она была: она была «как бы вынута из жизни... была где-то». Вагаев был для нее не прежний опасный обольститель, а совсем свой, будто ей чем-то близкий. Она уверяла, что не чувствовалось греха, что они были как брат и сестра, больше даже, и — «было все новое, другое, не как всегда», и Вагаев сам это чувствовал и восторженно говорил: «Свет идет на меня от вас». — Я сам не раз это испытал, — рассказывал Виктор Алексеевич, — это душевное обновление. Не раз бывало, что Даринька переставала быть женщиной для меня, и это было высокое блаженство, какое-то «созерцание любви». Впервые в ней пробудилась женщина после «прощения» матушки Агнии, после встречи с Вагаевым у бульвара. Возбужденная потрясением в Страстном и пестротой жизни, она сама привлекала меня. Это земное, страстное обнаружилось в ней тогда впервые и завершилось страданием. Я знаю, что и Дима почувствовал в ней — он высказал это после, в письмах, — почувствовал инстинктивно, ее глазах, по ее отсутствующему виду, что она необыкновенная, что в ней — святое... и сдерживался невольно, обновлялся... и все более влекся к ней. В обычной обстановке Даринька видела в нем красивого мужчину, обаятельного, влекущего, боролась с собой, пугая себя грехом, доходила до исступления, истязала даже себя... — я ужаснулся, когда узнал. Но в этот последний день, когда для нее и дня-то не было, как в поездку из Разумовского, она пребывала в «уюте от земного», огражденности от всего греховного, в неизъяснимом своем ничто. Она не умела определить, говорила восторженно: «Будто не на земле... какое-то никакое, совсем пустое!» Пустое — конечно, в нашем, земном определении. Это как бы предчувствование «миров иных», особого, духовного созерцания, внечеловеческого. Об этом можно только догадываться по житиям, по несказанному блаженству Угодников, — вспомните «видение белых птиц» Сергию Преподобному, рассказы о Серафиме Саровском... по блаженным мигам у эпилептиков... Даринька говорила: «Я испытывала такую легкость, будто тело мое пропало, как вот во сне бывает, когда летаешь...» Подобное «обмирание», замирание в ней телесного я заметил в первые еще дни нашей совместной жизни. Часто она вздыхала, воздыхала. Спросишь — не болит ли сердце. Нет, не болит. Может быть, скучно, душа болит? Нет. Но почему так вздыхаешь? «Не знаю... так». Или- вышивает в пяльцах, откинется и — смотрит. Спросишь: «Ты что, Дарок?» Вздрогнет и улыбнется виновато: «Не знаю... так». И такое у нее лицо... я перед нею падал, как перед самым святым. А когда приручилась, привыкла ко мне, узнал и еще другое, — душевные возгласы ее. Когда бывало тихо, в часы вечерние, летние... Когда в комнатах солнце, совсем косое, с червонной этой пурпурностью, похожей на отсвет печного жара, — бывало, вздрогнешь, когда рождается из тишины нежный, хрустальный вздох: «Из глубины воззвах к Тебе, Го-споди!» — или, любимое ее: «Изведи из темницы душу мою!» Глубинный возглас, из недр души. И такое томяще-грустное в нем, будто она воистину узница в темнице, во свете сем. И я чувствовал оторопь. Полный тогда невер, я ощущал всю зыбкость, непрочность жизни. Не тесную для души темницу, не предчувствование «миров иных», ведомое святым или величайшим поэтам, тоскующим «в забавах мира», кого тревожит «жизни мышья беготня»... а именно, — непрочностьземного, з дешнего, при всей для меня незыблемости «земных законов».

Они поехали в Зоологический сад. Метель крутила пуще вчерашнего, все перепутала, — дня не видно. В Зоологическом не было ни души, все завалило снегом. Они шли по излучинам, в сугробах, из которых торчали занесенные наглухо беседки, клетки. Все вымерло, схоронилось, затаилось, — радовалась одна сорока. Даринька остановилась у сороки, обласкала ее бауточкой: «Сорока-белобока, до-лгой носок, зеле-ный хвосток!» И Вагаев поцеловал ее. Она только сказала: «Сорока смотрит». Совсем было трудно пробираться. Куда, зачем... — об этом они не думали. Так, хотелось. Все застилало мутью, и в этой снующей мути — казалось Дариньке — кто-то выл. Проступили из мути доски, и они признали обшивку гор. Мужики разгребали, отвозили в корзинах снег. «Какое теперь катанье... все горы завалило, не отгребешься, — сказали им мужики, — на каток ступайте, там, может, и поразмели маленько». Было как в зимнем поле. Они прошли на каток, к теплушке. В теплушке сидел на метлах сторож. Сказал: «Какое катание нонче, робята ушли обедать, воротятся — прочистим для вас маленько». Совсем пустынное житие. Дариньке не хотелось уезжать: «Еще немножко, останемся!»

Не зная, куда пойти, они заглянули в ресторанчик. Унылый лакей сказал, что есть рябчики, есть и шампанское. Они заказали рябчики, шампанское и чаю и просидели до сумерек, не смущаемые никем. Время пропало за метелью. О чем говорили — не помнилось. Были где-то, где не было никого и ничего, — они да вьюга. И в этой вьюге тоненько кто-то выл. Все изменилось в этом, и... «как будто решили ехать, вместе...» — помнилось Дариньке неясно. Ходили у сугробов, рука в руку.

Зашли в теплушку на каток. Мужики расчистили им немного, поразмели, Вагаев покатал Дариньку на креслах. Посидели в теплушке с мужиками. Жарко горела печка. «Что это воет так?» — спросила Даринька. «Волки», барышня... — сказал мужик, куривший на куче метел. — «Святки, самое им время бегаться, а они вон в плену сидят». Даринька удивилась: волки! «У каждого свое занятие...» — продолжал мужик, а другие чего-то засмеялись. «А чего смеяться, — сказал мужик, — каждое дыхание скучает. Я вот по водочке скучаю, ваше благородие... а барышня, чай, конфетов хочет... у каждого своя скука». Вагаеву мужик понравился, и он дал мужикам на водку. Мужики оживились и предлагали весь им каток расчистить, даже шары зажечь, но было уже время ехать. Давно стемнело, когда, путаясь в снеговых прогревах, выбрались они к выходу.

Лихач почему-то не дождался. Нашли сироту-извозчика, и он потащил их в гору. В Кудрине пересели на лихача, вдребезги пьяного, который мотал их долго и привез к Сухаревой Башне. Да зачем же к Сухаревой? «А то куда же? Эн вам куда, к Штрашно-му... а по мне хошь в Питер!..» — «Слышали?.. — сказал Дариньке Вагаев. — Почему вы такая... не озябли?» Дариньке было грустно, что кончился этот чудесный день.

Лихач довез, наконец, до переулка, но в переулок пролезть не мог. «Можно к вам... выкурю только папиросу?» — сказал Вагаев. Даринька вспомнила про шарфик. «Ах, забыла отдать вам шарфик...»

Стежку совсем засыпало. Вагаев быстро сказал: «Позволите?..» — подхватил на руки и понес. «Что вы... зачем!..» — шептала в испуге Даринька, но он не слушал. «Вы устали... вчера позволили...» Он донес ее до крыльца, бережно опустил, и они увидели Карпа.

Карп нагребал снег в ящик и отвозил в ворота на салазках, — работал не видя их. Даринька тихо позвонилась. Никто не шел. Карп вернулся, опять наваливал. Даринька позвонила громче. Карп, наконец, заметил. «Придется, Дарья Ивановна, уж двором... — сказал он, будто давно их видел, — никого дома нет. Девчонку давеча тетка забрала, завтра престол у них в Дорогомилове, Богоявление... а старуха ко всенощной пошла, скоро должна вернуться». Даринька вспомнила — испугалась: «Го-споди! да ведь сочельник нынче... завтра Богоявление Господне, Животворящий Крест погружали... водосвятие сегодня было!..» Вагаев спрашивал Карпа: «Так это ты Карп, братец?»-«Так точно, ваше благородие, Карп... а что-с?» — «Солдат!» — «Был и в солдатах...» — «Гвардеец?» Карп был высокий, складный. «Никак нет, ваше благородие... первой роты 3-го гренадерского Перновского, короля Фридриха-Вильгельма IV-го полку!» — четко ответил Карп. Вагаев достал бумажник. «Держи... ты молодчина, Карп!» Карп пошевеливал лопаткой. «Тебе говорят, держи!» — настойчиво повторил Вагаев. «Да за что же... мне-то, ваше благородие?» — «А... за службу!» — «Да мы с вами и не одного полку... будто и не за что...» — отвечал Карп, разминая лопатой снег. «Разговаривай еще... по душам дают...». В тоне Вагаева Дари␣ка услыхала раздражение и как будто смущение. Карп взял бумажку, сказал раздумчиво: «Ну, благодарим покорно, ваше благородие», — и тронул шапку. «Так что двором, Дарья Ивановна, придется...» — сказал он так же раздумчиво н опять принялся за снег.

Случилось как-то само собой. Даринька не звала, и Вагаев не просил позволения зайти, но они вместе пошли двором, и Даринька в темноте остерегала: «Порожек тут». В темных сенях нашарила скобу и сказала невидному Вагаеву: «Сейчас засвечу огонь».

Себя не слыша, «словно меня пришибло», Даринька пробежала в комнаты, думая об одном — о свете. Искала спички, — забыла, куда их клали. Вспомнила, что в буфете за правой створкой, где выдвижная доска, на которой оправляла она лампадки. Она нащупала, быстро открыла дверцу — и грохнулось что-то дребезгом и плеском. Не соображая от испуга, схватила она спички и, хрупая по стеклам, нашарила на стенке расхожую лампочку-коптилку. Увидела при свете, что разбился стеклянный кувшин с водой, оказавшийся почему-то на буфете: по всему полу текли потеки. Увидела среди осколков восковую свечу с голубым бантиком и с ужасом постигла, что святая это вода, богоявленская, кем-то принесенная из церкви, — и она разлила ее! Схватилась за голову в смятенье и увидела Вагаева: он стоял у дверей из коридора и смотрел на нее с испугом. Она показала ему на стекла и потеки и сказала не своим голосом: «Я... пролила святое... богоявленскую воду... разлила...» Он подошел к ней, не понимая, что она так расстроилась, и восторженно повторяя: «Глаза... какие у вас глаза... глаза какие!..» Снял с нее шубку и сапожки. Она давалась ему послушно.

Они перешли в залу. Сидели на «пламенном» диване, в слабом свете от лампочки, светившей с притолоки в столовой. Даринька, как была в сереньком платье, чистом, которое она надевала в церковь и которое делало ее совсем юной и тоненькой, сидела подавленная и слабая. «Почему вы такая, Дари... что с вами?» — сказал Вагаев, целуя руки. Руки были холодные, немые. Она увидела его глаза, схватила его руку и затряслась в рыданиях. Он ее успокаивал, что это такие пустяки, воду можно достать, он сейчас же пойдет и принесет, лишь бы она была спокойна, гладил ее кудряшки, прижимал голову к себе. Она продолжала плакать, навзрыдно, вздохами, и в этих вздохах вышептывались слова, толчками. «Ну, не надо... нежная моя, светлая Дари... девочка моя святая...» Она выплакивалась, надрывно, что все забыла... Господа забыла... такой день... и она забыла... Он утешал ее, повторял самые те слова, какие говорил Виктор Алексеевич, когда прибежала она памятным майским утром, — страстно ласкал ее, целовал мокрые глаза, кудряшки, щеки, детски сомлевший рот, путавшиеся локоны у щек... шептал горячо, невнятно, и сильней прижимал к груди. Себя не помня, отдаваясь влекущей ласке, может быть с кем-то путая, она прильнула к нему, ища защиты...

В этот последний миг, когда гасло ее сознание, грозный удар, как громом, потряс весь дом. Даринька вскрикнула, вырвалась из его объятий и кинулась в темный коридор. Осталась в ее глазах качавшаяся в углу лампадка.

Она прибежала в «детскую» и защелкнулась на крючок. Стояла, в ужасе, оглушенная, не сознавая, что с ней случилось. Нажимала крючком на петлю, дрожала, ждала чего-то, самого страшного, и слышала, как звенит в ушах. Слышала-повторяла мысли: «Нет, никогда, нет, нет...» — словно оборонялась от кого-то. И услыхала, что Вагаев зовет ее.

Он стоял в темном коридоре, не зная, куда идти. Она затаилась, в страхе, что он может найти ее. Слушала, как в ушах стучало: «Нет, никогда, нет, нет...» «Дари, послушайте...» — звал Вагаев. Она не узнала голоса. И, страшась, что найдет ее, отозвалась бессильно: «Ради Бога... оставьте меня... я не могу к вам выйти...» Он ответил: «Успокойтесь, я ухожу... — голос его срывался, — Дари, я люблю вас... без вас я не буду жить... верьте мне, Дари!..» Она едва выговорила с болью: «Верю, но не могу выйти... простите меня...» И она стиснула зубы, чтобы не закричать. Он сказал: «Простите меня... завтра увидимся, да?..» Через силу, себя не помня, она прошептала «да». И услыхала, как уходили его шаги, позванивая тихо. Слушала напряженно, как звон затих и стукнула дверь парадного.

В «записке к ближним» Дарья Ивановна записала об этом мне:

«Услыша слух Твой, и убояхся, слава силе Твоей, Господи».

«Ум мутится, как вспомню, во что обратилась бы жизнь моя, если бы не Милосердие Господне. В порыве ослепления страстями, святое пролила я, безумная, и не вняла, что остережение мне дается. Но Милосердие Божие послало мне вразумление, как бы гром небесный. Все забыла тварь, по образу Твоему сотворенная. Забыла, что возглашается на день сей: "Море виде и побеже, Иордан возвратися вспять". А я не убоялась. Но Господь пощадил меня и послал знамение, "сон крестный". Не забуду до конца дней. "Господь, Просвещение мое, и Спаситель мой, кого убоюся?"»

Что же произошло, что называла Дарья Ивановна в разумлением? Виктор Алексеевич рассказывал так об этом:

— Случилось — чудо. Маленькие глаза увидят в этом «случайность», «смешное» даже. В нашей жизни «случайность» эта явилась чудом. Случайности получают иногда особую силу «знамений». Духовные глаза их видят и именуют «знамениями», вехами на путях земных. Даринька чутко видела. Случилось самое обиходное, простое, но как это обернулось! Карп возил снег. Кончил работу и затворил ворота. Знаете воротный запор... вроде короткой балки, дубовый или сосновый. Ворота примыкали к дому. И вот поднял Карп тяжелый запор этот, чтобы вложить в скобы, взмахнул, не рассчитавши, может быть, от усталости, — и грохнул концом в тесовую обшивку дома. Дом старый, деревянный. Удар проломил обшивку и шевельнул сруб... и шевельнул так, что грохнула штукатурка в зале, портрет моей матери упал на лампу на письменном столе, сотряслась икона и дрогнула лампадка на цепочках. Ее-то и увидела Даринька, ее только. Случайность, конечно... — со стороны так скажут. Но... сотни раз запирал Карп ворота, а этого не случалось. А тут — случилось. Для Дариньки это было «вразумление». И, несомненно, как след всего — и этого потрясения — знамением явился виденный ею той же ночью поразительный «крестный сон».

XXIX

КРЕСТНЫЙ СОН

Этот вечер крещенского сочельника остался в Дариньке на всю жизнь. Она признавалась, что в душе ее тогда все спуталось: и страх Божий, и «страшные кощунства». Душа ее как бы разрывалась, сделалась полем брани между Господним светом и злой тьмой.

Только ушел Вагаев, она потеряла силы и упала у дверей «детской». В сознании ее шла борьба: радость, что не оставлена, что послано вразумление, и скорбь, что ей не по силам искушение, что «отнято у нее последнее — радость Димы». Она смотрела к таившимся в темноте иконам и укоряла кощунственно: «Ну, за что... за что?!» Думала о своем позоре, о сиротстве с начала дней, чувствовала «ужасную неправду» и, потеряв страх Божий, вопияла: «За что же такое издевательство?!»

В «записке к ближним» она покаянно записала:

«Я предалась греху, намечтала себе соблазнов, и эти соблазны вдруг разлетелись дымом. Я готова была бежать за искушением, все забыть, но вразумление меня остановило, и за это я дерзнула хулить святое. Забыла Распятого за нас, что и мы сораспятыми быть должны и радостию взывать со Псалмопевцем: "Яко аз на раны готов". Про все забыла, но Бог не забыл меня: той же ночью послал мне знамение сна крестного».

Вернувшаяся из церкви Прасковеюшка перепугалась, увидев беспорядок в комнатах, упавшую штукатурку, разбитую посуду, брошенную на пол шубку. Из коридора слышался тихий плач, «будто вот по покойнику читают», и Прасковеюшка испугалась, уж не обидели ли Дариньку лихие люди. Она подошла к двери, откуда слышался скорбный плач, и стала окликать Дариньку. Даринька вышла к ней, «вся-то растерзанная, платьице все расстегнуто, от самого горлышка до пояса», и сказала не своим голосом, что оставили богоявленскую воду в буфете и она пролила ее. Увидела стронутую икону, упавшую штукатурку, — весь угол оголился, — разбитый портрет и лампу, сморщилась, как от боли, схватилась за голову и зашаталась. Прасковеюшка отвела Дариньку на диван и побежала за Карпом, сказать, что у них случилось.

Карп увидал и понял, что это его вина, и попросил прощения: запирал ворота и зацепил запором, дом-то старый, и стряслось. «Простите, Дарья Ивановна, моя вина... напугал нас, расстроились». — «Так это ударил... ты?!..» — изумленно спросила Даринька. Карп отвечал, смущенный: «И сам не знаю, тыщи раз запирал, а тут будто что под руку толкнуло, как на грех... такого никогда не было...» Слово Карпа — «будто что под руку толкнуло, такого никогда не было» — вошло в Даринькнно сердце.

Карп с Прасковеюшкой стали приводить комнаты в порядок. А Даринька пошла в спальню, зажгла огонь, увидела «весь маскарад» — и стала кидать все в шкаф, «всю эту непристойность». И когда кидала «ампир» и туфельки — «будто от сердца отрывала». Упала перед Казанской, призывала бессильно: «Ма-туш-ка!..» — и не получила облегчения. Забыв, что надо зажечь лампадку, пошла в залу, поглядела на белые цветы, хотела выбросить на мороз — и пожалела: невинные, милые цветы. Постояла над ними, с болью, чувствуя прелый запах увядших ландышей, прижала сердце — и увидала, что платье на ней расстегнуто, все открыто, даже корсетик видно, — как же могло случиться? Всегда она сердилась на упрямые пуговки-кораллы, когда спешила, надо было повертывать на петли, а пуговки становились поперек. Вспомнила, как Вагаев разглядывал на ней пуговки, а она отстраняла его пальцы... вспомнила ласкающие руки, гаснувшее сознание и тот громовой удар, оберегший ее от нового позора. Увидела забытый золотой портсигар Вагаева, оторванную пуговку-кораллик, упала у дивана на колени и замерла. Вскочила, чего-то испугавшись, накинула шубку и, не накрывшись, выбежала в метель, крича: «Господи, прости меня, окаянную, безумную!» Слышала Прасковеюшка и побежала к Карпу: «Скорей, за барыней... простоволосая побежала, сапожков даже не

154

надела!» Карп вышел за ворота — не было никого, метель. Он побежал направо: приметно было ему, что все эти дни Дарья Ивановна к бульвару убегала. Постоял на углу, послушал — нет никого, метель. Вернулся, и они с Прасковеюшкой долго сидели на кухне, жалели Дариньку и мерекали, что же им теперь делать. И решили, что надо дожидаться, — всякое приходило в голову.

— Меня интересовал Карп, — рассказывал Виктор Алексеевич. — Я его знал за правдолюбца: есть такие в народе нашем, «хранители добрых нравов». Мне приходило в голову, не нарочно ли он ударил, чтобы «остеречь»... вы понимаете... Много спустя, когда жизнь наша изменилась — и Карпа тоже, — я его спрашивал. Он почитал Дариньку, называл ее подвижницей и святой. Я спрашивал. И в голову ему не приходило. Он видел, что Даринька «мятется», и за нее боялся... И сам очень поразился, говорил: «Будто что толкнуло под руку». И как он радовался, что «сподобился помешать соблазну». Этот разговор с Карпом был уже много после, когда я изменился.

Даринька побежала не «к богатому офицеру», как думал Карп, а в церковь. Всенощная отошла давно, но церковь была еще открыта, богаделки прибирались после службы, и пономарь разливал святую воду. Даринька остановилась в полумраке, но богаделки ее признали и спросили, не забыла ли чего во храме. Она сказала растерянно, что воду богоявленскую забыла, «всю пролила». Богаделки качали головами: «Да как же это вы так... да как нехорошо-то... да Господь милостив». Аханья богаделок Дариньку не расстроили, не удивили: она знала, что у нее «все хорошо». Акинфыч вон разливает в сосудики, и вам нальет... сосудика-то не захватили? «Нет, забыла...» — сказала Даринька и увидела, что богаделки как-то странно ее оглядывают. Спохватилась, что пришла ненакрытой в церковь, посмотрела с мольбой на богаделок и бессильно заплакала. Богаделки стали сокрушаться, не горе лн у нее какое, а водичку Господь простит. Она прошептала через слезы, что хочет помолиться. «Помолитесь, помолитесь... — участливо повторяли богаделки, — Акинфыч погодит запирать». Свечи? Ящик староста-то замкнул, ушел.

Даринька отошла к распятию. Пунцовая лампада светила на лик Христа, и темные капли из-под шипов казались живой кровью. Даринька упала на колени и замерла в молитве. В слезах молилась: «И мене древом крестным просвети и спаси мя». Сердцем, без слов молилась. Кто-то над ней сказал, что запирают церковь. Она поднялась покорно и взяла склянницу с богоявленской водой, поданную ей кем-то. Денег у нее не оказалось, но тут подошла Марфа Никитишна, просвирня, за которой сходили богаделки, сказала: «После, Акинфыч, после», — и повела Дариньку к себе.

У просвирни Даринька плакала, облегчая душу. Просвирня сокрушалась, что завтра поехать к Троице не может: «И дорога, вон, говорят, не ходит, и по приходу надо, а послезавтра Собор Крестителя, а там суббота, раньше понедельника, 10-го числа, и думать нечего, маленько уж погодите». И тут неожиданно пришел Карп. «А уж мы со старухой затревожились, спасибо, догадались», — обрадовался он Дариньке. Просвирня дала Дариньке свой платок, заставила надеть валенки и перекрестила: «Господь с тобой, деточка, утешься».

155

Когда вышли, метель утихла, проглядывали звезды. Недалеко от дома молчавший до того Карп сказал: «Ничего, Дарья Ивановна, Бог милостив». Даринька поняла, что Карп ее жалеет, и ее задушила жалость — и к себе, и к Карпу, и «ко всему». Она подошла к воротам и остановилась, не зная, куда идти. Было такое, будто это не ее дом, все тут пустое и чужое «и все в этой жизни страшно». Карп бережно понудил, ласково так сказал: «Ну вот и пришли... идите, идите, ничего...» Она не могла осилить душивших слез и разрыдалась в холодные ворота.

Дома затеплила лампадку у Казанской, в спальне. Спальню она давно не убирала. Увидела у зеркала залитый стеарином подсвечник с обгоревшей бумагой, вспомнила виденную во сне неприятную девочку в рубашке и ушла из спальни — стало чего-то страшно. Поправила стронутую икону в зале, «Всех Праздников», с Животворящим Крестом посередине, с победным Знамением Воскресшего, и затеплила синюю лампадку. Потом в столовой затеплила, Покрову, и вошла в «детскую». Затеплила восковую свечку, оглянула забытые иконы, аналойчик с оставленным пояском на нем. Взяла поясок и схоронила в троицкий сундучок заветный. Оправила лампадки, разоблачилась, надела сиреневый «молитвенный» халатик и начала келейное правило, не читанное давно. Прочла все вечерние молитвы и самую сладкую молитву, с детства любимую, — «Кресту Твоему поклоняемся. Владыко...». Витала, воспевала в мыслях и почувствовала большую слабость, с благоговением отпила богоявленекой воды, страшась недостойности своей, и прилегла на залавке, накрытом войлоком. Читала Иисусову молитву, не попуская помыслы. И, помнилось, с трепетом взывала: «Господи, не оставь!»

«И Господь не забыл меня, — написала она в "записке к ближним", — и послал мне во знамение — крестныйсон».

Виктор Алексеевич рассказывал:

— Могут ли иметь значение сны наши? Рационалисты, конечно, не признают за снами значения провиденциального: функция организма, только. Народ в сны верит. Святые отцы борются с суеверием, но признают, что разные сны бывают. Феофан Затворник говорит: «Сны бывают натуральные, от нас самих, бывают от Ангелов и Святых, бывают и от бесов». И предостерегает от «прелести». По личному опыту скжу, что бывают сны знаменательные, как бы провиденциальные. Бывают запечатленные сны, на всю жизнь. Такой вот «запечатленный» сон н есть Дарнькин «крестный сон», Но что особенно поразительно... Бывают сны, как бы живущие своей жизнью, сущее нечто, онтологическое. Они живут и не пропадают. Представьте, что существуют тождественные сны, которые видят разные люди и в разные эпохи, — сны в ечные. Мы поразились с Даринькой. когда в Оптиной показали нам келейные записки ученика старца Леонида, некоего Павла Тамбовцева, курянина. Он скончался, когда нас с Даринькой еще и на свете не было. И вот узнали в его записках... Дарынькин «крестный сон». Почти тождественный. Я потрясен был не меньше Дариньки. Спрашивал ее, не слыхала ли она в монастыре об этом сне. Не слыхала. Настолько необычайный сон, что она вспомнила бы, конечно. После узнали мы, что в Москве вышла книжечка в 1876 году, и в ней напечатаны отрывки из «записок» Тамбовцева и этот сон. Даринька этой книги не читала. Сон оказался для видевшего его

156

знаменательным. Теперь я знаю, что таким же, провиденциальным, оказался он и для Дариньки, Сон этот — Божий сон. Святые отцы пишут, что бесы могут представить и Ангела светла, но Креста Господня трепещут и не могут его представить. Этот сон запечатлелся в Даринькином сердце, она его помнила до конца дней.

Вот какой сон видела Даринька под Крещение.

Она видела себя стоящей на каменистой равнине, где не было ни травки, ни кустика. И будто сумерки, и будто она одна. И потом все стемнело, стало «какое-то никакое, совсем пустое», будто не на земле, а где-то. И увидела вдруг, как тьма возблистала светом, и таким лучезарным светом, что солнечный свет показался бы вовсе тусклым. И свет этот был удивительно мягкий, не резал глаз. И из этого лучезарного света родился громкий и нежный голос, приказывавший кому-то, многим, невидимым: «Возьмите ее на крест». И вот невидимые ее взяли и совлекли одежды с нее, но она не знала, какие были на ней одежды. Она не удивилась и не испугалась, а только чувствовала: так надо. И увидела, как на равнине простерся огромный крест, «будто из воскового дерева», очень приятного, светлого, как соты. Она поразилась, какой же это огромный крест, во всю необъятную равнину, И вот крест на ее глазах стал таять, как тает воск, и в мгновение ока умалился до размера, чтобы ее распростерть на нем. Она оглянулась, кто же ее возьмет на крест, но не было никого, только слышался спешный шорох — и ее вознесли на крест. И тихо, но внятно говорили: «Давайте гвозди». И она увидела четыре больших гвоздя, кузнечных, темных, с острыми ребрами. Гвозди были большие, в четверть, и она почувствовала, как трепещет сердце. И услыхала, что прибивают правую руку ее ко кресту. Она ощутила жгучую боль в ладони, будто оса ужалила, И с этой болью почувствовала желание быть распятой. И такое радостное желание, что заплакала. И боль от гвоздя пропала. Потом подняли второй гвоздь, и была та же боль, но гораздо меньше, и скоро кончилась. И тогда устремили на нее третий гвоздь, и кто-то невидимый сказал: «Теперь правую ногу». Она испугалась, хотела крикнуть «помилуйте!» — но кто-то сказал ей в сердце: «Терпи». И она почувствовала еще большее желание претерпеть. И когда возгорелось сердце, молитвенно воззвала помыслом: «Укрепи, Господи!» И вонзили гвоздь. За острой, ужасной болью во всем существе ее наступило изнеможение. И она услыхала, как быстро вонзили четвертый гвоздь, — не успела почувствовать и боли. И раздался из Света голос, сильнее первого, как бы жалеющий, полный благоволения и нежности: «Вонзите ей... — и почувствовала, не видела, как бы перст, указующий: — В самое сердце гвоздь». И тут она возмутилась духом, и сердце ее то трепетало радостью претерпеть все муки, то замирало в слабости. И в этом борении почувствовала она обетование Господа укрепить ее. И тогда подали пятый гвоздь, и шел этот гвоздь на нее острием, на сердце. Гвоздь этот был огромный, так что прошел бы ее насквозь, и осталось бы много лишку. Гвоздь приближался — было это одно мгновение, — и она услыхала сердцем, что Господь ей поможет вынести. Но когда острие дошло до груди ее, сердце затрепетало в страхе и она крикнула: «За что же?!» И услыхала тупые стуки, будто от молотов, забивавших тот гвоздь ей в сердце. Нестерпимая боль пронзила ее сердце, и душа вышла из нее, и

157

оставила тело на кресте. И она почувствовала себя, что она где-то, в не, и сама видит себя распятой. Было такое чувство, что она, распятая, видит, как глаза ее закрываются и меркнут, голова клонится, и это — смерть. И не стало боли. И тут открылись ее глаза, и сердце наполнилось радостью, которую не сравнить ни с чем. И голос, полный благоволения, сказал! «Се причастилась Господу». От этого слова взыграло сердце, и она уже не могла дышать, — проснулась в радостном изумлении и слезах.

В благоговейном страхе и радости, все еще слыша неизреченный голос: «Се причастилась Господу», не сознавая себя, Даринька увидела тихие лампадки, сливавшиеся в слезах, сияющие, как звезды, стрелами. Она узнала «детскую», увидела свои иконы, милостиво взиравшие, и перекрестилась, всему покорная: «Да будет воля Твоя».

Долго она лежала в радостном изумлении, не смея думать, что удостоилась Света неизреченного, повторяя Господне слово. Шептала в страхе: «Не смею, недостойна». В благоговейном трепете затеплила восковую свечку и стала читать акафист Иисусу Сладчайшему. И, молясь, сладко плакала.

Громыхали дрова в передней, Карп принимался топить печи, а она все молилась. И когда уже догорала свечка, Даринька увидела на груди, на белой батистовой сорочке, расплывшееся пятно, как кровь. И поняла — вспомнила, что это от ожога разболелось и от этого — боль под сердцем. Вспомнила, как боролась с помыслами и выжгла, в борьбе с собой, свечкой от огонька лампады охраняющий знак Креста у сердца, по глубокому слову подвижника из Фиваиды: «Томлю томящего мя». Все эти дни безумия не чувствовала себя, не помнила. А теперь, радостная, почувствовала — и умилилась. Сказала в мыслях: «Что эти мои боли... Господи, не оставь мя!»

Восковая свечка догорела. В черном окне на сад сверкали звезды. Даринька отворила форточку. Небо сияло звездами, было тихо, благовестили к ранней.

XXX

ПОСЛУШАНИЕ

В утро Богоявления Даринька почувствовала себя освобожденной от соблазна, как бы отпущенной. «Крестный сон» предвещал — это она приняла смиренно — великие страдания, но это не только не страшило, а укрепляло надеждой на милость Господа.

Вспоминая то утро, она писала в «записке к ближним»:

«Смиловался Господь и указал мне Пути Небесные. И я воззвала сердцем: "Ныне отпущаеши, Владыка". Я слышала неизъяснимый голос: "Се причастилась Господу". И воспела песнь Богоявленного Дня того: "Господь просвещение мое и Спаситель мой, кого убоюся?"»

Все то утро светилась душа ее, и она помнила тот небесный голос. Но пришел день — и забылся голос. Старалась его вспомнить — и не могла. До конца дней не вспомнила.

После ранней обедни Даринька просила Марфу Никитишну поехать сегодня с ней к Троице-Сергию, и опять добрая просвирня отказалась: с крестом, со святой водой ходить по приходу надо, а завтра Собор Крестителя... раньше понедельника никак. Был четверг, и Даринька решила ехать одна с Анютой. Собрала для дороги саквояжик, увидела портсигар Вагаева и вспомнила, что хотела сделать. Она собрала забытые им вещи: золотой портсигар, алый шарфик, которым укутывал он ее в метели, оренбургский платок Любаши и серебряный карандашик, которым он рисовал на книге. Что еще?.. Вспомнилось голубое... шарфик! Но, обманывая себя, только подумала — и перестала думать. Все уложила старательно в коробку, перевязала ленточкой и, наказала Карпу, смотря в глаза, — раньше она боялась глядеть на Карпа, в сумрачные глаза его, следившие из-под суровых бровей за ней, — передать непременно офицеру, «если он вздумает заехать». Сердце ей говорило, что он заедет.

Просветленная, она твердо решила главное — все забыть. Не стыдясь нетвердого почерка и ошибок, — Виктор Алексеевич называл его детским, и она стыдилась писать письма, — она написала Вагаеву записку: «Простите меня, я должна уехать и все забыть...» Не знала, как надо подписаться, и она подписалась «Королева». Но вспомнилось неприятное, как бывший ее хозяин Кантелев все смеялся, звал ее за ее фамилию «королевой», и она разорвала записку. Переписала и подписалась одной только буквой Д. Когда подписывалась, растеклись чернила на бумаге. Она утерла слезы и написала снова. Когда отдавала записку Карпу, подумала, что Вагаев будет ждать ее у переулка, как эти дни, и она обещала ему вчера. Заколотилось и сжалось сердце, но она стала тереть под грудью, где болело, помня глубокое слово великого аскета из Фиваид: «Томлю томящего мя», — и укрепилась духом.

«Непременно скажи, — наказывала она Карпу, — что я далеко уехала и долго не приеду... только не говори, пожалуйста, что я поехала к Троице-Сергию... пожалуйста!» Карп ласково заверил: «Никак нет, будьте спокойны, Дарья Ивановна, все исполню, как говорите». Она справилась у Прасковеюшки, когда обещалась прийти Анюта, узнала, что только завтра утром, и попросила сейчас же сходить в Дорогомилово и сказать, чтобы пришла непременно сегодня, потому что завтра рано утром возьмет ее с собой к Троице.

К поздней обедне Даринька не пошла, — боялась, как бы не встретил ее Вагаев в переулке, и помолилась в «детской». Было уже к одиннадцати, самый срок. Стараясь унять сердце, Даринька стала убирать комнаты — и нашла то письмо без марки, про которое вчера говорила ей Анюта, когда она торопилась на свидание. Письмо было незнакомое, в жестком конверте с вензелями, и Даринька почему-то боялась его прочесть. И потому, что письмо пугало ее, она стала его читать, с трудом разбирая почерк. Письмо было «ужасное», — от барона Ритлингера.

— Письмо было совершенно исключительное по бесстыдству, — рассказывал Виктор Алексеевич, — клинический образчик эротизма. Барон писал на рассвете, как раз после маскарада, «с бокалом шампанского в руке». «Вы плещетесь в шампанском, и я пью вас!» —

писал барон. Этот старый развратник называл Дариньку «святой девочкой». «И это влечет меня к вам, до преступления!» — писал он. Называл почему-то «малюткой-грешницей» и умолял усладить бренные дни его «самым невинным поцелуем», оставляя ей полную свободу «тельцем» любить кого угодно. Димка ему якобы признался, что «уже вкусил от плода», говорил о готовом контракте у нотариуса — «из рук в руки!» — о готовом на все попе, «который сегодня же обвенчает нас, и мы полетим в Италию, где благоухают лавры и млеют розы», — невообразимо бесстыдное и идиотское. Приводил баснословные суммы в банке, перечислял имения и дома, фамильные драгоценности, какими он ее всю засыплет, «от розовых пальчиков на ножках до...» — и весь этот грязный бред пересыпался картинами «медового месяца блаженства». Даринька читала «как бы в безумном сне», Мало того: рисовал ей страшный «финал» той жизни, какую она выбрала, начав «скачком из монастыря — и прямо в грошовые любовницы»! Писал, что она, несомненно, сделает блестящую карьеру первосортной кокотки, «до красных ливрей с орлами», и кончит все грязной ямой. В заключение угрожал «покончить расчеты с жизнью», если она не сдастся, — «и на вашей душе будет незамолимый грех».

Даринька была совершенно оглушена бесстыдством, выронила письмо... — и тут позвонили на парадном. Ей мелькнуло, что это за ней, Вагаев. Она схватилась за голову, зажала уши, словно страшилась грома, и убежала в «детскую», укрыться. Слушала, затаясь. Ей казалось, что слышит крики и Вагаев сейчас войдет. Но никто не входил, и она услыхала Карпа: «Дарья Ивановна?..» Она выглянула из «детской», и Карп сказал: «Да ничего, не бойтесь».

Приезжал не Вагаев, а та, «ужасная». На весь переулок скандалила, чтобы ее впустили, ругалась неподобными словами. «Такое безобразие... я ее даже толканул, наглая какая оказалась. Говорила про вас такое... да кто ей, такой, поверит!.. будто дорогие вещи получили, большие тыщи... самое неподобное». Не помня себя, Даринька торопила Карпа: «Говори, что сказала... что, что?!..» — «Сполна, говорит, все получили от хозяина, а не расплатились, как честные барышни... ну, самое безобразие! Я, говорит, ее судом притяну». Ну, тут я ее и повернул, больше не явится, не беспокойтесь. Виктора Алексеевича нет, он бы ее...

Даринька рыдала, и Карп успокаивал ее. Она ему выплакала всю боль, как вчера Марфе Никитишне. Карп все понял и укрепил ее. Она завернула ожерелье и брошь с жемчужиной, приложила серебряный флакончик с ужасной «пошкой» и попросила Карпа сейчас же все отнести на Старую Басманную, отдать самому барону в руки и получить от него расписку. Карп посоветовал погодить; сперва он развяжется с господином офицером, — всякое случиться может, — а как вернется старушка, сходит и на Басманную, — и не будет никакого беспокойства.

Даринька лежала в «детской» и плакала. Тогда-то и забыла голос, — затерялся он в шумах дня. Оставались слова: «Се причастилась Господу», но самый голос, полный благоволения и света, неизъяснимый, не помнился и не укреплял. «Крестный сон» казался теперь грозящим, безблагостным и безутешным. Обливаясь слезами, Даринька горько вопрошала — за что!.. за что?!.. И, как бы в ответ на это, рванул звонок.

— С тех дней она не могла выносить звонков, бледнела и зажимала уши, — рассказывал Виктор Алексеевич. — В звонке слышалась ей беда, угроза, что-то нечистое, издевательски-злое, облекшееся в металл. Известно влияние звука на душу... Колокола возьмите: благовестят, поют, взывают, славословят, плачут, — играют нашим сердцем. Плоть их — света духовного. В нашем звонке было для Дариньки грозящее, злое, темное. Вернувшись от Троицы, она сняла колокольчик и разбила.

Это был Вагаев. Он хотел видеть Дариньку. Карп выглянул из ворот, передал ему сверток и записку и сказал, как наказала Даринька. Вагаев побледнел и отшатнулся, и у него задрожали губы, когда он вскрикнул: «Неправда, не может быть!» По словам Карпа, он вовсе растерялся, допрашивал, называл голубчиком, совал деньги. «Вы меня, Дарья Ивановна, извините, а я им так и сказал, чтобы уж к одному концу: в Петербург, говорю, уехали... не сказывались, а думается так, что соскучились и уехали в Петербург. Так они и встрепенулись! В котором часу уехали, когда? А, думаю, Господь не взыщет... рано, говорю, уехали. Поглядели на окошко, повернулись на каблучках и побежали. Хороший офицер, вежливый, самый князь. И получил я от них за мое вранье хорошую бумажку... мой грех, на церкву надо подать».

До темноты лежала Даринька в «детской», и никто больше не звонился. Пришли Прасковеюшка с Анютой. Карп сходил на Басманную, барона не застал, постоял у Никиты Мученика за всенощной, опять зашел, как сказали ему лакеи, в восьмом часу и застал барона. Барон выслал лакея взять «важную вещь» от посланного. Но Карп не отдал лакею, а затребовал самого барона. Барон, наконец, вышел, но Карп и ему не выдал, а потребовал наперед расписочку, сказал: «Вот, можете поглядеть, какие вещи, только дозвольте вперед расписочку». Сказал, на крики барона, что никакого недоверия у нас нет, а женщина от них приходила — скандалила сегодня на улице, судом грозилась хорошему человеку, а некому защитить, сам инженер уехал. «Вот, значит, и дозвольте расписочку, а то перешлем через полицию». Барон обругал ослом, хлопнул дверью, а все-таки выслал расписочку с лакеем, и Карп тогда выдал вещи. Рассказывая об этой «менке», он прибавлял, что вытолкать его никак не посмели, хоть и много лакеев набежало: вид у него такой... «Поопасались, в случае чего... разговору бы не вышло».

Тот день Богоявления был в жизни Дариньки знаменательным. Морозный, яркий, остался он в ее сердце светлым: зло, в последнем порыве, расточилось, утратило власть над ней. Вечер Богоявления сошел на нее покоем, в душу ее вошел простыми словами Карпа; «Теперь будьте, Дарья Ивановна, спокойны... все вот и развязалось». И Даринька чувствовала, как у нее на душе покойно, все развязалось — «ушло свещами». Весь вечер занимались они с Анютой сборами в путь, на целую неделю едут, говеть будут. Даринька избегала думать, что будет дальше: как батюшка Варнава скажет. Об одном думала: откроет ему душу, и он решит. И будет — как он решит.

В ту ночь она хорошо молилась.

Еще и не светало, когда — это был день Собора Иоанна Крестителя — вышла Даринька во святой путь. Было морозно, звездно. Даринька надела старую ватную шубейку, свою, какую носила еще у Канителева, в златошвейках. надела валенки, варежки, повязалась теплым платком и стала похожа на девушку-мещанку. Анюта все на нее дивилась: «Да барыня... да какие же вы стали, совсем другие!» Даринька сказала, чтобы не звала ее барыней. А как же? «Зови Дашей... тетя Даша». Но Анюта боялась звать. Карп сказал ласково, утешно: «Ну, час вам добрый».

Они зашли к Иверской и отслужили напутственный молебен. Так было хорошо в тихой ночной часовне, неярко освещенной, так уютно, что Даринька светло плакала. Всю дорогу по городу шли пеши, похрустывали снежком. Купили горячего калачика, весело поели на морозе, — два дня не ела ничего Даринька. В девятом часу подошли к Ярославскому вокзалу, в самый-то раз, стоял поезд на Сергиево. Вошли в свободный совсем вагон, жарко натопленный, веселый: низкое солнце червонно золотилось в морозных окнах. И только успели разложиться, радуясь одиночеству, как вошел пожилой купец с ковровым саквояжем, сказал с одышкой: «Вот и хорошо, слободно», — и сел против них на лавку. Даринька чуть не вскрикнула: узнала тогосамого, в лисьей шубе, которого видела на бегах и к которому случайно зашла в Рядах, когда покупала игрушку Вите. Ее испугала эта встреча: с купцом связывалось у нее страшное в этих днях. Подумалось, что и эта встреча не случайна.

Купец не узнал ее. Ласково оглядел, спросил, не к преподобному ли, и похвалил, какие богомольные. Про себя сказал, что занимается «игрушкой», праздниками расторговались, теперь к Пасхе надо готовиться, вот за товаром едет, у Троицы самое игрушечное место. Стал рассказывать про батюшку Варнаву и посоветовал обязательно побывать и благословиться. «Попомните мое слово, — говорил купец, и Даринька насторожилась, припомнила, какой "каркал", — худого вам не скажет, а наставит, великий провидец батюшка Варнава... а вы девочка молодая, пристраиваться вам надо, на всю жизнь, как говорится, определяться... обязательно побывайте...»

Купец уже не пугал ее, не «каркал», и ей показалось знаменательным, как он хорошо сказал ей, о самом важном: на всю жизнь надо определяться. Ехали хорошо, легко. В ковровых санях, парой, доехали до Лавры, розовато-золотой на солнце, чудесно-снежной.

Эта неделя в Лавре и у Черниговской, где Даринька говела, исповедовалась у батюшки Варнавы, осталась в ее жизни светом немеркнущим. Здесь она получила послушание на всю жизнь.

Три дня собиралась Даринька подойти к батюшке Варнаве, которого называли старцем, хотя в ту пору было ему только к пятидесяти, и не решалась, не чувствовала себя готовой. Все дни молилась она у преподобного, а к вечерне ходила с Анютой к Черниговской, и когда возвращались в гостиницу, по крепкому морозу, лесом, яркие звезды мерцали им: «благословляли, крестиками сияли, лучиками играли, крещенские, святые звезды». Шла по снежку, молилась горящим сердцем и плакала, отходила у нее душа. И через эти светлые слезы на ресницах, запушившихся инеем, лучились сверкающие звезды. Ночные пути эти — «святые пути, небесные», называла их Даринька, — уводили ее из этой жизни.

Это произошло во вторник, 11 января, за всенощной под великомученицу Татьяну.

Еще утром стояла Даринька во дворике перед кельей отца Варнавы, в толпе народа, хотела подойти и благословиться, но вышел на крыльцо батюшка в скуфейке, невысокий, чуть с проседью, быстрым взглядом — «пронзительным», показалось Дариньке, — взглянул на нее... «и будто отвернулся». Ей стало страшно, и она не решилась подойти. И вот после всенощной случилось.

После акафиста и отпуска, когда подземный храм опустел и совсем померкло, Даринька поднялась, чтобы идти с Анютой в Лавру, за четыре версты, обычной ночной дорогой. И вдруг услыхала за собой отчетливо-звонкий оклик: «Ты что же, пуганая, днем-то не подошла ко мне... чего боялась?» Это так потрясло ее, что она, не видя лица окликнувшего ее, упала на колени и стала плакать в чугунный пол. И услыхала ласковый голос, утешающий: «К Царице Небесной пришла, радоваться надо, а ты плачешь... вставай-ка, пойдем к Ней, поблагодарим зарадость». Обливаясь слезами, Даринька поднялась и пошла к Богоматери Черниговской, за батюшкой. И исповедалась ему во всем.

Он отпустил ее, раздумчиво осенил крестом голову се под епитрахилью и сказал скорбно-ласково: «Вот приобщишься завтра, а после зайди ко мне, побеседуем с тобой, дочка... и все распутаем».

Поздней ночью вернулись они в Лавру.

День великомученицы Татьяны — помнила Даринька — был страшно морозный, яркий, трудно было дышать дорогой. Кололо глаза со снегу. После причастия Даринька подошла к батюшкиной келье, и служка провел ее в покойчик. Висел образ Богоматери Иверской. И не успели Даринька перекреститься на образ, как услыхала знакомый голос: «Ну, здравствуй, хорошая моя». Вышел батюшка и благословил. Потом долго смотрел на образ. Сказал: «Помолимся». И они помолились вместе, умной молитвой. Батюшка удалился во внутренний нокойчик, и, мало погодя, вернулся, неся просвирку и кипарисовый крестик.

«Хорошая какая, а сколько же у тебя напутано! — сказал он ласково и жалея. — Дарья... вот и не робей, победишь». Даринька поняла батюшкино слово: Дарья означает — побеждающая, говорили в монастыре. «Всю жизнь распутывать, а ты не робей. Ишь, быстроглазая, во монашки хочешь... а кто возок-то твой повезет? Что он без тебя-то, победитель-то твой?»

После только узнала Даринька, что Виктор означает — победитель.

«Потомись, погомись... вези возок. Без вины виновата, а неси, в ы н е с е ш ь. Говорят про тебя... а про меня не говорят? Без ряски, а монашка. И пускай нас с тобой бранят... сколько ни черни нас, черней ряски не будем. Вот ипослушание тебе».

И благословил крестиком:

«Прими и радуйся, и забудьвсе. Я твою боль в карман себе положил. А просвирку ему дай, н а до ему, голодный он. Поедете куда, ко мне заезжайте, погляжу на вас, победителей».

Просветленной приехала Даринька домой. И только приехала, подали телеграмму из Петербурга, от Виктора Алексеевича. Он сообщал, что выезжает завтра. Лежало еще на столе письмо, в голубом конверте, и Дарнька чувствовала, что это письмо Вагаева. Подумала — и не стала его читать, до Виктора Алексеевича. Помнила слово батюшки: «Забудь все».

163

ПОПУЩЕНИЕ

Рассказывая об этих «дьявольских днях», Виктор Алексеевич особенно подчеркивал стремительность и сплетение событий, будто вражеская рука толкала Дариньку и его в бездну. В те дни он еще и не думал о Плане, о «чудеснейших чертежах», по которым творится жизнь, и о тех силах, которые врываются в эти «чертежи» или попускаются, чтобы их — для чего-то — изменить. Но даже и в те дни чувствовалось ему, что совершается что-то странное.

О том, что случилось с ним в Петербурге, он подробно не говорил. Он лишь с недоумением пожимал плечами, как будто не мог понять, как это с ним случилось самое гадкое, самое грязное, что было в его жизни, когда все его помыслы и чувства были направлены «к единому свету жизни», к оставшейся в Москве Дариньке.

— Когда наваждение прошло и я очнулся, — рассказывал он впоследствии, — мне тогда же в раскаянии и муках пришло на мысли, что со мной случилось совершенно необычное, бесовское, и меня охватила жуть. Помню, что так и подумалось тогда, при полном моем неверии в бытие этого «бесовского». Такое сплетение случайностей и событий, и все, кажется, для того, чтобы в Москве что-то доделалось. Я рвался, мучился, а меня держало в Петербурге... и удержало. Даринька была предоставлена себе, была отдана во власть соблазну.

Виктор Алексеевич предполагал пробыть в Петербурге с неделю, а если бы дело затянулось — съездить в Москву и непременно вернуться с Даринькой. На душе у него было неспокойно, что Вагаев намеренно остался. В самый день приезда было назначено в комиссии испытание его модели паровоза и защита проекта. Бывший его начальник по московской службе сообщил, что известный профессор механики в Институте путей сообщения похвально отзывался о принципах его проекта, а его заключение считается авторитетным, и в министерстве говорят определенно о причислении инженера Вейденгаммера к Ученому отделу.

Для Виктора Алексеевича в ожидании наследства после брата служба интереса не представляла, он собирался поехать с Даринькой за границу, отдаться философии, погрузиться в науку, — но успех все же был приятен. И вот начались случайности.

Он явился на заседание комиссии защищать проект и развить новые возможности в области прикладной механики, ждал с нетерпением заключения блестящего ученого... — и вдруг швейцар докладывает, что его превосходительство господин профессор упали в швейцарской и сломали ногу. Заседание комиссии отложили.

Виктор Алексеевич решил сейчас же ехать в Москву, заехал проститься к бывшему начальнику, попал на вечеринку с елкой, его заговорили, и он опоздал на поезд. И тут случилось «ужасное».

Он уже собирался уходить, чтобы пораньше лечь и ехать с утренним поездом, как вошла красивая брюнетка, все зашептались, и Виктор

Алексеевич услыхал, что эта «та самая, венгерка, известная». Их даже и не знакомили. Заиграла музыка, все особенно оживились и зашептались, что она сейчас будет танцевать «свою венгерку». Виктор Алексеевич никогда не видел, как танцуют венгерку, и остался. И не только остался после захватившей его «венгерки», которую «оригинальная женщина» в зеленом бархате и в необычно короткой юбке и сапожках раздражающе-лихо танцевала, но и после польки-мазурки, и даже сам танцевал с венгеркой. Венгерка говорила с ним по-немецки и была рада поговорить, — по-французски говорила плохо, по-русски совсем не понимала, — просила его танцевать еще и еще, и он почувствовал себя с ней свободно и увлекательно. Он заинтересовался ею, таинственным чем-то в ней, «зовущим», справился у хозяина, кто она, но хозяин не знал, сказал только, что приехала с кем-то из посольских. За ней ухаживали, держала она себя непринужденно, немножко даже кафешантанно, за ужином сидела с Виктором Алексеевичем, много пила и попросила проводить ее — немножко пройтись по Невскому. Виктор Алексеевич очутился с ней за городом, провожал до гостиницы под утро... — так началось «ужасное».

Налетел шквал, случилось «что-то бесовское». Он боролся с безумием, писал Дариньке раздирающие письма, умоляя спасти его от грязи, приехать к нему, и тут же просил не приезжать, даже не писать ему, — «недостоин и твоего словечка, словечко твое будет осквернено здесь». И, наконец, перестал писать, — «все забыл». Ездил с венгеркой на льдистую Иматру, истратил бывшие при нем деньги, взял пять тысяч из конторы Юнкера и их истратил — и это в одну неделю. Чуть ли не собирался провожать венгерку за границу, заехал за ней в гостиницу и получил оставленную записку, где «Ялли» благодарила его за чудесные дни знакомства. Коридорный сказал, что барыня уехала раным-рано с каким-то усатым, черным.

— В эти безумные дни я совсем потерял себя, словно меня опоили чем-то, — рассказывал Виктор Алексеевич. — Пропустил назначенное на 10 января заседание комиссии и должен был извиняться случившейся болезнью. Проект разобрали без меня и признали «заслуживающим внимания». Не было и разговоров о причислении и продвижении. А в эти дни, как узнал я, воротясь из Финляндии, каждый день заходил Вагаев и справлялся, куда я выехал и с какой дамой. Он предполагал, что приехала Даринька и мы прячемся от него. Этот случай тогда не казался мне чем-то из ряду вон выходящим, тем более — знаменательным... но чувствовалось мне в это м что-то неопределимо гадкое... — после опьянения, конечно, — какая-то жуть чувствовалась в этой случайной женщине, в манящей бездонности порока. Не знаю, что бы со мной сталось, и с Даринькой, если бы не «случайность», — внезапный отъезд авантюристки. Налетела неведомо откуда и пропала неведомо куда. Тогда внезапный отъезд ее я объяснял капризом: наскучило приключение, и она полетела на другое. В те годы много было авантюристок «по идее», проповедниц любви свободной, в духе Жорж Занд, — их так и называли — «жоржзандочки». Теперь в этом я вижу некое попущение. Надо было удержать меня в Петербурге. Надо было, чтобы Даринька была предоставлена в борьбе с искушением только одной себе.

Вернувшись в гостиницу, Виктор Алексеевич застал у себя Вагаева.

— Диму я не узнал, — рассказывал Виктор Алексеевич. — Он был не похож на себя, говорил резкости. На вопрос, когда приехал и когда в последний раз видел Дариньку, он даже не ответил, а разразился упреками, что я играю с ним скверную игру. И я понял, что он «осекся». Скверную игру?! Не только с ним скверную игру, а... что я отвратительно поступаю с Дарьей Ивановной, злоупотребляю ее беспомощностью, пользуюсь ею, как... Я готов был его ударить. Он тоже поднял руку. Мы были опутаны злом, путались в своем темном, бились за чистоту, на которую оба не имели права. Нет, я, я не имел никакого права, после грязи, а Дима... имел право, выстрадывал его любовью... любовью сильной, как это открылось после. И вот я получил по непонятному мне решению, получил право на нее. Какая несправедливость, скажут. Но сколько же таких «несправедливостей» кажется нам в жизни, если смотреть нашими глазами, маленькими... если смотреть на картину в лупу. Много спустя определилось всё, и стало понятно нам. Диме так и осталось непонятно. Он упрекал меня, что я обманул святую, схожусь с женой, предлагаю, «как последний подлец» — так и сказал, и я проглотил это — «отступного», а сам держу ее при себе, пользуясь ее беспомощностью, обманываю письмами... — он знал о письмах! — и объявил мне, что любит Дариньку, и она его любит, н у него есть право говорить так, и он решительно требует, чтобы я не смел вмешиваться в их отношения. Он требовал от меня отчета, почему я вызвал Дариньку в Петербург и где-то ее прячу, почему я заставил ее приехать, если схожусь с женой и предлагаю «отступного». Я ему сказал; «Проспись и не городи чушь, с женой я не схожусь, Дариньку я люблю больше всего на свете и в Петербург ее не вызывал». Я ему высказал прямо, что Даринька, очевидно, хотела ог него избавиться и велела сказать, что уехала в Петербург. Он посмотрел на меня безумными глазами, схватился за голову и выбежал.

XXXII

ПРЕОБРАЖЕНИЕ

Накануне приезда Виктора Алексеевича Даринька получила телеграмму. Телеграмма была не простая, а пачка листков, склеенных ярлыком с печатью, почтальон сказал, что это важная телеграмма, и попросил расписаться. Дариньке почему-то представилось, что случилось ужасное и теперь разрешится все. Но телеграмму ничего не разрешила, а еще больше запутала и смутила найденный Дарнькой покой.

Телеграмму прислал Вагаев. Он просил позволения ее увидеть, не избегать его, выслушать объяснения, и тогда она все поймет, клялся ей в вечной любви и, заканчивая мольбой «понять и спасти его от непоправимого», заклинал немедленно ответить н назначить время и место, где он может ее увидеть.

Даринька растерялась: представилось ей, что Вагаев застрелился. Она тут же поехала на телеграф, попросила старичка военного помочь ей составить телеграмму, и тот участливо написал, с путаных слов ее: «Не впадайте в отчаяние. Господь указал мне путь, я напишу вам все и буду за вас молиться». Старичок отечески пожалел ее и успокоил: «Ничего, милая барышня, Бог даст — все будет хорошо». Встревоженная, она вернулась домой и сейчас же прочла письмо в голубом конверте, оставленное до Виктора Алексеевича. Как и предполагала, письмо было от Вагаева — и совершенно безумное письмо.

Вагаев писал: «Вы знаете, что отныне вы мне жена... — вы мне себя вручили, обручили, зачем же избегаете меня, кого вы называли вечным, "небесным супругом" даже?! вы забыли! — вы Пречистая для меня, каждое слово ваше правда! — вы обещались мне, вы предавались мне "нераздельно", и я называл вас "жена моя, вечная моя"! смотрели в мои глаза, шептали — "вечная"... или не правда это?! Вы стали моей...» — тут было густо зачеркнуто. Даринька в волнении шептала: «Но это же не так, неправда... я не могла так... — это безумие!» Вагаев умолял не мучить себя напрасно, не губить открывшееся счастье, дарованное Богом. «Пречистая, вы не можете играть сердцем, вы не пустосердая кокетка... чего боитесь, вы же свободная... сами признались мне, что В. хочет от вас избавиться? не могли вы сказать неправду...» Он умолял ее озарить ужасную жизнь его, которая ему невыносима с самого того дня, с той ночи — «помните, у монастыря, в метели?» — когда она подняла в нем все чистое одним осиявшем его взглядом, одним озарившим его вскриком: «Дима!» Он заклинал ее поверить ему, что он стал другим, лучшим, — «и это сделали вы, чудесная, чудотворная, небесный ангел... и вы отвернулись от меня, спасаемого вами!». Клялся всем для нее пожертвовать, во всем быть послушным ее воле...

Письмо было большое, — «пламенная, сумбурная поэма», — говорил о нем Виктор Алексеевич. — И оно Дариньку потрясло. Это был последний соблазн, самый неодолимый, кажется. И все же Даринька совладала. Она удалилась в свое укрытие, в «детскую», и там что-то случилось с ней... С ней случился «молитвенный припадок». Анюта слышала, как Даринька вскрикнула и упала. Старушка с девочкой обливали ее водой, и, когда она пришла в себя, ее лицо было необыкновенно светлое, — «так нас и осветила», — говорили они потом. Мне она говорила, что тогда она увидела все, что с нами будет, но теперь забыла, что видела. Помнила только, что скоро мы уедем и — «большие монастыри». Это «видение» могло быть отражением пережитого, ее поездки к Троице. Так я тогда и думал. Но вскоре мы действительно уехали из Москвы, и там, куда мы уехали, близко совсем были большие монастыри.

Виктор Алексеевич нашел Дариньку совершенно преображенной. Она показалась ему спокойной, просветленной, что-то разрешившей, как бы выполняющей ей назначенное. Она стала еще прозрачней, еще прелестней. Виктор Алексеевич не находил слов, чтобы выразить новую красоту ее. Такой он видел ее в снежное утро после ее болезни, когда лежала она в постели, смотрела на привезенные доктором цветы, —

лежала вся восковая, снежная, как бы из тончайшего фарфора, «неземного», как бы лампада светилась в ней. Не удивлялась, не вопрошала: светилась уже постигнутым. Прежняя робкая покорность ее сменилась кроткой какой-то сдержанностью, благостно-ласковым. Таким взглядом, с таким лицом счастливая мать глядит на своего младенца. И в этой благостной ласковости ее чувствовалась знающая воля.

Она не ответила прежним порывом ласки. Она кротко его поцеловала, и Виктор Алексеевич почувствовал, что в ней что-то изменилось, углубилось, освоилось, чего она не отдаст, не выскажет.

— Я сам был сдержанней, чем всегда, — рассказывал Виктор Алексеевич. — Я был преступником перед ней, я не имел права даже ее касаться. И она чувствовала это. И я почувствовал, до чего я ничтожен, грязен. Все она мне сказала, во всем покаялась. И я понимал, что не передо мной кается она, а был лишь свидетелем исповеди ее, ее борьбы и нечеловеческой победы. Она рассказывала, будто вспоминала, воскрешала перед собой все мелочи, все слова, все, что было за эти дни в мыслях ее и действиях, и я поражался сокровищам памяти ее, чуткости ее, художественной силе ее рассказа. Слушал какой-то божественно-дьявольский роман н как будто видел состязание н игру сил в этой «божественной комедии», где разыгрывалось по чьей-то воле, по внутреннему, невидимому плану — страданиео счастье, и темные силы были попущены в ту игру. Эта «игра», как выяснилось потом определенно, была необходима, чтобы направить шаткие жизни наши к определенной цели, — направить «небесными путями». Я перед ней склонился, я целовал ей ноги, раздавленный духовным ее величием. Я понял, что она вся чистая, вся такая, какой увидел ее в памятный день июля в келье матушки Агнии, — осветляющий тихий свет, святая. Тогда я пришел, как вор, и устыдился, и преклонился. И тут, опять, почувствовал себя вором и злодеем, неправо посягающим на то, чего я недостоин. И при всем сознании, что я вор, я, пряча от себя стыд свой, мысленно праздновал победу, что все-таки «мне принадлежит», «мое», и каковы же эти старцы-прозорливцы, который посылают «томиться» и «везти возок», посылают ко мне, к вору и гаду, на всю жизнь посылают, меня жалеют, мне оставляют «лакомый кусочек»! Я торжествовал, благодарил старца за «премудрость», внутренне ухмылялся, но... страшился вдумываться, а только поигрывал воровски этой винтящей мыслью. Как же я таил это от святой, от жертвы моей, от кающейся грешницы, моей и на целую жизнь моей! Если бы знала она мои усмешки и радости злодея! Знала бы?.. И тогда бы не изменилась. Она была слишком высока, видела куда дальше, чем мои глаза вора, обшаривавшие ее, обновленную, не ласканную давно, заманчивую преображенной свежестью и светом. Я касался ее руки, чудесных ее волос, и голова кружилась от наслаждения страстной мыслью, от раздражения женщиной, ждущей моих объятий, казалось мне. Я, гад ползучий, «кающийся», — я ей покаялся вообще, без подробностей, отвлеченно, — приехал неизмеримо гаже, чем был раньше. Я раскалился от петербургской историйки, хотел объятий, пировал на «глупости» и «простоте» благостного старца, приковавшего Дариньку к каторжному «возку»... я, как лисица, орал в душе: «Битый небитого везет!» А они, старец и святая, все старцы, кого мы встретили в нашей жизни после, свое торжествовали. И отторжествовали, победили гада, Гада. У них своя бухгалтерия, такая иррациональнейшая, что все мои построения ученого математика, механика и астронома оказались палочками из арифметики. За эти дни Даринька поднялась в высшую математику со своим старцем Варнавой, а я провалился на сложении.

Даринька простила Виктора Алексеевича, простила благосклонно, как ребенка за баловство, но было что-то в ее глазах, похожее на брезгливость. Она показала ему все телеграммы и письма Димы, перечислила все цветы и поцелуи, все «провалы сознания», до смущавшего ее ужина после театра. Объяснила ему — и он как будто понял, — чувства свои в метели, когда зрела «Хрисанфа и Дарию», небесно венчанных, когда не было ни земли, ни неба, а «что-то никакое, совсем пустое». Показывая голубое письмо, написанное Димой еще в Москве, сказала, смотря непорочными глазами: «Это не так, неправда... это было в метели, во сне, как будто... и там, в Зоологическом, на горах, было такое же, не в жизни... я говорила, не сознавая... видела сны, и он целовал меня...» Он спросил: «Ты его любишь?» Она подумала. «Да, люблю... сказала она спокойно, — но эта любовь другая. Я ушла бы к нему... он тоже слабый, мне его жалко очень, сердце мое лежит к нему... я не могу говорить неправду, я ушла бы. Но мне другое назначено».

— Это меня больно укололо, — рассказывал Виктор Алексеевич. — Во мне болело оскорбленное чувство собственника. Ведь я нашел ее, придал ей чудесное обрамление, и она — моя. Я понимал, что для нее, такой... и еще лучше, если бы она стала чуть-чуть не такой, а как бывала к театре или в том маскараде... если бы только захотела, открылись бы все сокровища, титулы и дворцы... что — я! И я помалкивал. Я видел, что у нас надломилось что-то, в близости нашей с ней. Но, правду сказать, какая же была близость между нами? Я, властитель, — и она, покорная, кроткая рабыня. И вот я видел теперь, что она перестала быть рабыней, что она — вот какая, высоко надо мной, царица, а я — у подножия ног ее. В чем я мог упрекнуть ее?

Этот «надлом» между ними остался на много дней. Были спокойные отношения молчаливо условленного братства. Даринька больше сидела в «детской», за пяльцами, вышивала покров на ковчежец с главкой Анастасии-Узорешительницы, по лиловому бархату васильки. Виктор Алексеевич усиленно хлопотал с разводом, вел дело о наследстве. От Димы приходили «голубые» письма. В первые дни приезда Виктора Алексеевича она сама составила обещанное Вагаеву по телеграфу письмо-ответ, высказалась, открыв всю душу. Это письмо отняло у Вагаева последнюю надежду, как он написал в ответ. Но он продолжал писать, уже не прося ответов, просил позволения писать ей. Она читала, давала читать Виктору Алексеевичу и складывала в троицкий сундучок, заветный. Эти «голубые» письма что-то будили в ней. Она становилась замкнутей и грустней, Виктор Алексеевич советовал ей кончать «эти послания», советовал осторожно, делая над собой усилия, но Даринька спокойно говорила: «Это его покоит, я не могу делать ему больно»... «И тебе это интересно, ты прячешь его послания?» — «Да. Я просила его больше но писать мне о чувствах, он теперь пишет стихи и умные слова, и это интересно мне. Я ведь так мало знаю. А мне надо знать больше, очень

169

много». Виктор Алексеевич сознавал, что сам ничего не дал Дариньке, и смирился. Что же писал Дариньке Вагаев?

Вот что рассказывал об этом Виктор Алексеевич.

— Эта односторонняя переписка... Дима как бы предвосхищал ответы Дарипьки, и порой удачно, — продолжалась до мая, когда Дима пошел добровольно на войну. После ее просьбы не говорить о ней, писал довольно интересные письма «обо всем» — о поэзии, о музыке, о Боге, — он слушал Вл. Соловьева, которого я все еще собирался слушать, — о жертвенности, о счастье... о «счастье» особенно подробно, но дальше банальностей не пошел. И во всех письмах неприкровенно сквозила нежность и нежность к ней, и вся эта «энциклопедия» пересыпалась стихами, лирикой, «ею» и «к ней», выдержками из Пушкина, Лермонтова и... Розенгейма. Впрочем, порой из Гёте, подлинными стихами, с приложением плохого перевода. Дариньку эта лирика трогала, иногда я видел ее в слезах. Я кипел, злился на странное положение свое... и сдерживался, что-то выжидая. Не смел и думать — вызывать Дариньку на ласки. Боялся спугнуть ее, отвыкшую от меня. Она понимала мои взгляды, движения к ней, невольные, — и отводила глаза. Я видел, что она не хочет... не хочет жить. Я мог бы сыграть на ее струнах, что даже и старец приказал «томиться», «везти возок», жить, и знаю, она покорилась бы, приучилась опять ко мне... Но какое-то чувство неловкости, какого-то «очищения» сдерживало меня. Мне было жалко ее, обретенного ее покоя. Я верил, что это еще придет. Я знал: Дима ее любил. И знал, за что полюбил ее. Любовь... Этого никто определить не может... любовь. Но он верно определил сокровенную сущность Дариньки и своей любви. И это мне было неприятно. Он как бы предвосхищал то самое, что я должен был понять первый, что я и понял, только гораздо позже. Он писал ей, что в ней, как ни в какой из женщин, кого он знал, кого любил, — а он любил очень многих и очень разных — слиты два мира, в духе ее и чарующем облике: обычный земной, всем ясный, и — «замирный», влекущий неразгаданной тайной. В «голубых» письмах всегда повторялись излюбленные слова: «Божественное смотрит из ваших глаз», «в вас, как ни в какой другой, особенно чувствуется то вечное, что уводит за эту жизнь». Он писал, что слышит в ней «шепот небесной тайны», что в ней постигает он «самое идеальное любви», что она в этом мире «как во сне», что истинная она — в другом, замирном, и в ней, через нее, он чувствует мир предвечный, откуда она пришла. Он говорил, что видит в ее глазах «тревогу пробуждения». «В вас, — писал он, — великий отсвет того мира, о котором лермонтовский ангел пел в тихой песне, того небесного, предчувствуемого, о чем мечтает поэзия, что ищет философия, что знает одна религия... вы его драгоценный отблеск». Он говорил только о любви. Спрашивал, почему юная любовь так идеальна, почему она быстро гаснет. Все чистые, юные угадывают в любимых глазах этот скользящий отблеск вечного, его ускользающую тайну. Она всех влечет, и хотят ею овладеть, внять ее объятиям страсти, но она ускользает, и остается привычно-тленное, разочарование и скука. В Дариньке это «вечное», это мерцание миров иных, «небесная красота»... необъяснимая, неназываемая прелесть — была исключительна, в преизбытке, как дар небес. Она была именно

170

«чарующая прелесть», «какой-то святой ребенок», как сказал доктор Хандриков. Это святое, что было в ней, этот «свет нездешний» — наполняли ее видениями, голосами, снами, предчувствиями, тревогами. Тот мир, куда она смотрела духовными глазами, — только он был для нее реальностью. Наше земное — сном. И отсюда вечная в ней «тревога пробуждения», которую отметил Дима. Он писал ей, что впервые ему открылось это в метель у монастыря... и потом, в зимнем поле, на грани иного мира... в «незабвенный метельный с о н», когда Даринька насказала обещаний, себя не слыша. Отсюда-то — страстная, напряженная в ней борьба, невиданное Димой сопротивление земному, что удивило его дерзость, привыкшую не встречать сопротивления, что раскалило его, очаровало и увлекло... и покорило, и — смирило.

Это истолкование Дариньки в «голубых» письмах Вагаева, передававшееся Виктором Алексеевичем неспокойно даже по прошествии многих лет, стало и его собственным. Он говорил о «золотинках» в ее глазах, о «матери Божества», неведомыми для нас путями просыпавшейся из Божественной Кошницы и оставшейся на земле: «Эти золотинки Божества в глаза упали и остались... кротость, неизъяснимый свет, очарование, святая ласка, чистота и благость... вечное в ней светилось, от той Кошницы». Он это знал, но не сознавал. Сознал он после.

XXXIII

ИСХОД

Виктор Алексеевич — было это в день возвращения его из Петербурга — был удивлен, когда Даринька подошла к нему, держа обеими руками просвирку, и сказала, как говорит мать ребенку: «Вот съешь просвирку, нужно». Он привык к невинным ее причудам. Поглядел с ласковой усмешкой, и его поразило что-то болезненное, жалеющее в ее глазах. «Если тебе приятно... но почему это нужно?» Она сказала уверенно: «Так велел батюшка Варнава, ты голодный». — «В таком случае насытимся». Он взял просвирку и, проглядывая письма, начал охотно есть. «Ты не перекрестился», — сказала она грустно. «А это непременно надо? буду знать». «Мы скоро уезжаем?» — спросила она, о чем-то думая. «Куда? разве мы собирались куда-нибудь уехать?..» — спросил рассеянно Виктор Алексеевич. «Он сказал: "Поедете куда — заезжайте, посмотрю на вас..."- значит, мы должны куда-то ехать». Он посмотрел и увидел «что-то проникновенное» в грустных глазах ее. «Должны?..» — «Ты говорил, что у тебя вышла неприятность... значит, мы уедем».

От этого разговора у Виктора Алексеевича осталось смутное чувство «предопределенности», хотя ни в какую предопределенность он не верил. Он попытался отмахнуться и подумал, что Даринька говорит это потому, что они не раз говорили о поездке за границу, когда будет получено наследство. Но тут же почувствовал, что Даринька говорит не о загранице, а о чем-то связанном с жизнью, прочном. И, поддаваясь «голоску из сердца», подумал вдруг: «А не уехать ли совсем?» И тут же отмахнулся.

Но Даринька слушала свой голос.

Как начинают вить гнезда птицы, когда приходит пора, она начала прибираться между делом: разбиралась в комодах и сундуках, откладывала, что надо отдать бедным, пожертвовав в комитет помощи славянам, «забрать с собой». Застав ее как-то над сундуками, он пошутил: «Ты вся пропиталась табаком и камфарой, какая-то сундучная страсть у тебя открылась!..» Она сказала: «Надо привести в порядок... мало ли что случится». «Ты вроде тараканов, — усмехнулся он. — Говорят, перед пожаром они начинают суетиться и ползут из дому». Она сказала: «Это правда... и матушка Агния говорила, что перед большим пожаром в Страстном все тараканы поползли из келий и хлебной, и тараканам дается знать». Он засмеялся и назвал ее милым таракашкой.

Разбираясь, она нашла голубой шарфик, разглаженный и далеко запрятанный, подумала, завернула в тонкую бумагу и положила на дно картонки, где хранилась батистовая прозрачная сорочка — та, маскарадная. Пересмотрела платья, отложила «голубенькую принцессу» — бедной какой-нибудь невесте — и задумалась над «ампир»: «Отдать?..» Виктор Алексеевич не раз просил показаться ему в «ампир». Он читал в газетах об ее триумфе в маскараде: называли ее «красавицей со старого дагерротипа». Но она упорно уклонялась, И вот, когда она раскинула голубой газ на серебристом шелку, в золотых искорках и струйках, вспомнились ей зеркальные белые колонны, люстры, кружащие переливы вальса... Она закрылась руками и увидела все, до мерцания огненных язычков в колоннах, до золотого жгута, зацепившегося на ней за газ... увидела чудесную чужую, отраженную в зеркалах, в колоннах. Когда она так стояла, Виктор Алексеевич застал ее и опять стал просить — показаться ему «графиней». Вся в мечтах, она не нашлась отказать ему. Это случилось вечером, при огнях. Она попросила его уйти, достала батистовую сорочку, бальную, надела газовое «ампир», уложила жгутами косы, пустила локоны по щекам, вколола гребень веретеном, серебряный, веером разметала трэн, оглядела себя в трюмо и позвала взволнованно-смущенно: «Иди, смотри...» Он глядел на нее, чудесную, на ее грудь и плечи, — и живые, и зеркальные, при огнях. Она увидала за собой, в зеркале, умоляющий взгляд его, услыхала страстный, зовущий шепот: «Дара...», испуганно метнулась и оградила себя руками, чтобы не допустить... — но он ничего не видел.

Торопясь все закончить к сроку, как говорил ей голос, она сидела за пяльцами, отрывая часы у сна, и к Сретению Господню закончила работу над покровом на ковчежец с главкой великомученицы Анастасин-Узорешительницы, предстательницы ее перед Пречистой, и отнесла в Страстной монастырь, скрыв себя под вуалькой, чтобы не признала ее мать Иустина-одержимая. И не от себя возложила покров на главку, а протянула, кроясь, монахине пригробничной и шепнула: «Возложите, матушка... по обещанию просящей». И после, вдолге, придя укрытой-незнаемой, на Благовещение, с радостью смиренной увидела на ковчежце лиловый бархат, шитый золотыми колосьями и васильками.

172

Одиннадцатого февраля — помнила день тот Даринька — праздновалась память преподобного Димитрия Прилуцкого. Даринька ходила в церковь, служила преподобному молебен. В тот день случилось событие, оставившее в сердце ее тяжелый след.

Она пришла из церкви спокойная, радостно-просветленная и увидела необычное на дворе. Ворота были открыты, во дворе толпились пришлые и соседи. У погребов, в снегу, стояли какие-то странные, с темными лицами, закутанные в тряпки и овчины. Женщины были похожи на цыганок, растерзанные, с голой грудью, с детьми в лохмотьях. На черных лицах сверкали жуткие белки глаз. Тощий старик с замотанной головой, кланялся и крестился, а глазевший народ вздыхал и крестился на старика. Дариньке стало страшно. Она увидела Карпа и спросила, что это и почему все крестятся. Карп, тоже крестившийся на странных, сказал, что это наши, православные, горевые, славянские болгары-сербы, замучили их турки — «вот и пришли к нам жаловаться, чтобы им помогли... вот наши добровольцы все и едут, сирот защищать, на Божье дело». Старик сдернул с руки лохмотья, и Даринька увидела черно-багровую щель на ней, и в этой ужасной щели что-то белело жестко. Ей стало тошно, искрой пронзило ноги, и она вскрикнула: «Господи... кость живая!» «Косточку видать, как истерзали...» — сказал Карп, морщась. Старик ткнул пальцем в «живую кость» и начал мычать и лаять. Потом показал на шершавого мужика, залаял, и тот тоже залаял и замычал. И когда мычал, Даринька увидела, что в его темной глотке вертится и дрожит что-то ужасно страшное... вместо живого языка черный огрызочек какой-то. Народ вздыхал. «Живые мученики», — вздохнул Карп, Даринька увидела черную женщину с ребенком, с ямами вместо глаз: на голом ее плече лохматилась черная коса. Стали класть старику копейки в шапку. Даринька высыпала все, что было у нее в маленьком кошельке, отошла и заплакала. Вспомнила — и побежала в дом, достала из троицкого сундучка семьдесят рублей, заработанные у Канителева и берегшиеся «на случай», и, не утирая слез, ничего через них не видя, отдала женщине с ребенком. Мученики пошли, народ повалил за ними.

«Вот, барыня, делается чего на свете!..» — сказал, запирая ворота, Карп.

Дариньку удивило и даже испугало, что Карп назвал ее почему-то «барыней». С того дня так он и называл ее. Почему — Даринька не знала. И не спрашивала его об этом.

19 марта, день памяти мучеников Хрисанфа и Дарии, — было это великим постом, в субботу, — Даринька причащалась. Придя из церкви, благостная и просветленная, она увидела на столе корзину белых гиацинтов и большой торт, любимый ее, из сбитых сливок, от немца на Петровке, где когда-то пила она шоколад с Димой, подумала с грустной нежностью, что Виктор Алексеевич все-таки не забыл, что сегодня день ее Ангела, — а она ему не говорила, — и улыбнулась на торт со сливками: «Забыл, что сегодня пост». И увидела вложенную в бумажное кружево карточку. У Дариньки захолонуло сердце, когда читала она написанное знакомым почерком: «С Ангелом, Дари!» Она стала осматривать гиацинты, и там, в кудрявых, хрупких, будто из снежного фарфора,

173

колокольчиках, пряталась такая же точно карточка, с теми же грустными словами, — почувствовалось так Дариньке, — «С Ангелом, Дари!»

Вернувшись со службы и узнав все, Виктор Алексеевич почувствовал себя раздавленным: Даринька не напоминала, а он забыл, что сегодня ее день Ангела. В раздражении он не мог удержаться и спросил Дариньку: «Ты ему писала?..» Она покачала головой. Он сказал: «Ты права, что не удостоила меня ответом». Она ему предложила, не подумав, торта. Его передернуло, он вскочил и крикнул: «Ты... научилась издеваться!..» После он целовал ей руки, просил прощения. Торт отослали в детскую больницу: ни Анюта, ни Прасковеюшка, ни Карп не ели постом скоромного.

В конце марта — двухлетие их встречи — адвокат по разводным делам сообщил, что, ознакомившись с делом, он пришел к выводу, что развода добиться не удастся. Противная сторона заявляет, что супружескую верность нарушил истец: бесспорное доказательство — открытое его сожительство с бывшей послушницей Страстного монастыря, цеховой Дарьей Королевой. Госпожа Вейденгаммер развода пока не требует, а начинает процесс о взыскании на содержание детей и ее самой в соответствии с ожидаемым наследством. Если же намерены настаивать на разводе, ее адвокат представит консистории дело из архива монастыря «о побеге белицы, цеховой Дарьи Королевой при соучастии инженера В., к последнему».

События устремлялись, узлы как-то сами рассекались: все совершалось как по плану, — «выталкивало и направляло, куда н у ж н о».

В апреле на Фоминой другой адвокат доложил о положении дела о наследстве. Бийские прииски дают остаток по активу в 18 тысяч. Компаньоны-англичане предлагают 20 при ликвидации без суда. По договору процесс придется вести в Иркутске. Можно, конечно, потягаться, вытащить кое-что еще. Виктор Алексеевич судиться не захотел. «Миллионный» дом на Тверском бульваре «висит на волоске», подрядчик Р. требует по второй закладной с процентами за три года, предлагает оставить дом за собой, с переводом долга кредитному обществу, и соглашается дать в очистку только из уважения 25 тысяч чистоганом. Можно довести и до торгов, но можно и промахнуться ввиду начинающейся войны. После переговоров подрядчик накинул еще пятерку, и Виктор Алексеевич согласился. Сказал Дариньке: «От наших миллионов осталось только полсотни тысяч». Даринька сказала: «Довольно с нас». Дом на Тверском бульваре стал называться «Романовкой», а над Виктором Алексеевичем смеялись, называли «инженером-бессребреником».

В начале мая приятель сообщил из Петербурга, что за проект назначили Виктору Алексеевичу «в поощрение» три тысячи, и советовал выждать время, а пока согласиться принять участок между Орлом и Тулой, старшим инженером движения в Мценск. Виктор Алексеевич понял, что его выживают из Москвы: у бывшего тестя большие связи в управлении дороги. В раздражении он решил было бросить службу. Но случилось «странное совпадение»...

В самый тот день, как пришло письмо от приятеля, он искал в газетах для Дариньки на лето спокойную дачу-усадебку, чтобы переменить место и впечатления, и прочел, — бросилось в глаза: «Под Мценском, на

174

живописной Зуше...» Под Мценском! По случаю семейного раздела продавалась недорого, за 12 тысяч, барская усадьба-дача Уютное, с лесом, лугами по речке Зуше. яблочный сад, парк, вишенник, лошади, охота, лодки, рядом церковь... Что-то ему мелькнуло... когда прочитал он — «Уютное»... н поразило, что — тоже Мценск, и... — что-то такое связано с... Уютное?.. Не мог припомнить. Эти места он знал, не раз там бывал, в разъездах, — тихие места, лесные. Даринька леса любила... Он поглядел на карту. Мценск, Горбачево, Козельск, Тихонова Пустынь, Жиздра... Козельск?.. там эта знаменитая Оптина пустынь. Задумался, — и, «неожиданно для себя», спросил Дариньку, проносившую стопочку белья: «Дара... хочешь хозяйничать, помещицей?» Она остановилась. «Это... в деревне?» «Да, в барской усадьбе, называется Уютное... у нас будут лошади, цветы, сад... Ты лошадок любишь...» — сказал он ласково, как ребенку. Она улыбнулась светло. «Да, я люблю лошадок». — «Там большие леса, близко Оптина пустынь и рядом церковь, в селе... Уютное!..» И он вспомнил, что ему мелькнуло в мыслях. Она быстро спросила, запыхавшись: «Это почему? мы едем, да?» Он смотрел, как светилось ее лицо. «Если ты хочешь, мы уедем совсем туда... будешь кататься на лошадках, править, сажать цветы... вишни, яблоки... и там большие монастыри, старинные...» — «Большие монастыри?!..» повторила она, светясь. «Да, большие монастыри...»- сказал он шепотом, вспомнив вдруг, как она недавно говорила, что видела... — «и там большие монастыр и...». «Ты сказал... называется Уютное?..»-перебила она его, радостно осветив глазами. Он посмотрел в газету: «Да... Уютово... но это одно и то же». — «Уютово... так и написано?..» И они встретились глазами. Их мысли встретились, но они не сказали, о чем подумали. Вспомнили оба счастливый день, морозный, ясный, монастырь и матушку Виринею-прозорливую: «Господь вас обоих и пожалеет, обоих и привеет, как листочки, в уюточку». Даринька положила на стол белье, сложила под шеей руки, ладошками... «Хочешь?..» — спросил он ее опять. «Хочу!.. — вскрикнула она с радостной мольбой. — Господи! так... хочу, хочу!..» И в глазах ее заблестели слезы. Он взял ее руку, поцеловал и почувствовал легкость в сердце. «Мы уедем... тебе понравится», — сказал он. Она перекрестилась и тихо, будто в себя, сказала: «Там будет хорошо».

Решилось сразу. Виктор Алексеевич телеграфировал, что принимает Мценск. Съездил, взглянул — и купил усадьбу. Вернулся легкий. Дом оказался приятным, светлым, сад распускался, было благоуханно, тихо, в кустах по речке заливались соловьи, куковала в бору кукушка. Начали готовиться в отъезду.

В половине мая, когда Виктор Алексеевич был на службе, Даринька выкапывала из клумбы маргаритки, чтобы снести на кладбище, матушке Агнии и Виринее-прозорливой. Было жарко, полдень, нежилась сирень на солнце, Даринька нарвала сирени. Когда ломала сирень, услыхала, что кто-то за кустами. Выглянула — и оторопела: Дима?!.. Вагаев шагал по клумбам в белой блиставшей куртке, придерживая саблю, позванивали знакомо шпоры. Пряча лицо в сирень, Даринька смотрела неподвижно. «Не ждали? — крикнул Вагаев, запыхавшись. — Только на минутку, мимоездом... не мог не...» Черные его глаза сияли. Он снял фуражку и положил на куст сирени. «Не сердитесь? — спросил он, как когда-то. — Я вас встревожил, милая Дари?..» — «Нет, я рада... — шептала Даринька оторопело, — Виктор Алексеевич на службе, я такая грязная: копалась. Вы... проездом?..» — «Да, в армию. Сядемте, Дари... — показал он на старую скамейку. — Ваше письмо я понял. И ваше "невозможно" тоже... понимаю. Писал вам... У вас чудесно, все сирень... Можно?.. — потянул он. из букета ветку. — Светлая вы какая... Дари!..»

Даринька была в белом пикейном платье, с длинными косами, как она ходила дома. Пряталась в букет, дышала. Вагаев саблей царапал землю.

«Виктора не увижу. Скажите, заезжал проститься. Скажите, что... Не закрывайтесь, дайте на вас глядеть. Чудесная... стали еще юней... Ну, зачем же плакать... Можно?..» Он поднял ее руку и поцеловал. «Вся в земле... я маргаритки... вы... на войну?» — «Да, в армию. Я вас встревожил, но я не мог не...» — говорил он ей, ее руке, поглаживая тихо. «Нет, вам я рада... — через силу сказала Даринька, — мы тоже... уезжаем, совсем... в Мценск...» — «Мценск? Вот как... Знаю, как раз поеду мимо. Мы еще встретимся, Дари? правда, мы встретимся...?» — «Да, мы встретимся».

Вагаев взял с куста фуражку.

«Я счастлив, что еще раз увидел... вас, чудесную! и все — чудесно! Милая Дари, мы остаемся вечными друзьями, да?..» — «Да... — сказала через слезы Даринька, уже не видя, — дайте... я перекрещу вас... Дима...» — «Да, перекрестите. Мама крестила, а теперь вы, другая милая...» Не видя, Даринька утерла сиренью слезы. Он склонился к ней. Она его перекрестила, истово, смотря в глаза, притронулась руками к темной голове, к играющим височкам, все таким же, поцеловала над глазами. Он поцеловал ее у бровки. «Не буду больше вас... пора... как взволновался, увидал вас... но перед вами мне не стыдно... Ну, до свидания, Дари... до сви-дания?..» — «Да...» — шепнула она вздохом, ничего не видя. «Дайте мне...» — потянул он белую сирень, какой она утерла слезы. «Все возьмите...» — «Нет, только эту, вашу... Нежный ангел!.. Помните, Дари... ведь это правда, это не стихи... "Прости, он рек, тебя я видел... и ты... не даром мне сиял..." Это — здесь. Я счастлив, Дари... я очень счастлив... очень! я видел вас. Вот, смотрю на вас, запоминаю... Дари!..» Он держал ее руку и смотрел, запоминал. Даринька помнила: в глазах его блестели слезы, «Ну... досви—да—ния...»

Даринька слышала его шаги. Не различала белого пятна в деревьях, в солнце. Слышала веселый окрик: «А, Карп! ну, как, гвардеец?» Что-то говорили, «...чудесно!..» — узнала она голос. Это «чудесно» осталось в ней слепящим блеском.

События стремились. В конце мая заговорили о скандале, о «детских душах», о чрезвычайном следствии, о высочайшей резолюции — «вскрыть гнойник, всемерно, беспощадно». Шептали имена, упоминали о бароне, о приютах, о девочках-сиротках, о «Паньке». В газетах сообщили о самоубийстве барона Р. Его нашли на косяке в зимнем саду, под пальмой: удавился на шелковом шнурке, висел весь синий, с вываленным языком, ужасный. Виктор Алексеевич был поражен не этим, а «совпадением»: после «Яра» были у барона, и с Даринькой случился обморок: привиделся барон — под пальмой! — в образе дьявола, как на цыганских картах, синий, скалится, вывалив язык, Виктор Алексеевич не сказал Дариньке, боялся, что ее расстроит.

В конце июня отъезжали в Мценск. Дарииька сходила к Марфе Никитишне, проститься: больше не было у нее никого здешних. Просвирня прослезилась, благословила Дариньку «Скоропослушницей», как дочь родную называла — «деточка моя сердешная». Пожелала — врадост и успокоиться. Догадывалась она, что по младенчику Даринька горюет, — не доносила. «Пошлет тебе, деточка, Господь радость, молись Гурию, Симону и Авиву, семейные покровители». Знала Даринька, чего желает ей просвирня, знала, что этого не будет. Поклонилась в пояс, как кланялась матушке Агнии: «Спасибо, матушка, на добром слове, недостойная я радости». Даже погрозилась на нее просвирня: «Грех, грех отчаиваться, великий грех! все и говори, смиренно: "Да будет мне по глаголу Твоему, Господи!"» И дала совет побывать в Шамордине, под Оптиной, наведаться к старице-матушке Анфисе — московская, подружка ее была. «Вот уж чистое-то сердце... утешит, сама увидишь». Даринька отслужила панихиды на могилках, поплакала. Простилась с переулком, с крылечком, с садом. Было светло и грустно. Остановилась у сирени. Смотрела в небо и молилась.

Вещи были отправлены. Комнаты серели пустотой. Анюта топотала: скорей бы на машину. Даринька брала ее охотно. Было хорошо, что и Карп поедет, человек надежный, верный, с ним спокойно. Карп любил хозяйство, лошадей, тихие места и богомолья. Радовался, что побывает в Оптиной: неподалеку. Попросился сам, надоело ему «в камнях мотаться».

Перед отъездом Даринька сказала, что надо непременно поехать к Троице, благословиться у батюшки Варнавы: сам ей наказал.

Были у Черниговской. Цвели луга. У домика отца Варнавы было полно народом. Долго ждали, Виктор Алексеевич кривился. Наконец вошли. Батюшка не помнил, кто такая. Даринька напомнила. Он всмотрелся — и тут припомнил. Пошутил: «Помню, помню... была Дарья, а вот, барыня стала, чисто помещица... помню, пуганая была, а вот теперь и не боишься... помню, помню...» Оба изумились, что батюшка сказал — помещица. Правда, теперь — помещица. Виктор Алексеевич чувствовал себя смущенно. Батюшка спросил, как имя. «А-а... помню, помню, победитель. Вот и побеждай». Благословил на путь. «Оптино... вот вы и опытные будете... хорошо, дочка, выбрала, умница, — батюшка погладил Дариньку по голове, — с Богом, с Богом... — Оборотился к Виктору Алексеевичу и быстро-быстро: — Говоришь — инженер? вот и стройс Богом, с Богом!..» И дал по крестику.

Виктор Алексеевич сказал про старца: «Приятный и неглупый». Даринька поправила: «Святой». Все было светло. Светлы были лица ожидавших благословения, светло было в небе, светлы были березовые рощи, пруды, луга, овсы, И светлы дали.

Отъезжали в Мценск. На вокзале Виктор Алексеевич купил газету. Заняли купе, правленское, «жетонное». У синего вагона вытягивались молодцы-кондукторы. Обер-кондуктор, в бело-глазетовых обшивках, широкогрудый, бравый, плотный, четко козырял, бил трелью, вскакивал мягко на подножку, в сапожках с глянцем, держался у вагона на виду. Дариньку удивляло: какой почет им. Высунувшись в окошко, она

177

смотрела, как смотрела в детстве, на светлые поля, на убегающие рощи, на откосы, полные цветов. Анюта вскрикивала: «Земляничку вижу!» Виктор Алексеевич курил, читал газету. Встречный ветер струил на Дариньке кудряшки, веял в лицо духами. Виктор Алексеевич прочел в газете... — тряхнулся и затаенно поглядел на Дариньку: она летела восхищенно в ветер, придерживая шляпку. Он опять прочел — о переправе через Дунай. Первыми, вплавь, перешли казаки, под огнем. Завязалась перестрелка, казаки кинулись в атаку. В жаркой схватке пал геройской смертью... «прикомандированный по личной просьбе к... — му казачьему полку ротмистр лейб-гвардии гусарского Его Величества полка князь Вагаев Димитрий...»

Виктор Алексеевич перекрестился, убрал газету...

Даринька летела в ветер, придерживая шляпку.

Март 1935 — май 1936

ТОМ II

I

Благовестие

В Уютове, под Мценском, прошла самая важная часть жизни Дарьи Ивановны и Виктора Алексеевича.

В «записке к ближним» Дарья Ивановна называет уютовскую жизнь светлым житьем и отмечает, что там им было даровано вновь родиться. По словам Виктора Алексеевича, там он постиг радость бытия и благодарения:

«Тебе поем, Тебе благословим, Тебе благодарим, Господи...»

Когда он постиг это, восходя ступенями трудными, ведомый своею «Побеждающею», как назвал Дариньку старец Варнава у Троицы, постиг он и другое важнейшее: все в его жизни, до мартовской встречи на бульваре с бесприютной девушкой, и после этой знаменательной встречи, было как бы предначертано в Плане наджизненном. До сего постижения ничего «предначертаннаго», вне его воли, для него не существовало, казалось порожденьем недомыслия или больного воображения. Что за вздор! – усмешливо отзывался он на робкие попытки Дариньки, старавшейся открыть ему пути в ее «четвертое измерение», в ее «там... там». Он любовался прелестной ее беспомощностью, шутил над ее «там... там», выстукивая и подпевая: «Там-там... там-та-ам!..» – а она поднимала перед собой руки, как бы ограждая свое святое от горшего осквернения. Этого «там» она не могла бы ему доказать, будь даже доктором богословия. Она только шептала с кроткой укоризной: «Это сердцем надо,это – у Господа». До его вразумления, или, скорей, дарованного его откровения, проявившегося в одном событии уютовской их жизни, это ее «у Господа» для него было то же, что для калужского мужика квадратный корень. До случившегося прозрения он не постигал, что раскрывается это только сердцем и, может быть, вдохновением, когда «божественный глагол до сердца чуткого коснется». Замечательно выразил это поэт Гафиз, язычник. Виктор Алексеевич когда-то пометил его стихи вопросительным знаком и припиской «поэтическая вольность»:

> Гафиз! зачем мечтаешь,
> Что сам творишь ты песнь свою?
> С предвечного начала
> На лилиях и розах
> Узор её волшебный
> Стоит, начертанный в раю!

Я и не подозревал, что мой «узор» тоже уже начертан с предвечного начала, как бы задан мне: выполняй. И, что особенно примечательно,

179

указываются некие пути к распознанию узора, некие знаки-знамения, как вехи, чтобы не сбиться с пути в метель. Ну, как вот снисходительный учитель намеками наводит ученика на разрешение задачи. Еще задолго до прозрения моего не раз замечал я это наведение, но сводил все к случайности. Помню, меня удивило совпадение: письмо от питерского приятеля, советовавшего мне принять службу в Мценске, и в самое то утро бросилось мне в глаза газетное объявление, набранный крупно заголовок: «ПОД МЦЕНСКОМ, по случаю семейного раздела, дешево продается усадьба...» Теперь я знаю, что это была – веха. И, слава Богу, мы не проглядели ее. Не я – Даринька не проглядела, сказала, осветившись: «Хочу... так хочу!.. там будет хорошо». Словом, Уютово далось нам в руки как бы само. Даринька вдохновенно нашла узор.

Как бы в подтверждение, что избранный путь – верный, Даринька, еще и не видя Уютова, почувствовала в сердце благовестие. Об этом вспоминает в своей «Записке»:

«Всю дорогу радовалась я приволью лугов и рощ, как в детстве, когда ходили с тетей на богомолье. Совсем забыла, какая стала нечистая. А как подъезжать к Мценску, устрашилась, какие новые испытания посланы будут мне за грех мой. И воззвала к Пречистой: "Призри на смиренье мое, всепетая Богородица..." И, в радостном свете, услыхала благовестие».

Был тихий июньский вечер, в червонном солнце, когда поезд подходил к станции Мценск. В купе директорского их вагона солнце лежало теплыми пятнами на малиновом бархате обивки, сияло на хрустале графина, на бронзе и подвесках стенных подсвечников, на лакировке, и от этого света было пасхально-радостно.

– Гляньте-гляньте, милая барыня... яички-то наши христосованные стали!.. – захлебнулась от радости Анюта.

И правда: яйца, чашки, молоко в бутылке... – все было радостное, пасхальное. Пахло свежими огурцами, земляникой, сеном с покошенных откосов, с лугов недалекой Зуши. Золотой купол белостенного собора открылся им на горе, и донесло различный звон мценских колоколен. Даринька крестилась на завиднеевшийся городок и, залитая пасхальным светом, сказала, в себе: «Как хорошо, Господи... светло, и благовест».

Этот свет и этот благовест-встречу приняла она сердцем как благовестие.

Виктор Алексеевич помнил этот пасхальный свет, покоящий благовест и затаенно-радостное лицо Дариньки. Давно не видел ее такою просветленной. Подумал: почему она так насторожилась, радостная тревога в ней? Он взял ее руку и молча поцеловал. Она не отозвалась, – была где-то, в своем.

Они приехали в Мценск в четверг – думалось тогда Дариньке, – и она удивилась, услыхав благовест: кому же празднование завтра? И вспомнила: 24 июня. Рождество Крестителя Господня! Она очень почитала этот праздник; с этим связывалась больная ее тайна. Вспомнив, какой день завтра, она трепетно затаилась. Виктор Алексеевич спросил, что ее так хорошо встревожило. Она смутилась: «Так, хорошо... звон...» – и закрыла лицо руками. Он любовался ее смущеньем, спросил опять, что с ней. Не отнимая рук, она сказала:

180

– Вспомнила, завтра память Крестителя Господня. Как хорошо, на наше новоселье.

С возвращения из Петербурга, уже с полгода, он не помнил ее такой. После страшного и странного, что было с ними, когда он, казалось, безвозвратно ее утратил, прежнюю, с осветляющими глазами, какую встретил в келье матушки Агнии в душный июльский вечер, и все полней раскрывавшуюся ему в новых ликах и обаянии; после ее отчужденности от него и от жизни, Даринька снова явилась в светлой своей нетронутости. Он хотел видеть ее глаза, но они прятались в смущенье. И вдруг понял, почему она в радостной тревоге; важное для нее связывала она с Крестителем, – страстно желанная возможность, утраченная после тяжелого недуга: носила поясок с молитвой, читала, молясь, «Славу» Крестителю, – «Ангел из неплодных ложесн произошел еси...» – как-то она ему открылась. И вот на пороге новой жизни благовест их встречает – благо-вестием. Он почувствовал к ней жалеющую нежность и не стал тревожить.

За благовестием последовала приятная неожиданность.

Поезд подходил к задымленному вокзалу Мценска. Высунувшаяся в окно Анюта радостно взвизгнула: «Офицериков-то сколько, ма-тушки-и!..» Это были путейцы-инженеры, в белых кителях, парадно. Виктор Алексеевич удивился, почему такой «сбор всех частей», но это сейчас же объяснилось.

Это были сослуживцы, из Орла и Тулы. Начальник дороги, имевший счеты с Петербургом, дал знать по линии: выразить Вейденгаммеру товарищеские чувства. Все понимали, что с Вейденгаммером обошлись по-свински: вместо повышения за заслуги – все знали ценность его паровозной топки, давшей большую экономию, – ему предложили Мценск. Недоумевали, почему «философ-астроном», самолюбивый, пылкий, хотя и не карьерист, а в житейских делах скорей младенец, проявил такую покладистость. Говорили о миллионном наследстве после брата-сибиряка, а Вейденгаммер полез в такую дыру, купил даже усадебку, из которой рады были сбежать владельцы. Ходили слухи о загадочной красавице, сбежавшей из монастыря и вскружившей голову всей Москве: из-за нее покончил самоубийством барон Р., дрались на дуэли два гвардейца, а третий, славный победами в амурных делах, пошел добровольцем на Балканы. Рассказывали, что красавица резко переломила жизнь, и фантазер Вейденгаммер, безумно в нее влюбленный, разошелся с женой, женился без огласки на романтичной красавице, ради нее выбрал такое захолустье... – во вкусе Руссо и какой-то героини Жорж-Занд, – и только из любви к путейской работе не бросает службу, хоть и миллионер. Все это подогревало любопытство. К тому же сослуживцы любили мягкого и доброжелательного Вейденгаммера, хорошо воспитанного, никому поперек дороги не становившегося, и на просьбу начальника ответили так дружно.

Встреча вышла необыкновенно задушевная. И это Даринька приняла как знамение благое.

Старейший инженер Караваев, развалистый, с седой бородой по грудь, поднес огромный букет белых лилий – Даринька едва его держала – и сказал, вместо заготовленного приветствия, родившийся в голове экспромт. Потом дивились, откуда у него такая тонкость мысли, – так это было неожиданно от «батеньки-ведмедя, от теплого Караваши». Так его приятельски называли за благодушие, за беспечность к движению но службе; он увяз в калужской глуши, никуда не желая сдвинуться, любил природу, музыку и пустынное житие и был страстным охотником.

Караваев и сам дивился, как то-нко у него вышло:

– Как увидал глаза... пропали у меня все слова! «Лесная царевна» вспомнилась, мальчишкой в «Третьяковке» еще очаровался. Ни к черту заготовка, трепаные слова... тут – сама чистота! Что тут слова, перед этой лилией Сарона!.. И вдохновился.

А сказал он, нельзя короче:

«Примите эти чистые, королевские лилии – общий восторг перед отныне нашей, путейской... королевой!»

Грохнуло «ура», какого не слыхивали на задымленной станции Мценск. Вейденгаммера обнимали, целовали ручку Дарье Ивановне, поднесли хлеб-соль-изрядный торт, в пене из сливок, с земляникой, с солонкой в виде серебряной вчернь паровозной трубы раструбом, выпили досуха шампанского, проводили к убранной колосьями и васильками тройке и усадили под гром «ура». Виктор Алексеевич пригласил всех на новоселье, только устроятся. Приняли дружно и просили до новоселья на товарищеский обед у «Касьяныча», на Зуше, – загрузить балласт нового пути.

Когда садились в коляску, встретил их Карп, приехавший до них. Он уж освоился, был, видимо, доволен, смотрел усадебно-барским кучером. На оклик Дариньки «Карп наш!.. понравилась наша дачка?» – Карп степенно ответил: «Хороню, барыня... ти-хо». Забрал на пролетку чемоданы и Анюту.

Все ладилось, – начинавшийся новый путь. Чувством покоя, что все теперь будет хорошо, отозвалось в сердце Дариньки, когда увидела она спокойного, рассудительного Карпа. И, как в Москве, подумала: «Хорошо, и Карп с нами».

II

ЗНАМЕНАТЕЛЬНАЯ ВСТРЕЧА

Мягко погремывая бубенцами, встряхивая на ямах булыжной мостовой, подкидывая видавшими все рессорами, коляска спускалась к Зуше, разделяющей город на две стороны: к чугунке и – главную. Пристанционная сторона походила на слободку. Кузницы, постоялые дворы, домишки с пустырями и огородами, канавы с краев дороги, заросшие крапивой и лопухом, – попалась на глаза Дариньке развесистая береза, так и росла в канаве, – крылечки, в просвирнике и шелковке, заросли бузины, лавчонки с лаптями и кнутьями на растворах, гераньки в окнах, бочонки с селедками у лавок, кули с овсом, усеянные голубями, дремлющие коты на окнах... – все говорило ей: «Привычные мы, простые... хорошо». И, как бы в ответ всему, Даринька сказала, вдыхая запах лилий:

– Как хорошо, Господи... славные все какие.

В этом ласковом «славные» все для нее сливалось: радушные путейцы, любопытные бабьи головы, в повойниках и платочках, глядевшие из окон на разукрашенную тройку; скворешни на березах, пожарная каланча с дремотным дозорным на перильцах; уютные домишки с баньками на курьих ножках; возившаяся в пыли голопузая детвора, жестяной калач-вывеска, сонное зерцало Зуши... – со всего веяло покоем.

– Да, славный народ путейцы наши... – сказал Виктор Алексеевич, впервые за много лет почувствовавший такой покой. – Все от тебя, твое все очарование. Вдуматься... сколько в людях хорошего и как редко оно прорвется. А как прорвется, всем делается легко, будто праздник.

Эти мысли – к размышлениям он всегда был склонен – пошли от приятной встречи и чтения в вагоне «Анны Карениной». Устроятся на новом месте, надо поставить за правило – каждый день хоть час уделять Дариньке, развивать ее, помочь разобраться в смутном, что в ней, побороть ее робость перед жизнью, беспочвенный этот мистицизм. И непременно прочесть и продумать с ней «Анну Каренину»...

Мысли его перебил окрик ямщика:

– А, ты, несчастная!.. чуть было не зашиб!..

Коляску сильно тряхнуло: ямщик осадил лошадей, коренник взвился в воздух. Случилось происшествие, нередкое в русских городках.

Коляска спускалась к плавучему мосту через Зушу, и только лишь припустил ямщик, – прокатить по приятному настилу, как из-под ног лошадей выскочило что-то отрепанное и грязное.

– Киньте ей пятак, барин, – сказал ямщик, – а то, ну-ка, словами застегает... Настенька это, юродная... выйдет нехорошо.

– Кто?.. юродная?!.. – живо спросила Даринька. – Дай ей гривенничек скорей!..

Она выглянула из-за цветов и увидала невысокую худенькую – девушку ли, старушку ли, – трудно было узнать: все лицо было вымазано грязью. Юродивая скакнула к коляске, заглянула в лица проезжих, словно хотела запомнить их, стала креститься и тонким, совсем детским голоском выкрикнула:

– Молодые едут, с цветочками!.. дай, молодая, цветочков Настеньке... Богородице снесу... Младенчику поиграть, Младенчику поиграть!..

В сильном волнении, почти в испуге, Даринька сорвала ленту на букете, отделила половину лилий, оторвала кусок ленты, обмотала цветы, шепча в испуге: «Господи, Господи...» – и сунула юродивой:

– Отнеси, милая, Пречистой... Господь с тобой...

Виктор Алексеевич испугался, как бы дурочка не принялась ругаться, и швырнул ей рублевую бумажку. Юродивая махнула им цветами и крикнула:

– Вот добрые-хорошие... учись! учись!!..

– И хорошо, барин, – сказал ямщик, – теперь она вас признала, будет за вас молиться. Совсем она горевая, незадачная, не выдали ее за хорошего человека, мачеха не желала, разбила ихнюю любовь. А папаша не заступился, тихий очень. И Настенька в него, покорливая. А кого невзлюбит, словами застегает. Не шибко бранные слова, а неприятно слушать, так все: «Изверги, гонители-мучители!..» – заладит.

Коляска прокатилась мостом, на широкой здесь Зуше, и стала шажком подниматься к городку. Дариньке понравился мост на смоленых дощаниках; пахло смолой, парившей к вечеру рекой, медом начавшегося покоса. Она была захвачена этой встречей, показавшейся знаменательной, и расспрашивала ямщика, почему эта девушка стала юродивой. Ямщик говорил охотно и рассудительно:

– У нас над ней не смеются, как в прочих местах, жалеем ее. Есть такие в окружности, в Оптину их возят, к старцам, отчитывать, молятся за таких. Бывает – и снимают порчу. А Настенька тихая, болезная, а кто говорит – будто и во-святая. Года три с ней такое, недоумение-то. Да вы все про нее дознаете, ее Аграфена Матвеевна очень хорошо знает, про ее. А это в именье, ютовских ребят выходила, мудрая, богомольная... очень правильная. Господ Тургеневых дворовая была, в Спасском, а после к Ютовой барыне прижилась. Горюет, поди, барчуки свое гнездо на свободный воздух променяли. Как уж она теперь с ним расстанется?.. Настенька все к ней хаживала.

Ямщика охотно слушал и Виктор Алексеевич: тургеневское Спасское – в семи верстах! Соседи, может быть, и знаменитого писателя увидят, познакомятся.

– Правда, хорошо, что Уютово купили? – спросил он Дариньку. Она сжала его руку без слов.

– Она была счастлива, – вспоминал Виктор Алексеевич первый их мценский вечер. – Тихий городок, приволье, луга, рощи, темная полоса боров по горизонту – было близко ее душе. Случай с юродивой вызвал во мне мысли порядка бытового, как картинка захолустной жизни, а Даринька приняла это трепетно-чутко и была права: последствия этой встречи оказались немаловажными в нашей жизни. Случай с цветами разгласился и произвел некое сотрясение в умах, дал толчок чувствам, для меня неожиданным. И бессвязный выкрик «учись, учись!..» – оказался полным значения. Больная, конечно, не сознавала, почему она выкрикнула, а народ-то «амманский» по-своему воспринял это ее «учись», наполнил своим смыслом.

От городка лился дремотный перезвон.

– К Великому Славословию, – сказала Даринька. Она крестилась на блиставшие за домами кресты церквей, позлащенные вечерним солнцем. – До чего же хорошо, Господи... – сказала она, – тишина... так я ждала ее.

– У нас хорошо, барыня, тихо... – сказал ямщик, обернувшись к ним и улыбаясь, и Дариньке понравилось его круглое лицо в русой бородке и светлые, мягкие глаза. – Понятно, скушно зимой, снега глубокие, лесная сторона близко, калужская, с нее и метет на нас. А летнюю пору самая дача для господ, и из Орла даже приезжают, в имения. А уж Ютово – чистый рай. Цветы всякие, оранжиреи, фрукты-ягоды... чего только душа желает. Покойная барыня до страсти цветы любила, а хозяйством не интересовалась. И барчуки в нее, не любят хозяйствовать. Аграфена Матвеевна скажет ей: гречки бы посеять, а то все в городе берем, смеются,

– от своей земли да за крупой в лавочку! Барыня еще до птицы была охоча, какая даже без пользы, а пропитания требует деликатного... у них и по сию пиру кормушки в парках, для вольной птицы... на зиму даже, снегирям, синичкам...

– Да?!.. – обрадовалась Даринька.

– Всем полное удовольствие: конопляно семя, яички мурашкины, всего. А какие не наши – рису закупали. Три павлины было, им изюм брали, с чем чай-то в пост пьют... а изюм-то кусается, а она ящиками забирала. Серчает, бывало, Аграфена-то Матвеевна, – чего с вашей павлины, крик один. Ну, мы перышки на шляпы себе набираем.

Было приятно слушать неторопливую, покоящую беседу ямщика. Коляска ползла-укачивала на ухабистой мостовой подъема. Домики пошли нарядней, с разными наличниками, с рисунчатыми занавесками, хитрого здешнего вязанья на коклюшках. Сады за гвоздяными заборами просторней, палисадники с подсолнухами, с жасмином; медные дощечки на парадных, староверческие кресты над входом. Ото всего веяло уютом, неторопливостью, крепким, покоящим укладом. В раскрытые окошечки трактиров было видно, как истово, в раздумье, потягивают с блюдечек кипяток распотевшие мужики в рубахах, подперев блюдечко тройчаткой, розаны на пузатых чайниках.

– Сколько мечтала так вот пожить, в тишине, уютно... – сказала Даринька, – как вот молятся в церкви... – «благоденственное и мирное житие...». Ходили с тетей на богомолье, всегда мечталось – в таком бы вот городке остаться, жить тихо-мирно, хоть в бедности, приданое бы вышивала на богатых, на двадцать копеек в день прожила бы, в церковь ходила бы... А в Москве суета, не жизнь. Ведь жизнь... это когда душа покойна, в Господе. Христос всегда говорил – «мир вам...», и в церкви о мире молятся... – «мира мирови Твоему даруй...».

– Верно, барыня... слушать приятно правильные слова, от божественного... – обернулся ямщик и ласково оглянул их.

Виктор Алексеевич дивился, как Даринька разговорилась. Такого еще не было с ней за эти два года жизни: таила в себе, стыдилась неграмотной простоты своей.

– Правда, – согласился он, – ты знаешь это сердцем. Знаменитый мудрец Лев Толстой сказал, в сущности, то же, только пришел к этому после долгих размышлений. Так и высказывайся, это и мне полезно.

Он говорил от души: давно не испытывал такой умиротворенности и легкости. Здесь можно работать, думать. Вздор, будто провинциальная глушь засасывает. Вся Россия живет в глуши и творит. Только тут и можно уйти в себя, понять жизнь. Жить от земли, с народом, его правдой... да, Толстой прав.

Перед выездом на базарную площадь они увидели слева приземистую церковь с круглой колокольней; приятна была белая колоколенка в березах.

– Одну минутку... – попросила Даринька остановиться, – свечку поставлю и приложусь.

Она вбежала на проросшую травкой папертку. Виктор Алексеевич закурил. Не хотел вылезать, не хотелось и смущать молитвенный порыв Дариньки, да она и не позвала. Покуривал и раздумывал. Много нового откроется для нее в усадьбе. Теперь жизнь потечет без взрывов, без потрясений, как где-то сказано – «жизнь жительствует». Много надо прочесть, вырешить главное. В Ясной Поляне побывать. «Самого важного и не разрешил, – подумал он о жизни и, вскользь, о Боге, – заняться Даринькой... что я ей дал?.. брал только чувственно, и она стала меня чуждаться, в нем хотела найти, чего ей не дал я...» – подумал он о Вагаеве.

– Видать, богомольная у вас супруга, – сказал ямщик, – всегда с молитвы на новом месте надо. Дядя мой в Оптину в монахи ушел...

Виктор Алексеевич спросил, как его звать и где стоит: нравился ему ямщик степенной речью и повадкой.

– Донцовы мы, нас все знают. А я, стало-ть, Арефа Костинкиныч Донцов. А жительствуем мы на Московской, сразу наш дом увидите, в два яруса, голубой, лошадка железная на крыше... Гляди ты, Настенька барыни цветочки в церковь понесла! правильно сказала давеча: «Богородице снесу!» С цветочков и недоумение в ней пошло, стала из чайника на себя поливать. Значит, платьице на ней было в цветочках, ситчик цветной... это как жених смотреть ее приезжал, фабриканта сын, Иван Петрович Клушкин. А ей не желалось за него...

Виктор Алексеевич предложил Арефе папироску, но тот сказал, что бросил баловство, «книжку прочитал внушающую». Тут вышла из церкви Даринька, лучезарная, совсем такая, как увидел ее Виктор Алексеевич в келье матушки Агнии, с осветляющими глазами, юницу, в белом, до земли, одеянии. И теперь она была в белом, пике.

– Не долго, не сердишься на богомолку?..

– А цветы?.. – спросил он. – Только две лилии... Она блеснула глазами к церкви.

– И та... Настенька... тоже пришла, принесла цветы... и начала ставить перед «Всех Скорбящих»... будто свечки. Какие не втыкались, падали... ей стали помогать. И молилась, совсем разумная. И на меня все так... поскорей вышла, Должно быть, дивились... у ней лилии и у меня. Это редкие цветы, душистые лилии?.. Как хорошо, что ей не запрещали ставить...

– Воспрещать нельзя, дело благоугодное... – сказал ямщик. – Теперь я вас за двадцать минут доставлю, шесть верст, дорога гладкая. Эй, ма-лень-ки-е!..

Свернули на мягкую дорогу, Зушей, увалами, раздольными хлебными полями. Колоколец визжал и ерзал в уносе тройки. Дух захватывало от скачки, от теплого полевого меда зревших уже хлебов.

– Вон оно, Ютово, на гривке!.. – крикнул ямщик, – весело стоит!..

В «Записке» Дарья Ивановна записала о возложении цветов.

«...Осияла Пречистая душу мою, при недостоинстве моем, даровала умиление. Так мне пришлась по сердцу эта церковка: старинная, с узкими оконцами, со сводами корытцем. Народу было мало, больше девицы и женщины. Уже кончили прикладываться к иконе Праздника на налое. Хорошо и легко молилось. Склонилась перед Крестителем, пошептала тропарик и в ликовании сердца возложила чистые лилии, знаменование Благовестия. Не было у Праздника цветочков. Тогда в нашем городке не убирали цветами иконы на налое, только Животворящий Крест и св. Плащаницу, а мечтные иконы украшали венцами рукодельными, розанами из цветной бумаги. И вот – да не возомню, Господи! – приметила я: стали и на налое полагать живые цветы, чистое творение Господне».

III

УЮТОВО

Дариньке с первого взгляда пришлось по душе Уютово.

Садившееся солнце тронуло золотом липовую аллею въезда. Розовым мелькнули колонны былых ворот, смотревшие в золотое поле. Зацветали липы. В мягком звоне бубенчиков и колокольца, приглушенном тенистым сводом, выкатилась коляска на широкую луговину перед домом. В шелковом блеске серебристой от лет обшивки, приземистый, с флигелями по краям, со светелкой, окруженной балкончиком, смотрел ютовский дом подслеповато-благодушно, радужными окошками в ушастых ставнях, и как бы ласково говорил: «Вот я какой – простой, обжитой, по вас».

– Приятный какой, старинный... – сказала Даринька, – и светелка...

От дома веяло на нее уютом. Говорила после: «Мне казалось, будто я здесь бывала». Почему-то представилось, что впереди терраса, цветы, река. Оглянула кругом: где же людская, кухня?.. И увидела людскую, кухню, дымок над ними, – будто знакомое.

– Это явление душевной жизни неопределимо... – припоминание когда-то виденного?.. – объяснял Виктор Алексеевич эту особенность Дариньки. – Это присуще людям духовно одаренным, с сильным воображением, большим поэтам, подвижникам и святым. Узнавать никогда не виденное в жизни родственно прозорливости. Даринька как будто жила в разных путях времени. И другая ее особенность – крылатые сны, она часто во сне летала.

Виктор Алексеевич помнил, как, сойдя с коляски, Даринька искала глазами что-то. И, показывая на дом, сказала, как бы припоминая: «Там большие окна...» – и обвела полукруг, как арку. Действительно, окна, выходившие к цветнику, были до земли, арками поверху. Он называл это – «сны прошлого». И приводил стихи А. К. Толстого:

> И так же шел жид бородатый,
> И так же шумела вода.
> Все это было когда-то,
> Только не помню – когда.

Убранной цветами тройки не ждали, и такой пышный въезд явился как бы прибытием важных гостей на праздник: были именины Аграфены Матвеевны, домоправительницы поместья.

Только вошли в дом, Даринька узнала широкую веранду, спускавшуюся пологой лестницей в великолепный цветник. Он расстилался тремя уступами, спускаясь к решетке по крутому берегу над Зушей. На средней его террасе было озерко, поросшее кувшинками, с островком, голубым от незабудок и колокольчиков. Над ними клонилась-грезила плакучая низенькая ива.

«Го-споди, красота!.. жасмину сколько!..» – воскликнула Даринька, и они услыхали приветливый голос:

– Здравствуйте, барин, барыня... с приездом вас, дай, Господи, счастливо.

Так началось их знакомство с Аграфеной Матвеевной. Речь ее, певучая, растяжечкой, напомнила им матушку Агнию. Только лицо ее было суровое, закрытое, – озабоченно-деловое: лицо русской старухи, привыкшей править делом. Виктор Алексеевич отмечал ее независимый характер и прямоту. Она тут же и сказала, прямо;

– Навряд ли вы, барин, умеете в хозяйстве, молоденькие совсем. Пообглядитесь. Придусь по нраву – при вас останусь... нет – отойду, есть у меня куда. И к вам по присмотрюсь, какой тоже у вас характер. А так, глядеться, нравитесь вы мне.

Когда-то она была дворовой Варвары Петровны Тургеневой, матери писателя. И вот из-под деспотички, какой была ее барыня, остаться такой, без единой черточки рабы! Что ее сохранило так? Виктор Алексеевич понял потом, что сохранило, как многих в народе нашем. Даринька деловито, как бы в тон Матвеевне, сказала:

– И вы мне нравитесь. Я никогда не жила в имении. Буду рада, если останетесь.

– Ну и хорошо, – сказала Матвеевна, – спешить некуда. А хозяйству обучитесь, дело нехитрое. Хозяйство, понятно, не любит сложа руки. Расходу требует, тогда и с лихвой воротится. Потому мальчики и продали, денег нет. И воли захотелось, крылышки подросли. А я как отговаривала... родимый кров бросать. Что у них теперь... ни сбывища, ни скрывища, ни крова, ни пристанища...

Спросила, что сготовить на ужин. Можно и постного подать, – Петровки. Похлебка со свежими грибами, лещике кашей, пирог клубничный... на именины как раз сгадали, Аграфены-Купальницы нонче. Они тут же ее поздравили и на минутку прошли в людскую.

Этот случай, как и происшествие с лилиями, разгласился по городку и оставил след. Аграфена Матвеевна приняла посещение и подарочек – коробку мармелада – так же просто, как только что спрашивала про ужин.

В просторной, чистой людской сидели гости: ямщик Арефа, попадья с дочкой Надей, бывший бурмистр из Спасского и ребята Ютовы. Познакомились, откушали пирога. Падали сумерки, надо было устраиваться. У Дариньки осталось от этого посещения праздничное чувство. Не помешало этому и нечто курьезное, – старший Ютов.

Этот парень, лет двадцати, крепкий, с бородкой а-ля мужик, сидел за столом оперным бандитом: в широкополой шляпе (Матвеевна сказала ему: «Шапку-то бы снял, Костенька, образа-а...»), в красной рубахе, с дубинкой. Знакомясь с Даринькой, буркнул: «Ютов, медик...» – и усмехнулся. Виктор Алексеевич и раньше его видел, и все таким же: так, под народника, мода такая, несколько запоздавшая; но Даринька удивилась: студент, а такой странный. На обычное Виктора Алексеевича

«Очень рад» грубовато отозвался: «Ужли рады?.. а остатние две тыщонки привезли?» – «Как же, сейчас получите», – сказал Виктор Алексеевич, а Даринька смутилась. Матвеевна одернула: «Костя, ты бы повежливей...» Гости не дивились на медика, а Матвеевна головой только покачала, молвив: «Да не такой ведь ты, настоящий-то, а так, напущаешь на себя», – «Ну, не серчай, амененница, – сказал добродушно Ютов. – Айда, господа помещики... введу вас во владение».

Даринька не знала, что и думать. Виктор Алексеевич вышутил: «Под Базарова запускаете или под Марка Волохова?» Ютов смущенно рассмеялся: «Да ни под кого: а просто... не люблю условностей». Его брат, лет восемнадцати, нежный лицом и светловолосый, молчал смущенно.

Уже в сумерках ходили они по комнатам. Дом был куда больше, чем показалось Виктору Алексеевичу в первый его приезд. В неотвязчивой мысли скорей купить, как бы не передумали, он ничего не смотрел, не обошел и усадьбы. Мебель была старинная, много от прошлого века, – столики, секретеры, разные трюмо и зеркала, люстры, в хрустальных шариках... – такая роскошь! Виктор Алексеевич чувствовал себя смущенным: не обманул ли юных наследников, купив все за двенадцать тысяч? – хотя и знал, что никто не давал наличными больше восьми. А когда поднялись в светелку, где угловые комнатки, на цветник и Зушу, со шторами от солнца, Даринька воскликнула: «Господи, красота какая!..» Ютов усмехнулся:

– Красота понятие относительное. Для меня красота... когда я режу трупы.

Даринька вздрогнула и, к изумлению Виктора Алексеевича, сказала возмущенно:

– Ужас, что вы говорите!.. равнять такое!.. Все... – показала она на цветник, на Зушу, на даль, где мигал золотыми точками громыхавший поезд, – чудесно-живое, дышит... все – красота Господня!..

– Как кому... – видимо, дразнил Ютов, любуясь ею. – Когда я рассматриваю под микроскопом клеточку...

– И вы ничего не чувствуете!.. – воскликнула Даринька.

– Почему ни-че-го?.. чувствую кое-что... хотя бы желание немножко вас рассердить.

В белом платье, в откинутой назад шляпке с васильками, с горячими глазами, досиня потемневшими, она была прелестна. И – отметил Виктор Алексеевич – она была свободна, заспорила, чего не бывало прежде.

– Вы... духовно слепы!.. – воскликнула она и отвернулась. – В вас нет чувства, вкуса... к красоте Господней!..

– Ну, по-ло-жим... вкус-то у меня е-есть!. – не унимался Ютов, – к красивым женщинам... и... к отбивным котлетам. Даринька вспыхнула – и не ответила.

– В самом деле вы такой циник... или «напущаете на себя»? – шутливо сказал Виктор Алексеевич. – Дешевенький нигилизм, оказывается, еще в моде... провинция-матушка.

Ютова, видимо, задело. Он пробовал пройтись насчет «духовно слепы», но Даринька не отвечала. Виктор Алексеевич вручил ему две тысячи. Ютов сказал, что завтра он покинет родное пепелище чем свет, – «дорожная сумка готова, давно мечтал пешком обойти весь Крым...».

– Теперь есть на что... похлопал он по карману.

IV

РАЗГОВОР В СУМЕРКАХ

Дариньке почувствовалось в его голосе что-то скрываемо-горькое. Виктор Алексеевич подумал: «Потому и продали гнездо». Взглянул на Ютова: что-то растерянное было в глазах студента. Наигранного ухарства как не бывало. Взгляд его встретился с глазами Ютова.

– Небось, подумали, ради Крыма и с Ютовым расстались? – сказал студент и криво усмехнулся.

– Угадали, так и подумал.

– Прямодушны... это редко теперь. Только ошиблись, не ради Крыма. Было бы преступно – ради Крыма! – вырвалось у студента, и это насторожило Дариньку. – Видите ли... содержать Ютово, как маме нравилось... – раздумчиво сказал он, – нужны средства. Цветники, теплицы, грунтовые сараи... вы еще не видали главного, без чего мама не могла... нам теперь не под силу. И продали. Надо кончать университет, на это хватит, А пока... – обратился он к Дариньке, и она уловила что-то в его глазах, – «удивился словно», – пройдусь по Крыму и буду созерцать... пусть по-вашему, «красоту Господню». Это и в нас, от мамы. Цветы... для нее было все. И она так же говорила про «красоту». Алеша побудет еще с недельку, кончит свои этюды. Он у нас художник, К... хвалит. Кстати... К... мамин портрет дал, увидите, Там мама юная совсем. К нему Алеша и поедет.

– Сложна человеческая душа... вспоминал Виктор Алексеевич этот разговор в сумерках, на балкончике светелки. – Оттаял парень. Говорил своим голосом, не играл. Даринька слушала его с волненьем. Очень нежно говорил он «мама». Может быть, подействовала на него открытость Дариньки, непосредственность ее... Конечно, и расставанье с родным гнездом. Ютов сразу как-то приручился. «Напускают на себя» обыкновенно застенчивые, в которых долго остается детскость. Он не давал нам разбираться, смущался, что мешает, и не уходил. Алеша не проронил ни слова, а когда брат говорил о нем, краснел, как девушка. И лицом был... нежное такое, девичье. Мечтательное, хрупкое было в его наружности, резкая противоположность с братом. Стройный, высокий, «ломкий»... куда-то устремленный взгляд, во что-то – вне.

Словом, грубоватый Ютов раскрылся. Сказал, что «жалко вот со старухой нашей расставаться, с няней».

– Узнаете ее – оцените. Много повидала, много знает. Туга только, навязываться не любит. Тургенев, как приедет из-за границы, посылает за ней повидаться. Много у него в рассказах от Матвеевны. Прочтешь «словечко»... Матвеевна наша! Знаете, она хорошо знала Лукерью, с хутора Алексеевны, помните – «Живые мощи»? Не читали?!.. – удивился Ютов. – Как, неужели не читали... «Живые мощи»?!.. – с изумлением переспросил он Дариньку.

Она смутилась. Смутился и Виктор Алексеевич: помнилось что-то, смутно... кто-то болел, в сарае?..

– Да как же так... непременно прочтите! Это ведь здешнее, вся округа знает, из стариков. Там-то и есть это... – «красота Господня». Матвеевна за святую почитает ту Лукерью. Сама она вам не скажет. Про этот ее «грех»... она, конечно, считает это за грех... я слышал от спасского бурмистра Тихоныча, он эту историю отлично знает. Думнова – по отцу, а по мужу Матвеевна – Полякова. А Василий Поляков когда-то был Лукерьиным женихом, крепко друг друга полюбили, а кончилось «мощами». Лукерья примирилась, что ее Вася женился на хорошей девушке. Непременно прочтите.

Даринька загорелась, – а где достать это, про «Живые мощи»?

– Как – где... везде!.. – удивленно воскликнул Ютов. – В каждой школе, в любой читальне! Это же из «Записок охотника»!.. «Записки охотника»... неужели не читали?!..

Даринька со стыда сгорела, даже проступили слезы, и растерянно глядела на Виктора Алексеевича.

– «Провинциалами»-то оказались мы, – вспоминал он, – даже просто невеждами. Ютов и виду не подал, что уличил в безграмотности. Достал из портмоне ключик на шнурочке и вручил Дариньке: «Все наши книги в вашем распоряжении, там все найдете». Библиотеку Ютовы нам не продали. Эта библиотека, в «гагеновских» переплетах, семейные портреты и реликвии были внесены в сохранную расписку и оставлены временно в усадьбе, в большой угловой. Передавая от нее ключ Дариньке, Ютов неожиданно сказал:

– Хорошо, что вы... – подчеркнул он, – купили наше Ютово. Оно будет в сохранности.

Говоря, он глядел на Дариньку, и лицо его было почти нежное, с налетом грусти. Виктор Алексеевич подумал: «Почему он так смотрит?» Удивленный таким раскрытием души, он спросил:

– Почему такое доверие? Вы не ошиблись, все будет в сохранности... но вы совсем нас не знаете...

– Не знаю почему... – сказал, вдумываясь, Ютов, – подумалось так... Дарья Ивановна радостно приняла все это... – он показал на цветник, – а маме было это дорого. Вспомнилось ярко, будто я слышу ее голос, вижу ее лицо...

Видно было, как он взволнован: закусил губы и отвернулся. Тут случилось «удивительное»: волнение Ютова сообщилось Дариньке.

Неожиданно для Ютова, – он чуть отступил и смотрел тревожно, – она взяла его руку, взглянула в лицо и, взволнованно, побледнев, начала говорить, путаясь в словах:

– Простите, ради Бога... я ошиблась... шутили вы. Горечь, а я подумала, что... грубо показалось. Я знаю, вы хороший, о маме так... и чувствую. Как хорошо, что мы... родное ваше, Уютово...

– Ютово... – поправил Ютов.

– Ах, да... Ютово?.. а мы – Уютово, так сбылось в нашей жизни... – говорила она, стараясь подавить волнение, – я хочу сказать, что вы... она прижала свою руку к сердцу, губы ее кривились.

Ютов вглядывался в нее, на лице его был радостный испуг.

– Да, я чувствую... теперь чувствую... и вот, видит Бог... все здесь, дорогое ваше, будет... как при вашей маме... даю вам слово... – она взглянула на Виктора Алексеевича, и он поспешил сказать: «Да, да... как ты сказала!» – Вы не покидаете, все с вами... будете у себя всегда, пока мы тут...

– Я был поражен таким порывом ее... – вспоминал Виктор Алексеевич. – Вскоре я понял все. В них обоих таинственным инстинктом приоткрывалась сущность их отношений в будущем. Даринька вскоре узнала все. Ютов не узнал... может быть, догадался? Надо сказать, что, продавая усадьбу, Ютовы выговорили на три года жить летом во флигеле, три комнаты. Даринке я забыл сказать. И вот она почувствовала желанье братьев сразу не порывать с родимым домом и так дополнила. Ютов был удивлен ее порывом, весь осветился. Голос, глаза... – все другое. Алеша не проронил ни слова, сидел на перилах балкончика, смотрел на Дариньку. Не смотрел – вбирал. В его взоре сиял восторг. Это был взгляд одухотворенного художника, – он это проявил после, в своих картинах «русских духовных недр», – взгляд мастера, лелеющий неуловимый образ, вдруг давшийся.

– Вот какая вы... – тихо сказал Ютов, – благодарю вас... – И поклонился. – Вы почувствовали... было тяжело эти дни, последние. А теперь легко. Будто никакой перемены не случилось, а... продолжается... – и мягко улыбнулся.

– Соловьи!.. – тихо сказала Даринька, – так близко!..

– Что тут в мае!.. – ответил Ютов. – Теперь последние, уже неполные коленца. Видите, озерко, на островке, карликовая ива... мама называла ее «грустная малютка». Всегда там, в незабудках, у них гнездо. Привыкли, не боятся. И по жасмину, и по Зуше, в черемухах...

Пели соловьи, последние. Один в жасмине под балконом, другой – к реке. Один послушает, ответит. Чередовались. Вправо, за усадьбой, где село, сторож отбивал часы, как в сковородку: ... девять... десять.

– Де-сять!.. – спохватился Ютов, – вам еще разобраться, а я мешаю. Завтра рано, с пятичасным, в Орле еще подсядут. И уезжать не хочется...

В большой столовой засветили лампу. В большие окна глядела ночь, пахло жасмином, крепким духом разогретых за день елок. В селе играли на гармони, пели. За рекой костры горели.

Кто-то приготовил им постели в приятных спальнях. Даринке выбрал голубую, в птичках, с окном в цветник. Виктору Алексеевичу – в лиловом кабинете, в елки. Так и оставили, пришлось по сердцу.

К окну тянуло. Даринька подняла штору. Розоватый месяц на ущербе выглядывал из-за кустов: «Ну, как на новоселье?..» Соловьи чередовались. Пахло резедой, петуньями. Этот запах напоминал цветы Страстного. Даринька глядела в небо. Замирало сердце, от полноты. Она опустилась на колени в огромном, до полу, окне, будто под светлым небом...

Долго не могла заснуть: лежала, обняв подушку. Сковородка пробила – раз, Молилась в дреме, в пенье соловьев. «А завтра... ско-лько!..»

О первой ночи в Уютове Дарья Ивановна писала:

«...Тогда впервые сердцем познала я дарованное Господом счастье жить. В ту ночь, смотря на небо, я чувствовала близость Бога, до радостного замиранья сердца. Был Он в звездах, в легком дуновенье, в благоухании от цветника. Слышала Его в пенье соловьев, чувствовала несказанным счастьем, что буду вечно, ибо сотворена по Его Воле, Его

192

Словам. Видела искру в своем сердце, нельзя сего постигнуть. Эта искра стала во мне как свет. С того часу каждый день жизни стал познаванием Его через красоту Творения. Чем измерю безмерную Милость – жить? как выскажу? есть ли слова такие?.. в псалмах?.. В ту ночь вспомнилась мне любимая матушкина молитовка, любимый и мною ирмос:

"Услышах, Господи, смотрения Твоего таинство, разумех дела Твоя, и прославих Твое Божество"».

V

БЛАГОСЛОВЕННОЕ УТРО

Утро первого пробуждения а Уютове Дарья Ивановна называла благословенным, утром жизни. В то памятное утро она познала «духовную жажду жизни».

Даринька проснулась с солнцем. Пел соловей. Она слушала и не сознавала – да где она?.. И вдруг озарило радостно: «В Уютове, у себя... скорей в церковь!» С вечера было в мыслях, что надо пойти к обедне, начать новую жизнь молитвой. Когда нежилась в постели, чувствуя, как легко, покойно и какое счастье, что они в тихом Уютове, на всю жизнь, – услыхала вчерашнюю сковородку, отбившую шесть раз.

В тот день была ранняя обедня, в семь, и ей хотелось прийти пораньше, чтобы не обратить внимания. Перед обедней надо было повидать батюшку, попросить, чтобы отслужил молебен Крестителю, и нельзя ли в воскресенье поднять в Уютово иконы по случаю новоселья.

Босая, подбежала она к окну, вздернула сырую от росы штору, и ее ослепило блеском росы и солнца, затопило жемчужно-розовым, хлынувшим на нее, благоуханьем воздуха, ласковым теплом утра. Жмурясь, стояла она в окне, дышала светом, слыша его касанье, чувствовала, что он живой. «Твой, Господи, свет... творение Твое!..» – вспоминалось молитвенно, из псалма: «Слава Тебе, показавшему нам свет». Она помолилась на небо, в великое Лоно Господа. Будто в чудесном сновиденье было все это, – ненастоящее: самоцветными коврами расстилались пышные цветники, сиявшие необычным светом, живым, жемчужным, – такого не бывает. И знала, что это роса и солнце, что это здесь, в тихом Уютове.

До церкви было близко, малинником, по тропке в горку, – «Овсы увидите, нашими овсами... тут и церковь увидите...» – показала Матвеевна, подивившись, какая барыня богомольная.

Когда Даринька шла в росистых овсах по тропке, благовестили к обедне. В сиянье неба звенели жаворонки, в овсах потрескивал коростель. Овсы уже выбросили сережки, были жемчужно-седые от росы. Вспомнилось, как ранним утром на богомолье умывалась росой с травки, и ей захотелось той, детской радости. Она умылась росой с овсов, захватывая пригоршнями с сережек, вдыхая свежесть, окуная лицо в сверканье. «Наши овсы...» – шептала она овсам, и это новое еще слово «наши» показалось ей ласковым. Она не сознавала, что эти овсы – ее овсяное поле: эти овсы в пошумливавших сережках, сыпавших бриллиантами, были в ее глазах живые, Божьи, как и она. Она присела, притянула к себе и целовала, шепча: «Милые, чистые... овески...» – надумывая слова, как дети. Не было никого, не стыдно, – она, да овсы, да благовест... И надо всем Господь.

Чувствуя, как сердце исполнено нежности ко всему, будто постигнув что-то, она стала благословлять сверкающее поле. Это чувство слиянности со всем, ведомое пустынножителям, – знала Даринька из житий, – в это утро явно открылось ей. Озаренная этим новым, она осмотрелась – и увидала Уютово. Оно открылось так хорошо и близко, что различалось даже озерко среди цветов. Она увидала цветники, блиставшую под обрывом Зушу, фонарь-светелку, словно расплавленное солнце. Повернулась идти – и увидала церковь. Ярко она белела, широкая, пятиглавая, в синих репах. Над папертью, в пузатых столбах-графинах, высилась колокольня, пониже реп, в синеватых кокошничках-оконцах. Сбоку была пристройка – часовенка ли, придел ли. Над Зушей, в березах, смотрело крестами кладбище. Через лужок, на котором белели гуси, стояли домики причта. Как раз вышел в летнем подряснике батюшка и пошел лужком к церкви, а перед ним размахались на крыльях гуси.

За «поповкой» начиналась широкая улица села, в березах. Матушка говорила вчера, что раньше село было большое и называлось Большой Покров; но господа продали главную его часть, что за оврагом, барину Кузюмову, а тот перевел купленных крепостных в свою Кузюмовку, а землю пустил под конопляники, «такой-то был самондравный, да и сынок не лучше». Надя еще сказала: «Папаша одержимым его зовет и темным, что-то от Достоевского».

Когда Даринька собиралась спуститься к прудочку в ветлах – от него поднимались к церкви, – она услыхала крики, и с окраины Покрова, где большой овраг, вывалилась на дорогу толпа народа, окружавшая беговые дрожки с человеком в белом картузе. Двигались к церкви, и Даринька различила выкрикнутое – «конопляники!». Дойдя до лужайки, толпа стала расходиться, а человек на дрожках погрозил палкой и замелькал в хлебах. Все затихло, и только всполошившиеся гуси продолжали выкрикивать тревожно. Но и они утихли. И теперь только благовест разливался в чудесном утре.

VI

СВЯТИТЕЛЬ

В церкви не было никого; только за свещным ящиком возился со свечками и просвирками тощий старичок. Даринька вошла неслышно и огляделась. Церковь сияла солнцем из купольных оконцев. Стены были расписаны. Паникадило в подвесках из хрусталя сияло на плиты радужными полосками. «Приятная какая... – порадовалась Даринька, – и образа богатые, хрустальное паникадило... редко и в городе увидишь». И пошла к старичку взять свечи и просвирки.

Старичок почтительно поклонился ей и ласково справился, какие она просвирки больше уважает, беленькие или румянистые. Чистенький такой был, говорил говорком, с ухмылочкой, как говорят с детьми. Такие встречались ей на богомолье, в монастырях, особенно монахи-пасечники, с лучиками у глаз, угощавшие ее медком сотовым. Она знала, что такие уже не зовутся по имени, а ласковыми именками – Асеич, Митрич. Она спросила, как его звать. Он засветился лучиками: «А Пимыч я, милая барышня... Пимыч я, ктитором двадцать пятый годок у Покрова. – И спохватился: – То бишь, барыня... молоденькия совсем, как барышни». Даринька подумала, что он, пожалуй, знает, кто она, – «новая ютовская барыня», как вчера называл бурмистр. Видимо, был доволен, что она взяла десять свечек по пятачку и три больших просфоры, румянистых, и почтительно принял лиловое бархатное поминаньице, с золотым крестиком. Поведал, что певчие у них амчанским соборным не уступят. Покойная барыня Ольга Константиновна всегда певчих гостинчиком баловали. И мамаша ихняя всегда внимание оказывали храму Покрова, и придельчик изволили созиждить, там и упокояются. «А вы, милая барыня, не сродни Ольге-то Константиновне?» Даринька сказала – нет, не сродни. «Подумалось, взгляд у вас схожий словно». Она попросила сказать батюшке: хотела бы после обедни молебен Крестителю Господню.

Пимыч прошел в алтарь, и сейчас же вышел отец настоятель и еще издали приветливо покивал. Она подошла под благословение, по-монастырски, чинно. Он благословил истово, и ей подумалось, что ему приятна ее чинность. Батюшка с готовностью отнесся к ее желанию поднять иконы в Ютово в воскресенье, сказав: «Приятно видеть... не часто это ныне среди образованных».

И батюшка понравился, говорил сдержанно, без елейности. Открытое лицо, «с дёготком», – по Виктору Алексеевичу. Такие лица, «простецкие», она видела на портретах в обителях, духовные лица русские. В таких лицах, в их некрасивости, особенно чувствовались глаза, или вострые, как у отца Амвросия Оптинского, или мягкие, светлой безмятежности. У отца Никифора были мягкие, вдумчивые глаза.

Подходил народ, и это смущало Дариньку. Бабы и девки, празднично разодетые, глазели на нее, шептались так внятно, что это ютовская барыня, молоденькая какая, пригоженькая, замужем за богатым инженером, а простая, Аграфену Матвеевну как уважила, конфет мармеладных подарила в именины... Теснились кругом нее, засматривали в лицо, дивились: «Фасонистая... живая куколка...»

Она была в легком платье из голубой сарпинки, с «плечиками», с открытой шеей, – последней моды, – купленном на Кузнецком по настоянию Виктора Алексеевича: нельзя иначе, в провинции с этим очень считаются, и быть кое-как одетой вызовет только разговоры. Она отказывалась рядиться, но покорилась, нарушила данное себе слово «забыть наряды и все», боялась разговоров. Хоть и смущали ее оценка баб и любованье, было все же приятно, что платье на ней нарядное, «счастливое», – обновила его в чудесное такое утро, и для церкви, – что нравится ей и всем, даже Матвеевна похвалила: «Какие хорошие-нарядные!..» Пока читали часы, бабы все дивовались: «И губки, и глазки... чисто патрет красивый». Даринька не знала, куда деться. Подошла старушка, поклонилась низко и застелила: «Да вы, красавица барыня, к крылоску пожалуйте... навсягды наши господа там стаивали... и стулец ихний, и коврик... пустите, бабочки, барыне нашей пройтить дайте».

Дариньке надо было еще свечек, забыла поставить распятию и на канун, и она пошла к Пимычу. Все расступились, упреждая задних: «Барыне нашей пройтить дайте... новая барыня, ютовская, – наша это!..» Даринька чувствовала, как пылает у нее лицо, – так смущали ее бабьи разговоры, пытающие глаза, будто видевшие в ней все. Она шла, опустив глаза от душевной муки. Эта мука всегда таилась ею: «Не знают, какая я, Кто я». За этими словами болела рана: страшное в ее жизни, ее позор. Всегда томило, когда ее хвалили, ласково обходились с ней. И вот теперь, в этой светлой, такой приятной церкви, ее церкви, все любуются на нее, дают дорогу, признают открыто, что она красивей и лучше всех, и предлагают ей самое почетное место, где спокон веку стояли настоящие барыни, а не... Подавленная этим, дошла она до свещного ящика. Пимыч засветился, спросил, нравится ли ей церковь. Она кивнула и попросила еще свечек. Он вызвался поставить, но она сказала, что всегда сама возжигает свечки. Спросила, где бы не на виду ей стать. «Нестеснительно чтоб молиться, желаете?.. а вы в придельчик пожалуйте, проведу вас... и холодок, и молиться хорошо, неглазно, уютный у нас придельчик, во имя умученного Святителя...» Он назвал имя Святителя, которому она всегда молилась, и сердце ее вспорхнуло, – она даже выронила свечки. Кинулись подымать. Пимыч хотел было вести ее к канунному столику, но она попросила еще свечку, «самую большую»: думала о Святителе... Пимыч извинился: теперь у них самая важная свечка – за гривенничек только, а на Покрове будет и в полтину.

Когда она возжигала перед распятием, а Пимыч ждал провести ее в придельчик, у ней дрожала рука, и она не могла поставить, помог Пимыч: так ее взволновало, что придельчик ее церкви – во имя Святителя. Это было глубоко знаменательное для нее. В ее отныне церкви – и во имя Святителя, память которого связана с ее жизнью, с ее... – страшилась и помыслить. В ней болезненно-стыдно жили невнятные для нее рассказы тетки... не ей, а разговоры тетки с сопутницами на богомолье о темном и стыдном... – о грехе матери. Осталось в памяти грязное слово, крикнутое соседкой, когда Даринька была ребенком. Это слово потом раскрылось и жгло ее. Остались стыдом и болью темные разговоры тетки о «знатном графе», о нищете, когда застрелился граф, а наследники выгнали ее мать, которую она не помнила, Об этом, смутном, поведала она Виктору Алексеевичу и жалела, зачем поведала. Поведала, что тетка велела ей всегда молиться Святителю, который – «того рода»... Не смела таиться от него. Он понял, как тяжело ей, и они этого больше не касались.

Не подымая глаз, она пошла за Пимычем в придельчик, на южной стороне церкви.

– Тут вам поспокойней будет... – сказал Пимыч, входя тесным и низеньким проломом. — Мамаша покойной Ольги Константиновны так велели, чтобы как в старину было, свод корытцем. Там и упокояются.

Пимыч ушел. Началась обедня, а она все стояла на пороге. Видела только синее пятно лампады. Дремотный отсвет действовал на нее покояще. Она перекрестилась, приблизилась к лампаде и затеплила от нее свечку. Увидела канунный столик, фарфоровые яички, восковые цветы. Затеплила свечку и на столике и склонилась перед неразличимым образом.

Придельчик во имя Святителя не был похож на обычные церковные приделы. Он напоминал сводчато-каменную келью в старинных монастырях, «пещерную», где подвизались затворники. Но это был храмик, с алтариком, с узким оконцем за решеткой, в заломчике под сводом. Направо от Спасителя теплилась синяя лампада. Оконце чуть пропускало свет, лампада была глубокая, густая, и если бы не свечки, не разобрать бы, кого изображает «престольная» икона.

Даринька знала о Святителе от тетки и матушки Агнии. В монастыре читала житие и узнала об его заступничестве за гонимых овец стада своего, о заточении и мученической кончине. Увидев придельчик, она удивилась, какой он темный, тесный, под низким сводом. Святитель, святостию и подвигом, казалось ей, достоин был храма высокого и светлого. И вдруг поняла: это — в напоминание мученичества его; это — «клеть каменна и тесна», как писано в житии, куда он был ввергнут жестоким царем, где непрестанно молился перед иконой Спаса, где приял от палача венец нетленный.

Она склонилась перед неразличимым ликом. И вот, подняв отуманенный взор на образ, увидела светлевший лик. Он проступал из синего полусумрака лампады. Она видела изможденный лик, вдохновенно взирающий на Спаса: сияние от написанного светильника перед Спасом озаряло этот горе вознесенный лик. Два лика видела Даринька: приемлющего моленье Спаса — и молящегося Ему Святителя. Оба лика, казалось, связаны были светом, исходившим от них: светом Неизреченной Благости — неугасимой веры. В прояснявшемся образе Даринька увидела свиток с начертанными словами: «Аз есмь пастырь добрый...» и — в конце ниспадающего свитка: «И душу Мою полагаю за овцы».

Это не был образ Святителя, как уставно пишут: ни митры, ни Евангелия, ни благословляющей десницы. Это был образ коленопреклоненного, молящегося старца-подвижника, в холстинной ряске, опоясанного вервием, — образ смиренного русского затворника. В каменной клети не было и оконца, все тонуло во мраке, и оттого ярче светились лики.

Даринька не слыхала, как отошла обедня. Конец ее она стояла у входа в придельчик. Подошел робкий мальчик и подал просвирку на тарелочке. Она приложилась к ней, как всегда делала.

Молебен служили с певчими. Хотелось домой, а тут батюшка напомнил вчерашнее обещание зайти к ним чайку откушать: «Матушка ожидает вас».

Чай пили на террасе, был горячий пирог, клубника с грядки. Показывали альбом. После батюшек, матушек и архиереев Даринька увидела прежних владельцев Ютова: важную барыню с лорнетом, зиждительницу придельчика, и «Олюшеньку нашу», – батюшкины так называли. «Правда, какая милая... глаза какие?..» Даринька узнала, что Ольга Константиновна была «вся необыкновенная», и болела – истаяла, «стала как ландышек». «Знаете, Дарья Ивановна... – воскликнула Надя, – до чего же ваши глаза похожи!..» Батюшка только рукой махнул: «А, ты, стремига-опрометь!..» Провожали «до ветел», всем семейством.

VII

ОТКРОВЕНИЕ

Наденька провожала «до овсов». Рассказывала, что Олюшенькина мамаша, маловерка, очень чтила Святителя, сама начертала план придельчика, и мысль иконы тоже ее.

– Наше постижение сердцем проявляется даже у равнодушных к вере. Гордячка, баронесса, даже не чисто русская по отцу... и так православно выразила. Папаша говорит – на баронессу сошло, от Святителя. Знаете, она по матери княжьего рода, который от староярского, откуда и Святитель.

– Из их рода... Святитель?!.. – сказала Даринька и приостановилась.

– Да, из истории известно. Там на стенке «родословное древо», видели? Вера Георгиевна доводится пра-пра-правнучкой Святителю, какая-то в ней капеличка той же крови. Правда, как удивительно?.. Хладная, полунемка... – и весь русский Святитель-мученик! Вдуматься... вон поезд за рощей, телеграф, газеты получаем, воздушные шары летают... другая совсем жизнь, новые идеалы, нигилисты, неверие... все другое!.. а Святитель все еще будто с нами, близко...

– Близко... – тихо-вдумчиво отозвалась Даринька.

– Все изменилось за триста лет, а святая капелька жива, хранится. Эта капелька и одолела в баронессе равнодушие, проняло-таки ее, сошло!.. В Олюшеньке было еще больше от Святителя, она так все глубоко чувствовала!.. ах, какая душа!.. И не захотела замуроваться в известку, велела похоронить себя по-православному, в березах, где православный народ... чтобы и ветерок, и солнышко, и цветочки полевые наши... И там осеняет ее Святитель...

Почувствовав слабость. Даринька присела у овсяного поля.

– Как побледнели вы... – испугалась Надя, – дурно вам?..

– Устала... Идите, милая, теперь мне лучше... сколько у меня дела дома. Нет-нет, идите...

Они простились. Даринька прошла немного и приостановилась, вдумываясь в слова Нади.

«...Его же рода...»

Смотрела с высокого овсяного поля. Все перед ней казалось теперь таинственным, священным, все было освящено Святителем. Она прижала руки, чтобы унять сердце. И чувствовала, что тягота и смута ее оставили.

Это она отметила в «Записке»:

«...Ныне отпущаеши рабу Твою, Владыка, по глаголу Твоему, с миром...»

«Во мне все осветилось, и я поняла, как должна жить. Все в моей жизни было для исполнения мне назначенного».

VIII

МИГ СОЗЕРЦАНИЯ

Она поклонилась земно сияющему храму, лазурной дали и, радостная, повернула в Уютово.

Жаворонки звенели журчливой трелью, и она пела с ними сердцем. Пела всему, что открылось вновь ее глазам: овсам, тропке, старым плетням в бурьяне, малиновым колючкам татарника, цеплявшим ее за платье; золотившимся в солнце пчелам, реявшим над малинником в низинке, валкой калитке в зарослях лопуха, крапивы, сочным дудкам морковника, раскрывшим перистые зонтики в манной крупке... Увидала под елками маслята, высыпавшие из-под смолистой хвои после дождей, вдыхала острую их смолистость, радостно любовалась ими, липучими, как в детстве... Вздрогнула от взвизга выскочившей из малинника Анюты: «Ды-ба-ры-ня, ми-лыи... чисто мы в рай попали!..» Приласкала ее, спросила, что она делает. Анюта насторожилась и шепнула, что бабушка Матвевна ух, строгая, – «а правильная, дедушка Карп сказал». Чуть свет в лес ее за грибами подняла, цельную она плетушку березовичков наломала к пирогу, а теперь малину подвязывает, краснеть начала малина... Пахло от нее малиной.

Проходя мимо кухни, откуда тянуло пирогами и грибами, Даринька увидала Матвевну и зашла. На выскобленном столе лежала груда клубники, руки Матвевны были в клубничном соку, пахло клубничным духом.

– Уж и нарядные... – покивала Матвевна, любуясь ею.

Даринька стала говорить, какая чудесная у них церковь и какой вид «с нашего овсяного поля...» В порыве радости обняла Матвевну, поцеловала морщинистое лицо ее. Сумрачное лицо смягчилось, и всегда сдержанные губы приоткрылись чуть различимою улыбкой.

Шла цветником-розарием, остановилась отцепить от шипов рукавчик. Алеша сходил с террасы, остановился и смотрел, как она отцеплялась. Увидала его и крикнула:

«Здравствуйте, идете рисовать картинки? какое утро!.. вы хорошо срисуете сегодня!..»

– Да, сегодня хороший свет, – сказал Алеша, – в березах тонкая полутень.

– Где, в березах?..

Он сказал, что это на кладбище, березы, и воскликнул:

– Одну минутку... ваше платье на солнце, в розах... вы светитесь!..

– Вот и ваш голос услыхала... – сказала она весело, – больше не будете грустный?..

– Нет. Мы с Костей всю ночь проговорили. Там... – он мотнул ящиком к веранде, – записка вам.

На веранде было празднично накрыто к чаю. На горке стояли невиданные цветы – крупнейшие колокольчики. Виктор Алексеевич встретил Дариньку, праздничный, в свежем кителе, одеколонный.

– Ты ослепительна, вся сияешь.

Она упала устало на качалку.

– Чудесно там... все чудесно!..

Он встал рано и осматривал усадьбу. Сказал, что у них оригинальный садовник, и зовут его Мухомор.

Она слушала его рассеянно, будто была не здесь. Попросила дать ей «теплоты», красного вина с горячей водой. Увидела записку. Ютов писал:

«Благодарю за нас, за всех здесь. Мне стыдно за вчерашнее, но вы все поняли и простили. И уезжать не хочется, и будто сегодня праздник».

Виктор Алексеевич выложил на стол недавно принесенную депешу, сказав: «Так кстати».

Доверенный покойного брата извещал, что обнаружилось свидетельство на золотоносные участки по Лене, компания предлагает 30 тысяч. Виктор Алексеевич уже ответил, наудачу: «40 тыс.». Смотрел выжидательно на Дариньку.

– Зачем нам так много денег? – сказала она рассеянно.

Он пожал плечами: так много? для нее, для Уютова, она обо всех болеет, и это как бы дар Уютова ей... чтобы содержать, как все есть, надо много денег... и он принял это известие, как... Он остановился, подыскивая слова...

– ...Так, значит, надо... ну, как твое счастье.

Она смотрела в сад сквозь пальцы, как любят смотреть дети. Он спросил, слушает ли она.

– Да, я слушаю. Я рада, что ты считаешь, что так надо, что это дар...

Он хотел ответить, но его остановил помутившийся взгляд ее. Губы ее полуоткрылись и дрогнули. Он растерялся, кинулся за спиртом, страшась... Было в нем такое, как в Москве, когда подкрадывался кризис. Когда вернулся, Даринька лежала мертвенно-бледная. Призывая Бога, – «да, призывал, хоть и не верил, не решил еще», – рассказывал он, – он растирал ей лицо одеколоном, расстегнул платье и почувствовал, что она отстраняет его руку. Она повела губами, глаза полуоткрылись, и ему показалось, что она вслушивается во что-то... Смотрел на нее и думал, какая чистота и красота доступны человеческому лицу. И услыхал шепот:

– Какие цветы... откуда? как это... называют?..

Он не знал. Это были великолепные глаксинии, крупными колокольцами-бокалами склонявшимися к бархатным широким листьям: голубые, синие, белые как снег, розовые... – редкие тогда цветы – экзотика.

– Будто позванивают... – шептала Даринька, – тихо-тихо. Помню теперь... мы в Уютове... а там... овсяное поле, церковь... Святитель... всё снял, простил... и теперь легко...

Он подумал, что она бредит. Хотел помочить лоб одеколоном, но она отстранила руку.

— Я все помню, это не во сне. Я видела там... что я видела?.. не помню.

— Что, где видела?..

— Забыла. Видела цветы... не помню. Дай «теплоты». Разве ты не знаешь, — сказала она с досадой, — хочу пить. — Она развернула платочек на коленях, стала есть просвирку и отпивать «теплоты». — Ах, какой снежный колокольчик!.. райские цветы... — сказала она раздумчиво, будто припоминая что-то.

Виктор Алексеевич удивился, как быстро к ней вернулись силы. Стала рассказывать о церкви, об овсах...

Вечером, когда суета затихла, поведала ему о Святителе.

Когда она вкушала просфору, вошла Матвевна, праздничная, в шелковой шали с «желудями», с пирогом на блюде, и поздравила с праздником. Ее усадили пить чай. За ней вошла Анюта, тоже нарядная, и подала плетушку шпанские вишни, персики, созревшие досрочно в грунтовых сараях. Матвевна сказала, что теперь начнем посылать в Орел и Тулу, бакалейщикам.

И вам, в полную усладу. Как заведено, батюшке корзинку, вишенками себя порадуют.

Так благостно началась новая жизнь их в Уютове.

IX

ВЫСШАЯ ГАРМОНИЯ

Чувство душевной легкости и свободы было так сильно в Дариньке, что она не могла вынести его: оно искало исхода. Ей хотелось «обнять весь мир», говорила она, не зная, что так же чувствовали другие, это познавшие.

Виктор Алексеевич читал ей «Иоанна Дамаскина», поэму А. К. Толстого. Она не раз перечитывала ее и многое знала наизусть, особенно стихи, вдохновившие Чайковского: «Благословляю вас, леса...» Она напевала их за вышиваньем или в саду, с цветами. Когда Виктор Алексеевич впервые читал ей эти стихи, она сказала: «Это то, то!» В «благословении» Дамаскина ей открывалось неизъяснимое, как в радовании на овсяном поле. Он понимал это состояние, но не отдавался сердцем. Впоследствии, многое выстрадав, он в полноте постиг это паренье души.

— После томлений от душевной пустоты, после преодоления «логики реальных фактов», — рассказывал он, открылось и мне это благословение всего, возносящее душу радование. Когда мне открылось это во всей полноте, отчасти это мне открылось, когда, рождественскою ночью, в Кремле, я слышал, как пели звезды, — и я почувствовал в моей душе высшую гармонию, я понял, что в сравнении с этим все песни земли —

201

томленье, немощь. Песня души непереложима в звуки. Тогда мне стал понятен восторг подвижников, гимны христиан в цирках, благословения гонителям, что духовно слепые называют «неврастеническим экстазом».

Виктор Алексеевич – это было незадолго до его «последнего шага» – любил читать вслух этот отрывок из поэмы, в память о незабвенной. Она для него училась пению. Еще в Страстном она выучилась нотам, у ней был удивительный по чистоте и красоте контральто, говорил известный когда-то певец, проживавший в своем поместье недалеко от Мценска и дававший уроки избранным.

– Стихи эти напечатаны, но могут проглядеть их, книга может и не попасть на глаза... вот почему каждый должен их знать наизусть, как детскую молитву!.. – говорил восторженно Виктор Алексеевич. – Если бы слышал Чайковский, как она пела их!.. Я послал ему благодарственное письмо, и он был добр любезно ответить мне. Прислал даже Дарье Ивановне свой портрет, в обмен на ее, тайно посланный ему мною, и надписал на нем: «Душе, постигшей Высшую Гармонию, не мою, конечно».

Высокое овсяное поле стало для Дариньки священным местом, ее фавором. Она любила ходить туда и размышлять, смотря на сияющую в лазури церковь, откуда лился на нее свет. Радостно хранила в своем сердце, что Святитель принял ее под свою защиту, и все, что было, – был ее путь к нему.

X

ЗЕМНОЙ РАЙ

Обморок с Даринькой, не первый за два года, встревожил Виктора Алексеевича, и он решил показать ее специалистам, – не болезнь ли сердца. На сердце она не жаловалась. Нервное? Он помнил ее галлюцинации, когда она болела, да и после – явление ей матушки Агнии. Тогда это объяснялось тем ужасным, что было с ними. А теперь, когда «все это кончилось», – разумел он историю с Вагаевым, – какая же причина? Может быть, от сильных впечатлений, от встречи с «земным раем», – так и он называл Уютово. И вчерашний день был полон волнений, хоть и приятных, и потому он просил ее отложить осмотр усадьбы. Но она проявила настойчивость, даже властность, чего он и не предполагал в ней. Всегда кроткая, Даринька заявила:

– Ты говорил, что купил Уютово для меня и я тут полная хозяйка. Ну, и надо слушаться хозяйку.

Он пришел в восторг от ее «игры», – он принял это за полное забвение всего, разумея «петербургскую историю». Он не знал, что она теперь чувствовала себя «развязанной», что встреча со Святителем дала ей безмятежность.

– Я принял это за ее «игру» со мной, – вспоминал Виктор Алексеевич,

202

– за ее ответ таким «кокетством» на мои настояния чувствовать себя в жизни госпожой и перестать всего пугаться... Отец Варнава назвал ее провидчески – «пуганая». В действительности это было началом ее господства, оправданием имени – Дария, во исполнение слова отца Варнавы: «победишь». Но, проявляя свое господство, она оставалась прежней, привлекавшей лучившеюся из нее чистотой и этой неопределимой женственностью. Тут не гётевское «извечно женственное», а глубже. Барон Ритлингер кощунственно называл ее «пречистой», вольничал поэтически Вагаев. И я не раз ужасал ее, именуя... Она умела обходиться со всеми так, что никто не чувствовал ее господства, а выходило, что иначе нельзя, все этого и хотят, и рады повиноваться ей. Это можно определить: мудрое воспитание. Мог ли я думать, что скромница окажется сильней насильников, слабая будет ломать крепышей!..

Нетерпение – скорей побежать, смотреть, не дававшее ей вчера заснуть, сменилось покойным сознанием, что все здесь – ее, спешить не надо, а принимать благодарственно, как дар, и не для нее только.

Ознакомление с Уютовым она начала с цветов.

Она позвала Алешу. Виктор Алексеевич говорил с Матвевной о хозяйстве, и она не стала отрывать его от дела. Тут же был и Кузьма Савельич, бурмистр когда-то. Он был дряхловат, с клюшкой и в валенках, смиренный, робевший даже. Когда барин спрашивал его, он прикладывал руку к уху и привставал, оглядываясь на Матвевну, так ли он говорит, Даринька сказала ему, что о делах переговорит с ним сама. Кузьма Савельич привстал и поклонился, у него задрожали губы, и клюшку выронил.

Осматривали верхний цветник – розарий. Понравились ей развалистые кусты с пышными розанами, дышавшие «миром драгоценным»: с детства она любила этот запах, от святой Плащаницы и елея. Алеша объяснял, что Матвевна посылает в полдень внучек Савельича собирать лепестки и сушить для орловских аптекарей.

За розами открылись стройные ряды белых лилий, – «архангельские», назвала Даринька. Грезя своей тайной, с золотыми сердечками, стояли они дремотно – чистые девы, в ожидании несказанной встречи.

За лилиями кустились белоснежные пионы, припоздавшие из-за большого снегопада, – «Троицыны цветы». Всегда на Троицу ходили с ними в церковь, и по всем комнатам стояли их пышные букеты.

Осматривали среднюю площадку – газоны из цветных трав. Это были «персидские ковры». Чтобы увидеть всю красоту их, надо было взойти на стоявшую с краю вышку. Все это устроил Мухомор.

– Как-то, – рассказывал Алеша, – бабушка Вера рассердилась на старика Кузюмова. Летом она обычно жила под Ригой, в имении дедушки-барона. Там были великолепные цветники, а здесь полное запустение. Эта усадьба и далеко кругом было когда-то родовым имением ее отца, моего прадеда, И вот как-то она приехала с мамой на лето, задумала строить придел в Покровской церкви. Мама только что окончила институт, очень любила ботанику, и бабушка пригласила давать ей уроки молодого ученого, Ютова. Приехал с визитом старик Кузюмов с сыном, студентом.

Стали часто ездить. Молодой Кузюмов сделал маме предложение, мама отказала. Старик Кузюмов рассердился и назвал бабушкино имение дырой, а про цветник сказал: «Тут свиньям только гулять!» Бабушка была очень самолюбивая, сейчас же выбрала самого способного садовника и послала в Петровскую академию выучиться всему у известного Шредера. Тот вернулся совсем другим, набрался у студентов учености, все у него спуталось в голове, но отлично узнал все садоводство. Папа говорил: получи Каморов образование, мог бы стать великим натуралистом. Почему Мухомор? Это Матвевна прозвала. У него странность, ужасно боится мух. Увидал у студентов в микроскоп муху, сколько на ней «заразы», с того и началось. Матвевна смеется ему: «Глупый, Бога не боишься, а мухи боишься!» Изобрел какой-то «мушиный яд» и все прыскает. И всегда в балахоне, и шляпа под мухомор, — мухи, говорит, страшатся. Но очень добрый...

Поднялись на вышку, и открылись «персидские ковры».

— А вон и Мухомор, — показал Алеша, — у озерка, глядит на небо. Может стоять часами и думать. На Сократа очень похож.

Даринька не знала про Сократа. Спустились с вышки и подошли к озерку. Озерко было маленькое, как бассейн, но совсем будто настоящее. Заросло по краям тростником, торчали бархатные «банники», дремали крупные кувшинки, розовели елочки болотной гречки. На широких листьях нежились на солнце изумрудные лягушки-негодники, суля ведро. Маленький островок был голубой от незабудок и колокольчиков. Когда они шли к озерку, с маленькой ивы упал в траву соловушка. Заслышав шаги, к ним обернулась странная фигура, в гороховом балахоне, сняла размашисто гриб-шляпу и театрально раскланялась:

— Мое почтение созерцателям! присядьте и любопытствуйте водяным пейзажем!..

— Здравствуйте... — сказала, чуть не рассмеявшись, Даринька. — Никогда такого не видала... прямо чудо.

Мухомор пробормотал: «Все это пустяки», — и шлепнул шляпой по скамейке, приглашая сесть. Скакнул, что-то повернул в траве, и вокруг озерка начали бить фонтанчики на кувшинки, закрапало по листьям, а из малютки ивы вырвалась высокая струя, рассыпаясь в радужные брызги.

— Господи, чудеса!.. — воскликнула Даринька.

— Не чудеса, а продукт головного мозга!.. — сказал Мухомор. — Крантик приверну, и чудеса пропадут.

Они рассмеялись, и с ними залился смехом и Мухомор. Алеша сказал, что это новая хозяйка, очень любит цветы. Мухомор склонился, отведя шляпу в сторону, как кавалер в театре, и высокопарно проговорил:

— Очень приятно познакомиться, буду иметь в виду. Но... — он поднял палец, — для умственного человека, царя природы, не может быть хозяина. Каждый сам себе хозяин... — и сел перед ними на песочке.

Он был приятный, среднего роста, с мечтательными глазами, с остроугольным лицом. Когда он улыбался, живые глаза его казались изумленными, будто вопрошали: «А правда, как хорошо все?» Он часто выбрасывал перед собою руки, словно необыкновенное увидел. Было ему к шестидесяти, но он был удивительно подвижный, попрыгивал, как кузнечик. Жил он в шалаше, в яблонном саду, до морозов, спал без

204

подушки, питался только плодами и овощами, пил земляничный чай. Маму боготворил, выращивал для нее новые цветы. Каждый день ходит на ее могилку и украшает.

Летники были всюду, подобранные так тонко, что вечерами лилась «симфония из ароматов».

От цветника они поднялись к парку.

Был это не обычный парк, с унылой точностью разбивки, а «сама натура»: приволье, солнце, тропки – ходи как знаешь. За домом кучкой стояли ели, в розовато-медных шишках.

Мухомор свистнул, и Даринька увидала белку, махнувшую в воздухе правилом. Мухомор бросил горсть орешков, скользнули по стволам две белки и принялись угощаться. Он подмигнул восхищенной Дариньке и, сам явно восхищенный, выкинул вперед руки.

– Как в раю!.. – воскликнула Даринька, – ни капельки не боятся!..

– Есть глупые простосерды... признают за факт, будто был рай какой-то! – сказал Мухомор усмешливо. – А мы свой рай устроили, вот это истина.

Даринька осенилась – вспыхнула:

– Если бы рая не было, вы бы о нем и не знали. А вот чувствуете – и радуетесь.

Мухомор взглянул на нее, на небо, подумал и сказал, будто удивился:

– А это верно... «не знали бы...». Если бы не было?..

– Конечно! В нас только то, что есть. Если веруют в Бога или сомневаются, есть ли Он... это потому, что есть Тот, в Кого горячо веруют, Кого безумно оскорбляют! Чего нет, о том не думают.

Это выкрикнулось само, отстоявшееся от чтения духовных книг, от наставлений старцев, от потаенных размышлений. Она не верила Алеше, когда он ей напомнил, как она сказала. И знала все же, что это правда: он так восхитился, что хотел поцеловать ей руку. Она видела, как Мухомор выкинул руки, огляделся растерянно, вытащил измятую тетрадку и стал записывать.

– з-замечательно вы, барыня, сказали, пре-мудро!.. – выкрикнул он, весь в думах. – Такого... еще не доводилось слышать, никак не думал...

За елями открылась луговина, на которой стоял могучий дуб.

– Звание ему – Грозный. Старики сказывают: Иван Грозный под ним сидел и велел сжечь все место, бояре тогда тут жили. Приятель у меня тут. А ну, дома ли?.. – Он постучал ключиком по жестяной коробочке: – Гришка-а!.. дома ты, а?..

Они услыхали карканье, из дуба поднялся ворон, дал круг над луговиной и опустился с краю.

– Свои, не бойся.

Ворон вперевалочку пошел к ним. Мухомор дал ему кусок сахару.

– А супруга Матреша по делам, значит, отлучилась. Утром первые Матвевну поздравляют. Им обрезки даются, Ольга Константиновна так распорядилась. Жильцы старинные. Пришел пост – постись, у Матвевны строго, капустку едят.

Прилетела на ключик пара лесных голубей, витютней, села на сучья дуба и повела переливчатое свое «уррр-уррр»...

– Гришке строго заказано никого не трогать, нет у нас никому обиды. Как ястреб – Гришка на караул, покружит дозором – без боя отплывают.

– Господи, что же это!.. – воскликнула Даринька.

– Стало быть, рай... земной, – сказал Мухомор и выбросил к ногам Дариньки горошку.

Витютни опустились к ее ногам, склевали и отлетели. Даринька с детства знала медведиков преподобного Сергия, и старца Серафима, и «доброго волка» какого-то пермского затворника. Но и от этих «малых» светилось сердце.

За кустами калины и волчьих ягод открылась солнечная поляна, яркая от цветов, любимых с детства: кашки, белоповника, смолянки, курослепа, золотисто-млечного зверобоя, – дохнула медом. За ней начались березы, перемежаясь лужайками. В затини по опушкам дремотно стояли с детства любимые восковки – фиалки-любки, с безуханнымн лиловыми. Попадались гнезда отцветших ландышей, луговые бубенчики... Показался неплодный островок, в поросли можжевельника, в плотно прижавшихся розанах заячьей капустки, в бессмертниках. Стоял под накрытием высокий крест. Эта неплодная поляна звалась Крестовой: кого-то убило в старину молнией.

XI

ПСАЛМЫ

На песчаной плешине рос белый донник, пестрела иван-да-марья, стлалась мать-мачеха. Рубчатый жесткий хвощ красовался ярусными своими перемычками, путался по ногам черничник и брусничник... – постная, жесткая плешина. Чернозем здесь, но на эту плешину свезли песку, для этих пустынножителей.

Пошли перелески, рощицы. Тут водятся грибы, от белых и до груздя. Мухомор переносил грибницу, капризничали грибы, но он добился. Ему удалась даже пересадка деликатесного гриба, похожего на торт, осыпанный миндалем и сахаром. Соус из этого гриба побивал шампиньоны и трюфели.

Через канаву с валом, обсаженным густо елками, попали в яблонный сад. Приземистые, широкие, нежились в солнце яблони, лучшие из лучших: двенадцать сортов – из семисот, что водятся в России. Как и в «парке», на яблонях висели берестовые туески – кормушки. Многие птицы поумолкали, но тут слышался щебет и свист всякой пернатой мелочи.

– Со-рок пудов! воскликнул Мухомор, – Всякого семени-зерна. Да они нам с лихвой отплачивают, чистят дерева во как! Всех этих мух окаянных, заразу эту... без них бы всему погибель!..

Он сорвал свой «гриб» и хлестнул по балахону в исступлении.

– Берегитесь, страшитесь проклятых мух!.. – завопил он, выкатив в

206

ужасе глаза. – Это чума, холера, гнусная нечисть окаянная... чтоб им издохнуть! черт их нам припустил!.. опыты изобретаю, замучили, окаянные!.. Уу-у, про-клять!.. на каждом волоске тифозная горячка... тыщи миллионов безвинных человеков пропадают от такого ничтожества!.. В газеты подавал, а те на смех: «Ставьте мухоловки!» Погубят они нас, страшные сны мне снятся... у-у, гнусы!..

На изможденном лице его был ужас, катился пот. Алеша катался по траве от хохота. Не выдержала и Даринька. Мухомор даже растерялся.

– Голубчик, успокойтесь... – сказала она, – я тоже не люблю мух. В церкви молятся даже – избавить от гнуса. Всегда молятся. Если муха попадет в сосуд, его очищают молитвой, такая молитва есть... окропляют святой водой.

– Молитва?.. есть молитва?!.. – воскликнул Мухомор. – От мух?!.. Эт-то вот замечательно. Не знал... Значит, и в церкви опасаются?..

– Да обо всем молятся! Вода осквернилась чем, овечка ли родилась, новое жилище построили, первые плоды вкушают... все освящается молитвой, на все призывается Божие благословение. Вот новую вы яблоньку посадили... – всегда православные молятся, хоть в сердце. Как это хорошо, памятуют о Господе, все сотворшем... и человека, и яблоньку. Ведь все на радость человекам, и Церковь разделяет со всеми эту радость и молится о всех и за вся...

Она разгасилась от возбуждения. Мухомор слушал как зачарованный. Восторг был в глазах Алеши.

– Как вы говорите... – сказал он тихо.

– Не знал!.. – крикнул Мухомор, осматриваясь растерянно. – Не знал! Ведь это... самая фи...лозо-фическая правда! За всех и про все!

– «О всех и за вся». Разве вы не слыхали? Каждый день, в обедню, во всех храмах... возносят молитву – песнь – «о всех и за вся»: «Тебе поем, Тебе благословим, Тебе благодарим, Господи...»

– Не знал, не слыхал! И никто мне про это не сказал, из самых даже мудрых ученых!.. Это я запишу... такая мысль высокая!.. – шарил он тетрадку в балахоне. – Чего вы мне, барыня, сказали!.. Будто и во мне... я свои молитвы сочинял, как вот сюда дойдет... – и он уныло махнул рукой.

– Зачем же сочинять, все же есть!.. – воскликнула Даринька. – Молитвы... Ах, какие молитвы есть... не знаете вы. Вы, бедный, ничего не знаете. У нас в Страстном... – она остановилась и, тряхнув головой, будто решила что-то, мешавшее, сказала: – Я раньше в монастыре была, белицей... Там была очень ученая монахиня, знатного рода, матушка Мелитина. Она училась на ученых курсах и все знала. Все травки, все цветочки знала... и была святой красоты! Белицы говорили, что ее жених был убит на войне и она ушла в монастырь. Она часто звала меня, баловала, учила на фисгармонии... Чудесно она играла на фисгармонии!.. В покоях у ней было много книг, и несвященные были даже, и мне давала читать, хорошие, чистые... и где самые возвышенные молитвы. Ах, какие молитвы есть!.. И говорила, что самые духовные молитвы написали славопевцы, псалмопевцы... помню, говорила – «как знаменитый Пушкин». И вот, даино, один знаменитый псалмопевец... злой царь велел отсечь ему руку, а рука приросла, звали его Иоанн Дамаскин. Его молитвы и теперь поются в церкви...

– Не знал! – воскликнул Мухомор. – Поэт Пушкин молитвы
сочинял?! И все древние сочинители... то-же?.. И никто мне... вы первая
мне открыли. Вот не знал, и никто мне... Спать в шалаше по ночам не
мог... все хотел выразить из себя, как хорошо!.. яблоньки цветут, а там
звезды мигают... и петь хочется, и плакать, до чего хорошо!..

– Это вам молиться хочется! как сказано – «от избытка сердца уста
глаголят». И звезды поют, и моря, и горы поют, и бездны отзываются... все
славят Того, Кто сотворил все. Об этом поется в зачале всенощного
бдения: «Вся премудростию сотворил еси...» Вы читали Псалмы?

– Псалмы?.. какие псалмы? – спросил Мухомор. – Там про это?..

– Там про все! Там «бездна духовная», матушка Мелитина говорила.
«Дарочка... – говорила, – только сердцем можно познать Господа.
Молитва, песнопения, духовная музыка умягчают душу и открывают пути
к Нему».

– Ах, как вы говорите... это ангел поет, ангел!.. – возопил Мухомор. –
Сколько мне духу придаете!.. как все проникнуто!.. А там самые ученые
мне не говорили, в Петровской академии!.. почему это, а?!..

– Это вы поставили чудесные колокольчики? я никогда таких не
видала.

– Глоксинии? Покойная Ольга Константиновна обожала их. В полной
силе теперь, я их и выставил. Вам нравятся?..

– Это же райские цветы! Будто они поют... дремлют и тихо-тихо
позванивают, будто... я слышала...

– Слышали?..

– Сердцем слышала. Вы чувствовали когда, как цветы... шепчутся
будто когда очень тихо?.. будто это тишина поет... будто она живая?..

– Яблони когда цветут! – воскликнул Мухомор. – Уж спят все, а еще
заря, все птички спят... тишина-а... И вот, слышу раз, цвет-то яблонный,
молочко розовое... чу-уть будто поигрывает, шелесток такой, чу-уть с
подзвоном! Прямо обомлел. Живое будто свой голос подает... во мне-то,
слышу, поет!.. Сказал доктору Ловцову, а он мне – «в ухе у тебя звенело».
Я ему сказал: я знаю, когда в ухе, а это внутри!..

– Когда большая радость... радость это поет. Я слышала сегодня утром
на овсяном поле. Жаворонки пели, и будто овсы... тоже пели. Пришла, и
колокольчики ваши... играют, слышу...

XII

ВЕЩИЙ РОЙ

Она чувствовала себя на крыльях, спешила увидеть все. Мухомор был
в мыслях. Алеша молчал. Она спросила его, почему он опять молчит, –
устал показывать?

– Я?! – будто проснулся он. – На вас молиться можно... – смущенно
сказал он тихо и опустил глаза.

– А вон, за сиреньками, – показал Мухомор, – Ольга Константиновна церковный сад устроила...

Даринька хотела спросить про «церковный сад», но ее отвлекла сиреневая заросль. Не только заросль, а высившаяся над ней рябина, завешенная гроздями. Толкнулось сердце в испуге, и она остановилась перед сомкнутыми сиренями.

Эта рябина над сиренями напомнила ей московский сад, то место, где недавно простилась она с Димой. Было совсем как там. Она вспомнила большую клумбу, засаженную маргаритками. Она выкапывала тогда в лоточек маргаритки, и вот, белея в деревьях кителем, нежданно явился Дима проститься с ней. Теперь, увидав рябину, она почувствовала тоску и боль. Не темная была тоска эта, и боль – не больная боль, а светлая тоска и боль-грусть.

– Совсем как тогда!.. – невольно воскликнула она, – там... клумба, в маргаритках...

– Маргаритки?.. – крикнул удивленный Мухомор. – Сейчас увидите маргаритки!..

Он шарахнулся, разодрал и примял сирень, и она увидала большую клумбу, покрытую маргаритками, и лавочку, как и там.

– Господи... – прошептала она в испуге, смотря на клумбу.

– Присядьте, барыня, на лавочку, устали... – услыхала она голос садовника, еще державшего кусты сирени.

Она почувствовала большую слабость, села на лавочку и смотрела на маргаритки. Грустны были они, розовые и белые, немые, как таимая в сердце боль. Это были другие маргаритки, махровые, но они были грустные, как и те. Она видела те, и белое, то, платье, свои руки, в земле от маргариток... слышала треск кустов, видела белую фуражку на сирени... Все помнила. Взял он с куста фуражку, слышала, как сейчас: «До свиданья?..» Как потянул белую сирень, которой она укрыла слезы... Последнее слово слышала – «Чудесно!..» – крикнул он там, за садом.

Даринька поглядела на небо.

Чудесно было в лазури, в набежавшей снежности облачка. «Какая чистота... – думала она, смотря на таявшее облачко. – Такая его душа... тогда открылась...»

Мысль, что Дима-чистый, что он понял ее, смирился и выбрал достойный путь, свеяла грусть, и она снова почувствовала себя «отпущенной». Чудесное какое небо, какое чистое, – смотрела она в безоблачную голубизну.

– Смотри-ка ты, что... а!.. – услыхала она голос. Алеша и садовник смотрели на рябину. Мухомор указывал на что-то, тряся пальцем. Она спросила, что это там.

– Рой, рой сел!.. и, – сказал шепотом Мухомор, – Егорыча надо, он умеет их огребать... – и побежал на пчельник.

Даринька увидала в рябине отблескивавший золотцем темный ком, державшийся чудом в воздухе, под сучком. Вокруг этого, с голову, «яйца» вились и налипали пчелы.

– Рой увидеть – к счастью, – сказал Алеша.

– Никогда не видала... к счастью?..

– Такая примета. Вчера мы с Костей разбирались в чердаке. И вот в маминой шубке... она проветривалась перед слуховым окошком... вдруг увидали рой, в рукаве шубки, и Костя сказал: «Какое-то нам будет счастье?» И вот, приехали вы... вспоминали сегодня ночью. Будто мама дает нам знак. Костя не признает примет, а сказал: «В маминой шубке, счастье!» Пчелы всегда облепляют матку, где она сядет. И все говорили: «Будет счастье, вас мамаша не забывает». Вы приехали и сняли тяжесть, Костя веселый уехал...

— Какой-то «церковный сад»... говорил садовник?..

— Здесь особые цветы, «церковные»: астры, георгины, бархатцы, бессмертники... вон, за канавкой спаржи. И душистый горошек. Мама называла «мотылечки», очень любила. Эти цветы и спаржевую зелень посылали в церковь, на Животворящий Крест. И всегда хоругви украшали...

Пришел Мухомор с Егорычем, принесли лесенку. Веселый, подвижный Егорыч хотел ручку поцеловать, но Даринька сказала: «Нет, нет... батюшке целуют руку...» Егорыч покачал головой и сказал весело: «Ишь ты, какая умница-разумница! ну, поклонюсь тебе». Шутник был, Дариньку будто за ребенка принял, сказал:

— Ужо, на Спаса, загляни на пчельник ко мне, медком-почином попотчую новую хозяйку нашу. А на хозяйку-то не похожа, не строгая.

Смотрел умильно, и у глаз его лучики сияли, – совсем как пчеляки-монахи.

— А ну, загану тебе, а ты разгадай; «Висит мохнато, увидал – жить богато!» Чего будет?..

— Ро-ой!.. – засмеялась Даринька.

— Говорю – красавица-умница! А ну еще: «Сидят чернички во темной темничке, без нитки, без спицы, – вяжут вязеницы... ни девки, ни вдовы, ни мужни жены... детев не рожают, Господу Богу угожают»?..

— Пчелки!.. – воскликнула радостно Даринька.

— А, ты, бедовая какая, светленькая... – всплеснул руками Егорыч, – весело с тобой балакать. А теперь огребать давай, милая, тебе на счастье. Господи, баслови... далось бы...

Он покрестил рой, пошептал чего-то и полез по стремянке. Подставил под ком широкий сачок из кисейки и сверху тряхнул сучок. Ком мягко упал в наметку,

— Богатый роек, фунтикам к пяти, кака прибыль-то! На счастье тебе, роиться... – сказал он с ласковой ухмылочкой.

Даринька не поняла, чего это говорит «роиться». И вдруг так вся и вспыхнула.

— Како подвесило-то... молись Богу.

И пошел, покачивая в наметке, как кадило. Где висел рой, еще кружились сорвавшиеся с кома пчелы.

— Это здешний? – спросила Даринька.

— Егорыч наш, пчеляк, – сказал Мухомор. – Большой пчельник у нас к малиннику. Егорыч всегда оправдается, пудов полсотни медку сотового продает Матвевна, Вещатель будто... погоду по пчелам за неделю знает.

— Вещатель?..

— Странный он, – сказал Алеша, – вещие сны видит.

— Да?!.. вещие?.. – будто испугалась Даринька.

– За год еще сказал Матвевне про маму: «Не жилица она...»

– Так и сказал?..

– Да. Доктора думали, что малокровие, опасного не предполагали. А Косте сказал, когда решили продать усадьбу: «Продадите, да не продадите, все медок мой есть будете». Посмеялись тогда, а вот вы вчера сказали...

– Бывают чревовещатели... – сказал раздумчиво Мухомор.

Смотрели грунтовые сараи, полные шпанских вишен, персиков, ренклодов, укрытых стеклянными стенами. Оранжереи, налитые банным теплом, с апельсинами и лимонами в кадушках, с душистыми цветами и спеющими плодами. У Дариньки закружилась голова от парева и аромата. Не помнила, как очутилась на веранде в кресле. Виктор Алексеевич опять переволновался, укоризненно говорил: нельзя же так! Она истомленно повторяла:

– Сколько я видела... будто сон. Я видела, да?.. – шептала она, осматриваясь. – Колокольчики... помню, теперь все помню... И пчелы у нас... сказал он... «молись Богу...»

Все, живое, стояло перед ее глазами, и все казалось чудесным сном.

XIII

ДЕЛАНИЕ

После первых дней возбуждения к Дариньке вернулось спокойствие, с каким она выехала из Москвы. Но спокойствие это не было, как тогда, отчуждением от жизни, а «сознательным деланием», называл Виктор Алексеевич, и это его приятно удивило.

Даринька заявила, что надо установить порядок в их жизни. Действительно, порядка в их жизни не было, было как-то неопределенно, до еды совсем в неурочные часы. В характере Виктора Алексеевича, при склонности увлекаться до фантазий, была привычка к порядку, привитая ему в отцовском пансионе. Он вставал в 6, хоть порой и засиживался за чтением и чертежами, вел дневник, любил тонкую простоту одежды, отличные платки, английские духи, гимнастику по утрам и холодный душ, не терпел сора, беспорядочной мебели, в работе был строг и точен. И было ему особенно приятно и неожиданно услыхать от «внежизненной» Дариньки:

– Установим порядок, и прошу, если меня любишь, не нарушать его.

Он подумал, но не высказал ей: «Так дети играют в "хозяйку" с куклами, милая какая важность». И был в восторге: может быть, наконец, выйдет она из «полубытия», в каком до сего жила.

В день осмотра усадьбы Даринька услыхала благовест, какое же празднование завтра? Виктор Алексеевич сказал: воскресенье завтра. Она думала – пятница сегодня. Вспомнилось, как ошиблась в страшный тот день, в новолетие: была суббота, а она думала – пятница. Тогда, услыхав благовест, она побежала в церковь, и это спасло ее от бездны. Вспомнила все, до ужаса, как призывала, в отчаянии, зажатым плачем: «Матушка!..» И «явление матушки Агнии» спасло ее. Снова пережив тот ужас, Даринька взволновалась, воскликнула: «Иду ко всенощной!»

Виктор Алексеевич даже возвысил голос:

— Нет, ты не пойдешь!.. ты так измучена, это же самоубийство!..

Но она так взглянула и так решительно заявила, что пойдет, что должна пойти, таким голосом непреклонной воли, что он не настаивал.

— Вот когда я увидел всю красоту ее, силу ее воли!.. — вспоминал он. — Эта ледяная ее решительность, эти глаза в обжигающем и леденящем блеске, эта сила!.. Такой пошла бы она на сожжение. Это была такая страстность воли, что я просто окаменел. Она пошла, а я не помнил себя от счастья, какая она, моя. Я не пошел за ней, страшась раздражить ее заботливостью о ней, она не нуждалась в этом.

Она отстояла всенощную, уклонилась от приглашения матушки зайти чайку попить, — «сколько у меня дела!» — не забыла сказать отцу Никифору, что в доме еще не прибрано, просила поднять иконы в следующее воскресенье и вернулась в Уютово свежей, бодрой, Виктор Алексеевич глазам не верил.

Все у ней шло по ряду, словно она всегда была хозяйкой.

Она дознала, кто для чего в усадьбе, как устроен, и метила в тетрадке. Встретила миловидную девушку Таню, сестру подручного Мухомора, из села, и предложила — «в горничные ко мне». Девушка засветилась счастьем. И Даринька не ошиблась в выборе. Заглянула к Кузьме Савельичу, сказала, что подумает о его внучках, — они были смиренные, семи и девяти годков, «за все про все», из-за хлеба, — и назначила им по два рубля на месяц, а к осени возьмет их в город и купит обувь и что надо. Савельич, боявшийся, что его разочтут теперь, заплакал, когда услыхал, что ему назначена прибавка жалованья и что посмотрит его доктор. Переговорив с Карпом и Матвевной, распорядилась переделать людскую, чтобы у семейных было отдельно, а не тряпки на веревках, какие-то закутки. Приказала пошить новые платья грязнухе-стряпке и старой горничной. Узнав, что. повар Листратыч в больнице, запивает два раза в год, скоро воротится, сказала: «Мы его вылечим». И как раз когда о нем говорили, он явился, одутлый, желтый, и хрипнул сорванным голосом: «Здравствуйте, ее превосходительство!» Матвевна велела ему «вылеживаться»:

— Подгадал, кашу гречневую варили, тебя ждали.

Он как-то безучастно спросил-сипнул: «А не прогонят?» И добавил:

— Давно следует пьяницу... нечего и жалеть! Значит, хотите пожалеть. Сладким послужу, любят господа сладкое. А про вас слава загремела, в Амченске славится... про цветочки, Настеньку пожалели... я и помчал, на счастье. А то доктор придерживал, мененник скоро, для сладкого...

— Ступай, каша тебя ждет. — сказала Матвевна строго. — Только бы ему каша. Избаловали наши господа... Правда, лучшего повара поискать — не найти.

Даринька вспомнила про крупу: «В городе покупаем?» Матвевна подивилась: барыня все-то знает. И свободный клин есть, да и не ушло время, на Акулину-мученицу сеют, да за снегами все ноне запоздало. А уж на что лучше, своя крупа. И тут Даринька распорядилась. Все досмотрела, полюбовалась на кур, на гусей и уток. Понравились ей цесарки. Увидала хвостатого павлина-одиночку. Не понравился ей павлин: тревожное что-то слышалось ей в пустынном его крике.

– Не ко двору нам... – сказала Матвевна сумрачно. – Как их купили, в тот же год барин помер, язык ему резали... а через три годочка и барыня.

За птицей ходила застарка-девка, рябая Поля, унылая. Она и коров доила. Понравились Дариньке лошади: четыре, разной масти, особенно Зевака, – во что угодно. Были еще три «богаделки», для навоза. Додерживались-поскрипывали. Сказала Даринька: «Пусть живут, и на них достанет». Собак в Уютове не было с той поры, как забежала бешеная собака и перекусала ютовских. Не было и кошек: оберегали птиц. Только повар додерживал старого Бульонку, прогуливал на веревочке.

Переговорив с Матвевной, Даринька определила Карпа: правой рукой Матвевны, «за управляющего».

Не прошло недели, как все в Уютове отстоялось, получило налаженность. Все ходили довольные. Даже унылая Поля надела новую кофту и мыла перед доеньем руки с мылом, что-то уразумев, когда Даринька принесла ей розовое мыло и сказала, что барин любит парное молоко, «коровой не пахло чтобы».

XIV

АЛЛИЛУЙА

На другой день разговора о гречихе лежавший под паром клин был уже готов к посеву. Матвевна позвала Дариньку, – высеять для почина горстку. Перекрестясь, бросила Даринька гречишку и загадала. И только бросила – заблаговестили ко всенощной, Петров день. Как была, в светлом ситцевом с васильками, в белой повязке, так и пошла на благовест.

Дивились бабы: то была барыня, а вот и совсем наша, чуть ли еще не краше. Взяв у Пимыча свечки – он радостно поахал, – вспомнила, что забыла цветы, возложить празднику. Поманила глазевшую на нее девочку и шепнула: «Беги к нам, скажи садовнику, пионов и лилий чтобы дал, побольше», – и дала гривенничек. Девочка кинулась к выходу, а бабы зашептались.

Возжигая свечки, Даринька приметила, как хорошо у окна, налево: окно открыто, летают с верезгом ласточки-береговки, вольная даль, луга, хлеба, позлащенные низким солнцем. И выбрала тут себе местечко, перед Распятием. Ее не смущало, что будет отвлекаться, смотреть, слышать, следить, как толкутся столбики мошкары: всё для нее сливалось с пением, со всенощной, казалось освященным, хвалу поющим.

За Шестопсалмием запыхавшаяся девочка подала ей большой букет лилий и пионов в вазе. Даринька потрепала ее по разгоревшейся щечке, измазанной малиной, похвалила и спросила, как ее звать, малинку.

213

– Манька... много у нас Манек-то, а я Устиньина... сестрица Таня в горнишных у вас.

Даринька выбрала пионы, пошла к налою у крылоса, где икона Праздника, склонилась перед Апостолами и возложила цветы. Пошла к окну взять вазу с лилиями, нести Святителю, и отложила: сейчас «Хвалите имя Господне...».

Царские врата отверзлись. В солнечной церкви стало полное многосветие, – вспыхнула зажигательная нитка, вспыхнули хрустали паникадила. На правом крылосе пробежало ветерком регентово «И-а-а-о-оооо...» – и стало разливаться, полнея и возносясь:

«Хва-ли-те... и-и-мя-а... Го-спо-о-о-о-дне...»

Пение Дариньке казалось светоносным, как никогда. Она смотрела в алтарный свет, клубившийся фимиамом, на крайние лампады семисвещника – золотую, розовую, пунцовую... – видела в радужном мерцанье...

...яко бла-аг... Аллилуйя...

Душа ее возносилась светло:

– ...яко в век ми-и-илость Его-о... Аллилуйа... Аллилу-й-а-а-а...

Осанной звучало в ней возносившее душу:

– ...Аллилу-й-а-а-аааа...

Она слышала чистый, восторженный голос Нади, и ей казалось, что и жасмин на темной головке Надиной пел тоже «Аллилуйа». И в верезге ласточек в лазури слышалось – пелось «Аллилуйа», и светоносное небо, тронутое вечерней позолотой, тоже хвалебно отзывалось:

– ...Аллилуйа...

– ...Аллилуйа...

И в дымном фимиаме, и в радужных хрусталях паникадила клубилось и блистало:

– ...Аллилуйа...

В окно вливалась вечерняя прохлада, медовое дыханье: в лугах начался покос. Там ворошили сено, пестрели бабы, сверкали грабли.

После «Хвалите» Даринька хотела нести цветы Святителю, но вспомнила, что сейчас Евангелие, и осталась. Она очень любила полное нежной грусти «Симоне Ионин, любиши ли Мя?..». Слушала псалом избранный – «Небеса поведают славу Божию, творение же руку Его возвещает твердь». Слышала прокимен, глас восьмой, всегда ее возносивший: «Во всю землю изыде вещание их и в концы вселенныя глаголы их». Таяло сердце, внимая: «Симоне Ионин, любиши ли Мя паче сих?» И отзывалось нежно: «Ей, Господи! Ты веси, яко люблю Тя». И снова – «Симоне Ионин...» и – «Господи! Ты вся веси... Ты веси, яко люблю Тя!» – «Глагола ему Иисус: "Паси овцы Моя"».

После Евангелия она понесла в придельчик голубую вазу. Ей показалось, – светлей в придельчике. Она затеплила свечки, склонилась и подняла взор на Лик. Не молилась, а благодарила, взирала сердцем. Об этом сказано в ее «записке»:

«...Я говорила: ты все ведаешь, снял путы мои и укрепил меня. Мне страшно, как я счастлива, но ты и в несчастье дашь мне радость...»

Она поставила лилии на столик перед образом. Так и осталась там голубая ваза, наполняемая всегда цветами.

На выходе она приостановилась взглянуть на образ. Вышла – и услыхала удивленно: читали псалом пятидесятый. Не был то день недельный, не пели «Воскресение Христово видевше...» – и без нее отпели предканонные молитвы. И вот, неожиданно, покаянный псалом! После она узнала, что отец Никифор любит служить уставно, а в празднование Апостолам – особенно уставно-полно. Потому и читался этот псалом, как в монастырях. Читал выразительно Володя-регент. На выходе услыхала:

– ...Се бо истину возлюбил еси, безвестная и тайная премудрости Твоея явил ми еси. – И – далее: – Окропиши мя иссопом, и очищуся: омыеши мя, и паче снега убелюся.

И приняла это как обетование.

После всенощной она попросила Надю показать могилку Ольги Константиновны: ей трудно было одной. Не от радости о Святителе, не от вознесшего сердце «Аллилуйа»: другое было, таимое, – знамение, явленное ей. И потому трудно было ей быть одной.

Принятое ею как знамение помянуто в «записке». Выходя из придельчика, она приостановилась и поглядела на образ: как будто велело ей что-то остановиться и поглядеть. И, выходя, услыхала стих восьмой, знаменательный для нее. Она знала до слова псалом пятидесятый, «покаянный», и помнила, что перед этим стихом – «Се бо, истину возлюбил еси...» – был обличительный, страшный стих, напоминавший ей о грехе. В трепете и тоске всегда вслушивалась она в него, с трепетом повторяла ежедень. И вот тогда не услыхала она его, он прозвучал без нее: его закрыло. Так она и подумала тогда, уразумев, почему не слыхала. Вот то, что задержалась она – взглянуть на образ, и закрыло от нее напоминание о ее грехе, и она приняла это, что греха уже нет над ней. Она повторила в уме тот стих: «Се бо, в беззакониях зачата семь, и во гресех роди мя мати моя...» – и не почувствовала тоски и боли, ибо звучало в ней укрепляющее душу: «Омыеши мя, и паче снега убелюся». Верила, что внушено ей было остановиться и не услышать напоминания. И потому трудно было ей быть одной.

XV

РАБА БОЖИЯ ОЛЬГА

Кладбище Покрова, не в пример сельским погостам, содержалось в большом порядке. Оно было окопано канавой с валом, в жимолости и барбарисе. Над замыкавшимися на ночь вратами висели иконы «Успение» и «Покрову». Много было черемухи и рябины, шиповника; трава была чистая, густая. К Зуше было светлей, почищено, осеняли могилы свежие белоствольные березы. От овсяного поля Дариньке показалось, что кладбище совсем на обрыве к Зуше, а тут она увидела, что до реки было еще ржаное поле. У самого поля и была могила рабы божией

215

Ольги. Тут было открыто, вольно, глядела даль. На могиле не было камня, а только крест, голубцом.

— Пожелала так, чтобы был светлый крест, березовый. Ваш Дормидонт следит за красотой могилки... — сказала Надя, — какая чудесная лобеллия, как бирюзовый бисер. Какие георгины будут!.. правда, георгины самые духовные цветы, чистые, бесстрастные?..

— Да. В обителях особенно любят георгины...

— В Оптиной какие!.. до первого утренника только, зябкие они, райские...

В фонарике теплилась голубая лампадка в белых глазках. На кресте было написано по-славянски: «Раба божия Ольга».

— Тут уж ни Ютовых, ни... Папаша говорил проповедь о «могилке без надписания». И все поняли. В церкви был амценский купец, ужасный скаред... собак даже не держит, а сам лает! выйдет ночью и лает, не отличишь. После проповеди вдруг — три рубля — «на помин души барыни Ольги». Память ее была, мы пели с большим воодушевлением... растрогался он, головой все покачивал. И вдруг с нашим мужичком прислал десять фунтов пряников — «на певчих»! Ахнули, скаред такой, Понитков!.. Какое облачко!..

На закрое неба лежало золотое блюдо, светилось розовым, будто стекало с него розовое масло, «миро небесное». Смотрели, пока не излилось оно последней каплей.

— Приходите к нам, — сказала Даринька, — так с вами хорошо.

— Как я вам рада... — сказала Надя взволнованно. — Простите, всегда глупые слезы... как взволнуюсь. Наш докторишка всегда: «Здравствуй, истерика!» Вы его не знаете... ужасный циник. Думает, что спас меня от смерти. А я-то знаю, кто спас. Гнилой дифтерит ходил, даже из крепких мужиков помирали. Мамаша поехала в Оптину, всякую надежду потеряли. Я уж задыхалась, два дня без чувств. А мамаша странный сон видела, огромный горшок каши. Так и думали — к поминкам. В прошлом году на святках. Наши ходили к Егорычу, он провидит, кому умереть скорее...

— Да?! — испугалась Даринька.

— По глазам как-то видит. Мнительные его боятся, а вдруг скажет: «Поговеть бы надо», — так и знают. Пришел он, я ничего не помню, говорили. Поглядел на меня и махнул рукой. «Становьте самовар, — говорит — чайком угостите, люблю яблошное вареньице». А тут доктор Ловцов был. Егорыч ему: «Нечего тебе теперь там делать, садись и ты». Так и поняли, что конец мне. Попил чайку, пошел, а на пороге вдруг: «За нее какой молитвенник!..» Докторишка и сказал ему: «Что, пророк, осекся?» А тот ему: «А вот, годи срок, на тебе уж не осекусь». А там, Оптиной, в эту минуту... — проверили! — кончилась обедня, батюшка отец Амвросий шел из алтаря и говорит мамаше: «Вот тебе и заздравная», — дал ей просвирку, и улыбается ласково-ласково: «Чего ж ты плачешь, скачет уж она».

— Провидел?!..

— В самую ту минутку. С постели я вскочила и кричу, голос вернулся! — «Каши дайте!» Такого бешеного аппетита не упомню, целый бы котлище съела. Дали мне каши гречневой, дивятся, как я легко ем... а я все: «Еще, побольше масла коровьего!..» Потом заснула. Ловцов даже растерялся, горло хотел глядеть, а ему не дал папаша меня будить. Я тридцать часов спала! Так докторишка и тут смеется: «Признайте, что хоть обоюдными усилиями!» Все пожимал плечами; «При чем тут каша? кишечник уж не работал...» А я ему и сказала: «С каши-то и заработал».

Они перешли канаву и сели у ржаного поля. Пахло васильками, мятой, – полевым настоем. С земли и с неба веяло на них покоем. В одно слово воскликнули: «Благодать какая!..»

XVI

РОМАНТИКА

Слушали тишину. Погромыхивал вдали поезд. Следили, как на бледно-лазурном небе стелется-тает дымка, след поезда.

– Ах, не сказала вам самого главного!.. – воскликнула Надя, вспомнив. – Что у нас случилось!.. Не тревожьтесь, не страшное. Но прямо необъяснимое... чудо будто!..

– Чудо?!..

– Непонятно, что такое с ним сталось... с Кузюмовым!.. с тем, с «темным». А вот. В нашей церкви никогда он не был. Нет, был раз, как Олюшеньку отпевали. Когда хоронили его отца, он даже на отпевании не был, в своем приходе, в Рогожине. До паперти только проводил и не вошел. Может, это и не атеизм, а... романтика.

Даринька не знала, что такое «романтика», – спросить стыдилась.

– Ломанье. Знаете, байронизм, «печоринщина», «разочарование»... Когда в Рогожине стал священствовать новый батюшка, молодой и ревностный... это такая теперь редкость, теперь многие стыдятся своего звания духовного, идиоты! – вздумал пастырски воздействовать, приехал на Рождество Христа славить. И вышло ужасное... хамство. Кузюмов... масса была гостей... выслал казачка, и тот батюшке в лицо, при народе, прочел с бумажки «Почные слова барина»: «Вот тебе, поп, твой целковый, гряди с миром!» Батюшка возревновал и крикнул: «Возвратись, пес, на блевотину свою!» Крест ведь Христов оскорбил Кузюмов!..

– Какой ужас!.. – вскрикнула Даринька и перекрестилась.

– А когда ехал из Кузюмовки, нагнал его верховой и хотел... по приказу, понятно, барина... ожечь батюшку нагайкой, спьяну-то промахнулся, слетел с коня и башкой об дерево!.. выбило ему глаз сучком!.. Явное знамение!.. Батюшка с причетником привез его в Кузюмовку... Ловцов знает эту историю, тут же и вынул глаз, – и велел сказать барину, в экстазе: «Пусть бережет свои, демонские!» А у Кузюмова глаза правда страшные... И вот сегодня... непостижимое, как чудо!..

– Сегодня?..

– Да, перед самой всенощной. Прискакал сам «господин Вольтер»! Папаша его так окрестил. Хуже, Вольтер хоть «Высшее Начало» признавал, а этот – полный нигиль! «Нет ничего, чего не видят мои

217

глаза!» Папаша раз на земском съезде посмеялся ему: «Ушей ваших ваши глаза не видят... эрго: нет у вас ушей!» Вот был хохот!.. И вот прискакал к своему «врагу»! В чем дело? Да, не знаете вы... покровские лошади недавно помяли конопляники за оврагом, там кузюмовская земля. На гроши и помяли... мужики, конечно, нарочно, пустили лошадей, землю своей считают. По манифесту она покровским должна бы отойти, а мировой посредник в другом месте им отмежевал... хуже, пустошь. На днях его управляющий приезжал, побоища чуть не вышло...

— Ах да... я видела... кричали... — сказала Даринька. — Хочет засудить?..

— Да ничего подобного, тут-то и чудо! Перед всенощной собирала я васильки во ржи... слышу — скачет кто-то в хлебах. Смотрю, на чудесном коне, огненное что-то... в офицерском кителе... у нашего дома спрыгнул. Я — домой, а мамаша, в ужасе, шепчет: «Он! сам он!..» Да, Кузюмов!.. Вышел к нему папаша... а он вспыльчивый, не снесет, если оскорбление-кощунство... и сан забудет. Мы в щелочку смотрели, за дверью. Элегантный, отлично себя держит, властный такой взгляд... ну, аристократ. Он ведь окончил университет, а потом в Сумском драгунском корнетом был. Убил на дуэли студента, ни за что! Пришлось в отставку подать. Самая настоящая романтика. Слушаю — и глазам не верю... обворожителен! джентльмен! Не красавец, резкие черты, скуластость чуть... татарской он крови... брови так, с изломом... и во взгляде такая сила... связывает как-то. Конечно, я сужу по романам... будто вот такие очень нравятся... не знаю... Говорит!.. — ласкающая такая бархатность в голосе... ну прямо восхищение!..

— Такая перемена... — отозвалась захваченная рассказом Даринька.

— Разительная!.. как... обращение Савла! Подумала еще: завтра как раз память Апостолу, а Кузюмов — Павел! Такой кощунник, и вдруг... что же говорит!.. «Чушь, дурацкие эти конопляники, управляющий болван! скажите дуракам — пусть угомонятся, будет им конопляного масла в кашу!» Стал восторгаться нашей церковью, папаша ушам не верил, как благодать сошла!..

— Смотрите!.. — воскликнула Даринька. — Провидел батюшка отец Амвросий!..

— А вы почему знаете, что батюшка?..

— Матвевна говорила. Я спросила про Оптино, и она сказала, и он сказал про Кузюмова: «Без нас с тобой спасется».

— Да, да... Папаша показывал ему придельчик, и он благоговейно преклонился перед Святителем! Дал пять рублей — «на молебен»! Папаша в волнении не спросил — какому святому... Ангелу, очевидно. И ускакал. И вот в начале всенощной опять прискакал!..

— Как чудо... — тихо сказала Даринька.

— Явное проявление Промысла! Он без ума был влюблен в нашу Олюшеньку. Стрелялся, когда она вышла за Ютова, едва выжил. Чего он только не вытворял! Боялись за Ютова. Будто стрелял в него... пожар был в Ютове, — видели, как скакал Кузюмов, и выстрел слышали. Когда умер Александр Федорович, Олюшеньке было: тридцать лет, но совсем девочка по виду... Кузюмов в ногах валялся, умолял: «Спасите меня, я не могу... оборву жизнь!» Она поехала в Оптино, и вот тогда батюшка Амвросий и сказал: «И без нас с тобой спасется, придет часок». Она отказала. Он укатил в Москву и убил студента на дуэли из-за одной девушки. Она была очень религиозная, а студент ее высмеял...

— Вот как!.. – изумилась Даринька.

— Ну, «неуемный», это батюшка Амвросий так про него сказал. Вернулся с молоденьким гусаром, кузеном... самого знаменитого полка в Питере, страшный богач и сорванец. Красавец, всем орловским барышням вскружил голову. И что же они выкинули!.. Выкрали одну барышню, очень хорошего семейства. Не одну, а с ее тетушкой, мне бабушка рассказывала. Они романов начитались, про рыцарей, и все у них перепуталось, будто и теперь можно. Сговорились на балу, чтобы умчаться. Подкатили ночью к усадьбе, посадили на тройку, и верховые с бенгальскими огнями... всех переполошили. Мужики говорили – «огненный змей летел!». Привезли в Кузюмовку и начали вытворять. Аничку на трон посадили, осыпали бриллиантами, становились на одно колено... У рыцарей всегда – молиться на «прекрасную даму»! Как у Пушкина, про «бедного рыцаря»!..

Даринька это знала. В Страстном эти стихи белицы переписывали в потаенные тетрадки.

— Пели гимны, воскуряли духи и называли богиней. Как святочное ряженье. Утром прикатил папаша, те извинились и пожертвовали пять тыщ на приют для одиноких девушек. Кончилось хорошо, но Аничка без ума влюбилась в этого гусара. А тот сказал, что недостоин ее любви. А Кузюмов так и остался, как «мрачный демон». И что же... она ушла в монастырь. Как повернулось-то!.. а какая жизнерадостная была, говорят!..

— Ушла в монастырь... – отозвалась неопределенно Даринька. – Такое было в языческие времена, я читала в Минеях про святую Таисию...

— Не помню... А Мария Египетская!.. Это у духовно сильных натур, особенно у нас. Лиза у Тургенева... а у Достоевского, какие натуры!.. Помните, как говорит Апостол Павел о «горячих» и «хладных»?.. Вот это в нас – мы страстно принимаем... жизнь, чувства...

Дарья Ивановна отметила в своей «записке к ближним», что она «пила сладчайшия слова» Нади, и было в этих словах «смущающее и тревожащее».

XVII

В ДЫМУ КАДИЛЬНОМ

— И вдруг совсем по-новому показал себя, дивную школу выстроил. О ней писали. На открытии были известные педагоги, Ушинский даже. Олюшеньке прислал почетное приглашение, но она уже болела. После граф Толстой приезжал смотреть, остался недоволен почему-то и сказал Кузюмову: «Не пыль в глаза, а свет в душу надо! на такие деньги три школы можно завести». Кузюмов ловко ему ответил: «Вы, граф, за всех светите в вашей Ясной». Толстой засмеялся, сказал: «Ловко вы... "светите в Ясной"!» Умный Кузюмов.

Дарья Ивановна поминает про этот разговор в «записке»:

«Меня взволновал рассказ Нади, особенно про гусара. Я подумала: это Дмитрий В. И была рада, что он держал себя целомудренно. Видела я ту барышню, много спустя, в Шамординке, в обители, созданной батюшкой отцом Амвросием. Какая чистая, строгая подвижница. Как знаменательно: шутка пременилась в пример высокий волею Господа. Как же не научаться сим? О, тайна промышления Господня!»

– И вот, – продолжала Надя, – вошел он в церковь. Я сразу почувствовала... что-то произошло: зашептались. Гляжу – все смотрят, а лица совсем испуганные. Сначала он стоял у дверей. Вбежала Манюшка с вашими цветами, даже его толкнула, и всех распихивала, как чумовая. Тихо было, Володёк Шестопсалмие читал, а она на всю церковь скрипела, будто ее душили: «Да пропущайте скореича, твиточки барыне!» Конечно, он слышал, смотрел, кому эти дивные цветы. Как он смотрел, когда вы возлагали на налое! Чтобы лучше вас видеть, перешел направо, где «Вход Господень в Иерусалим». Вы опустились на колени. Вы особенно преклоняетесь, как никто, духовно как-то, все любовались... И вот «Хвалите...» Все стали на колени, Пимыч поджег зажигательную нитку паникадила. Петра и Павла у нас большой праздник, полное многосветие, полиелей. Да солнце еще, хрусталики... А он так и остался стоя, откинулся к стенке: и я вижу с ужасом: в руке у него... нагайка! Чуть не сорвала на выносе, так смутилась. Евангелие... это дивное «Симоне Ионин, любиши ли Мя...». Взглянула, чувствует ли он это? Все так же, у «Входа в Иерусалим», смотрел к вашему окошку. Вы слушали коленопреклоненно, вашего лица не было видно. И так велелепно, в дыму кадильном!.. Потом понесли в придельчик лилии. Вы показались мне... светлым ангелом! Эти рукавчики с «плечиками» – крылышки! Как же он смотрел!.. А я думала: «Смотри, это не твоя тьма!» Смотрел, как давали вам дорогу, любовались... Темное его лицо напряглось, перекосилось как-то... и я вдруг подумала, как осенило меня: «Он весь захвачен...» Боже мой, вы так напомнили мне Олюшеньку!.. Простите меня, но я не могу утаить от вас... мысль вдруг: может быть, и ему напомнили?..

Даринька смутилась, растерялась. Едва промолвила:

– Что вы, что вы... откуда это у вас... не знаю, что общего...

– Ну, простите меня, я иногда так сболтну... Но, право, мелькнуло так. Вы вошли в придельчик, и он ушел. Почему вы грустны?..

– Нет... – растерянно вымолвила Даринька, – устала я.

– Да... забыла вам сказать. Когда хоронили Олюшеньку, он провожал до могилки, подошел к Костеньке и молча пожал руку. Все-таки он несчастный...

Даринька не ответила, покусывая травинку.

– Звал Костеньку к себе. У него огромная библиотека, вся философия имеется. Костенька как-то ездил за книгами. Когда узнали, что усадьба продается, он давал «сколько хотите». Мальчики хотели продать с выбором, многим отказали, и ему. Ваш муж был в мае, понравился им... совсем непрактичный, говорили. И папа их такой был. И Олюшенька наша. Их растрогало, когда ваш муж сказал: «Моя жена очень любит цветы, и так тихо тут, а ей это необходимо, она очень была больна». Вы были сильно больны?..

– Да, раньше. Хотелось тишины, уюта... потому и зовем Уютово.

– А было Ютово! Как удивительно!.. И продали вам. Мама тоже очень любила тишину. Так им было легче расставаться. Кузюмов через других пробовал, но Матвевна как-то узнавала. Боялась: «Ну-ка темный гнездышко схватит наше!» И вот Господь послал нам вас. Олюшенькина душа теперь спокойна.

Даринька пошла в Уютово, стараясь удержать мир в душе, гоня тревожащие мысли, не сознавая их. Что-то неопределимо смутное осталось от рассказов Нади, и это смутное мешалось со светом тихим от лучезарной всенощной.

На «Фаворе» она остановилась, полюбовалась на розовую от заката церковь. Повернулась к Уютову и увидала над ним, на закатном небе, розовых голубей, кружившихся в блеске над усадьбой. Сказала, радуясь:

– И белые голубки у нас... как все чудесно!..

Пошла, в мире, и в сердце ее пело – Аллилуйа.

XVIII

ЖИЗНЬ ЖИТЕЛЬСТВУЕТ

Виктор Алексеевич благостно вспоминал о первой поре в Уютове, безмятежно-светлой.

Он радовался, что смущавшие Дариньку «знамения», мешавшие вполне отдаться жизни, кончились. Она стала живей, свободней, земней. Это делало ее доступней. Настала жизнь, то, что называется – «жизнь жительствует», где-то удачно сказано, помнилось. Эта «живая жизнь» открывалась ему в Уютове впервые, в хозяйственных даже мелочах. Он охотно выслушивал советы Матвевны прикупить смежную рощу, которую можно почистить, будет дров года на три, и усадебка округлится; говорил с Карпом о лошадях, о починке экипажей, о поросятах. И было ему приятно, что Даринька участвовала в этих разговорах, понимала все лучше его, и Матвевна с Карпом соглашались с ней. Виктор Алексеевич переживал хозяйственный захват, ему как бы открылось, – прочел недавно «Анну Каренину», перевоплощался в Левина, – что труд «на земле», жизнь «от земли» – самая здоровая и чистая, самая даже красивая. Как хорошо, что купили Уютово! Он высказывал свое Дариньке. Она говорила:

– Будет еще лучше, ты увидишь.

Что же могло быть «еще лучше»? Время шло, и он чувствовал, что теперь было «еще лучше». В Москве ему казалось, что в захолустье никакой жизни нет, все изо дня в день, ни интересных лекций, ни концертов, ни обедов в «Эрмитаже» с Даринькой: он хотел привить ей вкус к жизни и развлечениям и сам увлекся. А теперь, в захолустье, открывались радости, на рассеянный взгляд едва приметные, но, если вдуматься, полные глубокого смысла, – радости бытия. Ему приоткрывалась не уловимая тугим ухом симфония великого оркестра – Жизни. Он спрашивал себя, почему же раньше ее не слышал, почему бывало скучно, почему ему слышался только шум?..

Эта симфония открылась ему с первых же дней в Уютове. Он услышал, как одухотворенно поет соловей, «высказывает себя». Почувствовал, как каждый цветок дышит своим дыханьем, единственным, не сравнимым ни с чем другим: жасмин, лилия, резеда, петуньи... как высвистывает зяблик, поет малиновка, выигрывают витютни свое уррр-уррр... как деловито гудят и реют пчелы в малиннике, кудахчут с заливом куры, квохчут с цыплятами наседки, звенят жаворонки в лазури, кричат петухи вот так, а ночью совсем иначе, «как бы вещая что-то», и почему-то в урочный час... – и все эти песни, дыханья, крики связаны чем-то общим, что-то творят единое... – чудный какой-то гимн. Ему думалось, что все точно и мудро поставлено на место, назначено для чего-то, подчинено закону, до самого неприметного, до толкунчиков в солнечном луче, – «к теплу», по словам Матвеевны, – и во всем знак и мысль, и эти знаки и мысли, понятные Матвеевне, Егорычу, Карпу, Анюте даже... – ему, инженеру-астроному, пока еще непонятны, но... «непременно надо заняться этим, тут что-то есть». Это «что-то есть» как-то соприкасалось с еще таинственным для него внутренним миром Дариньки.

Он был склонен к глубокомыслию. Но прежние размышления были совсем иные, «голые упражнения рассудка», без ядрышка, без плоти. А тут, в Уютове... – что за диво? – самое как будто неприметное вызывало живые размышления, закладывало в нем какую-то важную постройку.

В такой умягченности душевной, в радостности от новой Дариньки, расцветавшей жизнью от этой жизни по-новому, он забыл деловые планы, перестал кабинетничать, отдыхал. Взял двухмесячный отпуск, в депо не ездил, – купался в уютовском приволье.

В Петров день охотно пошел с Даринькой к обедне. Церковь ему понравилась, а праздничные бабы, глазевшие на него, напоминали детство, лето в имении отца. С улыбкой слушал, как шептались, оценивали его: «И супруг красивый какой, звезда селебрена... инерал». Понравилось и пение, и батюшка. «Артистически возглашает...» – шепнул он Дариньке, но она укорительно повела глазами. Глазами она просила, когда надо преклониться, и он слушался и любовался, как она вдохновенно преклонялась. До конца дней помнилась ему эта обедня вместе, как возглашал в алтаре священник: «Твоя от Твоих...», как пели: «Тебе поем, Тебе благословим...» Он почувствовал особенное благоговение... – и от песнопения, и от милой головки, чутко склонившейся, от локончика, игравшего в дуновении полевого ветерка...

Осталось и другое, маленькое совсем, но сколь чудесное!.. Слушая пение, он посмотрел за окно – и увидал поразительное.

Окно было открыто. За ним было только чистое голубое небо. С коленей не было видно земной дали – только небо. И на этом небе, на его пологе лазурном, тихо покачивалась ветка. То была ветка розового шиповника: только ветка с розовыми цветами виделась из-за оконницы, будто висела в воздухе. И на этой ветке покачивалась птичка с розовым горлышком. Она тихо покачивалась – только что вот-вот села. Покачивалась... и, вытягивая шейку, заглядывала в окно, – заглядывала как будто с любопытством: «А что тут делают?..» Он не удержался и шепнул Дариньке: «Взгляни скорей... птичка...» Она взглянула, невольно, чуть с досадой, что отвлекает в великий миг, и увидала птичку, малиновку: малиновка заглядывала в церковь, вытянув шейку, присела и порхнула, и все качалась пустая ветка. Взглянула на Виктора Алексеевича светло, будто благодарила взглядом. После сказала: «И малиновка радовалась с нами... всё поет Господа».

Этот случай с малиновкой привел его в восторг и утвердил светлое настроение. После обедни, приняв почетную просфору, он прошел с Даринькой в придельчик, смотрел образ и признал, что выражено удивительно, как бы свет во тьме. Смотрел «родословное древо» в рамке, а Даринька светила свечкой.

В благостном настроении они пошли к настоятелю. Вспомнилось, как после экзаменов приезжали семьей в имение и в первое воскресенье, после обедни, ходили к батюшке, пили парадный чай и ели горячий пирог с зеленым луком и яйцами. Виктор Алексеевич пошутил: «А пирог с зеленым луком и яйцами будет? очень его люблю».

Было радушно, чай пили на террасе и ели горячий пирог с луком и яйцами. Виктор Алексеевич рассказал случай с птичкой и очаровал благодушием и простотой. Провожали всей семьей «до овсов», любовались Уютовом и расстались, очень довольные. И кругом все было благостное и ласковое.

Проходя парившим малинником, полюбовались обилием малинным. Укрытая в низинке, малина вызревала раньше. Немолчный пчелиный гуд стоял здесь, пахло малиновыми духами. Карп, праздничный, бывший у обедни, любовался на благодать, – «Уж и малина!..». От кухни тянуло пирогами. Листратыч, в белом параде, орудовал с кастрюлями. Даринька справилась, что сегодня к обеду, – малина со сливками?

– Бу-дет, бу-дет, все будет! – выкрикнул Листратыч бауточку. – Спаржа, сос-пританью, курячий бульон-шпинат, слоеные пирожки... паровые цыплята в молодом картофельце, сос-укроп-с... малина в сливках... сладкие подремушки на сахарной подушке!..

За праздничным чаем восхищались кружившеюся живой клубникой: на столе кружилась тумбочка, осыпанная клубникой и земляникой, смотревшими из дырок, – как перед Пасхой на окнах магазинов вертушка с пасхальными яичками. Вызвали Мухомора, и Виктор Алексеевич подарил ему три рубля – «на книги». Дормидонт сказал обычное: «Все это пустяки», – и галантно раскланялся. Даринька сказала: сегодня праздник, а он все в том же ужасном балахоне.

– Зачем вы так... боитесь каких-то мух!

Дормидонт растерялся, оправдывался, что эта нечисть всех может погубить... и рад бы, и «тройка» есть триковая, московская, да...

– Но все это прошло! – сказала Даринька, – я за вас молилась, и теперь никакие мухи не могут повредить вам!..

Дормидонт выкинул руки и воскликнул:

– Молились?!.. Ежели вы моли-лись... я спокоен! У меня все ваши слова записаны!..

223

К обеду все дивились: Мухомор в московскую «тройку» обрядился! Виктор Алексеевич высказал Дариньке, как она психологически чутко сумела подойти к этому казусу: явная мания – мухи эти.

– Не знаю, что такое мания, но я действительно за него молилась. Мне кажется, не мухи у него это, а... его пугает грязь, греховное, и он мучается этим. У него удивительно чистая душа, как у ребенка. Его испортили какие-то «петровцы»... неверы, да?

– Да, студенты. Но это довольно сложно...

– Не сложно, а... безумцы! – сказала она с сердцем. – Такие же, как и ты?..

– Ты высказала любопытную мысль... олицетворение грязи в мухах. Мне понятно это, ты, кажется, права.

– Теперь понятно... – сказала она с укором, – ты все знаешь, а не думаешь о «грязных мухах».

– Нет, я думаю... – задумчиво сказал он.

Увидали в комнатах опять повешенные семейные портреты: утром Алеша поместил их на старые места. Он тут же и появился.

– Вот лучший портрет мамы. К... писал ее в шестьдесят первом году, ей было двадцать пять лет. Только она тут не вся.

На бирюзовом небе, в раме окна, будто у балкона, стояла, в пояс, светлая, юная совсем, с тонким, прелестно округленным лицом, в три четверти, – всматривалась, чуть вверх. Она была в легком, открытом пеньюаре, в уложенных на голове косах, как причесывались тогда. Лицо нежное, с чуть приоткрывшейся нижней губкой, как у детей, в удивлении. Глаза – ласково-изумленные, большие, голубоватые, «мерцающие, – подумал Виктор Алексеевич, – озаряющие...». Он вспомнил эти глаза: там, в Страстном. Эти радостно-изумленные глаза смотрели в небо, отражали его в себе.

– До чего же... удивительно!.. – воскликнул Виктор Алексеевич.

Он другое хотел сказать. Вечером он сказал ей. Она не находила этого: бывает сходство. Вспомнила, что говорил Пимыч, Надя...

Смотря на портрет, Даринька «вся была как бы вознесена», вспоминал Виктор Алексеевич, – не слыхала, что ее спрашивал Алеша, нравится ли мамино лицо. Он вглядывался в Дариньку, переводил взгляд к портрету... и в этом взгляде было изумленье.

– И вдруг, – рассказывал Виктор Алексеевич, – у Дариньки чуть приоткрылась, чуть сникла губка... совсем, как на портрете. Бывает так у детей. Она смотрела, как та, в небо. Это уловил Алеша, чуть отступил, и в лице его был испуг.

Виктор Алексеевич думал, какое поражающее сходство. Даринька сказала едва слышно: «Какая чудесная, чистая...»

– Это какой-то миг в ней... – сказал Алеша. – Мамино лицо так живо, так многообразно. Говорила всегда, что ее умягчили тут, одевичили... даже восвятили. К... удалось, такой она бывала даже позже, когда я уже научился видеть.

В тот же день Виктор Алексеевич написал знакомому знатоку российских родов, прося сообщить, что может узнать о роде..., особенно о бароне Федоре Константиновиче, который, по слухам, застрелился. Написал и адвокату: не жалеть расходов, разыскать и опросить лиц, служивших у барона, особенно – кто из молодых женщин жил у него в такие-то годы. Дал ему все, что было у него в дневнике, с неясных рассказов Дариньки.

XIX

ПОДНЯТИЕ ИКОН

Узнав от Матвевны, что покровские придут поздравить с новосельем и принесут хлеб-соль, Даринька распорядилась.

Перед верандой устроили помост и накрыли чистыми простынями. Дормидонту Даринька сказала, чтобы побольше цветов, будет Высокое Посещение, молебен о благоденствии всех здесь живущих и всего, до последней травки. Дормидонт записал в тетрадку. Послала в город закупить угощенье для народа. Узнав, что баб дарили платками, а мужиков ситцем на рубахи, нашла, что мало это, – бабам надо дать по полтине, а мужикам по рублику. Купили сластей, подсолнухов, пива-меду и хлебного вина – всего вдосталь. Все весело суетились, словно к Светлому дню готовились.

Воскресенье выдалось, как Петров день, – ни облачка. Все ушли в церковь. Счел долгом присутствовать и Виктор Алексеевич. Даринька не просила, чтобы и он присутствовал, – знала.

– Она так меня изучила, угадывала мои мысли даже! – говорил он. – В это воскресенье, оставшееся во мне, до вдохновенного блеска в ее глазах, до белого платься с приколотыми васильками, она была как бы вознесена над всем. Когда стали выносить иконы, она шепнула: «Ты примешь Крестителя Господня», – и так взглянула, словно мне в душу заглянула, прося и – веля. Я растерялся. Никогда не носил икон, а тут, во всем этом благолепии, на всем народе... Она видела мое смущение, улыбнулась, как бы жалея меня, и повторила: «Да, да... я уже сказала батюшке». И я принял.

Дариньке пожелалось, чтобы подняли и Святителя, и она удивилась, что нет иконы Святителя, а написано на камне в заломчике и одето рамой, как кивотом. «Пожелала так зиждительница, – не тревожить Святителя, а всегда чтобы был над нею», – сказал Пимыч.

Несли иконы крестным ходом, со всенародным пением «Царю небесный», в ликующем трезвоне. Впереди нес на древке фонарик с крестиком батюшкин Сережа, весь в фонарике, в высоте небесной. Четыре за ним хоругвицы, повитые цветами, убранные лентами и солнцем, запрокинув головы, благоговейно-строго, несли Листратыч с Егорычем, Агафья, Поля. Так водится: куда подымают, с того места и трудники. Благообразный Карп и кучер Андрей приняли тяжелую икону Спаса. Престольную – Покрова понесла Даринька с Танюшей. Николая-Угодника, старинную, несли на расшитых ручниках Алеша с внуком Пимыча. Икона

Покрова была в лилиях, с подзором-пронизью, в жемчугах. Шла она в середине хода, и все на нее взирали: прекрасна была она, сияющая солнцем и самоцветами, и обе трудницы, принявшие на себя ее, блиставшие чистотой и юные, привлекали к себе глаза. Виктору Алексеевичу отец Никифор вручил небольшой образ «Рождества Крестителя Господня», сказав; «Потрудитесь и вы с народом, жить-то с народом будете». В этих словах Виктор Алексеевич почувствовал назидание. Принимая образ, он с непривычки смущался, но скоро обошелся, и ему чувствовалось, как хорошо идти с народом и петь.

– Я не ожидал, что этот крестный ход оставит во мне глубокий след, – вспоминал он, – явится сдвигом в моей духовно косной жизни, вызовет чувства и мысли глубокого содержания. Это были мгновения мыслей-ощущений. Несу образ, не чувствуя даже, что несу, и от этой поющей толпы, от лиц, обращенных к небу, от сверканья позлащений, от глаз, от умиления-радости носителей иконного благолепия... передавалось мне чувство связанности моей с толпой, с захватом высоким делом, которое она свершает, с полями хлеба, с перезвоном от Покрова, с голубизною неба. Это были миги мысли, как бы ожоги мыслью... от чего пробегало дрожью, намекающим во мне новым чем-то: «Вот это его правда, народная, его устремленье к Абсолютному, укрытие под недосягаемый покров от тяжелой жизни», – и: «Хорошо, что я с ним... он так же в эти минуты стремится ввысь, как я стремился, отыскивая "Начало" и "Абсолютное"... но я готов был убить себя от сознания тщетности познать все, а народ, плечо к плечу, сердце к сердцу, в чудесном подъеме духа, не сознавая – знает... нет, проникнут "Началом" этим и этим "Абсолютным"...»

Так опаляемый, в искрах мыслей, от единения с народом, сплотившимся радостью потрудиться для благолепия, «для души», Виктор Алексеевич не слышал, как ступают ноги, и этот ход с народной святыней показался ему мгновеньем. Но за это мгновенье он все замечал и слышал. Помнил, как на повороте в Уютово, когда показались столбы въездной аллеи, золотилась-сияла белыми лилиями икона Покрова, как светилось Даринькино лицо, выбились локоны из-под лазоревой повязки, пылала ее щека... Помнил, как Карп ласково покивал ему, и сияла его благообразная костромская борода. Приметил Анюту даже, в канареечном платьице, как радостно-пугливо несла она священное для нее, – кропило, сунутое ей в руки Пимычем на ее слезное моленье – «чуточку понести чего божественного». Несла она это чудесное для нее кропило вдохновенно, держа обеими руками перед собой, как свечу, и ее неприметное лицо с носом-пуговкой показалось Виктору Алексеевичу прелестным. От этой, такой раньше незаметной Анюты его осветило мыслью: «Все мы – одно перед Непостижимым, маленькие и незаметные... и все в какой-то миг поможем измениться и стать прекрасными в устремленье к тому, что так ищем и вдруг откроем!» ...«Все мы единым связаны, одному и тому же обречены, как перст...» Мысль не закончилась, вспыхнула другая: «Откуда такая красота в лицах, в ликах? откуда такое вдохновенье перси? скрепляющая общность, устремленность к небу? откуда все, до скудоумной Поли, теперь – вдохновенно-взыскующий "тростник"?» – переиначилось в нем паскалевское «мыслящий тростник». И всплыло, связалось с принятым образом Предтечи давно, казалось, забытое, заученное в училище, слышанное в детстве, читанное во дни Страстной: «Что смотреть ходили вы в пустыню? трость ли ветром колеблемую?.. Что же смотреть ходили вы? пророка? Да, говорю вам, и больше пророка...» Вспомнив эти слова, он почувствовал в руках образ, а то не чувствовал. Вызвал воображением пустыню и... – «Эти, все, знают и чтут его, и Даринька уповает... тысячелетия протекли, а вот, все живет, влечет...»

Тут оборвалась его мысль: он увидал суровый лик Матвевны. Она – ход поворачивал в аллею, и видно было голову шествия – несла запрестольный крест, повитый зеленью с гроздями рябины, горевшими на солнце. Она шла сильным, мужичьим шагом, высокая, прямая, поднявши крест. Этот суровый лик, решительная поступь и высокое держанье большого, тяжелого креста изумили его и тронули: в этом почувствовалось ему значительное и строгое. «Что я вижу!.. – спросило в нем. – Как это глубоко и как чудесно!.. и она это чувствует, и потому лицо ее сурово и крепок шаг... удивительный наш народ». Когда так думал, почувствовал горячо в груди и в глазах. И услыхал: «...сокровище благих и жизни подателю... приди и вселися в ны... и очисти ны от всякий скве-э-рны-ы» – и напевно слился со всем народом. Пели различно, простонародно, сильно, отсекая и вынося, где велит душа, и выходило мощно, словно пела сама земля. Слышал бодрящий шепот: «Сам анженер несет...» Это всем прибавляло духу. Об этом крестном ходе говорили после по деревням.

Было полное благолепие. Пришло народу... – пришлось переставить помост на луговину перед домом. Над помостом высилась сень, «воздушная беседка», сквозная, повитая хвоей и цветами, – так Дормидонт надумал.

Вносили иконы в дом, окропляли святой водой. Носили и по службам, и по хлевам. Даринька попросила пронести по яблонному саду. Кропили тихие яблони, сникавшие от плодов. И тут отец Никифор читал молитву – «...от всякаго вреда соблюди невредимы, благословляя тех зде жилище...». Дормидонт слушал умиленно: было его здесь шалаш-жилище.

Угощали завтраком и чаем причт. На луговине, после поднесения хлеба-соли на ручнике, в коклюшечных кружевах искусных, угощали народ, и не с одного Покрова пришедший, Хозяева выходили, их благодарили за угощение и ласку, желали жительствовать в благополучии. Растроганная Даринька сказала:

– Спасибо вам, милые... какая нужда будет – скажите мне... поможем...

Заговорили гулом-благодарением. Вышел речистый, по прозвищу Голова, и сказал за всех:

– Слово ваше золотое. И наше вам будет в полновес. Не будет отказу нашего во всякой помочи. Помолились, нагостились... припечатали.

С обедом запоздали. До ночи стоял в Уютове светлый дух, праздничное во всем светилось. Сказала Матвеева Дариньке:

– Так все хорошо было, барыня, сказать нельзя. Пондравилнсь вы покровским нашим.

Похвалила – дополнила чашу радости.

XX

ИСПЫТАНИЕ

— С этого торжества, — вспоминал Виктор Алексеевич, — я как-то освежился, и мне казалось, что случится что-то очень приятное. Неприятности позаглохли, я старался о них не думать. Разумею семейные неприятности. Казалось, и Даринька о них забыла. О разводе с женой не говорили больше. Я набавлял отступного, адвокат писал ей, — ответа не было. После назначенного отцом Варнавой послушания – «вези возок» – Даринька как будто примирилась с положением. Я боялся какого-нибудь подвоха, — могли мстить нам скандалом, — и принял меры. Жизнь устраивалась. Даринька отдалась хозяйству и задушевному деланию. Я был счастлив, и мне почему-то казалось, что будет еще лучше. А что «еще лучше» – не представлял: что-то... «самое главное». После уже понял, что в жизни «самое главное».

Вскоре случилась маленькая неприятность, вместо ожидавшегося «еще лучше».

7 июля, под Казанскую, Даринька собиралась идти ко всенощной. Сидела за чаем на веранде, Алеши не было. Пришла Матвеева и сказала, что становой приехал, «нелегкая принесла». Виктора Алексеевича кольнуло.

Плотный, кургузый становой вытирал пот с лица, чайку с лимончиком принял, но от водочки отказался: «Жарынь-с... да и по долгу службы уж пришлось маленько освежиться, три дня мертвое тело прело, порезали на покосе парня, махонькая драка вышла... хватили с доктором, отшибить дух». Извинился за беспокойство, да мимоездом кстати уж поприветствовать, и справочки насчет новоприбывших: «Время нонче, сами знаете, тьма-с... строгие предписания от губернатора, все чтобы были на виду». Виктор Алексеевич показал, «а кто с нами прибыл, – в конторе». Внося в ведомость, становой спросил: «И при вас супруга... Дария Ивановна... Вен-де... грамер?» Виктор Алексеевич поправил и объяснил: «Жене я отдельно... к доктору в Москву придется ездить, закупки...» – и смутился, поймав взгляд Дариньки. «И хорошо-с, – сказал становой, допивая чай и вытираясь, – злющее время, опять в Мухине поджог, в окружности пока, слава Богу, тихо, все на виду... а в Зазушье опять листки подметные... – внушительно подмигнул он. – Стриженую одну видали в Казакове, завтра чем свет туды... ф-фу-у... да она, шельма, в Бобыри, поди, перестегнула, завтра там ярмонка... мечусь, как волк на гону... да еще господин исправник требуют: "Ты, Бабушкин, хочь одну мне стрыженую пымай, приставлю!" Да рази их устегнешь...до чего чутки, черти!..» – «Да, да... понимаю, понимаю...» – поддакивал Виктор Алексеевич. Получив положенное, становой укатил на дрожках.

Даринька ни слова не промолвила. Чувствуя неловкость, Виктор Алексеевич стал объяснять:

— Ну, да... так надо. Все по форме, чтобы не было лишних разговоров. Не ради себя, а чтобы тебя не ставить в ложное положение...

Она взглянула, и он увидел в ее взгляде укор и жалость.

– Ты так всегда болезненно... я знаю, как тебя это мучает.

– Надо терпеть.

– Теперь для всех ты – моя жена. Для меня с первого дня жена... законнейшая, больше!..

– А перед Богом?..

– Бог... все видит. Ему не надо документов!

– Что ты говоришь?!. опомнись, Виктор!.. – воскликнула она. – Ты не признаешь таинства?!..

– А-а... – вырвалось раздраженно у него, – не знаю, что признаю, что не признаю... смута во мне! неужели ты не понимаешь?!.. Юридически – признаю, надо для социального порядка, а... Но ты же каялась!.. ты отпущена! Тот старец, Варнава, признал наш... пусть и не... неоформленный брак!..

Она покачала головой: нет.

– Да, признал! Какие у него были соображения, это его дело, его совести... я тебе не раз говорил, вполне искренно, что меня это удивило. Высокой, говорят, жизни и... при-знал!.. даже не гражданский, как обычно в Европе, а внебрачное сожительство. Даже благословил!..

– Не благословлял!.. – вскрикнула Даринька. – Не знаешь ты его страданий за мой грех! не знаешь, почему так... не можешь знать!..

– А ты знаешь?!

– Не знаю... но так надо... почему-то надо. Это после откроется, почему так!.. – страстно воскликнула она. – Я верую, что он знает сердцем!.. он провидит...

– Про-ви-дит!.. что?!..

– Господь знает. Может быть... больше было бы зла, греха... страданий, если бы...

– Ну, раз тут мистика... я отказываюсь спорить... мистики я не понимаю, не принимаю...

– Ты привык принимать только то, что тебе приятно... Я не могу, я неспокойна... Темные, мы ничего не знаем... Оставь.

– Ты не выслушала, дорогая... успокойся, прошу тебя. Он благословил не эту нашу... незаконность... он не мог этого, конечно... он благословил тебя нести этот грех, «везти возок». Ты приняла, ияс душевной болью принимаю, хотя и не постигаю решения. Пусть на меня падет грех!.. Значит, я еще мал духовно... Но кто виноват в этой проклятой лжи?!.. Она!.. Она нарушила... совесть моя чиста!..

Даринька хотела сказать что-то – и не сказала, скрыла лицо в ладони. Виктор Алексеевич чувствовал, что хотела она сказать... Он сознавал, что совесть его вовсе не чиста, что он перед ней страшно виноват... не только насилием над нею, пусть в безумии, но и после, когда страстно любил ее, и она металась над пропастью, и только что-то... – чудо?.. – спасло ее. Все страшное и больное, что казалось почти зажившим, вырвалось вдруг наружу и крикнуло в нем: «Я с вами и буду мучить!..» Он воскликнул с болью:

– Есть же, наконец, правда?!.. Я признаю: я грязен, я виноват, я... да, грешник, страшный и окаянный грешник!.. – В этом слове звучало для него что-то бездонное, «провальное», связанное с жуткой и темной силой, «как бы бесовское», признавался он, – Но ты!.. чистая вся, святая?!..

Она подняла руки в ужасе.

– Не смей говорить так!.. – вскрикнула она, побледнев. – Молю тебя, не смей!.. Мой грех я не искупила... я должна искупить его и за тебя, пойми же! если ты не найдешь в себе силы искупить, воли...веры... сознать и принять твою долю в этом... я должна все принять!.. И я приняла, и понесу... за нас. Люблю тебя, виню и себя... и – приму. Старец Варнава... при тебе!. ты помнишь?.. при тебе возложил на меня – «везти...» и так ласково на тебя смотрел!.. И ты... не понял?..

– Что не понял?.. – недоуменно-искренно спросил он.

– Что он без слов, жалея, внушал тебе...

– Что внушал?!.. – улавливая что-то в ее словах, воскликнул он.

– Как – что?!.. Но ты же так много знаешь, так много думаешь... как же ты не?.. сознать грех и...

Она перекрестилась: благовестили ко всенощной.

Когда, уже по заходе солнца, вернулась из церкви Даринька, Виктор Алексеевич все так же сидел у неубранного стола. От цветников лился земляной дух поливки, петуний, никотианы, резеды... – напоминал июльский вечер, цветники Страстного.

Тихая, умиротворенная, Даринька подошла к креслу, где он сидел, подперев рукой голову, опустилась у его ног, дала на ладони, теплый от теплоты ее, пахнущий «цветом яблони» кусочек благословенного хлеба и сказала покояще:

– Скушай и успокойся.

Он принял благословенный хлеб, притянул к себе темную ее головку, прижался губами к ней, слыша, как пахнет от нее теплом ржаного поля, и она почувствовала томящим сердцем, как все его тело дрожит от сдержанных рыданий.

XXI

ПРОЯВЛЕНИЕ

Приезд станового запомнился Виктору Алексеевичу: и душный вечер, и фельдфебельское лицо, и луково-потный дух, и клетчатый, в сырости, платок. Но особенно – сосущее, тревожное ощущение, связанное со становым и болезненным объяснением с Даринькой, С этого вечера, под Казанскую, стало в налаживавшуюся жизнь их вкрадываться новое, тревожное.

В день Казанской пришла депеша из Иркутска: сообщалось, что условия приняты и сорок тысяч сдано в депозит, квитанция выслана страховым. Это окрылило, и Виктор Алексеевич решил прокатить Дариньку в Москву, закупить для новоселья, путейцы будут.

Но тревожное не пропало, хотя после «благополучной прописки» нечем было тревожиться: «Все оформлено». Перед отъездом из Москвы он побывал у знакомого полицеймейстера, который раз уже помог ему «в этих обстоятельствах», и в пять минут полицеймейстер выдал ему нужный Дариньке документ, за номером и печатью, с напутствием: «Свято и нерушимо, живите и... наполняйте». Томившая Виктора Алексеевича петля свалилась вмиг. И как удачно: на другой день знакомец-полицеймейстер уезжал в армию.

В Уютово примчалась украшенная цветами тройка с Арефой, высланная путейцами, чествовавшими новоприбывших друзей обедом «у Касьяныча на Зуше», в наречном ресторане на сваях, гремевшем славой по трем губерниям. Ресторан славился и живописным видом, и «шереметьевским» поваром. Дня за три до чествования весь городок говорил о «Касьяныче», когда-то татарине-официанте, державшем буфет в большом вокзале, ныне – «при капиталах». Говорили, что будет неслыханный пир, «все на екстренных паровозах мчится, со всей России»: зернистая-парная прямо с Дону, московские горячие калачи от самого Филиппова.

Только выкатили из аллеи к ржаному полю, Арефа попридержал своих серых в яблоках и сказал несколько таинственно-радостно:

– А нам, ден пять тому, проявление Господь послал!..

– Как?!.. проявление?!.. – воскликнула Даринька, а Виктор Алексеевич перебил ее, не поняв: «Что такое-проявление?..»

– Ты не знаешь?!.. – возбужденно сказала Даринька. – Что-то чудесное случилось!.. Что Господь послал?..

– Настенька наша в разум пришла! Только и говорят про это...

– Пришла в разум?!.. – воскликнула Даринька и перекрестилась. – Ну, говори... пришла в разум?!..

– В полный разум. Меня доспрашивают, как все было... значит, про цветочки ваши, барыня, дали-то ей... велели Пречистой молиться, отнести. Она и понесла, сам видал. И протчие, которые в церкви молились. Значит, видали. Крестителю цветы вы положили и Пречистой свечку поставили-молились... а Настенька тоже прибежала, цветочки Пречистой становила, белые... и на коленки припала. Сразу и поняли, – молились вы за нее.

– И выздоровела?.. в разуме стала?..

– Вполне. Папаша да и мачеха плачут с радости. Позвали доктора: велел вымыть ее, сама просить стала, оболокли во все чистое, не узнать. Кто видал – краше прежнего стала, говорят, как святая мученица-дева! И ничего не помнит, как по городу бегала, в сторожках зимой обогревалась. И все говорит: «Меня Креститель Крестом крестил».

– Креститель?..

– И Пречистую поминает, все «Богородице, дево, радуйся» читает, умная совсем. Вчерась ее у Разгонихи видали, платочек с папашей ходили покупать, в Оптину пешком собирается, Хотела ровный, без каемочки, а без каемочки не было, она и говорит, разумно: «Голубенькое за дорогу выгорит, будет платочек ровный, как у белицы».

– Так и сказала, сама сказала?!..

– Слово в слово. И как прежняя: тихая, кроткая, ласковая... в папашу своего. Доктор говорил: «Это бывает, очуховаются... да, может, она под юроду напущала!» Известно, доктора Бога не признают.

Даринька слушала в сильном волнении и все крестилась. А вот и городок. Из лавок глядят на разубранную тройку, снимают картузы.

– Какое уважение вам, барыня... все вчуствуют, – сказал Арефа, – за пример будут почитать. Народу-то у трактира... ярмонка, а всего только понедельник нонче!..

Даринька сидела бледная. Виктор Алексеевич помнил ее взгляд – «будто она не смотрит, а... где-то, в своем, таинственном».

XXII

ПОКЛОН

Когда сходили с коляски; толпа раздалась, освобождая проход к крыльцу, обтянутому полосатым полотнищем. На крыльце встретил глубоким поклоном в пояс сам Касьяныч, при белом фартуке, круглоголовый, в малиновой тюбетейке. Виктор Алексеевич слышал голоса в толпе: «Самая она, та барыня... ютовская новая...» Парадные путейцы, свои и с боковой колеи, приняли под руки, повели, в шуме возгласов. Даринька приняла букет еще не виданных ею душистых цветов. «Магнолии, только что из Ялты!» – сказал кто-то. Подал магнолии старейшина, Караваев. Не нашлась ответить на сказанное приветствие, кивнула и спрятала в сладко пахнувшие цветы разгоревшееся теперь лицо. Посторонних никого не было: на весь вечер Касьяныч был оставлен за путейцами, и у полосатого входа стал на стражу вызванный по наряду рослый жандарм со станции.

Даринька как будто выпила шампанского: глаза блестели, лицо бледнело и снова разгоралось. Виктор Алексеевич тревожился за нее, но она скоро обошлась, стала общительной. Рядом с ней посадили пожилого инженера, спокойного и приятного, и он стал занимать ее рассказом о Сибири, так чутко и ласково, будто рассказывал девочке занимательную сказку.

Сервировано было великолепно, богато и обильно, радовало глаза. «Фруктовый» стол поражал роскошью Крыма, Кавказа, Туркестана, – «дышали тончайшими ароматами дыни и персики, – красота! – вспоминал Виктор Алексеевич. – Алели в изморози небывало ранние арбузы». Вина... – но об этом надо писать поэму...

Виктор Алексеевич помнил, что подавались раки-исполины, «кубанские». Хорошо помнил: случилась одна история.

Только стали закусывать, совсем молодой путеец, с розовыми щеками, смущавшийся перед Даринькой, вошел в раж после второй рюмки: объявил громогласно, что самая пикантная закуска... – и привлек общее внимание. Налив «по третьей», открыл секрет: «Живым раком! но... каким?.. рукоплещущим такой чести!» Это всех захватило. Сам, значительно погрозив, кинулся в кухню и, сопровождаемый Касьянычем, видавшим виды, но с таким номером еще не знакомым, принес на блюде огромнейшего рака... – «совсем омар!» – недавно отлинявшего, в совсем еще нежном панцире. «Надобно бы, собственно, совсем мягким, но я и с этим справлюсь!» – заявил дерзатель.

Все окружили путейца, выжидая. Виктор Алексеевич помнил, какими «пытливыми» глазами смотрела Даринька. Прежде чем приступить к закуске, шутник предварил, что сей исполин «очень польщен вниманием такого избранного общества, в восторге от такой чести и сейчас примется аплодировать, – айн, цвай, драй!..» – вилкой перекувыркнул рака на спину, и в самом деле, – исполин бешено защелкал по блюду шейкой, и до того похоже, что все зарукоплескали. И тут случилось, – вспоминали после – «самое лучшее изо всего меню»: услыхали радостный возглас, – Виктор Алексеевич не понял сразу, что это Даринька, – «будто не ее был голос, такой восторженный, высокий...».

– Стойте, стойте!.. вот это как надо делать!..

Виктор Алексеевич увидал Дариньку, и в страхе показалось ему, что она не в себе...

Она схватила вилку, в мгновенье ловко перевернула щелкавшего по блюду рака спинкой вверх, схватила... – и рак полетел в Зушу – было слышно, в мертвой тишине, как он шлепнулся. И тут же прелестный, «вдохновенный» голос:

– Так ведь лучше живому раку?.. правда?..

Если бы грянул гром в чистом вечернем небе, не поразил бы так, как это. Не только это: надо было видеть Даринькино лицо, глаза, робко... будто хотела сказать: «Глупая, сбаловала, простите меня...» Опомнившись от такой нежданности, все обступили ее, и ни возгласа, ни аплодисментов, а... взирали, в восторженном молчании. Виктор Алексеевич отлично помнил это «восторженное молчание». Что было в нем? Ему казалось, – «какое-то сложное душевное движение, неопределимое словами, как бывает при восприятии совершеннейшего произведения искусства».

Первым отозвался Караваев. Он отстранил мешавших, встал перед Даринькой, собрал мысли, обдумывая... и взволнованно произнес:

– Дария Ивановна... кланяюсь вам, от всех нас...

И он поклонился ей по-русски, в пояс, коснувшись перстом земли. Помнили, как длинная борода его коснулась пола.

А Даринька, странно спокойная, так же низко, легко, по-монастырски, поклонилась ему.

Все произошло в полном молчании, как бы в оцепенении. Чудесное было в поклонах этих.

Встряхнулись, оживились, всем сообщилась задушевность. Обед проходил в радостном возбуждении, «в какой-то пьянящей взбудораженности». Небывало разнообразный, тонкий, удививший самих хозяев. «Шереметьевский» превзошел себя. Много было выпито шампанского. Оно и все не прошли даром Дариньке: дорогой домой она чувствовала себя совсем разбитой. А за обедом была оживлена, до одного, впрочем, случая... – не одного: в конце обеда произошло «два явления».

Один из путейских, очень замкнутый, отличный певец, – вскоре он был принят в оперу и восхищал столицы – согласился охотно петь. Не захотел под имевшийся у Касьяныча рояль, а под отличную, привезенную Караваевым гитару. Спел «Во лузях», «Лучинушку». Был он некрасив, что-то калмыцкое, но так жило его лицо, что Даринька не могла глаз отвести. Пение захватило всех и растрогало Дариньку. И только кончил петь «Лучинушку» и взял дрожавшей от волнения рукой стакан вина...

XXIII

ЯВЛЕНИЕ

...сочный голос отмерил барственно:

– Браво, Шурик. Сегодня вы совершенно несравненны. Народу у трактира!..

Вошли двое: путейский и плотный высокий барин, лет за сорок, смугловатый, с безразличным взглядом чуть свысока. Одет приятно-просто: синий сюртук в талию, жилет-пике, брюки в клетку, верховые сапоги с отворотами, белейшие манжеты, стек. Кивнул знакомо-рассеянно: депешу подали в Липовом, на охоте... «Но лучше поздно, чем...»

– Ах, Павел Кирилыч, на сей раз не «лучше»! – сказал Караваев. – Пропустили неповторимое.

– А-а... – оглянул Кузюмов, – что же?..

– Это и непередаваемо.

– Досадно... – и развел руками.

Касьяныч хлопотал, опрастывая место для прибора. Кузюмов отказался: перекусил уже, да и жарынь. Вот коньяку – можно, и замороженного «Кремля». Его представили. Он отчетливо поклонился Дариньке, и ей запомнился его удивленный взгляд. Она была в голубой сарпинке, как на Иванов день в церкви, в серебристо-голубой повязке, синие бокальчики глоксиний в бутоньерке. Посадили рядом с Даринькой, были предупредительны-сдержанны. На дороге он был персона, – его леса требовали тысячи вагонов, путейцы охотились в его угодьях.

– Скоро едете?.. – спросил кто-то.

– Пока охочусь... – неопределенно сказал Кузюмов, – с манифеста дожидаюсь, торопятся не очень. Я уже имел удовольствие видеть вас... – обратился он к Дариньке, – при встрече на станции, в одном поезде ехал с вами. И тогда же пришло мне... Вы человек свежий и вызвали такую у всех симпатию... это редкость в нашем городишке. Здешние легендарно злоречивы... да и плуты, Тургенев еще отметил. Когда на кого зуб, высказывают пожелание: «Амчанина те во двор!..»

– Не знаю... – сказала смущенно Даринька, – все приветливы, столько церквей... мне нравится здесь.

– Когда мы сами хороши, все сияет, – английская, кажется, поговорка. Желал бы знать ваше мнение...

Не находит ли она, что надо что-то... Проходят воинские составы... с

234

лазаретами пока преждевременно, но... встретить на станции, наделить теплыми вещами... комитет тотчас же разрешат.

– Я совсем неопытная в этом... что же надо?..

– В вас с избытком, что надо!..

Даринька не поняла. Кто-то воскликнул: «Дарья Ивановна может горами двигать!..»

Она взглянула на Виктора Алексеевича. Кузюмов уловил ее взгляд и откачнулся на стуле, как в удивлении.

– Очень верно! – сказал он, не отмеривая слова. – И сама жизнь это раскрывает... проявля-ет. Сейчас один мне внушал: «проявление», барин!..

– Это про юродивую вы?.. – сказал Виктор Алексеевич. – Мы тоже слышали, но как-то не... Это о себе я... Дарья Ивановна верит, что чудеса возможны.

– Да, про дурочку, считали ее «юродной»... благодать на ней! Выкрикивала невнятицу, мазалась грязью... – опять мерил слова Кузюмов, и можно было понимать надвое. – Теперь она будто бы... Вы, Дарья Ивановна, ее видали... мне рассказывали, она вам попалась у моста, как раз в день вашего приезда, и вы пожаловали ей белые лилии. Она побежала с ними в церковь, видели там и вас, с такими же цветами... и все это связывают с «проявлением». Весь городишко знает, что вы молились за Настеньку... и до моей Кузюмовки докатилось: «Настенька наша воздвиглась в разуме!» Что она, по-видимому, «воздвиглась», я сам свидетель. Сейчас с Георгием Владимирычем видели ее чисто одетой и будто здравой... – развел он руки, – она плакала, и взгляд у ней был ясный, никакой сумасшедшинки...

– Я тут не... – в сильном смущении отозвалась Даринька, – я только испугалась за нее, она чуть не попала под лошадей... попросила цветочков, и я дала. Если она исцелилась милостию Божией, надо радоваться и благодарить Господа!.. – сказала она покойно, без смущения, и Виктор Алексеевич понял, что она овладела собой, чувствует себя в своем воздухе, свободной.

– Разумеется... – сказал, пожав плечами, Кузюмов, – если случилось... чудо... – и чуть уловимо улыбнулся.

Эту неясную улыбку, с оттенком усмешливости в тоне, Даринька поняла и взволновалась.

– Вы говорите усмешливо... – сказала она, бледнея, – зачем же говорить о таком, если не веруешь?..

Это так было неожиданно, что Кузюмов как будто растерялся. Поднял руки и сказал уже другим тоном:

– Боже упаси, я могу сомневаться, но никак не думал шутить таким.

– Ну, положим!.. – выкрикнул кто-то с конца стола. – Тон делает музыку... и Дарья Ивановна чувствует, что «усмешливо»!.. За здоровье Дарьи Ивановны!.. ура-а!..

Оказалось, крикнул юный путейский, собиравшийся закусывать живым раком. В первые минуты после своего «опыта» он был подавлен, считал себя «недостойным сидеть в присутствии...» – но его уговорили, Даринька сама подошла к нему и успокоила, даже сказала, что «смутила его», и он чуть не до слез растрогался. Теперь он был снова в раже и «восторгался». Хотя и осторожничали с Кузюмовым, но «раж» сообщился всем, и «ура» дружно поддержали. Все поднялись и, в гомоне, протягивали бокалы к Дариньке. Но что особенно примечательно, встал Кузюмов, с сияющим видом, и, поклонившись, выпил за ее здоровье. Но мало этого: сказал, неожиданно для всех:

— Перед вами, Дарья Ивановна, я могу быть только искренним. Вы правы, и я каюсь: в моем тоне было немножко и... усмешки. Ради моей искренности, вы, может быть, простите меня?..

Оглушительное «ура» было ответом на «искренность»: всем стало на редкость весело. Но Даринька чувствовала себя совсем смущенной, наклонила голову и нервно собирала крошки на скатерти. Все же ответила Кузюмову:

— Я не хотела обидное... мне показалось... усмешливо. И вы сами...

— Помилуйте, разве я могу быть в обиде!.. — воскликнул Кузюмов, — напротив, я должен благодарить вас, что вы так чутко подошли... и сказали так прямо, так достойно. Поверьте, я уважаю верующих людей и сам искренно хотел бы верить...

— Я знаю... — неожиданно для Виктора Алексеевича, сказала Даринька; неожиданно и для Кузюмова.

Он посмотрел удивленно, недоуменно даже.

— Вы знаете?!.. — спросил он. — Или, может быть, я не так понял ваши слова?.. Вы изволили сказать, что знаете, что... я уважаю верующих людей... Но вы же меня не знаете!..

Даринька смотрела растерянно, не понимая, почему она так сказала. Что-то спросив в себе, она ответила совсем спокойно и утвердительно:

— Думаю, что я могу сказать это: это хорошее, а о хорошем можно и нужно говорить. Я вас не знаю, но я слышала от других, и я не могу не верить, что это правда, так чувствую... — Виктор Алексеевич слушал, изумленный. — Вы защитили одну девушку, в Москве, очень религиозную... над ней посмеялся, над ее религиозным... один студент. Правда?..

Это «правда?» она сказала наивно-просто, совсем по-детски.

— Вы знаете это?!.. — сказал в удивлении Кузюмов. — Да, что-то в этом роде было... Но это... я, кажется, и тогда «сшутил». А тут, в случае с юродивой, проявление, то есть чудо, нельзя абсолютно отрицать, налицо факт, и вы... как-то участвовали в этом, по общему утверждению: глас народа — глас божий.

— Я только дала цветы, такая малость...

Она была в замешательстве, не знала, как кончить разговор. Но Кузюмов, видимо, вовсе не хотел кончать.

— Не смею спорить, но и через малое... Где-то сказано о «большом» через «малое»... «если имеешь зерно горушное...» — запутался Кузюмов, может быть, и небессознательно.

Даринька взглянула на Виктора Алексеевича, прося избавить ее... и он понимал, как мучительно ей все это, пытался переводить на другое, но Кузюмов очень умело возвращался все к тому же:

— Поверьте, Дария Ивановна, этот случай меня очень захватил!.. Узнав, что говорят в городке, я послал за ямщиком Арефой. Право, отличный малый? И он мне все передал, со всеми подробностями. И по его тоже мнению, а он душевно умен... это началось с цветов. Он удивительно обстоятельный и верующий, в Оптину собирается...

– Да?!.. – воскликнула Даринька. – У него в лице такая чистота, доброта... духовная даже мудрость...

– Вот видите... и я ему поверил больше, чем всему городишке. Как он рассказывает, с каким воодушевлением... Говорил – весь сиял!.. Больная вдруг перестала бегать по городу и сидеть на Зуше, в грязи. А вчера видели ее в церкви, впервые за два года, во всем чистом. А сейчас я ее сам видел тихой, будто совсем здоровой.

– Да?!.. – воскликнула Даринька, взглянув на Кузюмова «осветляющими глазами». – Пречистая просветила потемнение в ней...

– Вы мне верите?.. – сказал Кузюмов, как бы прося, чтобы она верила ему. – Вам... я могу говорить лишь правду. Все сейчас говорили там... – махнул Кузюмов к городу, – что она в первый раз за эти годы заплакала! Вот сейчас, как мы проходили сюда в толпе. Народ тут, говорят, с самого утра толпится, чего-то ждет. Когда наш чудесный русский Мазини, Александр Иванович... Вы, дорогой, несравненней итальянца! ка-ак вы спели «Лучинушку»!.. ваше здоровье!.. – Он чокнулся с Артабековым. – И как раз она проходила с отцом и остановилась послушать... и – заплакала!.. Все говорили: «Гляньте, Настенька наша плачет!..» Она будто бы не могла плакать, была как закостенелая. Это на моих глазах было. И ее отец, лавочник, тоже заплакал и стал креститься. Она показалась мне очень привлекательной! Как-то показывали мне ее, еще до «помраченья»... ну, мещаночка-красавка... чиновнички называли «дуська». А сегодня... никакой мещаночки, а, просто... девочка... дева... как вот пишут чистых... – Кузюмов чуть отклонился на стуле и посмотрел на Дариньку, – светильник, лилии... Словом, преображение, или, по-здешнему, проявление. Мне пьяненький почему-то пальцем грозился и кричал: «Проявле-ние, барин... про-я-вле-ние!..»

XXIV

ЕЩЕ «ЯВЛЕНИЕ»

Кузюмов извинился, что позволил себе в таких подробностях коснуться такого – для него – «захватывающего случая». По его словам, для него самого было непонятно, почему это так его захватило. Не скрыл, что он вообще никакой в этой... да, важной области человеческого духа... хотя много преувеличенного о его «шутках», он это отлично знает.

– Поверьте, мне было бы очень... досадно, если бы вы принимали все, как здесь накручивают... – сказал он с оттенком горечи даже, обращаясь к Дариньке, – но, к счастью, вы – не все, в чем я отлично убедился, слыша из ваших уст. Верите, Дарья Ивановна, что я говорю совершенно открыто, искренно?..

– Верю, – сказала Даринька.

— Благодарю вас... — поклонился Кузюмов. — Извините, я отошел от поднятого мной текущего, в связи с войной. С вашего позволения. могу я к вам побывать, и мы обсудим, что надо предпринять?..

— Да... — занятая чем-то своим, рассеянно ответила Даринька.

Виктор Алексеевич поспешил поправить ее оплошность:

— Пожалуйста, заезжайте... это, конечно, очень нужно... Дарья Ивановна не раз говорила, что мы должны облегчать страдания... это ее душевная потребность. Мы сумеем организовать и пробудить общественность... очень важно.

Разговор перешел к войне. Осман-паша, говорят, разбил нашу дивизию, а в газетах хоть бы слово. Что точно известно?..

— По последней депеше штаба, Осман-паша не разбил, а отбил атаку пятой дивизии генерала Шульднера... — сказал Кузюмов. — Как раз вчера у меня был проездом раненый офицер-волынец, едет к семье... Как раз под первые пули угодил, когда форсировали Дунай, в ночь на пятнадцатое июня. Коньяку?.. Пожалуйста. Вы не позволите?.. предложил он Дариньке. — Эти «наши корреспонденты»! Все, что они пописывают, надо принимать, как говорится... «кум грано салис»[1]. Сотни примеров. Да вот, на днях... помните?.. во всех газетах мы читали... «Геройской смертью пал ротмистр лейб-гвардии гусарского Его Величества полка, князь... Дмитрий Вагаев»?.. — отмерил он.

Виктор Алексеевич почувствовал, как холодная рука Дариньки сжала его руку. Кто-то сказал: «Да, да... было... а что?..»

— «Пал геройской смертью...» Воображаю, как отозвалось в Питере, он там гремел. И что пережила моя тетушка, его мать, в своей Тамбовщине! А на самом деле мой милый Дима... только ранен, хотя серьезно.

Виктор Алексеевич почувствовал, как Даринька выпустила его руку, и услыхал вздох. Он взглянул на нее: она сидела как окаменевшая, но ее лицо слабо розовело.

— Дайте... каплю... — сказала она Кузюмову, наклоняя лафитничек. Кузюмов поспешно налил. Она пригубила.

— Вы, кажется, встречались?.. — спросил Кузюмов Виктора Алексеевича. — Дима не раз поминал вас... Вейденгаммер, если я не ошибаюсь?

— Как же, мы вместе учились в пансионе моего отца, да и потом видались. Добрый малый, восторженный немножко...

— Сорвиголова. Да, фантазер, романтик... немножко поэт, и не без таланта. И порядочно образованный. При своем донжуанстве как-то ухитрялся находить время почитывать. Женщины были от него без ума. Был даже один дворцовый романчик, чуть не сломавший его блестящую карьеру. Правда, красивый малый, с некой остротцой... статный, чудесные черные глаза!.. Представьте, какая же насмешка: теперь кривой.

— Кри...вой!.. — воскликнула невольно Даринька.

— Пуля пробила глаз.

Даринька передернулась.

— Глаз вытек, — продолжал спокойно-повествовательно Кузюмов, — но

---

[1] С осторожностью (лат.).

пулька осталась в голове. И он пишет мне с волынцем: «Прибавил весу... на пульку». Поедет к маме, заедет ко мне, проездом. Да... спрашивает, далеко ли от меня вы... он почему-то знает, что вы «где-то недалеко от Мценска».

– Он заезжал к нам перед отъездом на войну... меня не застал... Дарья Ивановна видела его и сообщила, что и мы уезжаем... – сказал Виктор Алексеевич.

Кузюмов хотел что-то спросить у Дариньки, но только чуть скользнул взглядом по ее неподвижному лицу и не спросил.

– Как подлечится, думает опять... «весу добирать».

Замороженный «Кремль» был великолепен. Кузюмов куда-то собирался – «к десяти, по делу». Спрашивал Дариньку, не скучно ли ей здесь «после Москвы». Она отвечала неохотно, чувствовала себя усталой. Подсел Караваев и стал сказывать ей смешную сказочку, что теперь там, в реке... какой переполох у раков!.. Не видывали такого «великана»... – и так отлично рассказывал, представляя в сценах и с мимикой, что улыбалась и Даринька. Рассказывали Кузюмову «неповторимое» и «непередаваемое». Пожалел Кузюмов, что не видал. Синели сумерки, но с реки еще отсвечивало зарей. «Касьяныч» засветился фонариками, жгли бенгальский огонь, щелкали ракеты. Просили Артабекова еще петь. «Раз такое "галя"...»[2] – мотнул он за реку, где чернело по берегу народом. Запел из «Аскольдовой могилы»: «Уж как веет ветером...» Пели и хором, под звезды выносил «русский Мазини»:

...Ра-азовьем мы бе-э-резу...
Ра-зовьем мы ку-удряву...

Было к полуночи. Кузюмов, давно собиравшийся уехать, – «к десяти, по делу одному...» – прощаясь, сказал Дариньке: «Душу отогрели», – и можно было понять, что говорит о песнях. После его ухода Виктор Алексеевич пригласил всех отпраздновать новоселье в ближайшее воскресенье.

Тройка несла ночными полями, в звоне. Даринька молчала, спрятав лицо в букет гардений и магнолий.

XXV

СПОКОЙСТВИЕ

Виктор Алексеевич удивлялся, как Даринька свободно говорила на обеде, и особенно – как сравнительно легко приняла известие о Вагаеве. По разным соображениям он так и не сказал ей, что Дима убит, как прочитал в газетах, когда ехали из Москвы. Теперь само сказалось. И

---

[2] Торжественный концерт (франц.)

хорошо, а то бы она могла подумать, что нарочно он выдумал о смерти. Услышав, что Дима жив, но «окривел», он почувствовал спокойствие. В этом «спокойствии» было что-то тревожащее совесть, признавался он, и он избегал смотреть Дариньке в глаза. Когда она молчала по дороге из города, его мутило: потрясена известием, больно ей.

– Я не мог понять, что во мне: рад ли, что теперь «больше ничего не будет», или – что Дима жив... Она почувствовала, взяла мою руку и сказала: «Я так спокойна, милый... так надо было, и мы должны принять это, как Его милость нам... ты мог подумать, что я жалею о нем... нет, я рада за него и за нас». Она успокоила меня этим, и я понял, что и я рад, что Дима жив. Моему «спокойствию» содействовало, конечно, и то, что он окривел, каюсь. И я соглашался с ней, что «так надо» и что это нам милость...

Насколько она была выше моей душонки!.. Тою же ночью я убедился, насколько она была и глубже, мудрей... Дорогой я перебирал все случившееся на обеде. Ее разговор с Кузюмовым поразил меня, как, думаю, и всех. Да и самого Кузюмова. Он вдруг переменил тон превосходства и стал... затрудняюсь определить: приятней, ясней?.. Все отмечали эту перемену. Да и случай с «избавлением рака»... это было действительно «неповторимое». Я спрашивал себя, почему в таком глупом опыте юнца произошло то, чего, казалось, никогда бы не могло быть? Почему все, после первых рюмок настроенные на шутки, вдруг притихли и были изумлены? бьюсь об заклад, что все, и я в том числе, ожидали, когда она схватила вилку, что она эту вилку... вонзит в рака! – и я испугался, что она не в себе. Потому испугался, что видел безумно-восторженное лицо ее, какую-то... безудержную решимость. А произошло совсем иначе, по вдохновению, «неповторимое и непередаваемое», как сказал метко Караваев. Сто женщин в подобном случае сделали бы, как всегда в таких шутках: одни возмутятся дикостью, другие высмеют шутника, отнимут рака... ну, залюбопытствуют, как «аплодирует» рак, как дерзатель станет жевать «прямо со скорлупой». А тут был дан урок, и как целомудренно и властно. И вот почему притихли: почувствовали творческое сердце, красоту душевного движения. Это было то же «проявление». И эта дивная робость, смущенье, это «исподлобья», это сознание какой-то вины... Какой вины? А вот какой: «Мне стыдно, что я, совсем необразованная, должна была показать вам, какие вы... какие все мы». Стыдно за творческое движенье сердца! Вот чему изумились все. И потому этот... эти два «просящих прощения» поклона. Вдумайтесь-ка, наполните эти поклоны содержанием! Тут – головокружительная высота. И через наиглупейший пустяк! Как же не почувствовать радостно паренья Духа – в «перси»?! А случай с юродивой, уже известный иным из сотрапезников, жившим в городе, еще поспособствовал эффекту. Мы-то и не знали. Все знали, и в Уютове уже знали, как я удостоверился после, и на Поповке знали, и в Кузюмовке знали... и, я не постигаю, почему-то сдерживались сказать нам прямо. Боялись, что ли, ввести в смущение Дариньку? не верили? Первым сказал Арефа, но сказал прикровенно, сдержанно, как бы спрашивая себя, можно ли сказать прямо. Открыл Кузюмов, несколько с усмешливой улыбкой и сейчас же был удивительно тонко выправлен. Прорываясь сквозь толщу тревожных дум, слагалось во мне нечто: «Странная вещь,

240

зачем-то надо было, чтобы открывшееся народу "проявление" закрепилось всенародно и на глазах никакого в вере Кузюмова "слезами умягчения", вызванными родною песнею, тут, рядом с пиром?» Все было не случайно, подумалось мне тогда же, в ночи, дорогой. А Даринька ясно видела. Все это творило в нашей душе «спокойствие». В ту ночь, бессонную от мыслей, я сознал, какой дар послан был мне в темную мартовскую ночь, когда я решил кончить с бессмысленной жизнью, когда, идя бульваром, я повторял пушкинские стихи: «Дар напрасный, дар случайный, Жизнь, зачем ты мне дана?..» И мне был послан дар, и этим даром приказано было мне: живи и познай.

В эту бессонную ночь, после «Касьяныча на Зуше», предстала Виктору Алексеевичу некая загадка – «о петухе».

XXVI

ПОЧЕМУ?

Когда вернулись в Уютово, было за полночь. Даринька поднялась в светелку: там, в боковой комнатке-фонаре, устроила она себе уединение, для молитвы. Виктор Алексеевич знал, когда она начинала и кончала молиться, – по шороху шторок, сухих, трескучих. Знал, что после молитвы она будет смотреть на звезды – «радоваться», поведала она как-то. Сковородка в селе отбила, с опозданием, полночь. В окно кабинета-спальни Виктора Алексеевича вливалась ночная свежесть, благоухание цветников и нагревшихся за день елок, Чтобы успокоить мысли, он по привычке почитал немного, – попала книжка журнала с «Анной Карениной». Почитал, как косил Левин со стариком и полдничал с ним у речки. Услыхал скрипучие ступеньки от светелки, хотел выйти к Дариньке и не решился: она помолилась, не надо ее тревожить. Слышал, как прошла она в спальню и затворилась. Услыхал шорох полотняной шторы и понял, что она подняла ее и смотрит в сад, – так всегда делала, говорила цветам «покойной ночи».

Он подошел к окну. Сквозь елки мерцали звезды, пряный еловый дух тянул в комнату. «Чудесно, все чудесно... – подумал он, чувствуя, как он счастлив, – чудесно-стройно». Узнал Вегу, особенно яркую сегодня, высунулся в окно и на конце еловой ветки узнал Арктур, мысленно провел линию и нашел Альтаир, столь же, как Вега, яркий. И услыхал сковородку от Покрова, там, где созвездие Персея, – один удар. Был час ночи. И тут же пропел петух. Виктор Алексеевич подумал, что рано выбил сторож, недавно било полночь, а первые петухи кричат чуть за полночь. Зажег спичку и посмотрел на каминные часы: было двенадцать минут первого. Подумалось: «Первые петухи кричат чуть за полночь, верно... почему так верно?» Вслушивался, как петухи перекликались. Показалось ему таким необыкновенным это ночное, урочное пение петухов, будто в первый раз в жизни слышит.

Так он слышал действительно как бы впервые в жизни, и в петушином крике почувствовалась ему особенная значительность. Конечно, не раз он слышал, но без внимания, будто не слыхал, хоть и засиживался за полночь с чертежами. Не внимал этим крикам, и не было мысли, что поют петухи, и почему поют по ночам и так урочно. В юности живал летом в имении и не помнил, чтобы слышал петушьи ночные переклички, и не задавался вопросом, почему петухи... – и только одни петухи из всех пернатых – поют по ночам урочно, трижды. А в эту ночь слушал и вопрошал себя. В перекличках он различал уютовских и покровских петухов, и заречных, от Гнездова, версты четыре... В этих перекликаньях чувствовался ему строй, налаженность, словно у петухов было условлено, кому и когда вступать. Он с обостренным вниманием стал слушать. Затихали покровские, а уютовские чего-то выжидали... выжидали, когда доплывут едва различимые, как бы спросоночные гнездовские. И только эти заслышатся, тотчас же, и оглушительно, раскатывались уютовские. Глухой ночью могло казаться – оглушительно. Как он потом проверял не раз, ночные петушьи крики были не похожи на дневные. Слышалось как бы принужденье, велящее полупроснуться и прокричать. Когда завершится круг этих урочных криков, стихнут, заснут до срока.

В ту ночь в мыслях Виктора Алексеевича родился вопрос: почему? почему так урочно? почему только петухи? Ни у Брэма, ни после, у Мензбира, он не нашел, чтобы ночью, урочно, трижды кричали другие птицы.

Он пытался отвлечься от этих навязчивых вопросов, зажег свечи – и не мог читать: в ушах перекликались петухи, застряли. Принял лавровишни, но ему все казалось, что петухи продолжают петь. Объяснял это нервами. Осаждали мысли, давно забытое. Вспоминались и начинали томить ошибки и проступки, будто их разбудили и осветили ночные крики... Он вспомнил, что славяне именовали петуха «будимир»: «буди народ». «Буди»... – для него это словно углубилось, раскрылось через Дариньку, и открытие поразило его.

Виктор Алексеевич знал, что не заснет от горячивших мыслей. Иногда ему помогало, если поест. Подумал, не поесть ли, и почувствовал, что голоден, с обеда прошло немало. Он взял свечку и пошел в столовую, осторожно, чтобы не потревожить Дариньку. Открывая буфет, забыл, что створка откидывается с треском. Так и вышло. Даринька окликнула: «Ты что... плохо тебе?»

– Да нет, милая... не могу заснуть, есть хочу... – сказал он, смеясь, – копченую колбасу ем.

И услыхал, как Даринька спрыгнула с постели. Она вышла в голубом халатике, косы на грудь.

– И я хочу колбаски... или лучше открой сардинки, я совсем голодная, в обед почти ничего не ела.

Радостные, как дети, закусывали они у буфета, не садились. Вокруг свечки кружились мотыльки. Сковородка пробила два. И тут же крикнул петух, уютовский.

– Слышишь?.. – сказал Виктор Алексеевич. – Вторые петухи.

– Да, вторые. Почему ты так, серьезно? что поздно, да? Я люблю их слушать... часто просыпаюсь, когда им петь... будто я тоже петушок... – улыбнулась она, сияя жемчужными зубами.

– Нет, ты курочка и должна спать. Почему-то не мог заснуть. Запели первые петухи, и будто я в первый раз услыхал их, разные мысли одолели. Пришло почему-то в голову, навязалось: почему только петухи поют трижды ночью, и в час урочный? Слышишь, тоненькие, далекие... это гнездовские.

Она удивленно посмотрела: что он, шутит? что тут особенного?

– И почему-то мне надо решить навязчивый вопрос этот: почему ночью, трижды...

– Чего же тут решать? Поют потому...

– Ты знаешь – почему?.. – перебил он ее.

– Конечно, знаю... давным-давно известно! Потому что им так назначено.

– То есть как назначено? откуда ты знаешь, кто назначил?..

– Назначено извечно, от сотворенья.

– Ты так решительно говоришь, милочка, словно была при «назначено»!

Он хотел поцеловать ее, но она уклонилась.

– Или ты никогда не читал Евангелия? не слыхал – «не пропоет петух три раза, как ты трижды отречешься от Меня»? Вот почему. Почему ты так смотришь, тебе не верится?.. Вдумайся и тогда поверишь. Тут не для одного Апостола Петра, а для всех. С того страшного часа, когда Петр сознал свой страшный грех... петух напомнил ему... и он горько плакал... плакал... – шептала она, и слезы были в ее глазах, – горько плакал... мучила его совесть... Ах, если бы ты слышал, как матушка Мелитина толковала это Евангелие... и все мы плакали!.. И вот с самого того часа открылось людям во святом Слове... «крик совести» открылся. Нет, я спутала... совесть всегда, это живой голос в сердце человеков... С того часа, когда ночью кричит петух... всем должно помниться, что случилось тогда.

Взволнованная ей вспомнившимся – «что случилось тогда», истомленная трудным днем, она сказала усталым шепотом;

– Успокойся, ступай и ляг... и я... я так устала...

Она подошла к окну.

– Какая глубина, Господи!.. – прошептала она молитвенно, сложив на груди руки, смотря на усеянное яркими звездами небо, не тронутое еще зарей. – Покойной ночи.

И затворилась в спальной.

Он стоял, думая, что она сказала. В нем осталось, со всеми неуловимыми тонами, исполненное чувства глубочайшего: «Какая глубина. Господи!..»

XXVII

ДВИЖЕНИЯ ДУШИ

Только много спустя уяснил себе Виктор Алексеевич, что высказала Даринька словами «какая глубина, Господи!». Не о своде небесном только говорила, а обо всем: для нее эта глубина включала и земное, – вещи, движенья, звуки: во всем ей виделась глубина, все было для нее знамением, все было связано неразличимым для глаза строем, истекало из одного Истока, во всем чувствовался глубокий Смысл.

Решение вопроса о «петухе», так его изумившее, – он решение это называл «колумбовым яйцом», – бросило свет на восприятие мира Даринькой и неощутимо влияло и на него. Он не замечал, каким богатством одаряла она его. По его словам, он как-то получал «новые глаза»; в самом мелком и скучном из земного находил значительное, и это так настраивало его, что даже в зарядившем надолго дожде осеннем и в невылазной распутице чувствовалась ему своеобразная красота. Это новое почувствовалось им не вдруг, а как бы вырастало из чего-то, не постигаемое рассудком. Только впоследствии путем духовного опыта он понял, из чего это вырастало... кому он обязан этим.

Наутро, после бессонницы, уснув на короткий час, он поднялся в благостном настроении. Утро было великолепное. Дариньки не было. Таня сказала, что барыня в церкви, а потом будет панихида. Какая панихида? Он заглянул в календарь: вторник, 11 июля, св. равноапостольной кн. Ольги. Это ничего не объяснило, Когда вернулась Даринька с Алешей, он понял, и ему была приятна душевная чуткость Дариньки.

– От нее вся эта красота, ставшая теперь нашей, – сказала она, – и мне захотелось помолиться.

Она была радостно-покойна. Он сказал ей, что хочет проехаться с ней в Москву, закупить кой-чего для новоселья. Она охотно согласилась, а то все говорила, что «из Уютова теперь никуда». Решили ехать завтра, чтобы вернуться в пятницу, приготовиться к воскресному приему.

Назавтра поднялись рано. Даринька собиралась весело, – «столько в Москве мне надо!». Надела серенькое, дорожное, сумочку на ремне. «Совсем англичанка стала, – сказал Виктор Алексеевич, – и Москвы не пугаешься». Она бойко взглянула и сказала: «Вот и пригодились, деньги-то подарил тогда!» Вспомнила про лежавшие на книжке десять тысяч. Какие-то у ней были планы на эти деньги. Просила выехать пораньше, – «в городе дело у меня». Иного ждал, после оглушения, как называл известие о Диме, а оглушения и не получилось.

Повез Андрей на паре кургузых вяток, 8 пробила сковородка. Только выехали на городскую площадь, Даринька велела – «в лавку Пониткова». Шепнула: «Скрягу сейчас увидим». Андрей сказал: «Жо-ох старик, а милиенщик страшенный... собак не держит, не кормить чтобы, ночью лаять во двор выходит, я сам слыхал».

Зашли к Пониткову. Это был большой лабаз, забитый кулями овса и соли, мешками с мукой, ящиками бакалеи. За прилавком, меж стеклянными банками пряников и мармелада, белела борода веером. Понитков пил желтый чай с огрызком сахару и черной корочкой. Удивился таким покупателям: на паре, в какой коляске! Накрыл сахарок от мух, привстал и внимательно оглядел.

– Вы купец Понитков? – спросила Даринька.

– Самый я. Чего изволите, сударынька?

Даринька сказала, что много лет у него забирают, из Уютова.

– Из... Уютова? что-то не слыхал-с... У-ютова?..

– Ах, все я... из Ютова.

– Так-так... вы, стало-ть, новые владельцы... слыхал-слыхал, оченно хорошо слыхал-с... Присесть барышне выбери там чего! – крикнул он мальчишке. Тот грохнул об пол ящик. – Не взыщите уж, была табуреточка, да разлезлась. Изволите чего приказать?

– Запишите... мятных пряников полпуда. Для певчих наших.

– Это вот хорошо, барышня... певчие там – архангельский прямо глас.

– Да, да... это вы пример показали нам... все помнят, как пряничков им прислали. Вот и мне в голову пришло.

Старик умильно взглянул на Дариньку.

– Быдто и посылал, напомнили... а то забымши. Сказываете, помнят?

– Как же ласку не помнить! всех так растрогали.

– Чего ж тут, послал пустячки, – пошарил исподлобья старик по банкам, – не стоит и разговору вашего.

Велела еще леденцов, «и еще мармеладцу, хоть по пять фунтиков. Да Покровским ребятишкам сластей каких фунтов десять...»

– И ребятишкам можно-с, хоть и баловство. Прикажете записать-с?

– Нет, сейчас заплачу.

Расплатилась из сумочки. Старик проводил до коляски, раскланялся уважительно, сказав:

– Так-так... слыхал-слыхал... о-ченно хорошо слыхал-с, дай Господи.

Даринька приказала – «в посудную лавочку, где Настенька».

– На минутку, что-то давно у Матвевны не была... – сказала она Виктору Алексеевичу.

– Исцелена она теперь, – сказал Андрей, – чистая теперь ходит, как умная.

Сказал просто, будто самое обычное для него это – «исцелена». Нашли лавочку «Посуда и всякая игрушка». Моложавый, приятный хозяин сказал:

– Дочку повидать желаете... – И они увидали в его глазах что-то грустное. – Многие любопытствуют, а она совестится... смиренная она у меня. И сам-то страшусь... тревожно для нее... ох, тревожно! На зорьке еще ушла с подружками в Оптину, обещалась поговеть, совета-благословения у батюшки спросить.

– Слава Богу, – сказала Даринька, – теперь здорова она?

– И сказать страшусь... здорова, словно?.. – сказал шепотком тихий человек и перекрестился-вздохнул. – Три года ограждала, не в себе была. Чудо Господне, вдруг просветлело в ней. А вы, барышня, что же, знавали мою Настеньку?.. сами-то вы откуда быть изволите?

– Из Уютова мы. Настеньку раз только видела...

– Что-то я не слыхал, У-ютово? Может, Ютово?..

Узнав, что из Ютова, тихий человек озирнулся, будто растерялся.

– Так это вы... поместьичко купили?.. Господи, как же она зарилась к вам, говорила все – «папашенька, хочу пойтить, да обеспокоить боюсь». Хаживала она к Аграфене Матвевне, доверялась... видала ласку. Не гнушалась Аграфена Матвевна. Обижать не обижала, а сами, барышня, понимаете... воздерживались. Барышня, милая... через вас ей легкость-то подана, во сне вас видала. Три года и плакать не могла, так ожесточилась... а теперь все-то плачет, и легко ей.

Он замотал головой и заморгал.

– Радуйтесь, зачем же плакать!.. – сказала Даринька. – Нам посуды надо, Матвевна пришлет записку. А дочке скажите – непременно чтобы зашла, отдохнет у нас.

Тихий человек вышел на улицу за ними. Когда Даринька садилась, он перекрестился и поцеловал ей руку.

– Спасительница наша!.. – воскликнул он.

– Что вы, что вы!.. – сказала Даринька. – Пречистая смиловалась над ней!..

Коляска покатилась. От лавок смотрел народ, снимал картузы. Даринька всю дорогу до станции молчала. Виктор Алексеевич говорил:

– И отлично, пусть верят, что твоими молитвами!.. ты не возгордишься, а им это в утешение.

На вокзале их встретили почетно. Заведующий составами приказал прицепить к ожидавшемуся курьерскому вагон-салон. В Москву приехали к ночи и остановились в «Славянском Базаре».

XXVIII

НАПУТСТВИЕ

Даринька проснулась в высокой, красивой комнате, в «золотых покоях», – они занимали три комнаты, по-царски, – и увидала на мраморной колонке букет магнолий, редких и для Москвы цветов. Повсюду, на столиках и этажерках, были розы. Виктор Алексеевич окликнул из-за бархатной занавески: «Можно?» – и, получив певучее: «Да-а-а!..» – вошел, совсем готовый, в свежем кителе, с фарфоровой чашкой на серебряном подносе, и она услыхала запах шоколада. Взяла его руку и закрыла себе глаза.

– Ты милый... – шепнула она, водя рукой по глазам.

Он слышал, как щекочут ее ресницы. Подали отличный завтрак: горячий филипповский калач, икру, швейцарский сыр, всякие булочки, сухарики. Он завтракал с нею у постели, просил не торопиться, отдохнуть получше. Она корила себя: хотела проснуться рано, в Страстной к обедне, а скоро десять, – «Москва эта сумбурная».

Виктору Алексеевичу надо было получить сибирские деньги, заехать к адвокату, покупки разные, и самое приятное – порадовать Дариньку «сюрпризом». Они вышли вместе.

– Как же это... – досадуя, сказал он, увидев у проехавшей дамы кружевной зонтик, – у тебя нет летнего зонтика!

Усадил Дариньку в шикарную коляску, заказанную накануне, и пожалел, что не вместе едут, приходится торопиться, что в два дня сделаешь!

– Будоражная эта Москва... в Уютове сколько бы переделали за утро!.. – вздохнула Даринька.

Он сказал: «Милая, мы же кутим!» – и увидал радостно-детский взгляд.

– Как тогда?..

Москва оживляла в обоих первые дни их жизни. Он просил не задерживаться, сегодня обедают в «Эрмитаже».

– Не отпускай коляску!.. – крикнул он с лихача. Даринька любовалась на магазины и думала: «Этот московский омут, больше не поеду». Все, что мелькало и манило, было только случайное, в ее воле: была теперь верная пристань, Уютово. А этот соблазн – грешки. Поймала себя на помысле: было приятно катить в коляске, видеть, что многие смотрят на нее.

Было к одиннадцати, обедня в Страстном кончилась, будний день. Под святыми воротами сидела незнакомая старушка. Даринька попросила вызвать привратницу. Старушка позвонила в «сторожевой». Пришла незнакомая белица и сказала, что собор заперли, просила обождать иеромонаха у часовни. На лице Дариньки была вуалька, старичок не узнал ее. Не признала и послушница Степанида-рябая, шутница. Дариньке вспомнилась песенка про нее: «Степанида рыло мыла, мыло пальмово хвалила»; она опомнилась и закрестилась. Стояла всю панихиду на коленях, взывала мысленно к матушке. Служили и на могилке Виринеи-прозорливой. Старичку дала два рубля, и он поклонился ей низко-низко. Дала полтинник смешливой Степаниде, та ахнула. Посидела на матушкиной могилке, вспоминала. Радовалась уходу: свежая трава, цветы, какие георгины! – не место печали и воздыхания, а «вечный покой», сад Божий. Припала и воззвала: «Не оставь сероглазую свою!» Не было прежней боли – покой и грусть.

Шла келийной дорожкой, по цветнику, радовалась бархатно-пышным георгинам: земные звезды, цветы духовные, темные, как церковное вино. Присела на скамейку у цветника, скрывши лицо вуалью.

Был час покоя, полуденный. Тихо было в обители, – тихий свет. Не доходил сюда гул московский. Гудели шмели – переломилось лето. На колокольне отбило в два перезвона – раз. Проверила золотые часики на груди: половина первого. Признала во втором ярусе келийного розового корпуса окошки, где жила с матушкой. Не было клетки с чижиком. Вспоминала тихое житие. Вспоминала душный июльский день, такой же: ходила к вечерням, ставила самоварчик матушке. Вспомнила: «Над нами покои матушки Мелитины были». Узнала вязаные занавесочки, лоточки на карнизе с петуньями. Хорошо у матушки Мелитины было, миром и кипарисом пахло, дивные образа... как училась на фисгармонии. И услыхала молитвенные звуки, густые, важные: «Блажен муж... иже не иде-э...»

Играла матушка Мелитина, в час покоя, как и тогда. Подумала: «Зайти?» Стыдно, и еще «англичанка» будто. «Всего не скажешь, еще и ее смутишь». Слушала, затаившись, всегда покоившее, вечернее – «Алли-лу-и-и-и-а-а...».

Услыхала шаги, взглянула: от больничного корпуса подвигалась, постукивая клюшкой, старенькая монахиня. Поравнявшись с Даринькой, старушка приостановилась, оглядела – и покивала гостье. Даринька быстро встала и поклонилась, иночески, легко-привычно. Монахиня молвила молитвенно: «Спаси тя Христос и Пречистая», – и пошла, потукивая клюшкой. Радостно было Дариньке слышать святое слово.

Хорошо было в тишине и благоухании цветника, в полуденный час покоя, но время было идти. Она тихо пошла к вратам в торжественных переливах песнопения: «Блаженны непорочные, в путь ходящие в законах Го-спо-о-дних...» Остановилась на плитах главной дорожки, которая шла к собору. Не было ни души. Она опустилась на колени и поклонилась земно, долго не поднимала головы. А когда поднялась, все еще слыша низкие переливы фисгармонии, увидала давешнюю монахиню, подвигавшуюся от святых врат навстречу. «Что бы спросить у ней? ласковое сказать?.. цветочков на память попрошу...» Забывшись, откинула вуальку и услыхала – будто в ответ на мысли:

– Возьми, деточка, цветочки... в память нашу. Монахиня дала ей вязочку душистого горошка, молвив:

– Давеча еще признала... белица была наша?..

– Да, матушка, – чуть слышно сказала Даринька, – Дарья грешная... простите меня, матушка... – и укрыла лицо ладонями.

– Господь с тобой. Да, грешная. А кто не грешен!.. все грешные перед Господом. Не забываешь обители, смиряешься. Милая... кто и в обители, да без обители... а кто и без обители в обители. Упомнила я тебя, изюмцу-то приносила мне?.. в больничной я лежала, а ты навещивала. Вспомнила, а? матушку-то Аглаиду?..

– Вспомнила!.. вспомнила, матушка Аглаида... вспомнила!.. – воскликнула Даринька в радостном порыве и припала к плечу старушки.

– Деточка милая, чего ж плачешь-то? Не плачь, а живи по Господню Слову, вот и путь твой. Не легок путь твой, а ты не сбивайся с него, и поможет тебе Господь. Иди, милая, не оставит тебя Пречистая.

И пошла, потукивая клюшкой, Смотрела ей Даринька вслед. Порывалась пойти за нею, ласковое сказать хотела, и не нашлась. Почувствовалось ей, что не надо тревожить матушку, все сказала. И вспомнилось: Аглаида – «светоподобная». Почитали ее в обители, называли молитвенницей и светлосердой.

На выходе подала рублик на тарелочку и заспешила к ожидавшей ее коляске.

День становился жарким, удушливым. Хорошо было ехать теневой стороной бульвара. Спелой малиной пахло – с лотков, или варили в садах варенье. Сказала кучеру ехать в гостиницу, а он почему-то взял бульваром, может быть, прокатить хотел. Приятно укачивало в подушках. Узнала проезд бульвара и вспомнила, что хотел а навестить Марфу Никитишну, просвирню. Признала поворот в уличку, где жили, остановила: «Погоди минутку, сейчас я...» И побежала уличкой.

248

Все было то же, знакомое: заборы, сады, крылечки. Увидала высокую рябину, угол террасы над забором. Приостановилась передохнуть. Смотрела на домик, где... – чувствовала болезненное и светлое. Окошки были открыты, пахло краской, ни души не было, тишина. Она постояла на крылечке, вспоминая... Не думая, потянула пуговку звонка в чашке. Звякнуло резко в пустоте – тот, «страшный», колокольчик. «Господи, зачем я?..» – прошептала она, смотря на глухую дверь. Помнились сугробы, натоптанные следы... голубой шарфик, смерзшийся... Подошла к воротам, заглянула в полуоткрытую калитку. У сарая лежала все та же куча бревен, заросшая крапивой. Обошла дом, до сада, и захотелось взглянуть на сад. Прошла тропкой в кустах жасмина, постояла минутку на террасе... – «вот тут упала тогда...». Темно густели георгины, уже в бутонах. Пошла травяной дорожкой, узнала антоновку, где делали каток с Анютой, и увидала клумбу. Села на валкую скамейку под рябиной, увидала сирень, торчки поломов. Маргаритки пожухли, смотрели грустно. «Зачем я это?..» – опомнилась она, чувствуя слезы на лице. И быстро пошла из сада.

На углу улички к бульвару темнели головы лошадей, и она вспомнила Огарка... Велела кучеру: «Поскорей, домой». Был второй час, в начале.

XXIX

«ВЗРЫВ»

Виктор Алексеевич вернулся и беспокоился. Дела устроил, виделся с адвокатом и получил больше, чем ожидал. Виделся и со знатоком родов российских. Узнанное его ошеломило. Ходил и ходил по комнатам, смотря на часы и в окна. Наконец увидал коляску, высунулся в окно, хотел крикнуть – и бросился по коридору, встретить на лестнице.

– Дара, как я измучился!.. ужасы передумал... – сказал он, целуя руку.

– Забыла время, сама не знаю... – говорила она, в волненье. – Я была... там...

– И я бы с тобой, но вот, дела... хотел поскорей, ты не любишь Москвы... – говорил он спеша. – Как там... ничего с тобой?..

– Где – там? – не поняла она.

– В Страстном... ты всегда смущалась...

– Там чудесно, покойно, ласково... вот цветочки... – протянула она ему поблекшие мотыльки горошка, – в воду скорей поставь... как дивно пахнут! получила такое... после скажу. Там я была, у нас...

– Где – там?.. – нерешительно спросил он – и понял: – В улочке? почему ты... что тебя так встревожило?..

– Совсем и не думала туда... – сказала она досадливо, – сколько там было тяжелого, ужасного!.. Не говори, я сейчас покойна и не хочу... Матушка Аглаида дала, сказала... она молитвенница, светлосердая... сказала: «Ты и без обители в обители». Еще сказала: «Трудный твой путь, а ты не сбивайся... Понимаешь, с тобой путь этот, всегда...» – сказала она с решимостью, положила руки ему на плечи и смотрела в глаза.

– Да-рья!.. – вскрикнул он, так называя ее впервые. – Моя Дарья!.. с тобой, всегда!.. до конца!..

– Да, да... – шептала она как в забытьи.

– Дар мне ты... как же ты выросла, вся другая!.. и прежняя. Душу твою хочу влить в себя, всю тебя!.. – повторял он, захваченный чем-то новым, что теперь видел в ней.

Это был взрыв всех чувств. Виктор Алексеевич записал в дневнике, что испытал в тот памятный день, 12 июля:

«Это было чистое, высокое чувство, и оно передалось ей. Такого я никогда не знал. Чем-то, не рассудком, постиг я, что она мне дарована. Может быть, и до "взрыва" уже постиг, получив справку адвоката? Не знаю. "Взрыв" раскрыл это чувство до полноты».

Забыв все, упал он к ее ногам. Тут постучали: «Депеша!» Виктор Алексеевич прочел вслух: «Сдано пассажирским Мценск Циммерман».

– Браво, Юлий Генрих Циммерман!.. – расхохотался он.

– Кто это – Циммерман? – спросила недоуменно Даринька.

Он просил сделать для него, – потерпеть. Вернутся в Уютово – узнает маленькую радость.

Было около двух, в «Эрмитаже» оставлен за ними столик, надо не поздней половины третьего: съезд из Петербурга, – ожидали проездом из Крыма Государя, – все-переполнено. Просил приодеться ради такого дня, не в дорожном же сереньком. Но в чем же?.. Все предусмотрено, и, кажется, недурно вышло. Зашел купить зонтик, кстати и шляпку к зонтику, и удачно попалось на глаза, – показал он на длинную картонку, – «Мерку твою я помнил, не понравится – обмени».

– Хочешь закружить, как тогда?.. – сказала она, убегая с коробкой в будуарчик.

– О-очень хочу!.. – крикнул он и услыхал восторженное: «Ах, безумец!»

Выбрано было – нельзя лучше: сливочное, легкое, как воздух, и без этого надоедного хвоста! В чуть блеклых, травянистых буфах – «живые сливки... сливочное-фисташковое». Такая же и шляпка, с выгнутыми полями, особенной соломки... «Ну, что он только... совсем безумец!..» – слушал он восхищенное «про себя». – «И митенки, и зонтик... ах, безумец!..»

Он остолбенел, когда она выпорхнула из будуарчика, с радостным восклицанием: «Легкое до чего!..»

– Ты совершенно ослепительна... – говорил он, сходя за нею по бархатному ковру лестницы, любуясь легкой ее походкой, напевая: «Но царевна всех милее, всех...»

Катили к «Эрмитажу». День был нестерпимо жаркий, удушливый; дворники поливали мостовую, парило от булыжника, томяще пахло спелой малиной от ягодных палаток.

– Сейчас холодненьким освежимся, – не умолкал чем-то возбужденный Виктор Алексеевич.

– Странный ты какой-то сегодня... – сказала Даринька, – совсем другой. И вином пахнет от тебя...

– Шампанским, милая! хватили с адвокатом. Нельзя, сегодня день исто-ри-ческий!.. Почему? Узнаешь.

– Опять сюрприз?

– Всё сюрприз!.. – крикнул он так, что степенный кучер пошевелил затылком.

XXX

В ОПЬЯНЕНИИ

Жара-духота, томящий дух малины... – кружило голову. У «Эрмитажа» был сбор всех частей: подкатывали ландо, коляски, парили лошади, блистали каски, квартальные трясли перчаткой; червонили дворцовые ливреи, пестрели треуголки, веяли страусовые перья. Мальчишки совали листки, орали: «Гурко разбил турку!» Расклеивали по улицам депешу штаба: «Генерал Гурко разбил под Ени-Загру дивизию Реуфа-паши, взято 12 пушек».

Неторопливо всходя по мягкой широкой лестнице, Даринька видела в зеркалах простенков «кремовое-фисташковое». Входили в белый колонный зал, в теплом воздухе пряностей, вина, соусов, духов, легкой и тонкой сытости. Пахло дыней, сигарами, шампанским. Обед был в разгаре, дымилось кофе, играли масленые глаза, провожая «воздушное созданье», – уловил Виктор Алексеевич хрипучий басок нафабренного генерала в пышных сверх меры эполетах. Зал был набито-полон, – где тут найти местечко. Но местечко было заказано, «придворное», у самого балкона, на площадь, на бульвары, – столик: устроил знакомый метрдотель, за самые пустяки, полсотни, – «день исторический». Шампанское было заморожено, в хрустальной вазе желтели толстые гнутые струки, добившиеся Москвы бананы. Струнный оркестр на хорах ласково кружил томным вальсом «Дунайские волны».

Заказанное место было завидное: в огромное окно веяло с балкона холодочком, – там, в серебрёных ведрах, морозились шампанское и рейнвейн, темнели лавры, пестрели цветы с балясин. Служили обедом тонким: бульоном, лососькой, спаржей, «скобелевскими» отбивными, персиками в мадере, пломбиром, ташкентской дыней. Метрдотель, в министерских баках, разливал вино. Кружило блеском эполет, аксельбантов, мундиров, звоном шпорок и ложечек, игрой бокалов. Шампанское, в иголках, освежало.

– Милочка, до дна, день исторический!

– Я плакать буду с шампанского... ты уже опьянел, глаза какие...

– От тебя, царевна, ото всего! Ска-зочная ты...

– У меня кружится.

– Закружись, будет еще чудесней!.. Крещение принимаю нынче... от тебя, через тебя...

– Ви-ктор!.. – вырвалось у ней, в страхе. – Мне страшно... странно как улыбаешься... Уйдем, прошу тебя... у меня голова кружится...

– У меня с утра кружится, царевна!.. – И он протянул к ней бокал.

– Что ты со мной, безумец, де...аешь!..

– Чудесно грассируешь... «де-аешь»!.. впервые слышу твой забытый голос!..

– Про-шу... у меня кружится!..

– Ну, последний... за новый путь наш! хотел бы повидать твою... А-гиду...

– А... ги-ду?.. я не понимаю... ты пьяный!!!

– Ту, матушку... дала цветочки...

– Ах, матушка Аглаида!.. – сказала она, светясь, и подняла бокальчик. – Ну, чок!.. – сказала она бойко и осияла взглядом, – За нее... за новый путь наш!..

Это был новый «взрыв», вершина проявленья земного в ней.

Виктор Алексеевич был слегка весел, Даринька сияла бледностью. Когда шли залой – не кружились ни лица, ни колонны. Шампанское было бессильно перед чем-то, что ждало в ней: «Вот, сейчас». Она отметила в «записке»: «Было чувство, что сейчас случится что-то... радость?..»

Она сбежала по тонкой лестнице, спешила навстречу радости. У подъезда стояла монашка с книжкой. Место здесь было бойкое, выдалось монашке счастье: не гнали от подъезда, квартальные закусывали в официантской. Сборщица причитала: «Обители Покрова...» Сумочка осталась дома, Даринька сказала: «Дай ей рублик, сколько ты выбросил...» Ее поразило – «обители Покрова...» – ее отныне церкви! Он дал что под руку попало, много. Монашка поклонилась им до земли. Эта встреча напомнила Дариньке купить гостинцев и послать матушке Аглаиде, она хотела сейчас же на Тверскую к Андрееву, но Виктор Алексеевич сказал: «Отложи до завтра, а сейчас...»

XXXI

У КОЛЫБЕЛИ

– К Красным воротам! – велел он кучеру. – Зачем?.. а вот узнаешь.

– Опять сюрприз?..

– Ты сюрприз... бесценный!.. И всё – сюрприз!!..

Москва кружила. Вызванное встречей у «Эрмитажа», Дариньке вспомнилось Уютово, покой и тишина.

– Завтра все закупим, и скорей, с вечерним! – сказала она твердо, – мне дышать здесь нечем, пойми же!..

– Да, сегодня очень душно... – рассеянно сказал Виктор Алексеевич. – С вечерним?.. Сейчас самое важное...

Она взглянула на него с тревогой. У Красных ворот он велел кучеру остановиться.

— Пройдемся... — сказал он Дариньке.

— Торопиться надо, а ты... куда мы пойдем, что с тобой?..

— Мы пойдем... домой.

— Ви-ктор!.. — воскликнула она, но он молчал.

Новая Басманная в тот час была пуста. Особняки, с садами, с цветниками. На каменных воротах лежали львы. Виктор Алексеевич напевал: «Балконы, львы на воротах...» Они остановились перед сквозной решеткой, чугунной, из винограда, груш и яблок...

— Литое чудо! В морозы все это побелеет, в инее... станет совсем живое. Помню, в Замоскворечье, дом графа Сологуба... Перейдем, оттуда лучше.

Они перешли на другую сторону.

— Нравится, царевна?.. — показал он на белый дом-дворец, в колоннах, за большой с елями лужайкой.

— Старинный... такие я видала... — сказала Даринька, — водила тетя, говорила — «графский». Хочешь купить?.. у нас же есть, Уютово...

— Не продадут. Дом этот заповедный, крепкий... по Высочайшему указу. Купцы миллион бы дали. Нравится тебе?.. Это — колыбель твоя, ты родилась здесь.

— Здесь?!.. — произнесла она недоуменно.

— Под этими елями играла... Видишь, в глубине, такая же решетка... там большой пруд и

парк... купальни были... там тебя купали!.. плавали лебеди...

— Лебеди?.. — повторила она, во сне.

— Жаль, закрыто. Старый дворник ушел на богомолье, ключи у соседского, но он не смеет никого пускать. Ну, в другой раз увидишь.

Даринька смотрела на темные в колоннах окна. Родилась здесь?.. Этого она не понимала.

— Ты спокойна, это хорошо.

— Но я не понимаю... ничего не помню... — шептала она растерянно.

— Как ты можешь помнить, отсюда унесли тебя малюткой... два года тебе было.

— Чей же это дом?..

— Твоего отца. Был. Узнаешь все. Теперь, недалеко отсюда, в богадельню...

— В богадельню... зачем?..

— Нет, в богадельню после, а сейчас... Ну вот, плачешь... Все так чудесно!..

Она смотрела за решетку и плакала.

— Я тебе все сказала... ничего не утаила, что... незаконная... всегда за него молюсь... — шептала она, глотая слезы, — если бы он был... хороший!

— Он был хороший, знаю точно. Благородный, добрый...

— Да?!.. хороший?!..

— Твой отец был чистый, и это тебе скажут, кто его знал.

— Чи-стый?!.. — воскликнула она, сложила перед собой руки и поглядела в небо.

— Если бы не злой случай, твоя мать была бы его женой и ты была бы тогда законная. Это точно. Пойдем...

Она стояла, глядела за решетку. Он повторил: «Пойдем». Вернулись к оставленной коляске. Виктор Алексеевич велел: «В Елохово!» Коляска покатила той же улицей. Сошли у церкви.

– Это Богоявления в Елохове. Здесь тебя крестили.

Вечерняя отходила. Храм был обширный – богатый, аристократический приход. Иконы в самоцветах, в винограде золоченом иконостас, тяжелые паникадила...

Даринька взяла свечки, пошла ко храмовому образу, под сенью, стала на колени. Предтеча, в коже, воздевал руки над Христом во Иордане.

В «записке к ближним» Дарья Ивановна писала:

«...Были в храме Богоявления в Елохове, где меня крестили. Не знаменательно ли: моя церковь – Богоявления Господня?!.. В канун Богоявления Господня послано мне было вразумление, когда я, грешная вся, в наваждении соблазна, пролила крещенскую воду. В ночи на Богоявление даровано мне было знамение сна крестного. В утро праздника воспела я в светлом сердце песнь дня того: "Море виде и побеже, Иордан возвратися вспять". Вспомнила тогда все в родимом храме, и свет, и трепет. И воспарил дух мой».

На выходе Даринька оглянула притвор и увидала в заломчике чего искала: крестильную купель, накрытую ветхой пеленкой. Просила позвать трапезника или просвирню. Стояла в умиленном ожидании. Пришла старушка, открыла помятую оловянную купель и сказала, что купель старинная, до француза была, батюшка по рухлядным книгам знает. Спросила Дариньку:

– Вас, барышня, тут крестили, у нашего Богоявления? Ну, в самой этой, другой и нет. В самую эту и кунали. А теперь вон красавицы какие! Проживаете уже не здесь теперь?

– Нет, далеко... за Тулу.

Она опустилась перед купелью на колени и приложилась к закраинке. Дали просвирне рубль, и та все кланялась им, пока не отъехала коляска.

XXXII

ВОСКРЕСЕНИЕ ИЗ НЕБЫТИЯ

– В Куракинскую богадельню! – приказал Виктор Алексеевич. Богадельня была у Красных ворот, и пришлось опять проезжать мимо родного дома.

– Я во сне... – говорила Даринька, – мне трудно дышать, нет воздуха...

– И мне. К грозе.

От духоты, от раскаленного воздуха, от шампанского... он теперь чувствовал разбитость и тревожно следил за Даринькой: верхняя губка ее дрожала, она прикусывала ее. Он взял ее руку и стал говорить, что сейчас увидят почтенного старца, похожего на старинного вельможу, и надо держать себя молодцом.

– Он на руках нашивал тебя. Теперь на покое, ему под девяносто, но еще довольно крепкий. Мы минут на пять, не больше, чтобы ты сама слышала. Все подробности ловкач адвокат вытянул из него марсалой.

– Я не понимаю...

– Сладкое вино. Ловкач привез ему бутылку, это освежило память. Утомлять не будем. На покое здесь.

Подъехали к солидному особняку. Смотритель, отставной военный, сам вел их по коридорам с дорожками на зеркальном полу из камушков. Постучались в ореховую дверь: «Гости к вам, Макарий Силуаныч... разрешите?»

– Можно... – отозвался важно сиплый голос.

Вошли в большую комнату на солнце, в высоких окнах. У окна сидел в кресле крупный старик в оливковом халате, в воротничках, в высоком галстухе, несмотря на удушающую жару; пробритый, в бакенбардах, в серебряных очках, читал газету.

– Милости прошу... – пригласил он мановением руки, вглядываясь из-за газеты. – Кого имею удовольствие?.. – произнес он важно-приветливо, – рад вашей визитации... уж извините, не встаю... увы, расплата за виноградное прошлое, хотя наблюдал умеренность.

Они пожали огромную его руку.

– Пра-а-шу... Какому приятному а-казиону обязан вашим извещением, молодые люди?.. – вопросил «львище», так отметил Виктор Алексеевич. – Прекрасная барышня... – галантно обратился старец к робевшей Дариньке и выправил бакенбарды на плечи, – благоволите поразвлечься сиими приятными фрухтами, пра-а-шу, полакомьтесь... – указал он на вазу с персиками.

Даринька кивнула, вся в нем. Виктор Алексеевич объяснил: его поверенный получил от почтеннейшего Макария Силуановича все справки, и они явились представиться и поблагодарить.

– Па-а-веренный?.. – старался вспомнить старец.

– Вы с ними изволили пробовать марсалу... – повел Виктор Алексеевич «наводкой».

– Ма...рсалу!.. да-да, хе-хе... веселый господин... ах, говорун!.. Лучшее из испанских вин, бу-кет!.. Да-да-да... по полрюмочке, после насыщения... для а-саже.³ Храню, как... Но нонче душно, очень... атмосфера... – помахал он на себя лапищей.

– Вот, самая та марсала...благоволите... как свидетельство глубочайшего... – говорил Виктор Алексеевич, ставя кулечек в ногах старца, – парочка бутылок, с «паспортом»... сардины французской, высшей марки, ваши любимые, и мармелад от Абрикосова...

– Тронут вниманием... господин полковник, судя по вашим регалиям?..

– Да... коллежский советник, инженер-механик...

– А-а-а-а... – проникновенно протянул старец, – такой молодой, и... Меха-ника... вы-сокая наука!..

– А это моя жена, та самая Дайнька... вы ее когда-то на руках держали, Макарий Силуаныч... помните?..

---

³ Исковеркано, от французского «смирный, спокойный».

Даринька взирала благоговейно, как девочка могла бы взирать на митрополита.

– Как-с?.. изволили сказать, на руках?.. – старался понять старец, переводя взгляд на Дариньку.

– Дайнька... все так ее называли ласково во дворце... крошку, всегда в белом, как ангельчик... – наводил Виктор Алексеевич, – эту прекрасную молодую женщину... Тогда она была совсем малютка... дочка покойной Олимпиады Алексеевны, жившей по хозяйству у вашего покойного барина... вы помните?..

Макарий Силуаныч расправил бакенбарды и старался выпрямиться в креслах.

– Благоволите, сударь, извинить, но я обязан заметить вам... не барина, а их сиятельства, князя Феодора Константиновича ...... – поправил он вежливо-внушительно. – Их сиятельство всегда останавливали... когда именовали их по батюшкину титулу бароном. Пра-а-шу запомнить... – погрозил он пальцем: – «Высочайше утвержденным!.. мнением Государственнаго Совета!.. действительному статскому советнику, барону Константину Львовичу ...... дозволено принять фамилию и герб ......, из рода коих происходит его мать, урожденная ...... и впредь именоваться ......! Их сиятельства прадеды стояли... Ивана Васильевича Грознаго... у правой руки!.. А пресветлейший... Но не дерзаю, грешный, имя Святителя поминать в приватном разговоре. Их сиятельство были наиблагороднейшие, наивысоконравственные... чистоты голубиной... и сердце... князиньки моего...»

Он задохнулся, взял табакерку с эмалевой Екатериной, постучал в нее, защемил щепоть, стряхнул и крепко зарядился. Даринька впивалась в его слова. Губка ее сникла в восторженно-детском умиленье. Старец устремил в нее свой взор и, что-то видя, заерзал в креслах, протянул руку к мутным фотографиям над диваном и тыкал пальцем:

– Ее сиятельство княжна... Ольга Константиновна... – сказал он, недоуменно озираясь, – но она... скончалась?.. – он потер потный лоб. – Очень... атмосфера... – и разинул рот.

Виктору Алексеевичу вспомнилась картина в «Третьяковке» – «Меньшиков в Березове» – «похож, суровостью... крупнее только».

– Так вот, это Дайнька, дочь Липочки, которую их сиятельство выписал из Высоко-Княжьего... теперь большая...

– Так-так... да-да... сия благородная барышня?!.. Господи... ее сиятельство княжна... – показал он на Дариньку, хотел привстать и отвалился в креслах, – Ольга Константиновна, живая!..

Он смотрел, покачивая головой.

– Их сиятельство изволили сказать братцу... Я стоял по правую их руку, кушали они: «Будешь уважать!» И объявили свою волю: «Я сочетаваюсь браком с моей кроткой Липочкой... и наша Дайнька... по высо-чай-шему!.. – он погрозился, – будет именоваться "Ее сиятельство княжна Дария Федоровна..." и ты будешь уважать... за-кон!» – в-за пример с графиней Шереметьевой. Только граф Шереметьев женился на крепостной крестьянке... а наша Липочка была внучка прото-по-па!.. Пращур его сиятельства был наместником в Суздале... и прото-поп!.. тоже с тех мест. А у прото-по-па была...

— Да, и вот она от правнучки того протопопа... — перевел Виктор Алексеевич на Дариньку, — вспомните-ка, почтеннейший Макарий Силуаныч?..

— Так-так... Дайнька... Ну, ка-ак же!.. — просветлел старец и зарядился табачком, — На руках нашивал... за ручку водил в парках... рыбок кормили... Его сиятельство, бывало, скажут: Слоныч... — Они меня Слонычем именовать изволили в приятную минуту... я крупный, а тогда каким я был... кавалергарда выше!.. — Слоныч, скажут... — ты мне ее не урони, Дайньку... золото мое... И примут с моих рук, под ребрушки... Москву покажут. На ночь приходили к колыбельке, перекрестить... Молодой, на тридцать на первом годочке, на охоте... злой случай... слепая пуля... на номере стояли, за кустом... была облава... В Сретенье Господне, помню...

— Его убило?!.. — вскрикнула Даринька и закрестилась.

— Господня воля. Красавец, прынцессы набивались, ирцогини!.. А князинька был мудрый, все науки знал... — он поднял палец, — и благородный аттестации. Говорили: «Женюсь на единственной любови... мне ее Бог вручил».

Даринька упала на колени перед Макарием Силуанычем, сложив перед собой ладони. Шептала вздохом: «Вы все се-рдце... се-рдце...» Излились градом слезы, как у детей. Она схватила руку Макария Силуаныча и поцеловала. Он принял руку и откинулся на креслах.

— Как выросла... как же не узнать-то, кровь... Дозвольте ручку, ваше сиятельство... — прошептал он умиленно, — ручка... великатная какая...

Он поднес к блеклым губам покорную ручку Дариньки, откинулся и закрыл глаза.

— Ду...шно... а-тмо...сфе-ра... — выдохнул он, ощупью взял газету и накрылся.

Они переглянулись. Виктор Алексеевич достал две сотенных, черкнул на карточке два слова: «От Дайнькн» — и положил под персики. Даринька взяла один на память. Тихо отошли к дверям и оглянулись, Макарий Силуанович дремал, газета шевелилась от дыхания. Неслышно вышли.

Поехали. Даринька смотрела в небо. Виктор Алексеевич понял, что говорить не надо.

XXXIII

РАЗРЯЖЕНЬЕ

Был седьмой час. Солнце висело в мути, как в пожар. Было душно, порой полыхало, как из печи. Малиной пахло гуще. Звонкий всегда мороженщик кричал устало. Сняв шляпы, люди отирали пот, лошади плелись, мальчишки обливались у бассейна, где-то кричали бутошника, но он не шевелился, пил квас у грушника.

Виктор Алексеевич чувствовал смущенье. Теперь, когда все стало ясным, он представил себе острей, чем раньше, что получил Дариньку преступно. Восторг его мутился, он страшился уловить в ее глазах... «Ваше сиятельство»... – да, условность, но это не девочка-золотошвейка, не кинутое всем «безродное», а... присвоенное не по праву, насилием. И тогда, в первые дни их жизни, когда она была оглушена, открыла ему все, что знала, он почти знал, что теперь объявилось так бесспорно.

– Что с тобой? – спросила она заботливо и посмотрела светло, как утром, когда он подавал ей шоколад. Он молчал.

– Ты не рад?..

– Я не найду слов, как счастлив... за тебя... – сказал он с просящим взглядом, не смея

омрачить в ней... – Свет какой в тебе!..

– Ты это осветил во мне... – вымолвила она, взяла его руку и утерла слезы. – Боже мой... Виктор!.. – вырвалось у нее вдруг. – Так она?!..

– О ком ты?.. кто – она?..

– Там, в Уютове... се...стра?!.. в родном мы?!.. Го-споди... она... – и без сил откинулась к подушке.

Видя, как помертвели у ней губы, Виктор Алексеевич крикнул: «Гони!.. барыне дурно!..» Коляска бешено помчалась. Да и было время.

Вдруг стемнело. В небе нависло черным, в огнистой пене. Накатывало гулом, мелькнули стаи голубей, кто-то зловеще крикнул: «Небеса горят!..» На Лубянской площади рванулo вихрем, пылью. Поднимать верх нечего и думать. Виктор Алексеевич сорвал дождевой фартук, старался укрыть Дариньку собой... Шляпу его сорвало, секло в лицо песком, душило. Катились зонтики и шляпы; пригнувшись, разносчики с лотками спасались в подворотни, гремели вывески, звенели стекла, выли голоса... и в удушавшем пекле все еще стлался вязкий дух малины.

Перед Владимирскими воротами чуть не опрокинуло коляску телегой с прыгавшими стопами прессованного сена. На Никольской грохнуло перед коляской вывеску, лошади понесли, кучер орал неистово: «а-ста-а-ай!..» У самого «Славянского Базара» бутошник повис на дышле, кони осели и задрали морды... Выбежали швейцары...

Дариньку внесли на лестницу, нащупывая во тьме ступени. Ламповщики засвечали лампы, зажигали газ в несрочном мраке: был седьмой час в исходе. Вдруг ослепило-грохнуло, задребезжали-зазвенели стекла, застучало градом. Гуляло-завывало ветром, мотались шторы, звонили колокольчики, с грохотом падала посуда, откуда-то вопили: «Доктора!..»

Дариньку положили в комнату, выходившую во внутренний цветник с фонтаном. Здесь было тихо. Окна были раскрыты, веяло свежестью. Невиданный град, «с яйцо», перебив все окна, сменился ливнем.

То был памятный ураган, отмеченный летописцами, срезавший сотню десятин векового бора в Погонно-Лосином Острове, натворивший немало бед.

Виктор Алексеевич почувствовал в этом урагане нечто. Как в Уютове он научался слышать «симфонию великого оркестра», так в Москве ему как будто приоткрылось, что этот стройный оркестр «срывается» и в этом «срыве» слышится возмущение, угроза... словом, какой-то непорядок, разлад. Впервые почувствовалась ему «природа» как живое нечто... –

мистическое, конечно, ощущение! – подверженное, как все, недугу... После он называл – греху. Это «живое нечто» зависело от какой-то непреложной... Воли?.. Этому чувству он нашел утверждение у вдохновенного поэта: «Не то, что мните вы, природа...» Это «живое нечто», прекрасное и порой страшное, его «духовная» связанность с человеком, было ведомо Дариньке, и с этого урагана стала ему особенно понятна тонкость ее душевных восприятий, чувствование ею стихийности: великих снегопадов, ливней, наводнений, гроз... – того, что завлекает душу вне-земным, уносит – «за». Он отмечал, что с этого урагана «мир для него расширился и углубился».

Доктора не могли дозваться. Даринька скоро пришла в себя.

– Хорошо как, свежестью... – сказала она, вдыхая полной грудью, – это дождь шумит?..

Попросила пить. Он дал ей коньяку со льдом, стал на колени, где она лежала. Она сказала:

– Сколько тебе со мной заботы... поцелуй меня... – и поглядела так открыто, светло, что он не вынес переполненного сердца, отошел к окну, ткнулся лицом в портьеру и стиснул зубы...

– Куда же ты ушел?..

– Я с тобой... – сказал он от окна и подошел к ней.

– Почему ты плачешь?..

– От... незаслуженного счастья... – сказал он, овладев волненьем. – Жизнь... какое чудо!..

XXXIV

СВЕТ ИЗ ТЬМЫ

Эта поездка в Москву стала событием в их жизни.

Справки адвоката и узнанное от бывшего дворецкого раскрыли, что слышанное Даринькой о детстве дошло до нее в искаженном виде. Расспрашивая теперь, Виктор Алексеевич узнал, что тетка никогда не говорила с ней о матери, и все, что она знала, дошло до нее по слухам. На богомолье разговорится тетка с попутчицей, как хорошо жилось ей в богатой вотчине... и пошепчет: «Девочка-то со мной... графской крови!..» Из таких слухов и сложилось у Дариньки «все это темное». И вот справки адвоката пролили настоящий свет.

Адвокат взялся за дело горячо. Получив от доверителя лишь общее и скудное, он решил, что идет дело о наследстве. Его утвердила в этом приписка в письме: «Не считайтесь с расходами, тут дело об огромном», – трижды подчеркнуто! Он кое-что слыхал о знаменитом роде. Слыхал о наложении опеки на барона по Высочайшему повелению, в сбережение чести имени. Был и немного романтик, и его захватила «таинственная история». Разыскал пятерых очевидцев, послал помощника в Высоко-Княжье, вытянул нить клубка, и ринулся отыскивать «сокровище», –

«ниточка» у него имелась: бывший дворецкий слышал, как князь говорил Липочке: «Дайнька обеспечена, вся опеленута билетами, как и ты». Были подняты все книги, благодаря щедрым дачам, в Дворянской опеке, в Сохранной казне, в Опекунском совете, в банке... и открыли собственноручную запись князя, законно засвидетельствованную, от 19 марта 1859 г., как раз день Ангела Дайньки, о вкладе процентными билетами, в сумме 20 тыс. руб. на серебро, на имя родившейся 7 сего марта Дарий Ивановны Королевой, неприкосновенном до выхода ее замуж или до достижении 18 лет. «А в случае, от чего Бог избави, ее кончины до сих сроков, вклад сей, с процентами, наросшими, согл. ст. ст. об управл. вкладами, имеет быть перечислен в стипендиальный фонд Императорскаго Московскаго Университета». Того же дня было внесено столько же на имя девицы Олимпиады Алексеевны Преполовенской, 18 л., дочери ныне покойного диакона церкви с. Высоко-Княжье, Сузд. у. Владим. губ., – с той же оговоркой. Не миллионы, но все же нечто, так как за почти 20 лет доросло до свыше 120 тыс. руб. срб. Дело простое, было из-за чего работать.

Поздно вечером ураганного дня, по настоянию Дариньки, Виктор Алексеевич прочел ей справку адвоката. Даринька слушала с закрытыми глазами. Взятый на память персик был у нее в руках. И вот что выяснилось.

В Высоко-Княжьем проживала на положении ключницы старая дева Капитолина Неаполитанская. Ежедень бывала у ней двоюродная сестра Липочка, лет 16, пригожая, кроткая, тонюшенькая, как былиночка, большая начетчица, читала Капитолине из Житий. А жила та Липочка рядом, в церковном доме, у просвирни, платила за нее Капитолина 2 рубля в месяц, хоть и при себе бы могла держать, занимала в княжьем доме три комнаты. Липочка сиротой осталась, в холерный год померли у ней родители, ездили хоронить дедушку-протопопа и не воротились. Дьяконова дочка была. Капитолина к себе ее не взяла жить, остерегалась. Как-то приехал князь на охоту, она ее задами вывела. Наезжал князь только для охоты, осенью, а то зимой. И вот как-то приехал по пороше и застал Липочку у Капитолины. Кто такая, красавица? Такая-то. Чего она в черном? Родители померли. Липочка при нем заплакала. Он вынул платочек, сам ей слезки утер. И велел тут же в дом перебираться, чего ей у просвирни жаться! Капитолина не посмела прекословить. Пробыл тогда не две недели, а до Филиповок. Молодой, веселый, красавец, годов 26. И все, бывало, насвистывал. А то на фортепьянах, вот играет-играет! Придет к Капитолине: «Чего вы тут молчите, в ералаш давайте играть». Стали примечать – антересуется Липочкой. Повел ее, где шкапы у него с книжками, – «читай, Липочка, чего хочешь». Капитолина темней ночи стала, а Липочка канарейкой заливается, барина никак не боится, уже приручилась. Стал он отъезжать, мороз был, а Липочка выбегла на крыльцо, без шубки да при людях-то в слезы! Барин ей поморгал, ласково погрозился, как на дитю, и крикнул Капитолине: «Дом оберегайте и кто в дому!» «Капитолина бранить Липочку, – "голову ты с меня сняла, безумица!" – рассказывала адвокату проживавшая в Набилковской богадельне старушка, прачкой в Княжьем тогда была. – Липочка речкой изливается, извелась. И вот, на третий день Рождества, колоколец забрякал, только светать стало. Кого это Бог дает? Сам Макарий Силуаныч в гости, в крытом возке, со стеклышками, с фалетором. Важный, на седьмой десяток уж ему было, – что за оказия-екстренность? А с ним шубочка соболья-бархатная, пуховые платки, лисьи сапожки. И всем знато: главный при барине, задушевный. Письмо Капитолине: "Снарядить Липочку в Москву, учиться будет, нечего ей делать в глухомани". Липочка в ладошки, прыг-прыг, а Капитолина в рев: не пущу и не пущу! На нее Силуаныч пальцем: "Как же, спросили тебя, не мать родная". И спрашивает Липочку: "Желаете в Москву, барин опекать вас будет?" А она: "Еду-еду, а то и так убегу!" Часу не прошло – помчали-заиграли.

А через годок она и Капитолину выписала, и меня, грешную... – сказывала старушка, – песенки ей певала и сказки сказывала. Я, говорит, в няни тебя беру, скоро у меня детка сродится, Федя на мне поженится, на образ покрестился.

Капитолину на квартиру поставили, неподалечку, Богу пусть молится. Хаживала она и в дом, чайком поил ее Силуаныч, а она ему из Житий вычитывала. Дочка у Липочки родилась, души в ней не чаял барин, к годочку уж лепетать стала. Спросят ее: "Как тебя звать?" – "Дайнька", губенки так выставит.

А княгиня-мамаша все противилась, гордая такая, не желала ихнего брака. Да князь сказал – уломаю, а то и без согласия поженимся.

Два годика пролетело, как день светлый. И стал на ихнюю половину младший братец Князев частить. Самондравный, гордый... – рассказывала старушка, – в офицерах служил. И такой был игрок-картежник, все свои деньги попрокидал. Как-то и прихвати Липочку под спинку... Силуаныч его застал: Липочка при нем охальника по щеке, затопала на него. Барина дома не было. Приехал, вызвал братца – за ворот и рванул. Ну, тот прощенья просил. Умягчился барин, велел у Липочки прошенья просить. И вот, кушали как-то вместе. Барин и объявил: "На Красной Горке женюсь на Липочке, будешь уважать!" А Липочку учительши обучали, как листократы чтобы была. Тут и мамаша согласилась, пондравилась и ей Липочка: "Не ожидала, какие у ней манеры великатныя!" А уж мы-то радовались как...

Потом – "злой случай" на облаве. Как громом сразило Липочку.

А недели через три пришел лакеишка от младшаго барина: выбирайтесь. Липочка взяла Дайньку, в шубочку завернула, к Капитолине пошла. Безо всего вышла, лакеишка и укладки на ключ замкнул. Силуаныч как ахал, а чего может... – наследник велит. Мамаше отписал. Образа ихние сам отнес, игрушечки, бельецо. А меня в судомойки определили.

Великим постом приехала мамаша, была у Липочки, подарила Дайньке сто рублей, а на другой день и воз с сундуками пригнала. Увидала Липочка: "Не приму!" Капитолина как ее просила... "Нет Феди моего, а эту мне пыль не надо!.." И поехали сундуки. Совсем она голову потеряла, бегала по морозу в одном платьице. Соседи видали: под колодцем бельецо Дайнькино полоскала, а кругом намерзло, ослизнулась она на льдышках, упала, так на льдышках и разрешилась – скинула... по шестому месяцу, мальчик был... Подняли ее без памяти, свезли в Басманную больницу, она через недельку Богу душу и отдала.

Капитолина осталась с Дайнькой. Помогал им, чем мог, Макарий Силуаныч. А скоро его княгиня-баронесса в хорошую богадельню поместила. На Калитниковском Липочку похоронили. Прошло годков пять, пошла Капитолина с Даринькой на богомолье, воротилась – а на могилке и крестика нет. Продала Липочкино колечко, купила крестик, и решеточку поставили...»

Вот что мог дознать адвокат.

XXXV

ПРЕОДОЛЕНИЕ

Слушая справку адвоката, Даринька лежала, сомкнув глаза, и Виктору Алексеевичу казалось, что она приняла смиренно все.

Ночью он услыхал из комнаты, где спала Даринька, подавленные всхлипы. Он вошел и увидал на ковре, под образом, белую Дариньку. Она лежала «комочком», вздрагивая, и из этого «комочка» вырывались толчками всхлипы. В этих зажатых всхлипах слышались отчаяние, безнадежность, бессильная жалоба, дрожащее, детское «Ма-а-а...». Он стиснул зубы, чтобы не закричать от боли...

Он поднял ее, без чувств, с повисшими руками, и отнес на постель. Взбудили врача. Тот удивился, какой продолжительный обморок. К утру Даринька пришла в себя. Доктор сказал, что такое бывает у детей, – «младенческая». И удивил Виктора Алексеевича, высказав, что, по-видимому, больная живет очень напряженной внутренней жизнью, не облегчает себя высказываньем, и оттого-то и обморок, как разряд. Этот молодой врач, невропатолог, впоследствии приобрел известность своей книгой «Душевно-духовные силы». Лечение ограничил покоем и переменой обстановки.

В Москве пришлось задержаться, прием в Уютове был отложен. На другой день Даринька чувствовала себя вполне здоровой и заявила, что надо повидать старушку-няню, поехать на могилу матери, на тетину могилу и непременно в Высоко-Княжье, где похоронен отец. Виктор Алексеевич ужаснулся: «Все могилы!» Доктор посоветовал не заграждать выхода душевным проявлениям:

– Ваша жена знает лучше нас, что ей нужно для душевного здоровья. Очень она религиозна? Тогда предоставьте ей полную свободу, вот ее леченье.

Через два дня они поехали в Набилковскую богадельню, видели старушку, одарили. Мало узнали нового. Приезжала к Капитолине сестра покойного барина Ольга Константиновна, просила отдать ей Дайньку. Капитолина отказала: покойная Липочка просила ее – никому Дайньку не отдавать. И денег не приняла, так ожесточилась. Но деньги откуда-то приходили, помалости. Квартирку переменила, кормилась вышиваньем приданого. В Страстном была у ней землячка-монахиня, давала ей заказы от знакомых. Капитолина, говорили, померла вдруг, от сердца. Хоронили монашки, на Даниловском. Сиротку тоже монашки устроили, в золотошвейную мастерскую, а ей тогда годков 12 было.

Даринька узнала старушку: захаживала она к тетке. Подняла вуальку и сказала:

– Анисьюшка, я Дайнька и есть... не узнаете?..

Сошлись богаделки, пришла смотрительша. Даринька дала ей денег устроить для призреваемых поминовенный обед и заказала заупокойную обедню в ихней церкви. Старушке дала сто рублей и обещала скоро ей написать.

Даринька была совсем спокойна, и Виктор Алексеевич признал правду в словах доктора. Не раз вспоминал, как доктор коснулся Даринькина «там...там»:

– Мы с вами живем в трехмерном, ваша юная подруга – в безмерном. Делайте вывод, если вы даже и неверующий. Тот мир – пусть мнимый для вас! – безмерно богат... хотя бы творчеством человеческого духа: сказаниями, подвигами, деяниями тысячелетий, создателями религий. Этот, реальный, – нищий перед тем. Ваша жена живет в обоих и – разрывается. Отсюда могут быть «провалы сознания», обмороки... своего рода отрыв от нашей сферы. И, может быть, – прорыв туда... Все, что приближает ее к тому миру, будет ее лекарством.

Из богадельни поехали на Калитниковское, за Покровскую заставу. Кладбище было старинное, в высоких деревьях, Даринька плохо помнила, где могилка: «Где-то в углу». В конторе долго листали книги – и сторожа не помнили, – нашли, наконец, от 8 марта 1860: «Преполовенская, Олимпиада, 20 л., 27 разр., близ Онучкиных, юж. ст., к углу». Была приписка: «Посл. раз навещена в 69 г., летом, вписана в кн. "нарушаемых"».

Виктор Алексеевич спросил, что такое – «нарушаемых». Конторщик сказал уклончиво: «Десять годков не навещали – можно похерить». Виктор Алексеевич возмутился: сейчас же отметить, что «навещали»! Грозил жалобой, изругал конторщика – «мертвых грабите!». Никогда с ним такого не бывало. Даринька, поняв, пришла в ужас: «Дай им скорей, скорей!..» И вдруг гневно, властно закричала:

– Не сметь!. бездушные люди!.. – и, вся загоревшись, погрозилась. Виктор Алексеевич, пораженный ее гневом, крикнул;

– Цела могила?..

Конторщик, бледный, бормотал невнятно: «Полагаю-с...» – «Завтра все полетите к черту!..» При этих криках пришел священник. Бесчинства не одобрял: сколько раз жаловались, плакали...

Долго искали в глубине кладбища. Нашли, где уже и тропок не было. Решетка была повалена на заросший бурьяном бугорок, креста не было,

– Цела-с!.. – сказал конторщик, – вот и Онучкины, старьевщики. Даринька припала к бугорку, в бурьяне. Батюшка просил успокоиться, вернуть себе мир душевный, он подождет:

– Крестик поставите, опять светлая могилка будет... помолимся и простим согрешения, и сойдет мир на вас.

Виктор Алексеевич приказал сторожу все привести в порядок, батюшку просил прийти попозже. Кладбищенские рабочие все сделали скоро и хорошо: оправили и одернули могилку, вкопали новый крест, установили на камнях решетку, посадили цветы, посыпали песочком, и маляр тут же приделал надписание.

Батюшка пришел с двумя дьячками, умилился, как преобразилось. Служил очень благолепно. Радостно изумило Дариньку; после «со святыми упокой» прочитал из Евангелия: «...грядет час в он же вси сущие во гробах услышат глас Сына Божия...» А в заключение службы – из Ап. Павла к римлянам: «...и потому, живем ли, или умираем... – обратил лицо к Дариньке: – Всегда Господни». Был светлый и жаркий день. От политого дерна парило. Благословив могилку, сказал батюшка, проникновенно:

– Не в скорби, а в радости – жизнь. Почтя полезным, я прочитал из Евангелия и Апостола, да укрепитесь. Смотрите, какой свет! – обвел он Евангелием над могилкой и – к небу.

Даринька была утешена. Шла с батюшкой впереди, он что-то говорил ей. Виктор Алексеевич узнал от дьячков, что батюшка очень почитаем, академик. Понял, что умирить надо, потому и чтил от Евангелия и Апостола, хотя сие на панихиде и не положено. Все жалеют его: на сих днях уезжает на Валаам, в монашество. Давно овдовел, а этой весной скончался от чахотки единственный его сын, оканчивал обучение в академии.

– В мире, в мире... – сказал батюшка, прощаясь, – храните свет в вас и другим светите.

– Какой он проникновенный, – сказала Даринька, – все умирил во мне, будто все мои скорби знает. На Даниловское кладбище, – велела она кучеру. – А завтра к отцу.

Виктор Алексеевич пробовал возражать: нельзя так утомляться.

– Не утомляться, а успокоиться, – сказала она. – Как хорошо, что мы сегодня поехали, он завтра служит последнюю литургию здесь, едет на Валаам. Одно его слово все во мне просветило...

– Какое же слово?

– После, не здесь.

Даринька не помнила, где могила, не знала и теткиной фамилии. Виктор Алексеевич знал из справки: Капитолина Неаполитанская. Искали по книгам; под 68-70-м годами: Дариньке помнилось, что хоронили летом, – купили ей монашки для утешения красной смородины. Старичок конторский подумал... «Смородина в июне поспевает». Нашли, в июне, «Неаполитанская Капитолина...» – по смородинке и нашли. Цел был и крест, и надписание. Отслужили панихиду и оставили денег – посадить цветы и держать все в порядке.

Чтобы развеять «кладбищенское», Виктор Алексеевич уговорил Дариньку пообедать на воздухе где-нибудь: шел третий час, с утра ничего не ела. Самое лучшее – у Крынкина, на Воробьевке.

XXXVI

ПОБЕЖДАЮЩАЯ

От Крынкина открывалась вся Москва: трактир стоял на краю обрыва. После обеда прошли в березовую рощу. День был будний, гулявших не встречалось. Тишина рощи напомнила Дариньке Уютово.

– Столько там дела, о многом подумать надо...

– О чем тебе думать!.. – сказал Виктор Алексеевич.

– Как – о чем?.. Сколько ты говорил про жизнь – надо решить, обдумать. И мне надо.

Он согласился, дивясь, как она помудрела, какие у ней теперь новые, думающие глаза.

Они услыхали в глубине рощи протяжный, резкий выкрик и за ним чистые переливы, будто флейта.

– Иволга... – сказала Даринька, – будто водичка переливается. Еще с богомолий помню, иволга дольше всех поет, последнюю песенку допевает лету...

– Да... – вспомнил он, – какое «одно слово» священника?..

– Я это и раньше знала, но никогда так не разумела. Нельзя убиваться, что могилка чуть не пропала, у Господа ничего не пропадает, все вечно, есть! Даже прах, персть... все в призоре у Господа. Для земных глаз пропадает, а у Бога ничего не забыто. Как это верно! Даже я все храню в себе, что видела, все живое во мне!.. Помню, маленькая совсем была, увидала в садике первые грибки-шампиньоны... и вот сейчас их вижу, даже соринки вижу... А для Господа все живет, для Него нет ни дней, ни годов, а все – всегда. И в Писании есть... «Времени уже не будет, и тогда все откроется».

– Как ты душевно выросла! – сказал он.

– Господь всегда в творении, в промышлении обо всем, что для нас пропадает... – до пылинки, до огонечка в темном, далеком поле... «до одинокаго огонечка, который угасает в темном поле...» – говорил батюшка.

– У него умер единственный сын, погас его «огонечек»... – сказал Виктор Алексеевич.

– Вот почему... про огонечек... Еще сказал... «скорбями себя томите, а надо отойти от себя и пойти к другим». Я знала это. Но надо это всем сердцем. И еще сказал... – «пойдите к другим, пожалейте других, и ваши скорби сольются с ихними и обратятся даже в радость, что облегчили других. Вдумайтесь в слова Христа: "да отвержется себе", и вам раскроется смысл Его слова» «иго Мое благо, и бремя Мое легко». Так никто еще мне не говорил. И спросил, есть ли у меня дети...

Они услыхали шорох над собой и детский голосок: «Возьми на лучки..!» – и тут же притворно-строгий окрик; «махонький ты... "на лучки"! жених скоро, а все... у-у, сладкий ты мой...» И они услыхали чмоканье.

Из березняка за ними вышла молодая баба с мальчиком на руках.

Баба была веселая, пригожая, мальчик – здоровенький. Баба ему сказала: «Посмеются господа на нашего Гаврилку... скоро парень уж, а все – "на лучки..."!» Даринька дала мальчику конфетку, залюбовалась им.

– В отца, широконькой... Тятеньке насбирали, в сметанке сейчас пожарим.

Полна кошелка была грибов. Дариньке захотелось жареных грибов в сметане, – у Крынкина ничего не ела, – не продаст ли немножко? Баба от денег отказалась, отсыпала ворошок и присоветовала обочинкой пройти, грибов много, к войне. Когда она ушла, Виктор Алексеевич спросил:

– Говорила, – про детей батюшка спросил?..

– Да. Сказал, что брак без детей... нету в нем чистоты...

Пошли опушкой, и стали попадаться грибы.

– Белый нашла!.. смотри, как стоит, найдешь?.. Он подошел и по ее взгляду нашел белый.

– Да, он глубокое высказал... о страдании... – сказал Виктор Алексеевич. – Это и психологически совершенно верно: раствориться в других...

– Сердцем надо это принять... – сказала она, и он увидал, как она тревожно-пытливо смотрит.

Он почувствовал, как ей важно, чтобы он понял все, что она думает о нем, боится за него.

– Научи же меня!.. – воскликнул невольно он. – Ты понимаешь больше, чем сказала... ты можешь сердцем, а я...

– Я не умею научить... – и на лице ее выразилась растерянность. – У тебя есть сердце, ты много знаешь... и поймешь все, что во мне... больше!..

Он увидал новое в ней, – оживленность мыслью в глазах, будто она в полете, в чем-то... Взял ее руку и прикрыл ею себе глаза.

– С тобой я все пойму!.. – шептал он, слыша, как ее пальцы ласкают его глаза. И почему-то вспомнил сказанное отцом Варнавой: «Побеждающая». – Ах, какая сила в тебе!..

И раньше говорил он так, в порывах страсти; но теперь он открывал в тех же почти словах новый, более глубокий смысл.

Был вечер, когда они вышли на дорогу и сели на бугорке, откуда открывался вид на Москву. За рекой огненно садилось солнце: пламенная была Москва, пламенная была река. Пламенела глинистая дорога по обрыву. Под розовыми березами стояла их коляска.

– Румяные березы, праздничные... – сказала Даринька. В светлом порыве, она посмотрела в небо.

– Хорошо, что поехали сегодня... мне теперь так легко!.. – говорила она небу, ему, себе.

XXXVII

ПОСТИЖЕНИЕ

С этим днем связывал Виктор Алексеевич расцвет Даринькиных душевных сил.

В тот же вечер, уснув на диванчике после томительного дня, она проснулась перед полуночью с радостным восклицанием:

– Сколько чудесного... там!..

Он дремал рядом в кресле. Взглянул на нее, на раскрытые радостно глаза, в которых сиял свет золотистого абажура лампы, и увидал новую красоту ее, – не юную, а глубоко женственную, сильную красоту, и его осенило мыслью: «Вот то, влекущее, чего ищут все, вечное-женственное, высшая красота творящего начала». После определил вернее: закрепил в своем дневнике: «...Не "высшая красота творящего начала", это словесно-мутно. То был явленный мне в Дариньке образ чистоты в женщине, женственное начало в творческом. Эта чистота излучала теплоту-силу, как бы основу жизни, и в этой теплоте были – нежность, ласка, милосердие, вся глубина любви... все, что чарует нас в матери, сестре, невесте... – все очарования, данные в удел женщине, без чего жизнь не может быть... В тот памятный вечер во мне родилось постижение величайшего из всех образов: Дева – Жена – Приснодева. Культ Девы в мифах, у поэтов, художников, святых, в народах, живущих душевной подоплекой, у нас особенно задушевно и уповающе. Этот культ порожден неиссякающе-властным чувством искания совершеннейшего, животворящего.

– Где – там?.. – спросил Виктор Алексеевич. – Ты сейчас радостно воскликнула: «Сколько чудесного... там!»

– Да-аааа!.. – напевно воскликнула она, – я видела у нас, в Уютове... Забыла... Ах, да!.. помню – все чистое, прозрачное... Вдруг поняла, во сне... – вот – святое! И мне стало ясно... все. Что же я видела?.. Забыла... такое чудесное забыла...

По ее лицу видел он, как она старается припомнить.

– Видишь... Но это чу-точку только, мреется чуть-чуть-чуть...

Она сложила ладони и возвела глаза – молилась словно.

– Видишь... – зашептала она, как будто боясь спугнуть вспомнившееся из сна, – я видела все вещи у нас в Уютове... и дом, и елки, и цветы... камушки даже помню и колодец... но все совсем другое! Подумала я... – вот – святое, чистое творение Господне... Этого нельзя рассказать. Живое!.. Струится, льется... в елках даже зеленое струится, и все видно, будто прозрачное... вот как через пальцы смотреть на солнце... духи вот в стеклянных уточках продают, в олениках... Я всегда любила смотреть, всегда мечтала, вот бы тетя купила мне... и теперь люблю... Такая чистота... щуриться надо, а то слепит. И в самую минутку, как мне проснуться, подумалось, во сне: вот это без греха, и надо, чтобы все было чистое, тогда все будет. Не думала ни о чем, когда задремывала, и вот такое... – сказала она, дивясь. – А теперь думаю.

– Что же ты думаешь?

– Думаю... – говорила она мечтательно, – это не жизнь, как все живем. Надо совсем другое...

– Что же другое?

– Как это верно, как чудесно!.. – воскликнула она, всплеснув руками. – Так понятно открылось мне, а во сне будто и ответилось, какая должна быть жизнь. Такая красота... снилось-то! все живое, и все струится! А это... – огляделась она, – мутное, темное... неживое. Нет!.. – страстно воскликнула она и так мотнула головой, что лежавшие на батистовой кофточке каштановые ее косы разметались. – Подумать только, какие простые слова, как надо: «Да отвержется себе и возьмет крест свой и по Мне грядет»! Тут все как надо. Каждому дан крест и указано, что надо: нести, идти за Ним. И тогда все легко, всем. И это совсем просто. А думают, что жизнь... чтобы ему было хорошо. И я так думала, маленькая когда... А потом стала всего бояться... Ведь я... – в глазах ее выразился ужас, – тогда... Я сказала тебе не все. Самого страшного и не сказала... и самого...

Он перебил ее, чего-то страшась, может быть, позорного для нее:

– Не все?!.. Самого страшного... и?.. Ты сказала еще – «и самого...» что же еще было, чего ты не сказала?.. – «и самого»?..

– ...чудесного!.. – досказала она чуть слышно.

XXXVIII

ЧУДЕСНОЕ

Она прикрыла глаза, как будто свет от лампы мешал ей видеть то – «самое страшное и самое чудесное». Ее губы сжались и покривились, словно она выпила горького чего-то.

– Слушай... Дай мне руку... мне легче так. В ту ночь... помнишь?.. до нашей встречи на бульваре?.. Я побежала к Москве-реке и все молилась, рекой ревела: «Маменька, спаси... маменька, возьми меня!..» Добежала до Каменного моста. А река темная-темная, чуть серая... шорохом так шумела. Тогда ведь лед шел, самое водополье, в воскресенье на масленице... нет, что я путаю... Вербное было воскресенье! взбежала на мост, перегнулась за решетку... и мне совсем не страшно... так и уплыву со льдинками куда-то... все страшное кончится. И уже свешиваться стала, сползать, туда... и – вдруг... что-то схватило меня сзади, под поясницу, как обожгло!.. и я услыхала строгий окрик: «Глупая-несчастная!.. ты что это, а?!..» И оторвало меня, откинуло будто от решетки. Со страху я обмерла, вся трясусь... А это старичок бутошник... топает на меня и грозится пальцем... строго-строго! Как раз под фонарем было, где выступ, круглый-каменный, бык там у моста. Увидала его лицо... и прямо ужас!.. Будто это не бутошник, а сам Никола-Угодник!.. ну, совсем такой лик, как на иконах пишут... темный, худой, бородка се127125, а глаза и строгие, и милостивые. Топает на меня и все грозится... и бранится даже, как вот

268

отчитывает: «Ах, ты, самондравка-самоуправка, надумала чего!.. сейчас же ступай к своему месту!.. а, беспризорная несчастная!..» Взял меня за руку и довел до Пречистенского бульвара, тихонько так в спину толкнул: «Так прямо и ступай, не оглядывайся... я послежу, завтра сам приду справиться!..» А мне идти-то и некуда... И сказать-то ему страшусь. Я и побежала, все прямо, прямо... не помню, как уж я три бульвара пробежала... упала на лавочку, дыханья уж у меня не стало. Смотрю, а это наш Страстной монастырь!.. – помню, часы пробили три раза. А я все думала за тот вечер: зайду, помолюсь в последний разок... и не зашла, со страху. И тут, на лавочке, думала: отопрут к утрени врата, зайду помолюсь... а дальше чего, я уж не думала, А тут ты и подошел. Я знаю, это Святитель Николай-Угодник от гибели меня спас... того старичка-бутошника послал, глухою ночью. Ни души не было, как раз строгая ночь, на святой и Великий понедельник. С того часу сколько раз думала я... может быть, Николай-Угодник и послал тебя?.. И страшилась недостоинства моего. Помнишь, тогда... на величании под Николин день, у меня помутилось в голове, едва поднялась на солею благословиться у матушки Руфины уйти из храма: по немощи?.. Это от великого страха помутилось, что о тебе мечталось, а уста пели хваление ему в рассеянии сердца... а он оградил меня!.. Знаешь... сколько раз я потом ходила к Каменному мосту, когда уж у тебя жила, все хотела того старичка-бутошника увидеть... так и не увидала. Видишь, сказал-то он, – «самондравка-самоуправка»?.. Это – что я свой крест-то швырнуть хотела! Уж так мне ясно теперь, все теперь просветилось, и мне хорошо, легко. Теперь я знаю, что надо... и теперь вижу, какая должна быть жизнь... и так и буду!..

Она выговорила последние слова с силой, почти с восторгом. Виктор Алексеевич, потрясенный ее живым рассказом, целовал ей руки и говорил: «Чистая моя... мудрая...»

В тот поздний вечер он понял, что она «победила» его, владеет им. Через этот рассказ ему почти открылось – сердцу его открылось, – что его жизнь предначертание связана с ней, до конца. Этот жуткий ее рассказ приводил в стройное все «случайное» в эти последние два года его жизни. Надо же было так случиться!..

Возбуждение Дариньки от рассказа о «страшном и чудесном» сменилось слабостью. Она попросила едва слышно дать ей вина. Он налил ой шампанского, все эти дни подкреплявшего ее силы, по совету врача. Она на этот раз выпила весь бокал. Он держал бокал, а она пригубливала глоточками и любовалась струившимися иголочками, игравшими в шепчущем шампанском.

– Вот совсем такое, струйчатое, живое... видела я во сне... – говорила она, любуясь, и неожиданно засмеялась, вспомнив: «Шампанское с сахаром», смешную акушерку – смешную в страшном.

Удивленный неожиданным ее смехом, узнав, почему она смеется, он вспомнил тот «страх», подползавший к Дариньке в жутко-туманном облике, на мохнатых лапах, и чудесное избавление ее от смерти. Он вновь пережил тот страх, то чудесное избавление от смерти... – пережил, кажется, острей, чем тогда. Теперь ему стало совершенно ясно, что это было чудо, и почему было это чудо, и почему было даровано им обоим. Записал в дневнике:

«...Конечно, не ради нашего "счастья": такое маленькое оно в сравнении с этим даром. Все, что свершилось, было закономерно, с прикровенно-глубоким смыслом. Для чего же? Она знает и верит, что для большего, важнейшего. И она права: только с этим, важнейшим, чем-то, соизмеримо все».

То, что вписал он в дневник, уже ясно было ему в тот самый вечер, к концу ее рассказа. Он мысленно увидал бесспорность такого вывода и понимал – тогда же, – что эта бесспорность была не плодом доводов рассудка, а ими обоими выстраданной правдой. В самый тот час, когда, мартовской ночью, во всем отчаявшись, решил он покончить с «обманом жизни» и видел исход в «кристаллике»... – запуганная и загнанная неправдой этой жизни, одинокая девушка-ребенок, тоже во всем отчаявшись, увидала исход в кипящем ледоходе. «Если не это все, что же тогда мог бы признать я чудом?!..» – спросил он себя. И ответил себе, как бы наитием: «Она разгадала все, иной разгадки и быть не может». И воскликнул, как бы осязая веру:

– Ты права! Только так – все осмыслено, оправдано!..

– Что – все?.. – спросила она, смотря на игру в бокале.

– Все... – обвел он вокруг рукой, – и наше личное, и все, все... самое простое и самое чудесное!..

– Хочу спать... – услыхал он дремотный голос и увидал, что глаза ее сомкнулись, бокал выскользнул из ее руки и катится с диванчика на ковер.

Поднял его и поцеловал. Привернул лампу и тихо пошел к себе.

XXXIX

МИКОЛА-СТРОГОЙ

Виктор Алексеевич не ожидал, что рассказ Дариньки о случившемся с нею ночью на Каменном мосту так его оглушит.

Захваченный ее горячей верой, отдавшись чувству, он принял это «почти как чудо». Но когда у себя стал проверять его доводами рассудка, показалось ему чудовищным это «чудо с бутошником». Бутошник и Угодник никак в нем не совмещались. Несомненно, что все это – галлюцинация девочки, запуганной ужасами жизни, болезненный след рассказов богомолок про чудеса. Его стало смущать, что начинает прислушиваться в себе к голосу чуждого ему «мистического инстинкта».

С тем он и проснулся утром: «Бутошник, страшно похожий на Николая-Угодника... что за вздор!»

Об Угоднике он знал смутно, едва ли бы отличил его от других святых. И вот этот Угодник, про которого знает огромное большинство народа, – а это Виктор Алексеевич часто слыхал – почему-то теперь тревожил его, вызывая чувство раздражающей досады. Разбираясь в себе, он старался понять, почему в нем такое болезненное недовольство. Весь русский народ, как и другие народы, особенно почитают этого святого, а мореплаватели – совершенно исключительно, на всех кораблях его иконы, приходилось читать. В каждом русском городе есть хоть одна «никольская» церковь; в детском мире этот Никола – вспоминались рассказы в детстве – старичок в шлычке, с мешком игрушек и с розгами... А он ровно ничего о нем не знает. Было же что-то в этом святом, почему многие века помнится и почитается в целом свете?!.. А он – спроси его Даринька – ничего о нем рассказать не мог бы. Шевелились в памяти обрывки слышанного от матери, от няни.

Когда пили утренний чай и Даринька вся была в мыслях о предстоящей поездке в Высоко-Княжье, Виктор Алексеевич спросил:

– Так тот бутошник на мосту тогда... показался тебе похожим на святого?..

– Да-да, очень похож!.. Так жалею, не повидала его, не отблагодарила. А почему ты спрашиваешь?..

– Да разыскать бы его хотел, наградил бы... золото мое спас.

– Да, сохранил Господь. Помню, когда я бежала к Москве-реке, «Богородицу» все читала... и ему помолилась, прощения просила, все в себе повторяла: «Ты видишь, некуда мне теперь...» – сказала она с болью.

Он взял ее руку и поцеловал, жалея, радуясь.

– Как свежестью от тебя... какие приятные духи.

– А я с Уютова не душусь, забыла духи.

– Что ж не купишь? Вот что. Ты еще не вполне отдохнула, мне по делам надо, отложим поездку до завтра. А сейчас сделаем маленькую прогулку. На Воробьевку опять, хочешь?..

Она вспыхнула, вспомнив, и смутилась.

– Забыла я про грибы!.. – воскликнула она.

Грибы в платочке нашлись под креслом. Сколько переломалось!.. Вызвала номерного и велела сейчас же пожарить их в сметане. Ей казалось, что нельзя бросить эти грибы: что-то важное связывала она с ними. Грибы в сметане были необыкновенно вкусны, пахли березами, Воробьевкой, ожидающейся радостью какой-то...

– Может быть, что-то приятное узнаем... – сказал Виктор Алексеевич, – тебе не мешает прокатиться.

Что «приятное» – не сказал.

Повез тот же кучер Андрон, «счастливый», – «к Каменному мосту!». У моста они сошли. Виктор Алексеевич попросил показать то место. Это был первый выступ, справа, ко Храму Христа Спасителя. Они постояли, смотря на обмелевшую реку, на зеленые косы речной травы, струившиеся по дну.

– С такой высоты!..ты бы об лед расшиблась!.. – сказал Виктор Алексеевич в ужасе.

– Тогда вода близко совсем была... – сказала Даринька и перекрестилась. – У меня кружится голова, пойдем. Видишь, часовня на уголку? Это – Николая Чудотворца. Всегда с тетей заходили, как проходили мимо.

– Вот как, – удивился Виктор Алексеевич, – ему часовня здесь!..

– Вон, голубая, на углу. Образ снаружи. Тот бутошник страшно похож был на этот образ... вот закрою глаза – и вижу...

Они перешли мост и на углу, налево, увидели часовню, пристроенную к углу дома, смотревшую как раз на мостовой въезд. В ее стене, на Всехсвятский Проезд, помещалась икона Николая Чудотворца. Угодник был облачен в серебряную ризу, в митре; в левой руке Евангелие, правая – благословляет. Долго смотрели они на образ, на изображение строгого лица, в седой бородке, с резко означенными морщинами сумрачного чела.

Даринька хотела отслужить молебен, но иеромонаха не было, сидел у тарелочки за столиком старенький монах. Она подала на блюдечко и просила отслужить благодарственный молебен, «за спасение», когда будет иеромонах.

– А теперь надо отыскать того бутошника, – сказал Виктор Алексеевич и спросил стоявшего на посту городового, есть ли у них в квартале старичок бутошник. Тот ответил, что старичка у них нет. А года два-три тому? Он не знал, здесь он другой год только.

Управление квартала было на Знаменке. Поехали на Знаменку.

В управлении сказал им квартальный пристав, что и два года тому старичка не было, место это ответственное, приречное, у Кремля, – назначают сюда народ здоровый, бравый. Здесь он пять лет, не помнит никакого старичка. Да верно ли? Им очень это важно: старичок бутошник, в самый ледоход ночью, в конце марта 1875 года, под Великий понедельник, спас одну девушку, которая хотела кинуться с моста, вовремя удержал. Пристав поулыбался: быть этого не может, о всех важных случаях подается рапорт, и он, конечно, помнил бы. Вот отлично помнит, как в прошлом году, тоже в водополье, вытащил багром пьяного портного... а года два тому, тоже ночью, убило дышлом старуху. Они просили, нельзя ли по книгам справиться?.. Можно. Он велел подать книгу рапортов и дежурств, где, кто и когда стоял на посту и какие были происшествия. За 75-й год найдено, что в ночь на ... марта, стоял на посту у моста старший унтер Комков, подавший рапорт о драке и избиении какого-то цехового, найденного в бесчувственном состоянии у Боровицких ворот с проломом черепа. Больше ничего не было.

Тут старик письмоводитель, с кривым глазом, вспомнил, что был у них в штате заслуженный старший городовой, фельдфебель Розанчиков, Николай Акимыч, тому лет шесть помер от тифозной горячки в Голицынской больнице, – «торжественно поминали, всем кварталом, очень был уважаемый-с». Вспомнил и пристав, что был наряжен на похороны «для оказания чести», за заслуги. Припомнил даже, что и самого Розанчикова видал вживе, теперь отлично помнит. «В приезды Государя старика наряжали в Кремль, на дворцовый пост».

– Он... этот старичок... небольшого роста, широкий такой?.. – в сильном волнении спросила Даринька.

– Как раз, – сказал пристав, – в медалях весь, солидный.

– Грозный был, – подтвердил письмоводитель. – У него ни-ни!.. Сбиток, бородка аккуратная, седенькая, всегда подравнивал, в аккурате себя держал. Все его так и величали – Микола-Строгой.

– Это он!.. – воскликнула Даринька, – И глаза... строгие у него, да?..

– Так точно, сударыня, строгой глазом, сурьезный был... у него ни-ни! – погрозил письмоводитель гусиным перышком. – На что воры, а и те уважали, не беспокоили. Как Акимыч на посту, спи спокойно, воры и район его не переступали, из уважения. Так и говорили: Микола-Строгой, заступа у него какая!.. с ним беспременно влипнешь.

– Да?!.. – вскрикнула Даринька, – Заступа?.. так и говорили?..

– Сам слыхал-с, от воров слыхал. Страшились... на Угодника очень смахивал, строгого когда пишут.

– Был похож?!.. на Угодника?!!..

– Вылитый! Наш приход, угол Волхонки и Знаменки, против Пашкова дома, как раз и именуется Микола-Строгой. Можете официально убедиться.

Виктор Алексеевич не знал, что думать, стоял-слушал, растерянный.

– И это точно, что помер в семьдесят первом году? – спросил он.

– Глядите-с, вот она, книга... за семьдесят первый год. «Скончался...» Ошибки тут быть не может.

Он показал перышком на листе.

– Так что это уж не наш Микола-Строгой спас ту девицу, – хитро прищурив глаз, проговорил письмоводитель и раздумчиво почесал нос перышком, – а... другой!.. – значительно выговорил он и подкачнул головой, – будто и он, наружностью-с. Такое не раз бывало, и слышать доводилось... и в книгах написано, под цензурой. Удивляться тут нечему, известно по всем местам.

Переглянулись, помолчали.

– Чего ж тут... кто с верой прибегает, лучшей помоги и быть не может. И то взять: самое его место наблюдения, по реке. У нас одних побережных церквей «Никольских» больше десятка наберется!..

– Дозвольте сказать, Илья Анисимыч... – вмешался в разговор до сего ни слова не произнесший человек, с сизо-багровым носом и двумя гусиными перьями за ушами. – Я хочь пачпортист, но, как вы изволите знать, соблюдаю церковный вобиход в строгости... и все у меня вписано в тетрадь. Двенадцать московских церквей побережных, и все его, милостивца, Палестина. Стало быть так... – и он стал загибать пальцы: – Николая Чудотворца, что в Ваганькове, Николы в Николо-Песковском, к Смоленскому рынку-с... – два, Николы-Хамовники, Николы в Голутвине, Николы на Берсеневке. Малюты Скуратова приходская... Сколько, пять? Нашего Миколы – Строгого, угол Знаменки... шесть?.. еще Николы на Знаменке, два Николы в Зарядье... – девять?.. Никола Заяицкий, Николы на Болвановке, Николы в Пупышах... – полная дюжина!..

– Ну и память! – похвалил пачпортиста пристав. – За чего-нибудь столько навоздвигли. А это только прибережные Николы, а всю Москву взять!..

– Сорок восемь, с монастырскими-с, не считая домовых!.. – радостно отчеканил польщенный пачпортист. – Мне ли не знать, ежели я имею такого покровителя, как сам я Николай?!.. И в жизни моей...

– Вот видите-с?.. – подмигнул письмоводитель. – Сухим из воды выносит... и девицам неимущим мешочки с золотом подкладывает, дабы... не блу... не гуляли... – поправился он.

Возбужденный, Виктор Алексеевич поблагодарил пристава четвертной, письмоводителя красненькой, и пачпортисту сунул зелененькую – «за такую точность». Даринька, когда провожал их письмоводитель, прибавила ему от себя – «за радость». Расстались очень довольные. Письмоводитель, потирая руки и подмигнув, весело сказал:

– Пример воочию-с... сами изволите видеть-с, наш Микола-Строгой и теперь нас не забывает.

И он подбросил на ладони серебряный рубль, добавочный.

Наутро они выехали в Высоко-Княжье.

XL

«ИЗ УСТ МЛАДЕНЦЕВ...»

Случай с Миколой-Строгим оказался для Виктора Алексеевича полным немалого значения. О подобных «явлениях оттуда» ему доводилось не раз читать и слышать. Он хранил выписку из английского астрономического журнала, где была напечатана не имевшая ничего общего с наукой переписка двух астрономов, захватившая его горячим спором, – француза и англичанина – о бытии «того света», Даринькина «там...там». Хранил и записанный отцом рассказ матери об одном вещем сне. Она ночью проснулась с криком: «Митя бритвой зарезался!..» И этот сон подтвердился депешей из-за двух тысяч верст, сообщавшей матери, что ее брат, полковник в Закавказье, прошлою ночью перерезал себе горло бритвой и, умирая, хрипел: «Катя, молись за мою душу...» Эти «странные случаи» Виктор Алексеевич объяснял болезненным состоянием, галлюцинацией, неизвестным еще науке отображением явлений на расстоянии. И вот случай с Миколой-Строгим сильно смутил его, Даринька не могла лгать. Тогдашнее душевное состояние ее было, несомненно, болезненное, до утраты страха перед смертью. Можно ли допустить, что ее спасло чудо? – четыре года тому умерший явился в полицейском облике, кричал на нее, грозился, топал... и, самое поразительное, был похож на Николая-Угодника, точно такого же лика, как на образе часовни, у того же Каменного моста. Конечно, Даринька могла стать жертвой галлюцинации: когда бежала к реке, могла бояться, что ее увидит бутошник; когда-нибудь, быть может, даже и попадался ей на глаза этот старичок, похожий на Николая-Угодника, и эта похожесть отпечаталась в памяти, когда они с теткой – не раз – проходили по Каменному мосту мимо образа и старика бутошника. Но можно ли допустить такую сложную галлюцинацию? Виктора Алексеевича не меньше поразило в этом происшествии и другое: почему нимало не удивились в полицейском управлении? ни этот, уж наверное без всяких «нервов» и, несомненно, многогрешный пристав, ни прожженный письмоводитель, любитель приношений?.. «Явился с того "света!"» Для них это было совсем заурядное: да, явился! приказано было исправному служаке явиться – и явился. И от сего, помимо чуда, получилось приятное и для его бывших сослуживцев: «Наш Микола – Строгой и теперь нас не забывает». Виктору Алексеевичу казалось непонятным, почему это чудо принимается этими будничными людьми, для которых оно должно бы выделяться из примелкавшихся служебных мелочей, за обыденное, чему и дивиться нечего. Для них почему-то даже и нет вопроса, есть ли это «там... там»! Как-то оно чуть ли не органически связано с ними, с жизнью... этот «тот свет» для них, просто, какой-то «свой»! Миллионы русских людей каким-то инстинктом, что ли, связаны с этим «светом»? Он знал, питал, что миллионы бредут за ним по всей России и на богомольях рвутся к нему слепою верой, хотят очиститься от скверны «сего мира», взывают, воздыхая: «Боже, очисти мя, грешнаго!» – строят церкви, приносят жертвы, принимают трудные обеты, творят подвижничества, жгут себя на кострах «за веру». А он отмахивался с усмешечкой от этого «абсурда». И, в сущности, всегда сознавал в глубине совести, что усмешечкой не отделаться от этого. Можно, конечно, совсем отбросить этот «вопрос», но доводы рассудка тут бессильны, они применимы лишь к измеримому, а тут... неизмеряемое до точности: как ни опровергай, всегда остается нечто тревожащее, саднящее...

Дорогой в Высоко-Княжье, в покойном купе I класса, он был захвачен такими думами. Теперь он уже не отбрасывал этого «вопроса», не закрывался доводами, не мог. Даринькин «тот мир» становился для него от нее неотделимым. Она была вся в нем, в ее Викторе, – это он твердо знал, – и все ее должно было стать понятным ему, своим. От этого властного чувства полной слиянности с нею он не мог уже отказаться: все больше и больше она связывала его с собою, влекла его. Он думал: «Вот что такое это – "вези возок". Веди?.. не о тяжести тут, не об искуплении... а о... ведении?...» Она – или рассудок? Он хотел всю ее. Но и рассудок как будто был уже неотрывно с нею. Он теперь искренно признавал, что ее весь мир – этот и тот, нерасторжимо в ней слитые, – величественней и глубже его мира, скованного действительностью.

Она подремывала в кресле. Совсем детская улыбка была у ней. Он коснулся губами уголка рта ее, она открыла глаза и улыбнулась,

– Задремала... Ты задумался, не хотела тебе мешать, и... Ты и сейчас думаешь о чем-то?

– О чем же мне думать, как не о тебе! Сейчас думал... ты вся живешь сердцем, чувствами, порывом. Ты горячая, страстная, при всей твоей целомудренной скромности...

– Почему ты так говоришь?.. – сказала она, смутясь.

– Ты очень жадна до жизни, до всей полноты жизни. Эта жизнь, видимая, тесна тебе, тебе нужна беспредельность, ты рвешься и к земному, и к небу, ко всей вселенной, к изначалу всего... чего искал и я...

– Я не понимаю...

– Не надо понимать. Ты живешь инстинктом, страстностью. Все они... мученики, святые, творцы религий... всегда в боренье, в страстях, в порывах, пока не преодолеют скованности, страстности... и тогда светят светом преисполнения. Мне это понятно – разумом. Восток породил их, всех. И сколько же в тебе этого «востока»!..

– Я знаю свои грехи и молюсь, не кори меня...

– Да я счастлив, что ты такая, безмерная!.. – воскликнул он. – Я слишком мерный, мне, должно быть, мешает «немец» во мне. Я ведь вполовину помесь... я ограничен мерой...

275

— Я не понимаю... немец?.. это что значит?..

— А вот. Один умный немец определил свое... один немецкий сочинитель. Представь себе два входа рядом... на одном написано «Рай», на другом – «Доклад о Рае». Если бы подошли немцы, ну... кто живет рассудком, все вошли бы во вторую дверь, чинно, не толкаясь. А если бы это была ты... ну, вообще, русские, – так бы и ринулись в первую дверь, где «Рай!». А какой он, и какие там «правила» – безразлично: «Рай» – и все тут. Понятно тебе?..

— Да. Нужна вера, душа, а не... доводы. Всегда ты говоришь «доводы»...

— Теперь вот и вышучиваю себя, через тебя становлюсь чуть другим...

— Не через меня. Это Его милостию слепые получают зрение.

— Без тебя не получил бы. Твой мир влечет меня, тайной...

— Не знаю... это маленькое, если через меня. Надо, чтобы Господь коснулся души, обновил ее, затеплил в ней свой свет, вечный. Я не умею тебе лучше сказать. Ты вышутил меня... Нет, дай мне сказать, а то я забуду... Ты говоришь – это все от страстей верят в вечную жизнь, чтобы всегда жить, хотят услажденья, рая... и вот потому-то и верят. Я знаю, да... страсти томили и святых, им зато трудней было одолеть искушения. Не смейся надо мной...

— Разве я смеюсь!..

— Ах, нет... сейчас не смейся, чего скажу. Я не от жадности верю в вечную жизнь, а... от вечногосветав нас, от Господнего, мы по Его образу-подобию, как Его лучшие создания, как «дети Божии»... – говорила, что самые великие мудрецы... и называла их, и показывала их лики... только я позабыла... все они верили в Господа.

— Д-да... – смутился Виктор Алексеевич, – Сократ... Магомет, Платон... – он называл имена, а Даринька будто вспоминала, повторяя за ним «да, да»...

— Вот видишь... самые мудрые!.. правда?.. Вон ворона летит!.. – показала она в окошко.

Моросил дождик, низко висели тучи. Над мокрыми полями, где еще шла уборка, летали скучные вороны.

— Ворона ничего не знает о вечной жизни, о том мире. Да и этот, земной, маленький совсем у ней... поле, гнездо в лесу, задворки... И вон коровка, жует под дождиком, и у ней только трава... Думаю о тебе... у тебя нет простора, а все «доводы»... – улыбнулась она, – одно тленное, которое рассыплется...

— Ты меня поражаешь, Дарья!.. как тонко ты вышутила... – ворона, корова, доводы... – рассмеялся он.

— И не думала вышучивать, не хотела тебя обидеть, а...

— Ты – как малинка... наливаешься с каждым днем! а когда созреешь... что же тогда?!..

— Погорит на солнышке, потом... – сказала она грустно.

Об этом «разговоре в вагоне» есть и в «дневнике» Виктора Алексеевича, и в «записке к ближним». Дарья Ивановна записала в конце рассказа: «...Из уст младенцев Ты устроил хвалу».

В «дневнике» Виктор Алексеевич писал, что этим разговором в вагоне она раздвинула перед ним такой простор, проявила такой взлет духа, что у него захватывало дыхание. И все это – самыми простейшими словами. Кто научал ее? откуда черпала она это?.. Она возносила человека из праха на высоту, до Истока, до Безначального, Абсолютного!..

«...Она сразила меня в моем шатком уже неверии... чем? Простым, до шутки, – новым "колумбовым яйцом"!.. Первое "яйцо"... это когда решила "вопрос о петухе". Сказала, помню: "В бессмертную душу в тебе, в искру Господню в тебе ты не веришь, а веришь тленному, которое завтра будет перстью. И можешь воображать, что этой перстью разрешишь тайну Божию?!.. Это же все равно, как это... – она взяла со столика печеное яичко, – ...яичко! ты веришь, что его можно подложить под клушку и выведется из него цыпленок, а?.. веришь?.." Не забуду это ее "яичко". Этим разговором она подняла во мне кипение мыслей, и это кипенье все сильней бурлило во мне, до последнего взрыва – откровения, когда взлетела тяжкая покрышка моего бесплодно кипевшего "котла". За эти часы в вагоне она открылась мне в такой красоте ума и сердца, в такой гармонии между ними, что можно почувствовать лишь в совершеннейшем произведении искусства. И надо еще было видеть ее глаза: игравшую в них жизнь, свет, который я мог бы назвать – вечный, божественный, И все это – при ее малограмотности! Самым неопровержимым доводом этой вечности была она сама, с ее светом».

XLI

ТЛЕН

Высоко-Княжье они представляли себе величественно-прекрасным, с великолепно-старинным дворцом-домом, как на Басманной, с прудами, парками, цветниками, столетними соснами и кленами, с внушительными въездными воротами, с очень старинной, «боярской», церковью, в решетчатых узеньких оконцах, со сводами «корытом», как на Берсеневке палаты Малюты Скуратова. Это была вотчина исторического рода. Даринька мечтала о чем-то необычайном, что вот откроется ей; представляла себе гробницу отца, вспоминая виденное в старинных монастырях, в соборах. На прудах в парке увидят белоснежных лебедей... Все, что связано с ним, должно быть прекрасно-величавым, чистым и радостным. От Виктора Алексеевича она знала, что эта вотчина числится за их родом больше пятисот лет. Там богатейшее собрание редких книг, картины великих мастеров, древние подземелья, полные золотой и серебряной утварью, драгоценным оружием, жалованным царями и добытым в боях с врагами родной земли...

От Владимира-на-Клязьме ехали разбитым трактом до Суздаля. Потом – верст тридцать проселками. Глухие пошли места, «медвежьи», К ночи, в темень и дождь, уставшие, добрались, наконец, до Высоко-Княжьего. Заночевали на постоялом дворе, вонючем, грязном, набитом мухами. На обычный вопрос хозяина, хмурого мужика: «А далече ехать изволите?» – Виктор Алексеевич сказал уклончиво: «Да вот, хотим посмотреть именье... продают, говорили нам?..» – «Навряд... запрещенное оно, детям отписано, становой сказывал намедни... запутано долгами, а продавать нельзя, какой-то для него закон особый... Царь из казны будто долги заплатит, вон какое. Тут сейчас барыня с детьми, а барин на войне, полковник... за деньгами, говорят, поехал, играть в картишки...может, еще и расторгуется. Мужик здесь недавно, делов энтих хорошо не знает, торговлишки никакой, хоть бросай».

– Место недвижимое, ровно погост. Летнюю пору плотничать расходятся, только мухи и веселят... – сердито плюнул мужик.

Наутро – день был опять дождливый – пошли к церкви. Никакой живописной горки, как ждала Даринька, а низина; повыше серела церковь, ящиком, с низкой кровлей, с маленьким крестиком. «Какая церковь-то невидная!..» – грустно сказала Даринька. «Что-то вроде ампир!..» – отозвался хмуро Виктор Алексеевич. Ни ограды, ни берез с гнездами, а пустырь, бузина, крапива. По грязно-гороховым стенам, с язвами отпавшей штукатурки, пятнисто-зелено ползла плесень, из окошка с вывернутой решеткой торчала оставшаяся с зимы труба печурки. И это – Высоко-Княжье! Никакой высоты, ничего «княжьего». Дариньке хотелось плакать. Под рябиной серел домишко. Как раз вышел священник в рваном зипуне и влез в тележку, ехать за снопами в поле. Виктор Алексеевич посвистал и сказал: «И поп-то шершавый...» Поп был правда шершавый, тощий и раздражительный. Поморщился, что просят отслужить панихиду: «В часы служений у нас полагается... сами видите, погода, другую неделю крестцы мокнут». Им стало неуютно.

В церкви было запущено, остро воняло сыростью. Да как же так?!.. Узнав, что они проездом, священник сказал грубо:

– За пять лет первые вы панихиду служите. Владельцы в церковь не заглядывают, барыня из немок, а барину наплевать на все, только бы ему карты. Покос у причта оттягали, народишко отбился, жить с семьей не на что, хоть беги.

Служил наскоро, бормотал. Склеп был накрыт чугунной плитой. Ни подсвечника, ни лампады. На плите были отлиты имена. Имя болярина Феодора было наведено померкшей позолотой. Даринька стояла на коленях, не плакала. Горько было, что нет сладостной боли в сердце, будто пусто и под плитой. Странно смотрел с этой немой плиты заботливо довезенный из Москвы букет белых роз и незабудок в драгоценной хрустальной вазе. Виктор Алексеевич раздраженно думал: «Завтра шершавый выкинет розы, а гарраховскую вазу попадья пустит под молоко либо спустят кабатчику за целковый». Об усопшем поп знал только, что на охоте застрелили. Получив за бормотанье, – Виктор Алексеевич, раздраженный «всем этим безобразием», дал только полтинник, – шершавый запер церковь и погнал в поле.

– Вот, умирание... – сказал Виктор Алексеевич.

– Да... – растерянно сказала Даринька, пряча лицо в платочек. – Господи, как все горько...

Стояли на пустыре, в дожде, чего-то ждали. Даринька старалась вызвать в себе образ отца... и не могла, не помнила. Корила себя, что не

278

попросила у старого дворецкого показать его портретик, так тогда растерялась. Думала: «Он у Господа... у Господа ничего не пропадает».

— Только дух оживляет тленное... — сказала она с собой.

— Хоть бы видимость порядочности... скотство!.. — раздраженно воскликнул Виктор Алексеевич.

— Для чего же видимость показывать, если здесь нет!.. — ответила Даринька тоже раздраженно. — Они и живые – мертвы!.. у них здесь... тлен! — вскрикнула она, стукнув кулачком у сердца. — Иони... тут?!.. Какая на... — она хотела сказать – «насмешка» – ...испытание!.. как это тяжело!..

Ждали чего-то у церкви. Прошла баба, завернув на голову подол. Окликнули ее, но она оказалась бестолковой, никак не могла понять, чего им надо. А они спрашивали, нет ли здесь стариков, кто мог бы что-нибудь им сказать об усопшем болярине Феодоре... Она и не слыхала о таком. Что-то, наконец, уразумела и показала на задворки попова дома: «Там просвирня тулится в сараюшке, чего, может, и знает».

Насилу они дозвались: просвирня была глухая и нездешняя, а с «того конца»... Дали ей рубль.

— Приход бедный, господа на церкву не подают... утираны... что ли.

Народ ходит на тот конец, там московский подрядчик богатую церковь воздвиг, и батюшка там другой, «не наш колючий», служит благолепно и вразумляет. Была тут до нее старушка просвирня, да померла, – «она про господ сказывала, да я призабыла... про девицу сказывала, дьяконову сиротку, она к барину в Москву уехала». Ничего больше не дознали. Да что и узнавать, – все известно.

Прошли к поместью. Усадьба была обнесена с казовой стороны решеткой, местами уже раздерганной. Стоял остов въездных ворот: каменные столбы с рыжими тычками, для фонарей. В пустой аллее, в глубине, белелись колонны дома, гоняли в визгливом лае две борзые. Дождь барабанил по лопухам. Прошел мальчуган лет четырнадцати, босой, с подкрученными мокрыми штанами, в облепивших ноги семенах. Был он в матроске, с удочками, в накидке. Небрежно оглядел их, – видимо, барчук.

— Скажите, это чье имение?.. – спросила Даринька.

— Наше, Велико-Княжье! – бросил мальчуган и приостановился. – А вам кого надо?..

— Нам, голубчик, ничего не надо, – сказал Виктор Алексеевич, – а ты вот что скажи...

— Почему говорите мне – «ты»?.. я не привык к «тыканью»!.. И вовсе я вам не «голубчик»!..

Он не уходил, – видимо, ожидал, что ответит «невежа». Виктора Алексеевича раздражила заносчивость мальчишки.

— Простите, милорд... – вы, кажется, принадлежите к историческому роду...... и должны знать, что в этой захудалой церквушке покоится прах ваших славных предков... и в какой же мерзости запустения!..

— П-шли вы к черту!.. – взвизгнул мальчуган и побежал.

Они остолбенели.

— Надо было!.. – с сердцем сказала Даринька.

В тот же день выехали они в Москву.

279

XLII

КРУЖЕНЬЕ

Не хотела их отпускать Москва. Столько объявилось мелочей, покупок – пришлось задержаться и снова отложить «новоселье» до следующего воскресенья.

Поездка разбила Дариньку. Пролежав два дня, она сказала, что хочет поговеть, едет в Вознесенский монастырь, там ночует у знакомой монахини. На другой день она вернулась успокоенной, просветленной, очень хотела есть, но сперва вкушала теплую просфору, особенно душистую, «вознесенскую», и запивала кагорцем – теплотцой. С удовольствием ел просфору – «удивительно вкусная!» – и Виктор Алексеевич и запивал кагорцем. Нашел, что это «нечто классическое, сохранившееся от тысячелетий, священное... чистейший хлеб и чистейшее вино!..». У греков был даже особый глагол для этого «соединения воды и вина»... Даринька сказала:

– Это «омовение уст» после принятия Святых Тайн, теплотца... Да, это древнее установление, Христос освятил его.

Виктору Алексеевичу стало неловко за свою «вычурность»: все у него неопределенное, а у ней – ясное и простое, без всякого сомнительного «нечто».

Даринька отдалась заботам: надо было всем привезти гостинцев, порадовать. Она составила список, кому – чего, и смутилась, можно ли истратить столько. Он поглядел список и удивился, как все продумано.

– Ты хозяйка, у тебя свои деньги, делай по своей волюшке. Получаешь с твоих бумаг больше 600 рублей в месяц. Мои средства, жалованье... мы теперь богачи.

– Это страшно, богачи... – сказала она. – Мы должны жить...

– ...и будем жить так, чтобы не было страшно, – прервал он ее. – Тебя радуют чужие радости, и радуйся. Ты ангел, если есть ангелы.

– Ты же видел, хоть одного! – сказала она с улыбкой. – Ну, теперь мы раскутимся и будем кутить всю жизнь! – вышло у ней и нежно, и задорно.

– Да, я видел.

Список, в несколько страничек из тетрадки, где она упражнялась в чистописании, стыдясь своих каракуль, совсем детских, был все еще неполон.

– Трать их, страшных! Как я любил дарить, когда бывали деньги!

Не был никто забыт: не только уютовские, батюшкина семья и покровские, кого знала Даринька по селу; даже ямщик Арефа...

– Пиши и того скареда, собакой-то лает!.. – смеялся Виктор Алексеевич. – А меня вписала?

– Ты у меня давно вписан. Хочу и инженеров твоих порадовать.

Придумала заказать всем по серебряной чарочке, вырезать «Уютово» и день. Проверяя список, она воскликнула: «А Витю и Аничку-то?!..» Он сказал:

– Милая... себя-то, конечно, и забыла!..

Она покачала головой.

– А это?.. – показала она список. – Ведь это мне все дарят!..

На покупки ушло дня два. Накануне отъезда Виктор Алексеевич сказал, что теперь и его черед и чтобы она не возражала, – дает слово?

– Ну, закруживай напоследок.

Повторилось очарование первых дней их жизни, – соблазн вещами мира сего.

Москва была переполнена. Война разгоралась. Было много иностранцев. Ходили слухи о постройке новых железных дорог. Лопались и возникали банки, рубль шатался, начинался ажиотаж. Рассчитывали на расцвет после победы, на золотые горы в Туркестане, выпускались акции будущих заводов, дорог, нефти. Москва ломилась от заграничных товаров, Кузнецкий и пассажи слепили роскошью, роем модниц и дорогих прелестниц. Сомнительные рубли вымениваись на бриллианты. В цветочных магазинах не хватало цветов для подношений. Посыльные в красных кепи мчались на лихачах с пакетами; шелка и бархат требовали срочно из Лиона. Ювелиры в неделю составляли состояния. Шептали по салонам, что Гурко и Скобелев играют пока по маленькой, а через год-другой русский Орел опустится на вратах Царьграда. И потому ломились рестораны и приходили целые поезда с шампанским из заманно-волшебной Франции.

В такой-то водоворот и попала нежданно Даринька. Виктор Алексеевич праздновал свое счастье, Даринька отдавалась радости освобождения. И не смущало, что Виктор безумствует, хочет видеть ее нарядной, становится – пусть и через это – к ней ближе, «входит в ее мир», как он говорит, – пусть...

– Ты должна хоть этими мелочами отзываться и на мои вкусы... – уговаривал он ее. – Должна иметь полный комплект приданого... так хотел бы и твой отец.

– Ну, хорошо... пусть по-твоему... закупим – и кончим с этим.

Он стал выбирать для нее тонкое белье. Перед ним разметывали пену воздушных тканей, брюссель и валянсьен. Он отдавался власти душистого шелеста и блеска. Тут только поняла, что у нее нет ни приятных ноге чулок, ни розоватых лифчиков, ни нарядных утренних кофточек, – одна только, изумившая ее в болезни: она берегла ее, страшась нарушить ее нетронутость. Не было даже чепчика, с детства ее не приучали. Ее смущали завистливые взгляды, так ей казалось. Думалось, что ее принимают за такую, – «швыряется бешеными деньгами!».

Выбрали несколько платьев: прежние она раздарила, иные страшно было надеть, от прошлого. Для новоселья он выбрал сам: короткое, темно-синее. Оба были довольны: чудесно облегает, юнит, – платьице молодой хозяйки. Оно ее близило, простило. Он говорил ей: «Ты теперь совсем синяя стрекоза!»

Духи, перчатки, шляпки... Кругом было стрекотанье, спешка, казалось это очень важным, нужным, – захлестывало волной со всеми. Виктор Алексеевич готов был скупить целую Москву.

В Пассаже играл духовой оркестр, на помосте стояли большие, в красных печатях, кружки с Красным Крестом, – «на раненых». Сыпали серебро, пропихивали кредитки. Даринька опустила сторублевку и вдруг

281

потребовала: «Сейчас же все бросить, все эти прихоти... столько горя!..» Сейчас же все закупить для раненых, для солдат, все еще ничего не сделано. Она рассердилась на себя, на Виктора, – тешит ее балушками! Стала требовательной, возвышала голос: «Сейчас же, или я одна все... а эти глупости выброшу!..»

Тут же, в Пассаже, под полотнищем Красного Креста, выдавали справки, что посылать в армию, где найти. Они закупили все, что надо, и направили в городской комитет, под высоким покровительством, Даринька успокоилась. Было у ней такое чувство, что и все, закупавшие для солдат, довольны так же, как и она: «Все связаны страданием и жертвой... и надо больше, больше!..» Того же и все хотят.

После приятного обеда в Сундучном ряду, в веселой деловой суматохе-спешке, где перекусывает торговый люд, – ветчина с горошком, «от Арсентьича», суточные щи, сосиски с капустой и неизменная бутылка шипучего напитка, чуть-чуть хмельного, под прозвищем «кислые щи», – закончили они покупки у Егорова в Охотном и у Андреева на Тверской, для званого обеда. Виктор Алексеевич оставил ее с коляской, – ей надо было в синодальную лавку на Никольской и к Кувшинникову в рядах, купить шелков и шерсти, – а сам пустился «по очень важному делу», обещая не задержаться, чтобы приготовиться к отъезду.

XLIII

К НИКОЛЕ-МОКРОМУ

«Очень важное дело» было сюрприз для Дариньки. Хотелось отметить исключительно драгоценным, чистым новую путину жизни, Даринькину победу. Тогда он не мог еще точно уяснить, в чем же ее победа, но чувствовал, – да, победа. Что-то в нем сдвинулось, «завязалось», новое. Победа ее в том хотя бы, что его занимает ее мир, что ему без нее – нельзя.

Он уже раньше объездил лучших ювелиров. Предлагали очень дорогое и превосходной работы, но без души: сработано, но не создано. Он не мог точно объяснить, что ему требуется: его не понимали. Когда он высказал у первейшего ювелира, что ему нужна вещь «предельной чистоты», ему сказали: «Помилуйте, эти камни – предельной чистоты!» И вот перед самым отъездом он вспомнил о «поэте-ювелире», работавшем на знатоков и Двор. С детства остались в памяти самоцветные камни и чудесные рассказы-сказки этого «поэта-ювелира». Но как разыскать его, и жив ли он?

Этот ювелир, потомок голландского выходца, захаживал к отцу сыграть в шахматы и побеседовать за кружкой пивка. Оба собирали старинные монеты. Иногда ювелир доставал из потайного кармашка замшевый мешочек и высыпал на лоскут розового плюша самоцветы. По словам отца, был он «с пунктиком»: любил рассказывать «таинственные

282

историйки». Виктор Алексеевич одну из них еще помнил: о каком-то подземном небе, где царство самоцветов, где вспыхивают новые звезды-самоцветы; а те, что находим мы, – лишь пылинки таинственного царства. Его мастерство очень ценилось знатоками: из самоцветов он создавал «симфонии». Огранивал для Дворца пасхальные яички. Такое-то яичко, восхитившее Дариньку, сохранилось у Виктора Алексеевича; память отца: брелок из изумрудика. Дед голландца разыскивал редкости для блистательного Потемкина.

Фамилии мастера Виктор Алексеевич не помнил, но у Хлебниковых сказали, что это, по-видимому, Франц-Иоганн Борелиус, известный ювелир и гравер, – делал по их заказу ценный ларец для митрополита, но давно не работает на них; о смерти его не слыхали, не уехал ли из Москвы. Посоветовали справиться в Зарядье, когда-то там проживал. Виктор Алексеевич поехал в этот кипучий центр. Ввязалось в мысли, что у Борелиуса может найти достойное Дариньки, чистейшее. Вмешалось и другое: разыщет ювелира, найдет подходящее – «будет хорошо». Что «хорошо» – не стал раздумывать.

Он исходил Зарядье – про ювелира никто не знал. Спросил наудачу в открытое окошко старичка, клеившего «елочный товар», – хлопушки, коробочки... – и тот, что-то припомнив, присоветовал толкнуться к Егорычу, в Мытном проулке, «масленицы» на всю Москву изготовляет. Какие «масленицы»? Горки такие, веселые, в елках-розанах, на большом прянике, в торговых банях на сборку ставят, на чай гости на масленой банщикам опускают в дырки, – один мастер на всю Москву. Слыхал от Егорыча старичок, – какой-то золотарик-немец захаживал к нему, сказки друг дружке сказывали.

Егорыча в Мытном знали. Нашел его Виктор Алексеевич на чердаке, в ворохе ярких бумажных розанов и золотой бумаги: готовил «масленицы». И тут вспомнил, как радовался, бывало, в детстве, на такой «садик», с деревцами из курчавых бумажек, с раскрашенными зверушками из теста на палочках, с ледяными горками из цветных картонок, с нитями золоченой канители сверху, и все это волшебное – на большом круглом прянике, медовом. Тут же заказал несколько самых парадных «маслениц» для Уютова, порадуется Даринька. Заплатил вперед. Обрадованный Егорыч стал пояснять:

– Масленица показует подход весны. Солнышко уж поигрывает... канителька-то у меня золотая. Солнышко, значит... ишь, как подрагивает-то – играет!.. А вот, видите, зверушки вылезают из лесу-то... значит, всяко живое ещество проявлется напоказ. И горки у меня катальные. А пряник, стало быть, блин, самая масленица. А розаны – для красы-радости, цветастые какие!..

Было любопытно слушать. Но вот, золотарик-немец... не Франц-Иоганн Борелиус? Егорыч того ювелира знал. Звать его, это точно, Франц Иваныч, человек мудрый и ученый, нелюдим только, кого хорошо не знает... давно что-то не захаживал, а то вроде как бы друзья с ним были, очень все понимает, и «масленицы» глядеть любил, всегда раньше покуповал, для радости... только вот слух был, обокрали его, все его камушки унесли. А жил у Николы-Мокрого.

283

— У Николы... Мокрого?.. – переспросил Виктор Алексеевич, вспомнив, – тот, пачпортист, поминал Николу-Мокрого!..

— Совсем неподалеку... Николы-Мокрого церковь, невысокенькая... Да он будто уж отрешился.

— Что это – «отрешился»? работу бросил?..

— Отрешился... – повторил внятно Егорыч, – значит, – помирать готовится.

— Почему – помирать готовится?.. опасно заболел?..

— Этого я не знаю. Давно, говорю, не бывал... а стал в нашу церковь ходить. И чудо у него случилось... Все нелюдим был, а теперь и вовсе отчельник. Церковный мне сторож намекнул, а про него, значит, он не знает, проживает где. И сторож наш тоже крепкий, из его слова не вытянешь.

— Что же у него случилось, какое чудо?..

— Угодник-батюшка самый редкостный камушек его от воров прикрыл, не могли увидеть... собой прикрыл. С той поры и стал в нашу церкву захаживать. Раз его видал издаля, совсем уж он нелюдим, в себе хоронится. Не стал их беспокоить, а после не видал. Спросите у сторожа, может, чего и скажет... да сурьезный, как тоже подойтить.

— Говорите – собой прикрыл?.. – залюбопытствовал Виктор Алексеевич, связывая почему-то это «чудо» с тем, с Даринькой... и – еще – с тем «чистейшим», чего искал, не уясняя себе: «Самый редкостный и прикрыл!..»

— Рассказывали так, от сторожа слыхали. Бывает это у нас, сколько пропаж находили... помолебствуют – ан и нашли!.. Толканитесь...

— А за «масленицами» непременно пришлю! – радуясь чему-то, сказал Виктор Алексеевич.

Пошел к Николе-Мокрому, раздумывая: «Зачем теперь мне Борелиус?.. даже вон "отрешился"... самый редкостный и прикрыл!»

Раздумывал – и что-то его тянуло. Светилось в нем – «не мыслью, а каким-то ощущением» – определял он, рассказывая:

— Ну, вот, будто думаю: и вдруг у него-то и найду?..

XLIV

СКРЕЩЕНИЕ ПУТЕЙ

Он нашел церковь Николы-Мокрого, нашел и сторожа, строгого старика. На настойчивость барина, с ясными пуговицами и бляхой на груди, сторож, хоть и неохотно, отозвался: «Франца Иваныч здесь».

— Здесь?!.. – почти крикнул Виктор Алексеевич.

— В нижней каморке проживают. Но только они никого не допускают, строгий от них наказ. Приготовляются на покой, к Николе-на-Угреши.

Виктора Алексеевича толкнуло в грудь: опять Никола!.. Не понял: «Никола... на!.. Угреши?...» Спросил: «Куда?...»

– К Николе-на-Угреши!.. – повторил сторож. – Старый монастырь, «Угре-ши». Значит, «угреешь»! От нашего батюшки знаю, и во писании читал, Франца Иваныч знают, не раз бывали, верст отсюда двадцать, к Поклонной горе. Да это всем известно.

Говорил даже с недовольством: чего тут спрашивать?..

Виктор Алексеевич долго настаивал доложить о нем, совал трешник. «Пойми же, голубчик, важное дело у меня к нему, душевное!.. сын, мол, старинного приятеля покойного, по очень важному делу, душевному!..» Сторож подумал, помял бумажку.

– Ох, барин... уж и не знаю. Им спокой теперь требуется... Ну, возьму уж грех на душу, приму на маслице Угоднику-батюшке... – сказал, воздыхая, сторож и положил бумажку под образа, где теплилась лампадка.

Пошел в закутку, гремел будто железной дверью, куда-то вниз. Виктор Алексеевич ждал, «в непостижимом волнении». Смотрел на пунцовую лампадку, на образа, в веночках. Узнал Угодника, в митре, темный, суровый лик. Дня три тому и не думалось об этом «поэте-ювелире», «с пунктиком»... и вот как-то скрестилось, никакой логикой не объяснимое: «Голландец, кальвинист, чудак, певец самоцветов... – и этот, очевидно, солдат когда-то, лохматобровый, упористый, каменно-верующий... самоцветы, воры, Угодник... прикрыл... и все это как-то сближено, чем-то скреплено!..»

Смотрел на строгий лик, недоумевая...

– И, представьте... я уже знал, что увижу этого «отрешившагося», что он велит допустить к нему, что недаром же все так переплелось, и во всем, он, Никола?!.. – о котором я три дня тому совсем не думал, годы не думал, о нем ничего не знаю... Вот тогда, перед этим суровым ликом, много мыслей и ощущений прошло во мне, тревожа, подымая вопросы. Помню, думал: «Вот какое скрещение жизненных путей... о чем и не помышлял... зачем это мне, все это?.. почему я хочу добиться?.. ведь я же, логически, должен себе ответить – "Вздор, ни для чего, ничего не найду, он уже "отрешился", давно не берет заказов, его давно забыли..." – а я вот вспомнил, сверхлогикой ведусь?.. Но я же здрав, все в моей жизни светло, со мною Даринька... и я, наперекор рассудку, вижу непостижимое "скрещение путей жизни" и верю, жду!!! Мне так врезались эти слова, что тут же и записал в книжечке: "Скрещение путей жизни", – боясь, что могу забыть».

Он слышал где-то внизу... – «почему внизу?» – глухие голоса. Загремело железо, заслышались тяжелые шаги по камню. Сторож вышел из закутка, явно удивленный: «Франц Иваныч дозволили допустить». Зажег восковую свечку и дал Виктору Алексеевичу, сказав, что надо считать десять ступеней и потянуть за скобу дверь внизу, в подвальчик. Виктор Алексеевич испытал ощущение странное, заманное, как бы во сне, повторяя навязавшееся: «Скрещение путей жизни».

Он спустился по десяти ступеням, светя себе, потянул загромыхавшую железом тяжелую дверь и оказался в сводчатой каменной каморке с крошечным зарешеченным оконцем вровень с двором: лезли лопухи в оконце. На лежанке горела в серебряном свещнике толстая церковная свеча. Высокий, сутулый, худой старик, с белой бородкой клином,

285

«дьячковской», в вытертом кафтане, похожем на подрясник, в скуфейке монастырского служки, встретил приветливым возгласом:

– Да благостен будет ваш приход!

Виктор Алексеевич не нашел слов ответить, лишь поклонился почтительно: никакого голландца, а... отрешившийся человек. Было такое чувство, будто переступил грань мира сего и слышит невнятный шепот того, за этой гранью.

XLV

ЧИСТЕЙШЕЕ

Совсем русский старик-монах!.. Куда девался былой Франц-Иоганн Борелиус, розовощекий, бритый, в длинном сюртуке пастора, в высоких воротничках, замкнутый, как сохранилось в памяти с юных лет?.. «Зачем тревожу его? что могу я найти?..» – подумал смущенный Виктор Алексеевич.

Представился, теряясь в словах. Старик покивал, всматриваясь в него пытливо, спрашивая как будто: «И это... было?!..»

– Да, да... – ответствовал он неопределенно, – что же вам от меня угодно теперь, сударь?..

Виктор Алексеевич совсем смутился, поняв прикровенное «теперь»... и изложил сбивчиво, как искал у лучших ювелиров чистейшее, для одной из чистейших сердцем, болеющих о всех страждущих, дарованной ему в спутницы жизни неисповедимыми путями... не нашел ничего достойного ее и вот совершенно неожиданно вспомнил о нем, чудесном художнике-поэте, так неожиданно отыскал его, здесь... – оглянул он затвор-закуток, – но теперь видит, что тревожит его напрасно, что все прошло... и рад хотя бы пожать руку и вспомнить...

Старик, слушая его вдумчиво, чуть улыбнулся, глазом... – «будто даже и подмигнул», – и это напомнило, как вот так же подмигивал Франц-Иоганн Борелиус, играя в шахматы.

– Почему вы сказали, что «потревожили напрасно»? и почему – «все прошло»? – спросил он грустно. – Ото всего всегда что-то остается... и потому, какая должна быть осторожность и какая ответственность! Я ждал: должны прийти и развязать меня. И вот пришли вы. Пришли за своим. И все так и шло, чтобы вы именно и пришли.

Виктор Алексеевич не мог ответить, так его это поразило.

– Вы пришли взять от меня чистейшее, потребное душе вашей... – продолжал, отмеривая слова, старик. – У меня есть оно, и вам я вручу его. В вашем явлении ко мне я вижу подтверждение того, во что я всегда верил, чему старался служить всю жизнь, И самоцветы идут путями, которые им указаны. Человек... малоценней ли самого ценного из них? Самоцвет... одухотворенный кристалл, высшее в мире неорганическом. Теперь слушайте.

Виктор Алексеевич почувствовал через эти торжественные слова, что бывший Франц-Иоганн Борелиус, притулившийся в конце дней на задворках православной церкви, все еще продолжает жить в мире волшебных грез, в некоем порождении творчества Гофмана и Эдгара По. И особенно внятно понял, что «ото всего всегда что-то остается». И тут, в свете свечи церковной, увидал на низеньком комоде небольшую икону Угодника, отблескивающую тускло серебрецом. «И тут – он!.. – изумленно мелькнуло мыслью, и он чуть отступил назад. – У этого, кальвиниста... в суетном муравейнике Зарядья!.. что же это со мной?..» Он, по его словам, совершенно тогда утратил сознание действительности, – «как во сне»: как в ту мартовскую ночь, когда с ним случился обморок.

– Теперь слушайте... – услыхал он чеканный голос.

И начался непостижимый рассказ, напомнивший рассказы о таинственном мире самоцветов, о подземном небе, где самоцветы вспыхивают и начинают жить, движутся по своим путям. Теперь рассказ говорил о скрещении жизней людей и самоцветов, но в том же духе рассказов Франца-Иоганна Борелиуса.

– Не дивитесь: бывает непостижимей. За мою жизнь я получил не одно свидетельство сему.

Года тому четыре приезжал из Сибири в Москву старший Вейденгаммер, Алексей, и дал заказ на серьги и брошь, «для прекрасной женщины». Борелиус знал, что у Алексея «прекрасные» менялись, и принял неохотно. Тянул, не отвечал на письма. Было на совести: дал слово, а не выполняет, только обделал самоцветы, оставленные ему заказчиком, – редкие по чистоте бериллы, чистейшей воды алмазы и редкостная окраской и величиной бирюза – «осколок свода небесного», – мелкие изумруды и рубины. Тому года полтора, после настойчивой депеши, Борелиус в два месяца завершил парюр:[4] берилловые серьги и брошь. Он написал в Сибирь и узнал, что заказчик помер. Борелиус помнил, что у Алексея был брат Виктор. Узнал адрес, послал два письма, но не получил ответа. Наконец, недели три тому, пошел сам и узнал, что инженер уехал из Москвы в Мценск. На днях отправил заказное письмо на Мценск. И вот отыскиваемый сам явился – получить должное.

Виктор Алексеевич слушал сказку... но это была не сказка, а непостижимо разыгранная жизнью правда. Таившееся за этим было еще разительней.

Недавно Борелиус жил неподалеку, в Мытном. В одну из редких его отлучек квартиру обокрали и унесли все ценнейшее, обшарили и взломали все – и не коснулись парюра. А он лежал на комоде, прикрытый лишь бумажкой. Чудо?..

– Можете думать как угодно. Перейдя сюда, пока... я и тут оставил, как было там, где побывали воры. Вот комодик. Как и там, на нем икона святого. У ее края, как было там... вот это...

Он поманил гостя. На комодике, к стенке, стоял образ Николая-Угодника, а перед ним – то.

– Воры были чем-то отвлечены. Не пришло в голову, что тут-то – ценнейшее. Оно было уже назначено. Потому и было охранено, Этот

<hr>

4 Украшение, убор (франц.).

парюр – лучшее, что я создал. Кальвинисты не почитают изображений и не признают святых. Я был... непризнающим. Образ принесла неизвестная, вправить стекляшки в венчик. Отказать я не мог и вправил. Прошло больше трех лет, она не пришла.

Он снял бумажку.

В свете оплывавшей свечи, на лоскуте розового плюша, играли блеском изумительной красоты бериллы-серьги. В лазури бирюзы, охваченной золотым овальцем, вкруг бриллианта-солитера, сиявшего в эксцентре, мерцали ало-зелено-синие искры звезд. Виктор Алексеевич смотрел на чудо оживших самоцветов, на темневший за ними Лик.

– Что же... это?.. – спросил он смотревшего на него старца в монашеской скуфейке.

– Чудеснейшая из сказок моей жизни. Что проходит незамечаемое. О чем рассказали нам поэты и письмена. О чем свидетельствует нам жизнь... – показал старик глазами на сверканье. – Жизнь – не одна суета Зарядья, где я прожил почти полвека. Каждый черпает из нее своею мерой. Черпните и вы – своей. Вы пришли, и я вручаю вам. За этим вы и пришли ко мне. Я исполнил, что назначено мне исполнить.

За работу он взял умеренно для своего искусства: на остаток дней, в тишине. «У... Николы-на-Угреши?..» – вспомнилось Виктору Алексеевичу, но он не коснулся этого. Уложив сокровище в футляры розового плюша, завернув в ту самую папиросную бумажку, старец вручил и сказал, провожая до ступеньки:

– Желаю благостного.

Виктор Алексеевич вышел, потрясенный.

XLVI

ИСПЫТАНИЕ РАССУДКА

Долго бродил по уличкам Зарядья. Ощупывал боковой карман: здесь. А эта церковь? Николы-Мокрого. А этот лабаз с рогожами? Московский лабаз. И улица эта – Мокринская. И набережная эта – Москворецкая. Все это – подлинное. А это?.. – нащупывал он карман...

И услыхал благовест.

Взглянул на часы: без пяти шесть, ко всенощной. Снял фуражку, не думая, и, впервые – за сколько лет! – перекрестился на бирюзовое небо за рекой. Дошел до церкви. Спросил старушку, какой праздник. «Прохора-Никанора завтра». А церковь? «Николы-Угодника-батюшки».

– Но... как же?.. там Николая-Угодника?!.. – показал он, откуда шел.

– Две церкви Угоднику у нас в Зарядье.

Он повернул налево и вышел к Москва-реке. Сел на лавочку у ворот, сообразиться.

Он чувствовал душевную неустойчивость, будто утратил сознание действительности, и ему надо было увериться, что здрав, что все странное,

288

с ним случившееся сейчас, – случилось на самом деле. Он вынул футляры и осторожно открыл. А это?.. – спрашивал он глазами бериллы-грушки с вислыми капельками бриллиантов, овалик небесной синевы с мерцающими вокруг солитера звездами. Они отвечали своим сверканьем: «Мы вот». Но как?.. откуда? Он спрятал их, чтобы не путать мысли. Напряженьем воли он заставил себя объяснить себе, как все могло случиться... И почувствовал, что разбитые мысли собираются в привычный для них порядок, легко принимаемый рассудком, и казавшееся непостижимым начинает отступать перед постигаемым...

Старик Франц-Иоганн Борелиус?.. Есть, здесь, в Зарядье, – действительность. Алеша... старше его, Виктора Алексеевича, на шесть лет... был, знал знаменитого ювелира лучше его и не раз обращался к нему с заказами. Года тому четыре приезжал, действительно, из Сибири и показывал прекрасные самоцветы, «сырые» еще, какие скупал у старателей или находил сам в горах и речных долинах. Еще подарил ему перстень с изумрудом?.. «Вот он, этот перстень!..» – посмотрел на руку Виктор Алексеевич. Совершенно бесспорно. И так естественно, что дал заказ Борелиусу «для прекрасной женщины», отобрав лучшее. Значит, и это есть. «Прекрасные» у него менялись часто. Менялся с годами и ювелир, всегда требовательный к себе, по словам отца, – «высокой нравственности». И естественно, что ему претило творить чистейшее – из чистейшего, что было в его материальном мире... – «одухотворенный кристалл, высшее в мире неорганическом!..» – помнилось сказанное старцем, – творить для мимолетной прелестницы, и он откладывал, не слыша вдохновенья. И вдруг... принялся творить. Почему?.. Ну, почему... это область психологическая... ну, изменилось почему-то настроение, стало свободней, забылось, потускнело – для кого назначается!.. Неясность эта вполне объясняется определенными эмоциями-законами, такого сколько угодно в наблюдениях и матерьялах известных психологов. В это время Алеша покончил с собой. Есть. Почему пришло в мысли разыскивать поэта-ювелира?.. Ездил по ювелирам, ничего достойного не нашел... так естественно вспомнил большого мастера, у которого можно найти достойнейшее. И достойнейшее нашлось, потому что оно уже было у него, и очень правдоподобно, что было, и он, Виктор Алексеевич, по праву наследника, и получил его. А что так настойчиво шел к нему, надеясь найти у него что-то подходящее, вполне понятно: в подсознании оставались письма, приглашавшие что-то получить, на что тогда не было обращено внимания, но что жило неясно в памяти и ожило, когда понадобилось искать достойное, Тут ничего необычайного нет. Теперь... почему воры не тронули такие драгоценности? Часто бывает, что самое-то важное и ускользает из поля зрения... Наконец, образ на комоде мог подействовать отвлекающе, даже устрашающе... «Да вон, в квартале рассказывали... воры страшились того бутошника, похожего... не переходили в его район!..» – находчиво вспомнилось Виктору Алексеевичу. И потому драгоценности, прикрытые бумажкой, сохранились. Могло ли ворам в голову прийти, что так, на самом-то виду, да еще у образа, под бумажкой... – ценности!.. Ну, так все просто!.. Что старик лютеранин превращается в русского монаха-старца?.. Очень нередкое явление, Сколько приходилось читать и слышать... В Оптиной пустыни, говорят, – Арефа, кажется, говорил? – в каком-то скиту есть могила православного подвижника, бывшего пленного турецкого офицера. И всегда-то несколько странный Борелиус, «с пунктиком», всегда в сказках, всегда в мыслях о «чистоте» и «небе», с годами усложнялся, менялся, ну... душевно углублялся... Во всем этом, бесспорно, есть некая таинственность, некая сложная психологическая правда... но ничего не постигаемого рассудком тут нет... «Да, очень сложное "скрещение путей", но путей жизни действительной, вот этой! – посмотрел Виктор Алексеевич на извозчика, евшего моченые грушки из фунтика, – самой раз-ре-альной».

Такое пытание рассудка привело его мысли и чувствования в привычный строй, и он вполне овладел собой. Пахло блинами с луком, и ему захотелось есть. Вернувшись к привычному, он поманил извозчика и приказал «поскорей», обрадовать Дариньку небывало-чудеснейшим сюрпризом.

XLVII

СМЯТЕНЬЕ

А в это время с Даринькой случилось нечто, повергнувшее ее в смятенье.

Погода была жаркая, и Даринька, отправляясь за покупками, надела легкое, приятное платье, «сливочно-фисташковое», в каком была на обеде в «Эрмитаже», и модную шляпку с выгнутыми полями.

Коляска спускалась с Кузнецкого. На углу, к театрам, образовался затор, экипажи двигались медленно, стесненные встречной волной от Театральной площади. Пришлось остановиться. Даринька откинулась к подушке, прикрываясь от настойчиво-любопытных взглядов зонтиком. Двигались ландо, коляски с нарядной публикой. Совсем рядом смотрело на нее в упор чье-то черномазое лицо, она смущенно поправилась, поймав себя, показалось ей, в немного свободной позе, и вдруг почувствовала неясную тревогу, – взгляд чьих-то глаз, скользнувший по ней от тротуара. Тротуар был также забит народом, медленно продвигавшимся. Она не успела разглядеть, кто это смотрит, что-то мелькнуло в мыслях, но как раз двинулась коляска, быстрей, быстрей, и она велела кучеру – в ряды, лавка Кувшинникова. И сейчас же вспомнила, что забыла заехать к половине пятого, как ей сказали, взять на Тверской понравившееся Виктору Алексеевичу дорожное платье в английском магазине, несколько ей широкое, которое обещали переделать срочно, а завтра утром назначено было ехать домой. Пришлось несколько подождать, пока на ней примеряли, – платье было теперь как раз. Теперь в ряды.

Сходя у ступенчатой аркады рядов, она опять почувствовала то же беспокойство, как при остановке у театров, осмотрелась, но не заметила ничего особенного, шел народ, дамы больше. И тут она вспомнила, что, кажется, видела там, на тротуаре, когда остановились экипажи, очень похожего на Кузюмова: его взгляд! Проходя под сводами Рядов, в приятном холодочке, в запахах кумача и мяты, она снова почувствовала, что кто-то на нее смотрит... обернулась и увидела высокого, плотного господина, в белом костюме-пике и в летней широкополой шляпе. Он стоял под сводчатым проходом, боком к ней, просматривая развернутую газету, за которой не было видно его лица. «Кузюмов?.. очень похож...» – подумала. У самой лавки Кувшинникова невольно обернулась. Высокий господин следовал за ней, шагах в десяти, и, когда оглянулась Даринька, приостановился, приподняв шляпу, как бы боялся обознаться. Это был действительно Кузюмов.

– Вот неожиданность!.. – приветствовал он, быстро подходя к ней. – Здравствуйте, как я счастлив... несколько близорук я, мне показалось, что это вы... около Дациаро, когда остановились... Но вы совсем другая в московском воздухе!.. Я не поверил... – говорил он излишне торопливо, не как на Зуше.

Она кивнула, почему-то чувствуя смущенье, видя, как он осматривает ее, «другую, в московском воздухе». Она могла бы ему сказать, что и он тут совсем другой, в какой-то спешке. Она не протянула руки, и он только коснулся шляпы. Спросил, не может ли быть полезен ей чем-нибудь... Она, торопясь, сказала, что так спешит, покупки положат в экипаж, в синодальную лавку еще надо... завтра они домой... – говорила, что пришло в голову, связанная его присутствием. Он слушал молча, почтительно.

– К Кувшинникову мне... – кивнула она, спеша, смущаясь.

– Одну минутку... – мягко задержал он, – я у вас был два раза, заезжал в Ютово... с вашего позволения, и вот... как я рад... неожиданная встреча!..

Она кивнула, проговорив сбивчиво; «Так спешу, извините...» – и быстро вошла в лавку, тут же коря себя, что так неприлично оборвала разговор.

Выбрав для рукоделий по записке, она просила сегодня же отослать в «Славянский Базар», завтра они рано уезжают. У Кувшинникова ее знали, сказали, что через четверть часа доставят. Села в коляску и наказала – в Синодальную лавку, на Никольской.

В Синодальной лавке она почувствовала себя совсем покойно. Все здесь было по душе ей: совсем церковный воздух, пахло кипарисом от разных крестиков, теплилась пунцовая лампада, сияло золотое тисненье священных книг. Пожилой приказчик говорил тихо, покояще. Она дала выписку, что ей надо: разных размеров Евангелия, Псалтыри, молитвенники, поминанья, душеполезные. Для себя взяла «Добротолюбие», о чем давно мечтала, и Библию. Попросила – «святое Евангелие, пожалуйста... самое казовое, для подарка». Увидала граненые хрустальные яички, навыбирала разноцветных, – любила с детства. Вспомнила: Четьи-Минеи, полные!.. – и просила тут же все увязать и отнести в коляску, совсем забыв, что гостиница в двух шагах. Всю бы, кажется, лавку закупила. И не ушла бы – так было здесь покойно, благолепно. Ей подали стул, пока все упакуют. Думала об Уютове... всю зиму будет читать, читать... Все упаковали, приказчик велел бережно

291

отнести в коляску, проводил до стеклянной двери с почтительнейшим поклоном.

Выходя, Даринька увидала в стеклянную дверь – Кузюмова! Смутившись, что он опять здесь, совсем неожиданно сказала: «И вы?..» – и еще больше смутилась, зачем сказала, и почувствовала, что и он смутился. Он поднял шляпу и извинился:

– У меня в мыслях не было обременять вас своим присутствием... Мне показалось, что я вас... затруднил, предложив чем-нибудь помочь?..

Ей показалось странное что-то в его глазах, – смущение как будто? Мелькнуло, может быть, он обиделся, что она так резко оборвала разговор в рядах. Сказала торопливо:

– Я спешила, недослушала вас... там, у Кувшинникова...

– Помилуйте!.. – воскликнул он, тоже торопясь, выхватил у молодца пакеты и положил в задок.

Помогая Дариньке сесть в коляску, спросил почтительно-осторожно:

– Вы позволите к вам заехать?..

Сразу она не поняла:

– Но мы же завтра домой, и очень рано...

– Не здесь, в Ютове?.. На Зуше вы были добры...

– Да-да, конечно... пожалуйста... – спешила она кончить разговор, – это для солдат, вы говорили...

– Да... – перебил он, держась за край коляски. – Вы помните, сказал я тогда... с вами можно быть только искренним?.. – он как будто старался найти слова – И я с первой же встречи это понял!.. Ваше Ютово для меня...

– Уютово... – невольно поправила она.

– У-ютово?.. как чудесно, У-ю-тово!.. – в восторге воскликнул он. – ...Имело в моей жизни... не могу проезжать мимо без волнения...

«Почему он так говорит?..»-тревожно мелькнуло Дариньке. Он поднял шляпу, как бы прощаясь, и продолжал сбивчиво, торопясь:

– Я понимаю... вам странно, что я так занимаю вас моим... но для вас нет чуждого!.. С первых же ваших слов, на том обеде, понял, что... вы так все берете сердцем... так мало я видел людей с сердцем, с таким сердцем!.. И столько пережито... столько обо мне лжи... конечно, рассказывали вам... я не хотел бы, чтобы у вас было обо мне ложное представление!.. Вы дурно думаете обо мне?.. – вырвалось у него как бы против воли. – Было бы очень горько... такое мнение обо мне!..

Эти слова Кузюмов буквально выкинул из себя, и они страшно смутили Дариньку. Она сказала сбивчиво, почти в испуге:

– Что вы, что вы?.. совсем я не думаю о вас дурно!.. Я так мною хорошего слышала про вас...

– Это все ваша доброта... хорошего нечего обо мне сказать... – отмахнул головой Кузюмов, – разве что хотел хорошего, да... не вышло!.. Простите, это ни к чему. Так вы позволите?..

– Да-да, пожалуйста... – сказала, оживившись, Даринька. – В это воскресенье у нас гости, путейцы... на новоселье... вы знакомы с ними, и мы будем рады...

Она не могла понять после, почему это вырвалось у нее. Кузюмов воскликнул радостно:

– Позволите?.. Такое счастье... приветствовать ваше доброе соседство!..

Он взглянул ей в глаза, она почувствовала в его взгляде радостное и что-то горькое – и не нашлась ответить.

– Вам странно, что говорю... и мне, что так говорю, совсем неизвестный вам... – спешил он кончить, продолжая держаться за коляску, – но бывает, как тупик, трагическое в жизни... Что я?!.. простите, я так бестактно!..

Он растерянно поклонился, резко оторвался от коляски и побежал. Даринька видела, как мелькал в прохожих белый его костюм. «Что с ним?» – подумала она в смятенье и удивилась, что уже у подъезда гостиницы.

Всходя по лестнице, видела в зеркалах, какое у ней истомленное лицо.

XLVIII

СКАЗКА О САМОЦВЕТАХ

Виктор Алексеевич уже вернулся и показался ей возбужденным. Он встретил ее на лестнице, восклицая: «Чудо чудное! диво дивное...» – не обращая ни на кого внимания.

– Тебя нельзя оставить одного, ты как ребенок... опять шампанское? когда только кончится круженье это!..

– Дети не пьют шампанское! – весело сказал он, и она почувствовала, что случилось что-то особенное: такой радостью блестели его глаза. – Едва дождался, изнемогал... и велел подать бокал... один только бокал! пьян был и до него!..

– Что с тобой? что случилось?.. – спросила она. – Почему... до него?

Все его «доводы» пропали, лишь увидал истомленную Дариньку. В своем «воздушно-легком», с откинувшейся шляпкой, она была такая слабенькая и блеклая и казалась особенно прелестной. Войдя в покои, он взял ее на руки, перенес на диванчик, присел и попросил, если не слишком утомилась, послушать... «одну сказочку». На ее удивленный взгляд, на слабый ее кивок, он стал рассказывать ей «сказку о самоцветах», подчеркивая, особенно подчеркивая чудесное, что только что старался закрыть в себе: знал, как по душе ей чудесное, и хотел видеть ее восторг.

Вначале она слушала рассеянно, но когда дошло до «маслениц», которые он восторженно описал, а он умел рассказывать, – она оживилась и попросила вина. Он дал ей шампанского, она отпила, говоря с улыбкой: «Скоро и меня приучишь», – и взяла его руку. Так и держала, до конца сказки.

– Ты это не нарочно?.. – спросила она тихо.

– Смотри... – сказал он, вынимая светившиеся сквозь бумажку футляры розового плюша, и открыл в свете золотистого абажура лампы.

Самоцветы играли полною силой блеска: бериллы-грушки, с вислыми бриллиантиками, сине-ночное небо броши, осыпанное мерцающими звездочками...

Она сложила перед собой ладони, смотрела на драгоценности благоговейно, боясь и коснуться их. Он очень просил надеть, но она решительно сказала:

– Нет, надо освятить их... надо принять с молитвой.

Настояла сейчас же пойти в церковь, завтра уедут рано. Переоделась в серенькое, и они прошли, рядом, в Заиконоспасский монастырь. Кончалась всенощная. После Великого Славословия, иеромонах отслужил им в приделе напутственный молебен и литию на помин души раба божия Алексия. Даринька попросила освятить «вот эти вещи». Открыла их на канунном столике, густо уставленном свечками. Иеромонах посмотрел, видимо любуясь, и затруднился. Сказал, что справится у отца казначея: «Он у нас магистр, все каноны знает... допустимо ли освящать прихоти человеческие».

Пришел отец казначей, чернобородый красавец, похожий на грека, и тоже залюбовался. Даринька подошла под благословение и сказала:

– Я получила это по воле Божией. Ведь украшают самоцветами облачения и образа... и я приняла это как дар, а не для прихоти.

Виктор Алексеевич был поражен, откуда она нашла в себе такие слова. А он уже готовил вызов: «Пойдем в любую церковь, и за целковый разделают нам по всем правилам!» Но отец казначей, улыбнувшись, разрешил прочитать молитву и окропить.

Вернувшись, Даринька надела драгоценности и гляделась в зеркала при лампах. Ах, дивная игра какая! Виктор Алексеевич восхищался, как играли живые искры, и блеск оживленных восторгом глаз Дариньки скрещивался с игрою самоцветов.

Уже поздней ночью Даринька сказала о Кузюмове, и как она смутилась. Рассказывая, вдруг поняла, что с ним: вспомнила, как находили все, что она страшно похожа на покойную Ольгу Константиновну, и, вызывая портрет, признала, что это правда. «Господи, неужели еще это?..» – думала она в тревоге.

Виктор Алексеевич сказал, что, конечно, лишнее было приглашать Кузюмова на новоселье, ничего у них общего. Но это не так уж важно: не ответят ему визитом, и случайное знакомство кончится.

XLIX

«ПРИШЕДШЕ НА ЗАПАД СОЛНЦА...»

Возвращение в Уютово было как бы пробуждением от сновидений. Ехали аллеей, в вечернем свете, и говорили: «Тишина какая...»

Уютово встретило их ласково, все засветилось праздником.

Подарки умилили всех. Листратыч, получив шапку на зиму, ахнул: «Мне-то, за что!» Унылая Поля сказала недоумело: «И меня не забыли...» – а ее никто не помнил. Дормидонт получил Псалтырь. Все получили в меру.

Виктор Алексеевич сказал Дариньке: «Верно Настенька крикнула: "Учись, учись!.." – сколько от тебя радости, тепла!..»

– Когда маленькая была, нищая старушка на богомолье дала мне копеечку, ясную-ясную, новенькую совсем... как я, помню, обрадовалась. Храню ее, и все не темнеет, все такая же ясная.

В радостной суматохе Даринька забыла о ждавшем ее сюрпризе. Юлий Генрих Циммерман все точно выполнил: фисгармония была на месте.

Садилось солнце, огнисто сияли цветники. Даринька любовалась новинками: поздние сорта роз, яркие шпажники, маки, георгины, астры... Били радужные фонтаны. На душе было покойно-светло. Она напевала вечернее – любимое: «...пришедше на за-а-апад со-олнца-а... – солнечную песнь Софрония Иерусалимского, – ви-девше свет вече-рний... поем...» И вот, когда заканчивала возносящим славословием, – «...достоин еси во вся. времена петь быти гласы преподобными...»-дошли до нее величественные звуки чудесного хорала: в доме играла фисгармония! Изумленная, она пошла на веранду и остановилась у входа в зал. Играл Виктор Алексеевич, закинув голову...

Она забыла, а он говорил ей как-то, что играет и на фисгармонии. Отец включил даже этот инструмент в программу пансиона. У него успешно учился Виктор. Многое игранное в те годы забылось, но кое-что осталось, из Баха и Моцарта, В этот солнечный тихий вечер пришло ему на мысли обрадовать Дариньку двойным сюрпризом. Полнотонно звучало в высоком зале, в звонко-сухом, обжитом дереве. Он почувствовал Дариньку и обернулся;

– Рада?.. – спросил он, поняв выражение глаз ее.

Она кивнула.

Вспомнив, как она рассказывала, что ее учили в Страстном играть на фисгармонии, он попросил показать, как она умеет, ну, хоть гаммы... Смущаясь, она сыграла, и он увидал, что она умеет. Клапаны и педали еще не обыгрались, приходилось делать усилия, но она обошлась и проиграла на память «Святый Боже». Он сказал, что она отлично владеет дыханием фисгармонии, будет играть чудесно. Она призналась, что с полгода училась у матушки Мелитины. Когда-то играла канон Великой Субботы, и какой был ужас, когда матушка настоятельница велела ей на Пасхе сыграть этот канон перед самим преосвященством. Кажется, ничего сыграла, владыка благословил ее. Она попробовала припомнить и сыграла «Волною морскою...».

– Ты удивительная!.. – воскликнул Виктор Алексеевич.

Она спрятала лицо в руки.

Кончив играть, она долго смотрела на портрет «тети Оли».

– А это кто?.. – спросила она, показывая на висевший рядом портрет молодого человека.

– Твой отец.

С того часу в жизнь ее вошло новое. Каждое утро она приходила в зал, смотрела... и это было благословением ей на новый день.

Это отмечено в «записке», из псалма:

«...Благослови душе моя Господа... венчающего тя милостию и щедротами. Исполняющего во благих желание твое: обновится яко орля юность твоя...»

L

НОВОСЕЛЬЕ

Готовились к новоселью, как к великому празднику: пусть видят гости, что такое ихнее Уютово, – ни Спасскому, ни Кузюмовке не уступит. Все были в суматошной спешке.

После всенощной Даринька зашла к матушке – позвать на новоселье – и одарила гостинцами. Были в неописуемом восторге, отмахивались: «Ну, зачем вы это... ну, это же..!» На обратном пути она присела у овсяного поля, не тронутого еще уборкой. Думала о радости покровских. Отец Никифор прочел ей письмо Кузюмова, с копией важной бумаги – «дарственной»: Кузюмов дарил покровским 6 десятин усадебной земли, что под коноплянниками, «сошло на него, – сказал отец Никифор, – а народ говорит: "Это нам Дарья Ивановна счастье такое принесла"». В церкви сейчас особенно низко ей кланялись и обласкивали глазами. Светло было у ней на душе, и не смущало ее теперь, что пригласила Кузюмова на новоселье.

Из Москвы прибыл от кондитера Курсопова старший с двумя подручными – строить парадный стол.

День новоселья был солнечный. Даринька обновила свое синее платье, надела драгоценности. Стали подкатывать на тройках. Прибыл военный оркестр, устроил Караваев. Привезли огромный «рог изобилия», от Абрикосова, наполненный до излива тонкими сластями, вручили под грохи труб. Артабеков привез что-то новое, Чайковского. Приветствовали хозяев, дивились на цветники в полном разливе силы.

Хозяева водили гостей, показывали поместье. Все восхищались, называли сказкой. Ручные зверьки и птицы вызвали удивление. Караваев восторженно говорил, что все это в полной гармонии с хозяйкой, во всем чувствуется присутствие души живой.

Оркестр играл марш, и появившийся старший официант с бакенами объявил, что можно идти к столу. Прибыли в скромной точности «духовные», расфранченные, торжественные.

Стол представлял чудо сервировки, ослеплял блеском хрусталя и серебра, флаконами и бутылками с питием, цветами, «рогом изобилия» на возвышении. Закуска на отдельном помосте была изысканная, богатая. На луговине за домом играл оркестр. И весь этот блеск заливало дыхание пышных цветников.

День новоселья остался для многих памятным. Помимо радушия и пышности, способствовало сему одно обстоятельство, вряд ли случавшееся на современных пирах.

Перед тем как садиться за стол, Даринька попросила батюшку прочесть молитву и благословить трапезу. Он прочитал «Очи всех на Тя...» и благословил яства и питие. Ни у кого от сего не было неловкости, – было по лицам видно. Виктор Алексеевич признавался, что принял это изумленно и благоговейно, «да и все были исполнены "благоволения", как поминается в молитве».

Вкушали «вдохновенно». Все было на редкость, – показал-таки себя Листратыч. Когда к отбивным, каких и в Питере не едали, подали соус из дормидонтовского гриба, все признали, что это не сравнимо ни с какими соусами Дюссо или Кюба. Гвоздем обеда явилось сладкое: нечто, золотисто-розовое, в башенках-куполках, бисквитно-пломбирное, ледяное, с малиной и ананасами, с льдистыми шариками, хрупавшими во рту, изливавшими шампанское и ликеры... – совершенно исключительное – «вкусовая некая поэма». Вызывали «автора». Заставили-таки прийти упиравшегося Листратыча. Он явился, недоуменный, страшась чего-то, в полном своем поварском параде. И Даринька хлопала ему в ладоши. Гости тут же собрали «премию». Листратыч был растроган. Даринька забылась, воскликнула: «До чего же чудесно, Господи!..»

Возглашали здравие и благоденствие.

Музыканты купались в пиве. Гремели марши, упоительно пели вальсы, – гремело Уютово торжеством.

Перед каждым прибором стояло по серебряной чарочке с резным начертанием, чернью: «Уютово, июль, 1877». Хозяева просили гостей принять эти чарочки на память. Это заключило трапезу новоселья. Чарочки вошли в легенду. Старожилы и по сие время вспоминают, рассказывая о прошлом: хранят как редкость.

На луговине пировали уютовцы, ямщики и музыканты. Заправлял Карп. Потом говорили в городке:

– Пять бочек одного пива выпили!.. Вот дак «у-ютили»!..

LI

ВЫСОТА, ЧИСТОТА, НЕДОСЯГАЕМОСТЬ

На площадке был сервирован чай. Лежали в лонгшезах, курили, благодушествовали. С высоты веранды господин в бакенах возгласил:

– Павел Кириллович Кузюмов!..

А Кузюмов уже сходил по ступеням, барственный, элегантный, голубовато-стальной, в шикарнейшей панаме, только входившей в моду. Его встретили криками «ура» и аплодисментами. Он приостановился, в недоумении... Было в этой «встрече» и от обильного обеда, но, главное, – от «благородного жеста», о чем уже разгласилось.

Кузюмов подходил, приветливо улыбаясь, что шло к нему: не было ничего тяжелого и темного, что приписывалось ему в россказнях. Почтительным поклоном приветствовал он хозяйку, склонился к ее руке. Поклонился отчетливо и отцу Никифору, и это произвело впечатление. Официант нес за ним на серебряном подносе великолепную хрустальную вазу с орхидеями редкой красоты; другой нес столик, в мозаике из цветного дерева, – высокого искусства. Поздравив хозяев с новосельем и пожелав благоденствия, Кузюмов просил Дарию Ивановну благосклонно принять цветы. Даринька была оченьтронута вниманием и просила садиться, показав около себя. Кузюмов опустился в плетеное кресло и, с наклонением головы, принял от нее стакан чаю. Сейчас же выразил восхищение всем, что видел:

– Ваши цветники – сказка. Сколько вкуса!..

– Но это... все... покойная владелица Ютова... – сказала Даринька. Кузюмов наклонил голову.

– Вы преемственно продолжаете.

– Но я и цветочка не посадила... – сказала искренно Даринька, – это все ученый садовник, ее... его считают... как это?.. – забыла она слово. – Ах, да... гениальным.

– Гений творит, вдохновляемый... Теперь... – он приостановился, тоже как будто подыскивая слово, – вы вдохновляете.

Согласился с Виктором Алексеевичем, что, действительно, – «цветочная симфония».

– Это напоминает... кажется, у Жуковского?.. сказочный сад, где играли золотые и серебряные яблочки... и там – Жар-Птица...

И тени усмешливости не было в его тоне: он был явно изумлен всем, до господина в бакенах, поднесшего спичку к его сигаре.

Даринька, не думая, как примет это Кузюмов, неожиданно сказала:

– Как обрадовало меня вчера... сколько людей сделали вы счастливыми, подарили

покровским землю!.. Они все за вас молятся, я знаю.

Этого не ожидал Кузюмов! Он изменился в лице, чуть побледнел, заметили. Тотчас поднялся и поклонился хозяйке.

– Благодарю вас, Дария Ивановна, но... такая оценка совсем не по заслугам. Счастливыми?.. Помилуйте, я совершенно тут ни при чем... это лишь запоздалое исправление ошибки прошлого. Я ровно ничем не поступился.

И перевел разговор на полученное оказией письмо из Одессы, от «милого Димы Вагаева».

– Ему лучше?.. – спросила Даринька.

– Вы угадали, настолько лучше, что в конце августа надеется ко мне проездом... Узнав, что мы соседи, просил передать вам «самый горячий привет». Оказывается, он отлично с вами знаком по Москве?..

Даринька не нашлась ответить, но помог Виктор Алексеевич, бывший в отличном

настроении:

– Ну, как же!.. отлично знаком!.. на наших глазах тогда... выкинул штуку на бегах... попал на гауптвахту... действительно сорвиголова!..

Принимая от Дариньки печенье, Кузюмов воскликнул изумленно:

– Какое чудо!.. – и спохватился: – Простите бестактность, но... это совершенно изумительно, ваша брошь!.. Ничего подобного и у венецианских мастеров... это выше Челлини!.. Даже в Ватикане не... Это головокружительной высоты и глубины!..

Решительно Кузюмов был совершенно иной, чем его славили. Все смотрели. Но смотрели не на него, а на Дариньку, на ее парюр. Она поникла, как бы смотря на брошь. Она и раньше чувствовала, как останавливали взгляды на чудесном, но не высказывались. Только Надя с матушкой разахались давеча: «Боже, какое на вас... чудо!..» Теперь все начали выражать восторг. Даринька едва владела собой, чтобы не убежать.

Тут вмешался Виктор Алексеевич, еще больше смутив ее: стал рассказывать о «чуде с самоцветами». Он был в возбуждении от тостов, от всеобщего восхищения, – был в ударе.

Рассказывал, как Дариньке в «Славянском Базаре», чуть ли еще не с большим увлечением подчеркивая чудесное, веря сам.

Все были захвачены его рассказом, чувствовали... – это после и высказалось иными, – что в этом необычайном происшествии главным чудом была она: она была как бы поднята над всеми, отмечена как достойнейшая, чистейшая.

Ни слова не произнес Кузюмов, ничего не прибавил к «бестактности», которая, видимо, подействовала на него сильно: он сидел, наклонив голову, как бы погруженный в мысли, помешивая холодный чай.

– Подлинное чудо!.. – воскликнула Надя, когда закончился рассказ о самоцветах.

Вышло так искренно, что никто и не улыбнулся. Только отец Никифор сказал, качая головой:

– А, ты, стремига-опромет!.. Хотя... для верующего тут действительно явное проявление Высшей Воли.

Виктор Алексеевич после досадовал, что позволил себе такую откровенность. Даринька ему пеняла: «Зачем такое... перед всеми!..»

После вдохновенного рассказа всем хотелось посмотреть поближе. Пришлось снять брошь. Даринька сделала это очень неохотно, шепнув Виктору Алексеевичу; «Не позволяй коснуться...» Он положил драгоценность на ладонь и показывал на некотором отдалении, с виноватым видом. Даринька сидела как на иголках. Это почувствовал Кузюмов. Восторгались, разгадывали «идею броши». Караваев определил за всех:

– Ясно, господа!.. Идея – небо: высота, чистота, недосягаемость.

Кузюмов тихо сказал:

– Простите. Я не думал, как это может отозваться.

Она молчала.

Стемнело. Смотрели «световую беседку» Дормидонта. Вокруг озерка зажглись в траве бенгальские огни, и в их свете стала воздвигаться хрустальная радужная сень, струящаяся, вся из фонтанных струй, как из хрустальных нитей. Даринька вспомнила сон в Москве: «Все живое, и все струится». Звали Дормидонта, но лишь услыхали из темноты: «Все это пустяки!»

Жгли фейерверк. Музыканты – трубили славу. Ямщики, разогретые вином, пели «Не белы снеги…». Новоселье закончилось.

LII

ЧУДЕСНЫЙ ОБРАЗ

Нет, еще не закончилось.

Гостей просили подняться в комнаты. Караваев сыграл Шопена, – в лесном отшельничестве он занимался и музыкой. Кончив играть, он огласил, что сейчас наш несравненный Артабеша исполнит новый романс Чайковского. Раздались бурные аплодисменты.

Весь день Артабеков был взволнован, его калмыцкое лицо было бледней обычного, вжелть. Такое с ним бывало, когда он особенно в ударе.

– Господа!.. – возгласил Караваев, раскрывая ноты, – вы почувствуете сейчас, как это созвучно со всем, что пережили мы сегодня здесь.

Артабеков стал у фортепиано. Но тут произошло странное. Караваев откинулся на стуле…

– Дарья Ивановна!.. – воскликнул он, и в его возгласе слышалось изумление. – Как гениально передал художник… неуловимое в вас!..

– Это не я… – чуть слышно отозвалась Даринька, – это… – не находила она слово, – другая…

– Не вы?!.. – воскликнул Караваев, вглядываясь в портрет, висевший сбоку от фортепиано, над фисгармонией.

Произошли движения, подходили, смотрели на портрет, на Дариньку. Повторилось случившееся у чайного стола. Поняв по испугу в ее глазах, как ей тяжело, Виктор Алексеевич хотел «закрыть все это» и подтвердил, что это портрет госпожи Ютовой. Это еще больше возбудило любопытство. Стали сличать. Было поражающее сходство в глазах, неповторимое. Сличали, восторгались. Даринька сидела бледная, недвижная.

Что это – другая, повторение той, от которой были в очаровании, делало особенно чудесным этот «случайно открытый образ».

В раме окна, в безоблачно-лазурном небе, стояла светлая, юная, вглядывалась чуть вверх. Она была в открытом у шеи пеньюаре, в уложенных на голове косах. Лицо – чуть розоватой белизны, девственной, с приоткрывшейся нижней губкой, как у детей в тихом удивленье. Радостно-измуленные глаза, большие, голубиные… – небо сияло в них.

Даринька не видала, как сидевший в дальнем углу Кузюмов подошел к портрету, смотрел напряженно… резко повернулся и быстро отошел в угол, где было слабо освещено.

– Шурик, ради Бога прости!.. – воскликнул Караваев.

Шум в зале прекратился.

300

LIII

«БЛАГОСЛОВЛЯЮ ВАС, ЛЕСА...»

«...на слова из поэмы гр. А. К. Толстого "Иоанн Дамаскин"... "Благословляю вас, леса...", новый романс Чайковского...» – дошло до слуха Дариньки.

Она знала житие Иоанна Дамаскина, помнила и это место из поэмы. Эти стихи были близки ее душе, – благословенное чувство радования, легкости и свободы, когда хочешь обнять весь мир, – то душевное состояние, которое Чайковский, в надписании на своем портрете, определил словами «Высшая Гармония».

Взволнованность певца была столь сильна, что голос его вначале был как бы истомленным.

> Благословляю вас, леса,
> Долины, нивы, горы, воды...

Пауза... и вот в музыке, в голосе пахнуло простором далей, и дух почувствовал себя на высоте, свободным...

> Благословляю я свободу
> И голубые небеса.

И Даринька увидала небеса, лазурный блеск их, как росистым утром.

> И посох мой благословляю,
> И эту бедную суму...

Она почувствовала легкость в сердце, как когда-то, в детстве, когда ходила с узелком к Угоднику, который ждет их далеко, в лесах... увидала бедных, идущих с нею, с посошками, с сумами... вспомнила шорох черствых корок и запах их... и яркую земляничку, совсем живую, ее пучочки, ее живые огонечки, пахнущие святым, Господним... видела даль полей, мреющий пар над ними...

> И степь от края и до края,
> И солнца свет, и ночи тьму.

Чистые звуки песнопенья, раздольный голос певца вызвали в ней далекое и слили с близким; радостно осияло солнцем. Она увидала, как западает солнце пунцовым шаром за дальними полями... – а вот уже ночь и звезды...

> И одинокую тропинку,
> По коей, нищий, я иду...

301

И в поле каждую былинку,
И в небе каждую звезду.

Благословенное радование, певшее в звуках, познанное росистым утром, переполняло сердце, и она почувствовала, что это от Господа, святое.

В сладостных слезах, она видела только светлое пятно, как золотое пасхальное яйцо, в сиянье. Не сознавала, что это от золотистого шелка лампы: певец, в белоснежном одеянии, являлся ей в озаренье светом. И услыхала певшее болью и восторгом...

О, если б мог всю жизнь смешать я,
Всю душу вместе с вами слить!..
О, если б мог в мои объятья
Я вас, враги, друзья и братья,
И всю природу заключить!..

Увидала протянутые руки – к ней, ко всем, за всеми...
Последние звуки фортепиано, полная тишина... – и в эту тишину вошли мерные удары сковородки, от Покрова. Такая тишина – мгновенья – высшая награда артисту от им плененных, взятых очарованием. И вот – гром рукоплесканий.

В этом бурном плеске, когда певец еще стоял в золотистом озаренье, Даринька подошла к нему и, взяв его руки, сказала, смотря сквозь слезы в его глаза:

– Как я... благодарю!..

Она сияла: сияли ее глаза, берилловые серьги, ночное небо броши. Артабеков получил высокую награду. Его лицо озарилось, до красоты, и, смотря ей в глаза, он сказал, в восторге:

– Вы подарили мне миг счастья.

LIV

ПУТИ В НЕБЕ

Было к полуночи, но не собирались уезжать: уютно чувствовалось всем, легко, свободно. Молчаливый Кузюмов оживился. На ужин не осталась, – в угловой накрывали холодный ужин. Благодарил за чудесный вечер. «И... трудный», – сказал он, прощаясь с Даринькой. Уехал под музыку и бенгальские огни.

Говорили, как Кузюмов переменился, совсем другой... Все были в легком опьянении. Караваев играл «лунную сонату». Надя увела Дариньку на веранду.

– Он неузнаваем... так перемениться!..

302

– Может быть... ошибались в нем?.. – сказала Даринька, вспомнив, что сказал в Москве Кузюмов, как лгут о нем.

И еще вспомнила, как тетя Оля ездила в Оптину, и батюшка Амвросий сказал на ее тревогу, что Кузюмов может покончить с жизнью, если она ему откажет: «И без нас с тобой спасется... придет часок». Вспомнив это, и как сличали портрет с нею, она поняла, что хотел выразить Кузюмов словами «и... трудный». Не было в ней ни смущенья, ни тревоги, а грусть и жалость.

Закусывали у стола, будто на станции... – «на Тулу... второй звонок!..» Пили за дорогих хозяев. Сковородка пробила глухой час ночи. Давно прокричали первые петухи. Пора и ко дворам.

Кто-то крикнул с веранды:

– Глядите!.. в небе что-о!..

Высыпали на темную веранду.

В небе, к селу Покров, вспыхивали падающие звезды, чертили линии, кривые. Казалось, взлетали далекие ракеты. Зрелище было необычное, хотя каждый видал не раз падающие звезды: это был «звездный ливень». Звезды чертили огненные свои пути. Пути пересекались, гасли. Иные взвивались до зенита, иные скользили низко.

– Виктор Алексеевич, вы ведь и астроном... что это, научно точно, – «падающие звезды»?.. – спросил кто-то.

Виктор Алексеевич сказал:

– Только гипотезы... точно неизвестно. Может быть, пыль миров угасших. Это лишь кажется, что все являются из одного угла: они из беспредельности...

– В конце июля... сегодня как раз 30-е... их путь скрещивается с земной дорогой, в созвездии Персея... вон, к Покрову!..

Кто-то спросил:

– Пути их постоянны?

Виктор Алексеевич не мог сказать: тысячелетия, в одну и ту же пору, из той же части неба... – «видимо, постоянны, по установленным законам...»

– А кто установил им пути?.. – спросила в темноте Даринька.

– Этим астрономия не задается. На это наука не дает ответа. Никогда не даст. Это – за пределами науки, область не знания, а – ?..

– Почему же «никогда»?!.. – кто-то возразил, – принципиально наука беспредельна!..

– Относительно. Наука – мера. Можно ли безмерность... мерой?!.. – как бы спросил себя Виктор Алексеевич. – Тут... – он махнул в пространство, – другое надо... я не знаю!..

Это «я не знаю» вышло у него резко, раздраженно.

– Мысль бессильна... постичь Безмерное!..

Молчали.

– Надо быть смелым: разум бес-си-лен пред Безмерным! – воскликнул Виктор Алексеевич. – Надо... верой?.. Лишь она как-то постигает Абсолютное. Другого нет...

И почувствовал, как Даринька схватила его руку и прильнула. Этого никто не видел.

303

Тихо было. Звездный ливень лился. Бесшумно, непреложно тянулись огненные нити неведомых путей, к земле и в небо, скрещивались, гасли.

Тут случилось маленькое совсем, вызвавшее чей-то смех.

– Но в этом маленьком, – вспоминал Виктор Алексеевич, – для нас обоих было столь большое, что спустя столько лет я еще слышу этот потрясенный голос.

– Премудрость!.. глубина!!. – крикнуло из цветника, из тьмы.

– Это наш Дормидонт, садовник!.. – вскрикнула Даринька.

Отъезжали с бенгальскими огнями, бряцали колокольцы, трубили, отдаляясь, трубы.

Все затихло. В доме огни погасли. Даринька сказала:

– Посиди, я принесу тебе. Было суматочно эти дни.

Виктор Алексеевич остался на веранде. Смотрел на падавшие звезды. Усиливался «ливень». Все рождались из созвездия Персея, в той стороне, где теперь спало село Покров.

Вторые петухи запели. Начали в Зазушье, гнездовские, Потом перекатилось к Покрову. А вот – уютовские, громче.

Виктор Алексеевич смотрел, прислушиваясь к крикам петухов. Вспоминал мартовскую ночь, когда перед его душевным взором дрогнуло все небо, вспыхнуло космическим пожаром, сожгло рассудок... и он почувствовал бездонность. Ярко вспомнил, как там, в не постижимой мыслью глубине, увидел тихий, постный какой-то огонечек, чуточный проколик, булавочную точку света... о, какая даль!.. – и, в микромиг, ему открылось – не умом, а чем-то... сердцем?.. – «надо та-ам?.. за этим, беспредельным... искать Начало?!.. где – там?.. Но там – все тоже, тоже, как это разломившееся небо!.. дальше нельзя, закрыто Тайной».

Теперь это «закрыто Тайной» он принимал спокойно. Смотрел и думал: «...из созвездия Персея, где Покров... все вместе, все – одно, равно перед Безмерным... Покров с Персеем, петухи, отмеривают время... надо так?...»

Той же ночью записал в дневник, влил в меру:

Побеждающей
Предела нет Безмерной Воле,
Число и мера в Ней – одно:
И Млечный Путь, и травка в поле,
Звезда ли, искра... – все – равно:
Все у Нея в Безмерном Лоне:
Твоя любовь, и ты сама, –
Звезда Любви на небосклоне, –
Светляк – и солнце. Свет – и тьма.

Пометил: «В ночь на 31 июля, 1877. Уютово, Звездный ливень».

– Вот, Витя... от меня, тебе.

Витя... Это слышал он в первый раз: другую ласку, ближе.

– Это... что?.. – спросил он, принимая в темноте.

– Евангелие. Лучше не могу тебе. Тут – всё.

– Всё... – повторил он.

– Всё.

С того часу жизнь их получает путь. С того глухого часу ночи начинается «путь восхождения», в радостях и томленьях бытия земного.

Март 1944 – январь 1947
Париж